Development Report of
China's Securities Industry (2022)

中国证券业发展报告

2022

中国证券业协会◎著

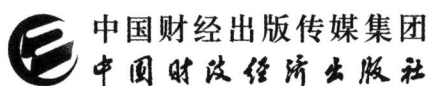
中国财经出版传媒集团
中国财政经济出版社

图书在版编目（CIP）数据

中国证券业发展报告.2022／中国证券业协会著
.－－北京：中国财政经济出版社，2022.8
ISBN 978－7－5223－1586－7

Ⅰ.①中… Ⅱ.①中… Ⅲ.①证券业－经济发展－研究报告－中国－2022 Ⅳ.①F832.51

中国版本图书馆 CIP 数据核字（2022）第 129606 号

责任编辑：翁晓红　　　　　　责任校对：张　凡
封面设计：孙俪铭　　　　　　责任印制：刘春年

中国证券业发展报告（2022）
ZHONGGUO ZHENGQUANYE FAZHAN BAOGAO（2022）

中国财政经济出版社 出版

URL：http://www.cfeph.cn
E－mail：cfeph@cfeph.cn

（版权所有　翻印必究）

社址：北京市海淀区阜成路甲 28 号　邮政编码：100142
营销中心电话：010－88191522
天猫网店：中国财政经济出版社旗舰店
网址：https://zgczjjcbs.tmall.com
北京时捷印刷有限公司印刷　各地新华书店经销
成品尺寸：185mm×260mm　16 开　25.5 印张　530 000 字
2022 年 8 月第 1 版　2022 年 8 月北京第 1 次印刷
定价：70.00 元
ISBN 978－7－5223－1586－7
（图书出现印装问题，本社负责调换，电话：010－88190548）
本社质量投诉电话：010－88190744
打击盗版举报热线：010－88191661　QQ：2242791300

《中国证券业发展报告（2022）》

编委会

主　　编：安青松

委　　员：（按照姓氏笔画排序）

　　　　　万华伟　王　芳　王　松　王连志　王晓国
　　　　　王常青　王惠娟　邓　舸　申　屹　乔光豪
　　　　　刘乃生　刘肃毅　孙方刚　李　军　李格平
　　　　　何　玲　张　威　张佑君　张纳沙　张剑文
　　　　　陈　亮　武裕恒　林传辉　周　杰　赵恒珩
　　　　　徐仕达　徐海宁　陶永泽　黄钰薇　黄朝晖
　　　　　盛　峰　储晓明　霍　达

执行主编：王燕红　孟宥慈　张冀华　张东升　陆　华
　　　　　李亚琳

执行副主编：曹永强

《中国证券业发展报告（2022）》编写人员名单

（按照姓氏笔画排序）

丁耀武	马　敏	马东军	马致远	王　岗	王阿迪
王国强	王春华	王凌苇	王烨伟	王慧琳	毛兆瑞
孔令贵	艾仁智	冉桂林	朱　蕾	朱志雄	刘　骋
刘　辉	刘广超	刘帅帅	刘晓光	刘晓娇	刘晓峰
许　霄	许小旭	许彦冰	孙　媛	纪　尧	劳添辉
苏　贤	杜　超	杜洪波	李　贤	李　曦	李怀军
李明亮	李姝醒	李海涛	李海超	李晨曦	李银鹰
肖　丹	吴　珂	吴一萍	邱诗阳	汪　丽	宋　娜
张　岩	张　凯	张　玲	张怡萌	张闻达	陈　福
陈　磊	陈　橙	陈诣辉	陈显泉	陈梦怡	陈富柳
陈韵杨	武向阳	林　朵	林　煊	周　赟	周洪荣
周素霞	赵雯雯	钟　山	施继军	姜振茂	洪益明
贾　新	顾秀娟	钱　瑫	殷军军	奚荣建	黄秀丽
黄侃婧	曹永强	龚　芳	龚慧敏	董欣焱	蒋健蓉
韩云从	韩月琳	赖东锐	路　颖	颜占寅	潘　燕

前　言

在广大会员单位和证券监管系统相关单位的大力支持下，中国证券业协会已连续20年组织编撰《中国证券业发展报告》，通过行业问卷调研、发展情况梳理总结、典型案例分析和国际经验借鉴，全面、深入、客观地记录证券行业各年度发展变迁的历史。《中国证券业发展报告（2022）》为该系列年度报告的第20册，由1个总报告、6个分报告、10个专题报告组成，报告包括服务实体经济、证券经纪、投行、资产管理、投融资、资信评级、国际业务、场外业务、投资咨询、合规管理、风险管理、信息技术、人力资源管理等13类15项1 205份反馈问卷调查形成的行业发展数据，从行业宏观视角和业务发展维度反映2021年证券行业发展状况、特色和趋势。

2021年是我国进入全面建设社会主义现代化国家、向第二个百年奋斗目标进军的新发展阶段的开启之年，证券行业坚持稳中求进，主动融入经济社会发展全局和国家发展战略，积极服务资本市场改革发展，行业高质量发展取得新进展。一是证券公司发挥投行专业优势，2021年投行业务收入达到699.52亿元，实现股票主承销佣金收入320.11亿元，债券主承销佣金收入233.85亿元，行业服务实体经济直接融资能力进一步提升。二是行业持续推进财富管理转型，服务市场投资理财需求能力进一步增强。2021年证券行业实现经纪业务收入1 529.62亿元，同比增长19.6%；实现代理销售金融产品收入190.75亿元，同比增长51.7%；实现投资咨询业务收入53.75亿元，同比增长14.9%。客户资产规模达72.54万亿元，同比增长18.6%。2021年证券行业代理机构客户买卖证券交易金额达606.77万亿元，同比增长30.7%。2021年实现资产管理业务收入283.93亿元，同比增长9.0%。三是证券行业资产规模稳步提升，综合实力进一步增强。截至2021年末，行业总资产10.53万亿元，净资产2.51万亿元，分别较上年末增长20.0%、12.5%；行业净资本1.99万亿元，较上年末增长10.7%。四是持续加大信息技术投入，数字化治理能力进一步增强。2021年证券行业信息技术投入金额338.20亿元，同比增长28.7%。2017年至今证券行业在信息技术领域累计投入近1 200亿元，为行业数字化转型和高质量发展奠定坚实基础。五是行业积极践行社会责任，接续助力乡村振兴。2021年证券公司通过股票增发、债券等其他方式服务脱贫县企业直接融资609.07亿元，服务实体企业通过绿色债券及创新创业公司债券融资1 720.44亿元，60家证券公司签署促进乡村振兴公益行动发起人协议，21家证券公司发起设立公益基金会。中国证券业协会和证券公司挂职干部分别获得全国脱贫攻坚先进集体和先进个人荣誉称号。

2021年，在中国证监会的坚强领导和会员单位的大力支持下，中国证券业协会坚持以习近平新时代中国特色社会主义思想为指导，按照新《证券法》《关于进一步加强中国证券业协会自律管理职责的意见》以及中国证监会主席易会满在协会第七次会员大会上的讲话精神，主动发挥监管的补位、平衡和传导作用，通过凝聚共识、增进共信、协同行动，加强行业文化建设、责任建设、声誉建设、专业建设，促进行业机构形成自我约束、守正创新、诚信经营、勤勉尽责、专业制胜、声誉至上的内生机制和执业生态，推动行业高质量发展新实践。一是推动行业文化建设，引导行业形成合规、诚信、专业、稳健的价值理念，健全完善行业文化建设自律规则体系，发挥好党建引领行业文化建设和高质量发展作用，宣传好行业文化建设成果，促进证券公司文化建设落实落地；二是推动行业责任体系建设，发布注册制改革相关多项配套自律规则，厘清中介机构职责边界，督促中介机构归位尽责，发挥自律规则"指挥棒"作用，推动行业积极履行社会责任；三是推动行业声誉建设，组织行业积极探索有效的声誉风险管控机制，不断健全从业人员执业声誉激励与约束机制，引导行业形成诚实守信、勤勉尽责的发展生态；四是推动行业专业能力建设，健全业务规范促进提升专业能力，推动形成以专业能力为导向的执业生态，进一步加强从业人员专业能力培养和适应高质量发展的人才队伍建设。

当前，世界百年未有之大变局加速演进，世界之变、时代之变、历史之变的特征更加明显。同时，我国发展仍处于重要战略机遇期，我国资本市场发展仍处于大有可为的重要时期。证券公司作为资本市场最重要的中介机构，要进一步增强使命感、责任感，从国家大局出发，勇于担当作为，围绕打造一个规范、透明、开放、有活力、有韧性资本市场的总目标，坚持稳字当头、稳中求进，以证券行业高质量发展"六个必须"为指引，重点做好以下五方面：

一是坚持党对资本市场工作的全面领导，确保发展方向始终正确。党的领导是中国特色社会主义最本质的特征，也是建设中国特色现代资本市场的根本保障。行业机构要提高政治站位，树立大局意识，发挥党建引领作用，积极服务党中央、国务院重要战略方针和重大决策部署；提升治理水平，不断完善党组织与董事会、监事会、高管层的沟通机制，持续推动党的领导和公司治理的深度融合；规范人才管理，发挥"党管干部、党管人才"的制度优势，着力培养政治过硬、德才兼备、实绩突出的干部；引领文化建设，发挥内部监督制衡机制，切实加强证券从业人员作风建设和廉洁自律要求，推动建设合规诚信专业稳健的行业文化。

二是践行新发展理念，发挥行业优势服务双循环新发展格局新形势。证券行业要坚持以高质量发展为主题、以供给侧结构性改革为主线，围绕服务实体经济和科技自立自强，不断增强可持续发展能力，在促进资本、科技与实体经济高水平循环中发挥枢纽作用；积极发挥投资银行的市场和价格导向作用，服务构建低碳绿色循环发展经济体系，助力实现"碳达峰碳中和"目标；积极发挥财富管理的平台作用，增强服务人民共享发展成果的社会责任，开展专业服务和公益活动，助力乡村振兴，促进共同富裕；不断提升综合金融服务能力和国际竞争力，发挥内外联动的枢纽作用，促进形成对外开放新体制和双循环发展新格局。

三是加强行业文化和声誉建设，提升证券公司"软实力"和核心竞争力。文化建设是资本市场健康发展的重要支柱，是证券行业高质量发展的内涵要求。建设中国特色证券行业文化是服务实体经济的内在要求，是全面深化资本市场改革的重要保障，是防范金融风险的根本抓手。证券行业应以敬畏历史、敬畏文化、敬畏生态为指引，推动中国特色证券行业文化建设，构建良好行业发展生态，持续加强文化引领，引导行业形成精益文化、向善文化、诚信文化、责任文化；注重专业培养，适应全面注册制改革的要求，持续提升专业化水平；加强声誉激励和约束作用，围绕从业人员的素质管理和道德规范，通过健全从业人员执业信息、诚信记录、声誉评价，形成声誉约束；突出责任担当，切实践行新发展理念，持续履行社会责任，积极服务国家战略。

四是加强责任体系建设，发挥证券公司资本市场"看门人"作用。注册制改革作为资本市场基础性制度改革，是对投行执业能力、责任和组织适应性的重大考验，也是对投行核心竞争力的深刻重塑。随着全面注册制改革的稳步推进，以信息披露为核心的注册制安排进一步完善，发行监管转型加快推进，中介机构"看门人"责任进一步压实，推动形成有利于全面实行注册制的良好市场生态。证券公司要发挥好资市场"看门人"作用，从中介机构专业责任、行业责任、社会责任等方面持续完善行业责任体系建设，以专业责任作为保证，成为发行人质量把关、发行定价和节奏把控的中枢。证券行业机构需要科学识变、准确应变、主动求变，业务工作重心从服务"可批性"向服务"可投性"转变，行业发展生态从"数量竞争"向"质量竞争"转变。

五是加强专业能力建设，打造"忠专实"的专业人才队伍。随着资本市场全面深化改革的推进，行业的经营发展环境面临深刻变化，只有突出专业能力、专业特色、专业优势，注重培养具备专业主义精神的人才队伍，加强执业声誉资本建设，才能在高质量发展的道路上行稳致远。证券公司要聚焦主业，健全与注册制改革相适应的专业能力体系建设，围绕保荐、定价、承销等核心提升投资银行全链条业务能力和执业质量；增强合规风控能力，打造高水平、专业化团队；强化创新，为企业和居民提供更加多样化的金融产品工具，提高行业的科技应用水平，稳步发展跨境业务，努力建设高质量的投资银行和财富管理机构。

在建设中国特色现代资本市场的新阶段，面对全面实行股票发行注册制新环境、制度性双向开放稳步推进以及科技运用新发展趋势，《中国证券业发展报告（2022）》力求将2021年中国证券业的发展全貌展现给读者。同时，该报告对未来行业发展提出了一些展望和建议，旨在促进读者更加深入地思考，以证券行业的高质量发展助力资本市场高质量发展，为经济社会高质量发展积极贡献力量。

中国证券业协会党委书记、会长

2022年8月

目 录

总 报 告

2021年中国证券业发展回顾与展望

第一章　2021年中国证券业发展现状 ……………………………………………（4）
第二章　2021年中国证券业服务实体经济成效 …………………………………（29）
第三章　2021年中国证券业发展特点 ……………………………………………（42）
第四章　2022年中国证券业发展展望 ……………………………………………（53）

分 报 告

分报告之一：2021年中国证券经纪业务发展回顾与展望

第一章　2021年中国证券经纪业务的总体情况 …………………………………（59）
　　第一节　2021年中国证券经纪业务的市场环境 ……………………………（59）
　　第二节　2021年中国证券经纪业务的发展情况 ……………………………（63）
第二章　2021年中国证券经纪业务面临的问题与2022年前景展望 …………（66）
　　第一节　2021年中国证券经纪业务面临的问题 ……………………………（66）
　　第二节　2022年中国证券经纪业务发展前景展望 …………………………（68）

分报告之二：2021年中国投资银行业务发展回顾与展望

第一章　2021年中国投资银行业务的总体情况 …………………………………（71）
　　第一节　股权融资业务情况 …………………………………………………（72）

第二节　公司债券业务情况 …………………………………………………（77）
　　第三节　并购重组业务情况 …………………………………………………（80）
　　第四节　证券公司参与全国股转系统情况 …………………………………（82）
　　第五节　资产证券化及其他创新业务情况 …………………………………（85）
　　第六节　投资银行业务组织架构基本情况 …………………………………（88）
第二章　2021年中国投资银行业务面临的问题与2022年前景展望 ……………（92）
　　第一节　2021年中国投资银行业务面临的问题 ……………………………（92）
　　第二节　2022年中国投资银行业务前景展望 ………………………………（94）

分报告之三：2021年中国证券公司资产管理业务发展回顾与展望

第一章　2021年中国证券公司资产管理业务的总体情况 ………………………（98）
　　第一节　2021年中国证券公司资产管理业务的发展环境 …………………（98）
　　第二节　2021年中国证券公司资产管理业务的发展情况 …………………（100）
第二章　2021年中国证券公司资产管理业务发展中面临的问题与2022年发展展望 ……（108）
　　第一节　2021年中国证券公司资产管理业务发展中面临的问题 …………（108）
　　第二节　2022年中国证券公司资产管理业务前景展望 ……………………（111）

分报告之四：2021年中国证券公司融资类业务发展回顾与展望

第一章　2021年中国证券公司融资融券业务发展回顾与2022年前景展望 ……（113）
　　第一节　2021年中国证券市场融资融券业务发展现状 ……………………（113）
　　第二节　2021年中国融资融券业务发展特点 ………………………………（119）
　　第三节　2021年中国融资融券业务面临的问题 ……………………………（121）
　　第四节　2022年中国融资融券业务的发展前景 ……………………………（123）
第二章　2021年中国证券公司其他融资类业务发展回顾与2022年前景展望 …（125）
　　第一节　2021年证券公司其他融资类业务发展状况 ………………………（125）
　　第二节　2021年证券公司其他融资类业务发展中面临的问题 ……………（129）
　　第三节　2022年证券公司其他融资类业务发展前景展望 …………………（131）

分报告之五：2021年中国证券公司投资业务发展回顾与展望

第一章　2021年中国证券公司投资业务的总体情况 ……………………………（133）
　　第一节　2021年中国证券公司传统投资业务发展情况 ……………………（134）

第二节	2021年中国证券公司传统投资业务发展中面临的问题和2022年前景展望	(136)
第二章	2021年中国证券公司私募投资基金业务发展情况与2022年前景展望	(138)
第一节	2021年中国股权投资市场基本情况	(138)
第二节	2021年中国证券公司私募投资基金子公司的投资业务开展情况	(141)
第三节	证券公司私募投资基金业务监管政策变化	(142)
第四节	证券公司私募投资基金业务面临的问题和挑战	(144)
第五节	2022年证券公司私募投资基金业务发展环境与契机	(145)

分报告之六：2021年中国证券市场资信评级业务发展回顾与展望

第一章	2021年中国证券资信评级行业发展环境	(146)
第一节	债市环境	(146)
第二节	监管环境	(150)
第二章	2021年中国证券资信评级业务发展情况	(153)
第一节	2021年中国证券资信评级行业基本情况	(153)
第二节	2021年中国证券资信评级业务发展概况	(155)
第三节	2021年中国证券资信评级业务评级表现分析	(158)
第三章	2021年证券资信评级行业面临的问题与2022年前景展望	(172)
第一节	2021年中国证券资信评级行业面临的问题	(172)
第二节	2022年证券资信评级行业发展前景展望	(174)

专题报告

专题报告之一：2021年中国证券公司合规管理发展综述

第一章	2021年中国证券公司合规管理概况	(179)
第一节	2021年证券公司合规管理基本情况	(179)
第二节	2021年证券行业监管与自律规则体系的发展情况	(180)
第二章	2021年中国证券公司合规管理职能的履行情况	(186)
第三章	2021年中国证券公司合规管理面临的问题与2022年展望	(190)
第一节	2021年证券公司合规管理面临的问题	(190)
第二节	2022年证券公司合规管理展望	(191)

专题报告之二：2021年中国证券公司风险管理发展综述

章节	标题	页码
第一章	2021年中国证券公司风险管理概况	(194)
第一节	2021年中国证券公司风险管理基本情况	(194)
第二节	2021年中国证券公司风险管理特点	(198)
第二章	2021年证券公司面临的关键风险与管理	(200)
第一节	市场风险管理	(200)
第二节	信用风险管理	(202)
第三节	流动性风险管理	(204)
第四节	操作风险管理	(206)
第五节	信息技术风险管理	(206)
第六节	典型业务风险管理	(207)
第三章	2022年中国证券公司风险管理展望	(210)

专题报告之三：2021年证券行业助力乡村振兴履行社会责任综述

章节	标题	页码
第一章	担当社会责任新使命，开启助力乡村振兴新征程	(214)
第二章	凝聚证券行业专业力量，多措并举提升帮扶成效	(216)
第三章	聚力践行新发展理念，积极服务国家发展战略	(220)

专题报告之四：2021年证券公司投资者保护工作发展综述

章节	标题	页码
第一章	证券公司投资者教育服务工作情况	(225)
第二章	证券公司投资者适当性管理工作情况	(232)
第三章	维护投资者合法权益情况	(236)
第四章	加强投资者保护工作建议	(239)

专题报告之五：2021年证券行业人力资源管理发展综述

章节	标题	页码
第一章	2021年证券行业人力资源发展概况	(241)
第一节	证券行业人才数量与结构	(241)
第二节	证券行业人才引进情况	(244)
第三节	证券行业人力资源成本投入情况	(246)
第二章	2021年证券行业组织架构设置情况	(249)

第一节　2021年证券公司组织架构概况 …………………………………………（249）
第二节　2021年证券公司总部组织设置情况 ……………………………………（250）
第三节　2021年证券公司分支机构组织设置情况 ………………………………（253）
第四节　2021年证券公司子公司组织设置情况 …………………………………（254）

第三章　2021年证券公司人员构成情况
第一节　2021年证券公司总部人员情况 …………………………………………（256）
第二节　2021年证券公司各业务线人员构成情况 ………………………………（257）
第三节　2021年证券公司分支机构人员情况 ……………………………………（263）

第四章　2021年证券行业人力资源管理建议 ……………………………………（264）

专题报告之六：2021年中国证券业信息技术与服务发展综述

第一章　2021年中国证券业信息技术与服务发展情况 …………………………（268）
第一节　2021年中国证券业信息技术与服务发展特点 …………………………（268）
第二节　2021年中国证券业信息技术投入情况 …………………………………（271）

第二章　2021年金融科技在证券业信息技术中的应用发展情况 ………………（278）
第一节　2021年证券公司数字化转型、数据治理与基础设施建设情况 ………（278）
第二节　2021年金融科技在证券业信息技术中的应用概况 ……………………（281）
第三节　2021年金融科技在证券业的典型应用场景 ……………………………（286）

第三章　2022年中国证券业信息技术与服务展望 ………………………………（298）

专题报告之七：2021年中国证券公司国际业务发展综述与展望

第一章　2021年中国证券公司国际业务发展环境与特点 ………………………（302）
第一节　2021年中国证券公司国际业务发展面临的宏观环境 …………………（302）
第二节　2021年中国证券公司国际业务发展面临的政策环境 …………………（305）
第三节　2021年中国证券公司国际业务发展特点 ………………………………（308）

第二章　2021年中国证券公司国际业务开展情况 ………………………………（310）
第一节　投资银行业务 ……………………………………………………………（310）
第二节　资产管理业务 ……………………………………………………………（316）
第三节　证券经纪业务 ……………………………………………………………（317）

第三章　2021年中国证券公司国际业务面临的问题与2022年发展展望 ………（319）
第一节　2021年中国证券公司国际业务面临的问题 ……………………………（319）
第二节　2022年中国证券公司国际业务发展展望 ………………………………（321）

专题报告之八：2021年中国区域性股权市场和证券公司柜台市场业务发展综述与展望

第一章 2021年中国区域性股权市场发展综述与展望 …………………………（323）
  第一节 2021年中国区域性股权市场发展情况 …………………………………（323）
  第二节 2021年中国区域性股权市场发展特点 …………………………………（329）
  第三节 2022年中国区域性股权市场发展展望 …………………………………（335）
第二章 2021年中国证券公司柜台市场业务发展综述与展望 …………………（338）
  第一节 2021年中国证券公司柜台市场业务开展情况 …………………………（338）
  第二节 2021年中国证券公司柜台市场业务发展特点与2022年发展展望 ……（343）

专题报告之九：2021年场外业务监测监控发展综述

第一章 2021年证券公司场外证券业务发展情况 …………………………………（348）
  第一节 场外衍生品 ………………………………………………………………（348）
  第二节 非公开发行公司债券 ……………………………………………………（351）
  第三节 收益凭证 …………………………………………………………………（355）
  第四节 场外债券投资交易业务 …………………………………………………（358）
  第五节 跨境业务 …………………………………………………………………（360）
第二章 2021年中证机构间报价系统发展综述 ……………………………………（365）
  第一节 交易报告基础建设 ………………………………………………………（365）
  第二节 报价系统运营情况 ………………………………………………………（368）

专题报告之十：2021年中国证券公司固定收益业务发展综述与展望

第一章 2021年中国债券市场发展概况 ……………………………………………（373）
  第一节 2021年中国债券市场规模和结构 ………………………………………（373）
  第二节 2021年中国债券市场走势分析 …………………………………………（375）
  第三节 2021年中国债券市场投资者结构 ………………………………………（376）
第二章 2021年中国证券公司固定收益业务发展情况 ……………………………（378）
  第一节 2021年证券公司固定收益业务发展概况 ………………………………（378）
  第二节 2021年证券公司固定收益业务发展特征 ………………………………（380）
第三章 2022年中国证券公司固定收益业务发展展望 ……………………………（383）

附　录：2021年中国证券行业重要制度规范发布目录 ……………………………（385）

后　记 …………………………………………………………………………………（390）

总报告

2021年中国证券业发展回顾与展望

2021年是中国共产党建党一百周年,也是"十四五"规划的开局之年,证券行业认真贯彻落实党中央、国务院决策部署,深入践行新发展理念,主动融入经济社会发展全局和国家发展战略,重点引导要素资源向科技创新领域汇聚,助力构建资本、科技与实体经济高水平循环的中国特色现代资本市场新格局。年内,以注册制为引领的全面深化资本市场改革稳步推进,北京证券交易所(简称"北交所")正式开市,深圳证券交易所主板与中小企业板合并,科创板"硬科技"市场属性更加凸显,上市公司质量进一步提升,多层次股权、债券市场枢纽功能发挥更加充分,股债融资规模创历史新高。证券公司整体经营成效稳中有进,综合实力和盈利能力进一步增强,行业文化建设成效初显,合规和风险管理水平进一步提高,重点领域风险继续收敛,数字化转型迈上新台阶,中介机构归位尽责的良好市场生态加速形成,在助力实现"双碳"目标、乡村振兴、创新驱动发展以及"一带一路"建设等方面做出了重要贡献。

2022年是实施"十四五"规划的关键之年,也是开启全面建设社会主义现代化国家新征程、向第二个百年奋斗目标进军的重要一年。新冠肺炎疫情冲击下,百年变局加速演进,地缘冲突扰动全球市场震荡,外部环境更趋复杂严峻和不确定,我国经济发展面临需求收缩、供给冲击、预期转弱三重压力。中国证券业将立足服务实体经济高质量发展和构建"双循环"新发展格局,围绕打造一个规范、透明、开放、有活力、有韧性资本市场的总目标,坚持稳字当头、稳中求进,以证券行业高质量发展"六个必须"为指引,积极践行新发展理念,持续加强中国特色证券行业文化建设,以全面实行股票发行注册制为契机,在促进资本、科技与实体经济高水平循环中发挥枢纽作用,不断探索构建证券业务与金融科技融合的创新机制,积极推进财富管理转型和投行业务创新,持续完善风险防范化解机制,进一步增强证券公司支持绿色循环经济的能力,以证券行业高质量发展促进资本市场高质量发展,为国民经济高质量发展注入新动能。

第一章
2021年中国证券业发展现状

一、证券行业总体情况

(一) 证券公司发展情况

截至 2021 年底,全国共有证券公司 140 家,较上年增加 2 家。2021 年在沪、深证券交易所上市的证券公司达 41 家,较上年增加 2 家;在香港联交所上市的证券公司总数为 15 家,在全国中小企业股份转让系统挂牌的证券公司为 3 家,均与上年持平。外资参股、控股证券公司共 17 家,较上年增加 2 家。证券公司数量及上市证券公司净资产占比变化情况见图总 1-1。

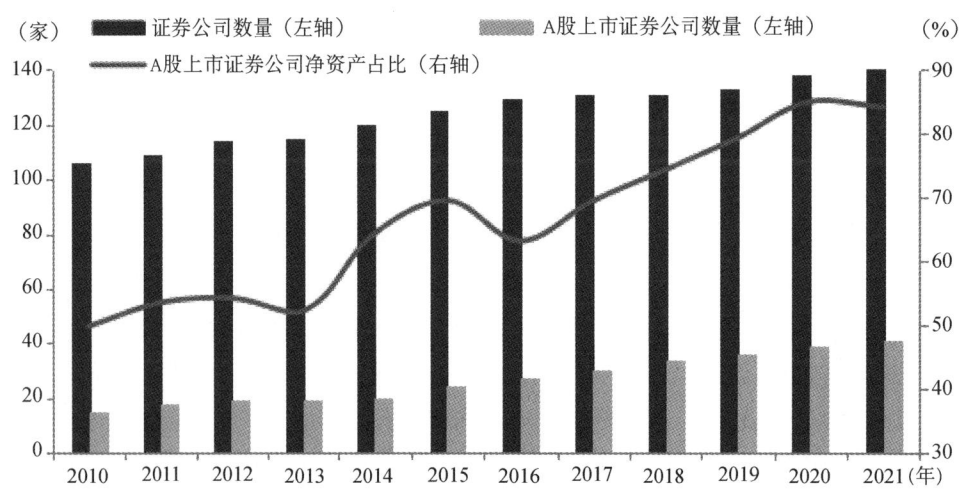

图总 1-1 2010—2021 年证券公司数量及上市证券公司净资产占比变化

资料来源:中国证券业协会网站,Wind,上市证券公司 2021 年第三季度报告。

1. 证券公司资产规模

截至 2021 年 12 月 31 日，证券公司总资产为 10.59 万亿元，净资产为 2.57 万亿元，净资本为 2.00 万亿元，客户交易结算资金余额（含信用交易资金）为 1.90 万亿元，证券公司资产管理规模为 7.69 万亿元①（见图总 1-2）。

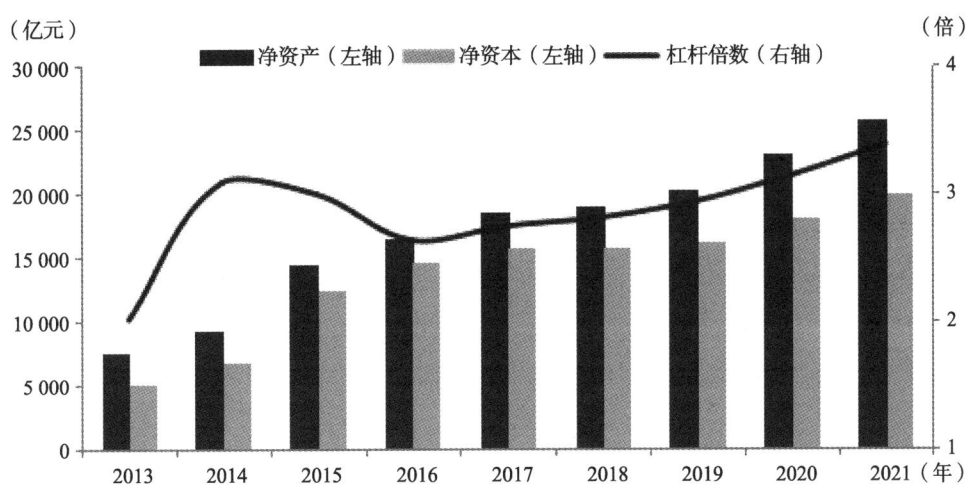

图总 1-2　2013—2021 年证券公司资本规模情况

注：杠杆倍数 = [总资产 -（代理买卖证券款 + 信用交易代理买卖证券款 + 代理承销证券款）]/净资产。
资料来源：中国证券业协会，Wind。证券公司经营数据由未经审计财务报表统计而得。

2021 年证券公司总资产增长 19.07%，净资产增长 11.34%，杠杆率为 3.38 倍。2021 年末证券公司客户交易结算资金余额（含信用交易资金）为 1.90 万亿元，较上年增长 14.66%，有一定程度的新增资金入市。2021 年证券公司资产管理规模 7.69 万亿元，较上年减少 4.06%，证券公司社会财富管理属性更强的资管产品规模显著增长，证券公司集合资产管理规模较上年增长约 75%②。融资融券余额从 2021 年初的 16 190 亿元增加至年末 18 322 亿元，规模维持高位稳定状态。

2021 年证券公司总资产、净资产和净资本集中度指标变化趋势不明显。2021 年总资产、净资产、净资本前 5 家证券公司的集中度（CR5）分别为 41.50%、31.45% 和 21.93%，除总资产集中度上升外，其他两项均小幅下滑（见图总 1-3）。

2. 证券公司业务利润变动和收入结构情况

2021 年证券公司全年实现营业收入 5 024.10 亿元，同比增长 12.03%；实现净利润 1 911.19 亿元，同比增长 21.32%，净利润增速明显超过收入增速，盈利状况持续提升；净利率为 38.04%，较上年上升了 2.91 个百分点；行业净资产收益率（ROE）为 7.44%，较

---

① 资料来源：中国证券投资基金业协会，包含未转公募基金的大集合产品。自 2020 年 8 月起，证券资管总规模统计中不含已规范整改的大集合产品，因此，2020 年、2021 年数据口径较 2019 年小，下同。
② 资料来源：中国证券投资基金业协会。

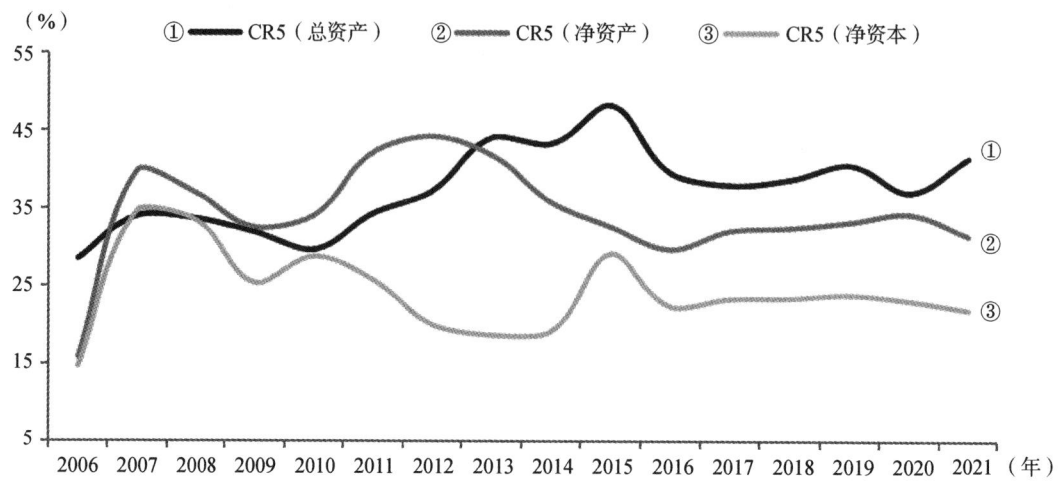

图总 1-3　2006—2021 年证券公司规模集中度变化情况

资料来源：中国证券业协会，Wind，各公司数据取自 2021 年中报。

上年提高 0.61 个百分点，维持上升趋势。行业净利率和净资产收益率稳定提升，反映出行业的经营效率有所提高（见图总 1-4）。

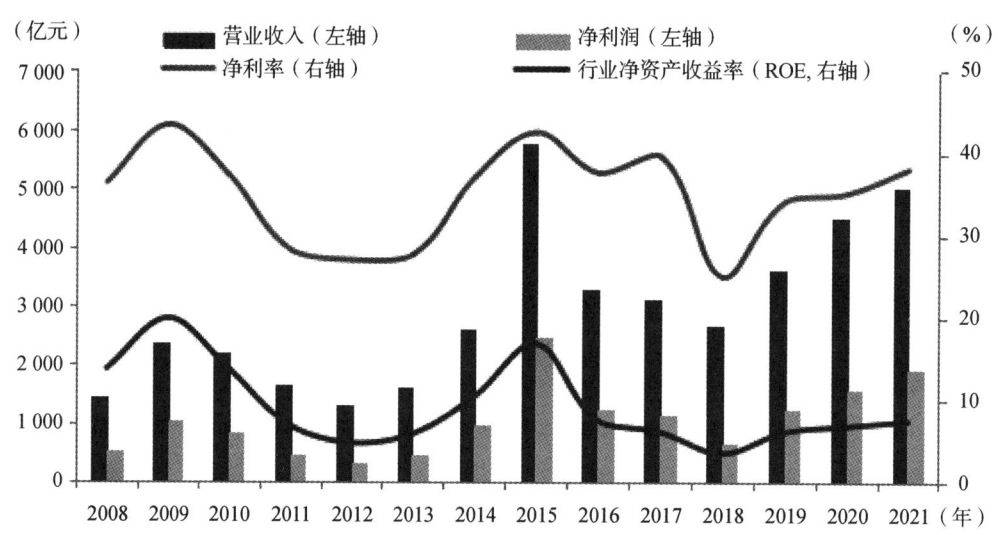

图总 1-4　2008—2021 年证券公司盈利情况

资料来源：中国证券业协会网站，Wind。

2021 年证券公司各项业务均有一定的增长，证券公司经营状况整体向好。分项来看，市场行情虽然处于震荡盘整状态，但交易依然活跃，带动证券经纪业务收入较上年增加 15.27%，占整体收入的 26.64%，成为盈利的主要来源之一。在交易活跃的带动下，融资融券余额较上年末增长了 13.17%，融资融券利息收入较上年增加 30.30%，在收入中的占比提升至 22.90%。另一个盈利的主要来源是自营业务，收入较上年增加 9.36%，收入占比为27.48%,近年来稳步增长态势明显,或受益于证券公司投资水平逐渐提高,投资收益的来源更加丰富且稳定性增强。投资银行业务在注册制的推动下继续保持增长,收入较上年增加4.12%,增幅较上年明显减缓,收入占比略有下降(见表总1-1)。

表总1-1　　　　2020—2021年证券公司利润和收入情况

项目	2021年上半年	2021年	2020年
营业收入(亿元)	2 324.14	5 024.10	4 484.79
代理买卖证券业务净收入占比(%)	24.97	26.64	25.89
投资咨询业务净收入占比(%)	1.03	1.09	1.07
证券承销与保荐业务净收入占比(%)	11.52	12.31	13.18
财务顾问业务净收入占比(%)	1.31	1.62	1.81
资产管理业务净收入占比(%)	6.23	6.33	6.68
证券投资收益占比(%)	30.03	27.48	28.16
融资融券业务利息收入占比(%)	13.28	22.90	19.70
其他业务占比(%)	11.63	1.62	3.51
净利润(亿元)	902.79	1 911.19	1 575.34
净利率(%)	38.84	38.04	35.13

注:净利率=净利润÷营业收入×100%。

资料来源:中国证券业协会,证券公司经营数据由未经审计财务报表统计而得。

3. 证券公司营业网点分布情况

截至2021年上半年,证券公司营业部共11 850个,较上年增加119个,增长1.00%,数据显示,近年来证券公司营业网点整体上扩张逐年减缓,且沿海地区扩张放缓、边疆省份收缩的特征较为明显,以营业网点布局和功能优化来推动业务转型有望促进行业经营质量提升。广东、浙江、上海分别新增25家、20家、18家营业部,是主要的增量地区;而前期扩张较快的江苏新增4家营业部,增量继续放缓。营业部减少的省份从2020年的16个下降到10个,虽然收缩脚步放缓,但运营成本抬升的背景下效益收缩成为必然,在互联网便捷度越来越高的背景下网点布局收缩的趋势或将延续。自新冠肺炎疫情暴发以来,证券公司的经营模式也有所改变,线上功能的加强对业务转型及网点布局起到了一定的推动作用,科技体现出更大的渗透力度,终端设备优化提升了网点的智能化,摆脱了单纯的价格战竞争,证券公司网点布局的战略意义和全局性特征逐渐显露(见表总1-2)。

表总1-2　　　　2015—2021年证券公司营业部辖区分布　　　　(单位:家)

地区	2015年	2016年	2017年	2018年	2019年	2020年	2021年
广东	1 063	1 252	1 446	1 529	1 569	1 602	1 627
浙江	676	799	973	1 045	1 088	1 120	1 140
江苏	681	790	919	986	1 012	1 014	1 018

续表

地区	2015年	2016年	2017年	2018年	2019年	2020年	2021年
上海	640	709	783	825	839	847	865
山东	453	517	602	636	658	666	670
北京	390	456	553	579	585	586	597
福建	350	412	479	522	541	547	555
四川	329	380	443	462	468	472	475
湖南	288	351	393	411	424	427	430
湖北	299	333	403	421	420	424	430
河南	260	316	378	386	407	398	403
辽宁	312	348	383	400	388	377	373
安徽	232	263	308	334	346	345	345
江西	268	294	325	345	348	347	343
陕西	196	224	273	282	292	292	298
河北	216	234	272	277	280	275	283
重庆	176	195	222	229	231	238	247
山西	154	173	199	211	209	214	215
云南	136	152	174	179	176	178	183
天津	158	160	175	182	183	181	183
广西	157	182	202	212	217	188	182
黑龙江	148	168	181	189	184	179	178
吉林	129	140	157	161	160	153	151
内蒙古	91	105	116	121	123	122	120
新疆	73	89	111	118	123	122	120
贵州	79	98	118	124	126	121	120
甘肃	89	97	106	111	113	108	107
海南	52	62	72	79	80	79	85
宁夏	37	44	52	56	56	56	56
青海	23	25	29	31	31	27	27
西藏	15	17	26	25	26	26	24
合计	8 170	9 385	10 873	11 468	11 703	11 731	11 850

资料来源：上海证券交易所网站。

2021年证券公司单个营业部年均交易量上升至217亿元/家的水平，较上年增长24%。尽管2021年市场处于震荡盘整，但投资者交易维持在较高水平，带来营业部交易量水平明显提高，从证券行业经纪业务增长及在整体收入中占比回升分析，营业部盈利状况有所提升。从佣金率来看，2021年全行业平均佣金率为3.05‰，较上年的3.26‰继续下降，反映出证券经纪业务竞争加剧的趋势没有缓解，需要证券公司进一步优化营业网点布局，提升综合服务能力（见图总 1-5）。

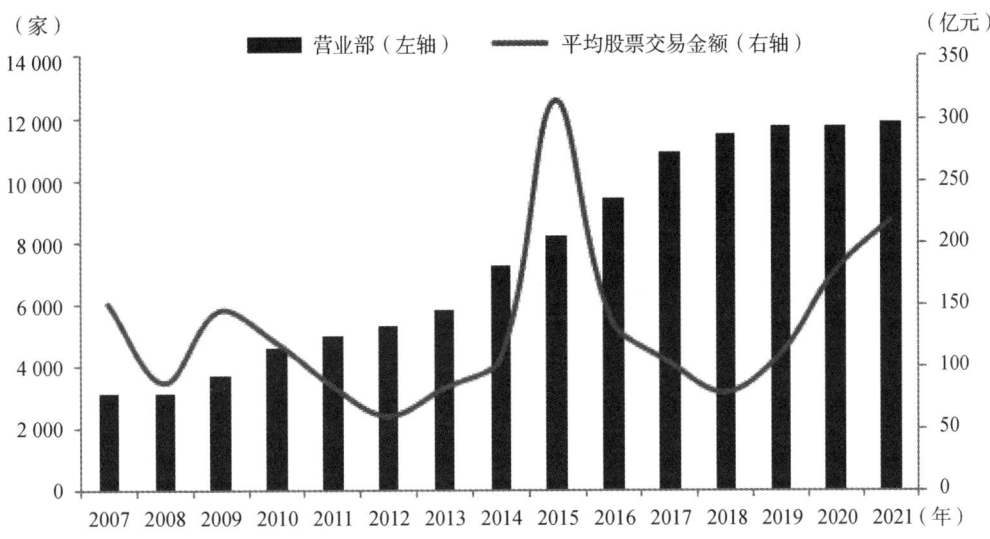

图总 1-5　2007—2021 年证券公司营业网点发展情况

资料来源：上海证券交易所网站，Wind。

4. 证券行业从业人员

2021 年证券行业已登记从业人员达 35.98 万人，较上年增加 12 993 人，增幅为 3.75%，持续两年增加，从业人员队伍扩张回升至 2017 年的高位水平。其中，一般从业人员 22.17 万人，证券经纪人 5.50 万人，证券投资咨询业务（投资顾问）7.11 万人，保荐代表人 7 393 人，证券投资咨询业务（分析师）3 588 人，证券投资咨询业务（其他）1 072 人。

从人员结构来看，结构调整仍然在继续，2021 年增加最多的是一般证券业务人员，2021 年增加 14 076 人，为近年来增加规模最大的一年。近年来，证券经纪人的减少和证券投资顾问的增加保持同步的特征较为明显，2021 年这种状况依旧持续，证券经纪人减少了 9 923 人，证券投资顾问增加了 7 695 人。保荐代表人增加了 1 000 人，增幅较上年有所减缓。证券投资咨询业务（分析师）小幅减少 57 人，该队伍数年来一直维持相对稳定格局，增减幅度变化都较小（见表总 1-3）。

表总 1-3　　　　　　　2021 年证券行业从业人员规模与结构　　　　　　（单位：人）

机构类型	已登记人员	一般证券业务	证券投资咨询业务（其他）	证券经纪人	证券投资咨询业务（分析师）	证券投资咨询业务（投资顾问）	保荐代表人
证券公司	342 702	208 550	0	55 001	3 426	68 332	7 393
证券投资咨询机构	16 067	13 133	0	0	162	2 772	0

续表

机构类型	已登记人员	一般证券业务	证券投资咨询业务（其他）	证券经纪人	证券投资咨询业务（分析师）	证券投资咨询业务（投资顾问）	保荐代表人
证券市场资信评级机构	1 072	0	1 072	0	0	0	0
合计	359 841	221 683	1 072	55 001	3 588	71 104	7 393

资料来源：中国证券业协会。

（二）证券投资咨询公司发展状况①

截至 2021 年底有 83 家证券投资咨询公司，以下情况是根据对 77 家证券投资咨询公司的问卷调查数据分析得出。

1. 人员发展情况

2021 年度证券投资咨询公司的员工人数和专业人员呈现逐渐增长态势。截至 2021 年底，参与中国证券业协会问卷调查的 77 家证券投资咨询公司员工数总数为 24 358 人，同比增长 30.47%，已登记从业人员占比逐年提升，从 2019 年的 55.15% 提高到 2021 年的 65.96%。根据中国证券业协会数据，2021 年证券投资咨询公司的已登记从业人员为 16 067 人，较上年增加 4 219 人，同比增长 35.61%。其中，一般证券业务 13 133 人，较上年增加 3 903 人，同比增长 42.29%；证券投资咨询业务（投资顾问）2 772 人，较上年增加 324 人，同比增长 13.24%；证券投资咨询业务（分析师）162 人，较上年减少 8 人，同比减少 4.71%。证券投资咨询公司员工结构持续优化，专业人员比例逐渐提高，专业能力逐渐提升（见表总 1－4）。

表总 1－4　　　　2019—2021 年证券投资咨询公司已登记人员情况　　　　（单位：人）

类 别	2021 年	2020 年	2019 年
一般证券业务	13 133	9 230	6 342
证券投资咨询业务（投资顾问）	2 772	2 448	2 209
证券投资咨询业务（分析师）	162	170	178
已登记人员	16 067	11 848	9 230

资料来源：中国证券业协会。

2. 收入情况

2021 年证券投资咨询公司总业务收入 123.32 亿元，其中传统证券投资咨询业务收入 114.74 亿元，新业务收入 8.58 亿元，分别占总业务收入的 93.04% 和 6.96%。新业务收入当中，证券资讯平台服务收入为 0.56 亿元，占总业务收入的比例为 0.46%；财务顾问业务

---

① 资料来源：2021 年中国证券业协会专项调查。

收入为 1.34 亿元，占总业务收入的比例为 1.09%；其他证券服务业务收入 5.22 亿元，占总业务收入的比例为 4.23%；其他业务收入 1.46 亿元，占总业务收入的比例为 1.18%。证券投资咨询业务收入当中占比最高的是证券投资顾问业务，收入 108.75 亿元，占比约 94.78%；发布证券研究报告业务收入为 3.61 亿元，占比约 3.15%；其他证券投资咨询业务收入为 2.38 亿元，占比约 2.07%。

从营收增长情况来看，2021 年证券投资咨询公司营业收入增长主要来源于证券投资咨询业务。其中证券投资咨询业务、证券资讯平台服务业务、财务顾问业务、其他证券服务业务同比分别增长 34.89%、14.29%、25.23%、30.83%，其他业务则下降 36.80%（见表总1-5）。

表总 1-5　2019—2021 年证券投资咨询公司行业总体业务收入基本情况

项目	2021 年（亿元）	2020 年（亿元）	2019 年（亿元）	2021 年比 2020 年增减（%）
证券投资咨询业务	114.74	85.06	61.64	34.89
证券资讯平台服务	0.56	0.49	4.67	14.29
财务顾问业务	1.34	1.07	0.81	25.23
其他证券服务业务	5.22	3.99	1.31	30.83
其他收入	1.46	2.31	4.34	-36.80
合计	123.32	93.04	72.78	32.55

3. 行业集中度情况

近年来证券投资咨询公司总资产、净资产及营业收入呈现逐年小幅增长的态势。截至 2021 年 12 月 31 日，参与问卷调查的 77 家证券投资咨询公司总资产、净资产及营业收入分别为 158.77 亿元、79.25 亿元和 123.32 亿元，较 2020 年分别增长 10.49%、2.64% 和 32.55%。其中，总资产排名前 10 位的证券投资咨询公司总资产合计 88.35 亿元，占行业总资产的 55.65%；净资产排名前 10 位的证券投资咨询公司净资产合计 56.04 亿元，占行业净资产的 71.71%；营业收入排名前 10 位的证券投资咨询公司营业收入合计 69.35 亿元，占行业总收入的 56.23%。行业净利润为 9.97 亿元。其中，净利润排名前 10 位的证券投资咨询公司净利润合计 13.13 亿元，占行业净利润的 131.70%。42 家证券投资咨询公司盈利，35 家亏损，行业亏损企业达 45.45%。行业服务客户人数为 359.42 万人。其中，服务客户人数排名前 10 位的证券投资咨询公司服务客户人数合计 310.28 万人，占行业服务客户人数的 86.33%。行业员工总数为 24 358 人，其中员工排名前 10 位的证券投资咨询公司合计 10 963 人，占行业员工总数的 45.00%。

通过对证券投资咨询公司的总资产、净资产、收入、净利润、客户及员工人数等进行比较可以发现，证券投资咨询公司行业集中度较高，行业分化明显，头部公司综合实力较强，规模小的证券投资咨询公司的数量较多，业务竞争能力较弱，盈利能力较差。

4. 合规管理系统建设情况

2021 年，证券投资咨询公司合规管理系统实现了业务的全程留痕，并建立了从业人员档案数据库和产品信息数据库，这些功能的实现有利于推动证券投资咨询公司规范化展业。截至 2021 年底，证券投资咨询公司建设合规信息管理系统已投入资金共计 3.18 亿元。目前，64%（49 家）证券投资咨询公司的合规信息管理系统已经建好并使用，12%（9 家）证券投资咨询公司的进展为 80% 以上，5%（4 家）证券投资咨询公司的进展为 50%—80%，4%（3 家）证券投资咨询公司的进展为 50% 以下，6%（5 家）证券投资咨询公司的进展为未开始。另外，还有 9%（7 家）的证券投资咨询公司因未开展面向个人的证券投资咨询业务或者未展业，未建合规管理系统。

5. 业务发展模式与展望

多年来证券投资咨询公司未能持续高速发展，主要是因为行业法规制度限制，法定业务单一。为实现行业高质量发展，证券投资咨询公司在并购成长和内生增长方面持续探索。近年来证券投资咨询公司持续探索通过上市和并购的方式实现企业发展，通过登陆资本市场扩充资本实力，给了优秀的企业发展壮大的机会。未来行业优秀头部企业有望继续通过上市并购的方式来实现行业高质量发展。同时，证券投资咨询公司持续提高合规管理水平和专业化水平，逐渐转变展业方式，探索新的业务模式。目前证券投资咨询业务展业方式发生了较大变化，大部分证券投资咨询公司已通过各类软件工具（证券分析软件、荐股软件）开展证券投资咨询业务。在规范性经营方面，行业合规管理系统持续投入，未来行业规范化水平将会进一步提高；在专业化水平方面，行业专业人员数量和比例持续提高。因此，行业投研能力进一步提升，服务证券市场的能力也将稳步提高，这些积极变化将推动行业可持续发展。随着证券行业基金投顾业务的逐渐试点，未来证券投资咨询公司的领先企业也有机会开展基金投顾业务，这也将进一步推动证券投资咨询公司高质量发展。

（三）证券市场资信评级机构发展状况

截至 2021 年末，国内共有 13 家从事证券资信评级业务的公司在中国证监会备案，其中有 3 家机构或营业部拥有香港执业资质，1 家正在申请新加坡牌照。

根据 2021 年中国证券业协会专项调查统计，12 家[①]证券资信评级机构的总资产、营业收入分别为 43.40 亿元、27.95 亿元，分别较上年增加 8.02% 和 6.65%，净资产和利润总额分别为 22.25 亿元、7.56 亿元，分别下降 10.55% 和 20.13%，盈利下降幅度较大。交易所债券评级业务收入 11.43 亿元，在整体收入中占比最高且比例进一步提高，达到 40.90%。

2021 年 12 家评级机构承接项目 7 707 个，较上年增加 4.33%，增速放缓明显；出具首次评级报告 7 959 份，由上年的增长 42.86% 转为下降 8.73%；完成定期跟踪评级项目为 6 848 个，较上年增加 14.52%，但增幅减小；不定期跟踪评级项目为 1 767 个，增幅达

---

① 安泰信用评级有限责任公司于 2021 年 11 月 24 日在中国证监会完成备案，尚未承做资本市场评级业务，因此，本部分数据统计只包含 12 家完成备案的评级机构，不含安泰信用评级有限责任公司，下同。

35.09%；终止或撤销评级项目达到 854 个，较上年增长 25.96%（见表总 1-6）。

表总 1-6　　　　　　　2021 年证券市场资信评级机构发展状况

年 度	资产总额（亿元）	营业收入（亿元）	交易所债券评级收入（亿元）	利润总额（亿元）	承接项目数量（个）	首次评级报告（份）
2021	43.40	27.95	11.43	7.56	7 707	7 959
	公司债项目（单）	资产证券化项目（单）	证券公司债项目（单）	信托、资管等非标项目（单）	具有证券从业资格人员数量（人）	硕士及以上学历员工数量（人）
2021	1 327	1 869	209	494	2 313	1 584

资料来源：2021 年中国证券业协会专项调查。

二、证券公司各项业务开展情况

（一）证券经纪业务

1. 市场规模、交易与收入情况

截至 2021 年底，境内上市公司（A、B 股）数量达到 4 697 家，较 2020 年底增加 543 家；上市公司总市值和流通市值分别同比增加 14.91% 和 16.78%，达到 91.61 万亿元和 75.16 万亿元，流通市值占比约为 82.04%。

2021 年股票和基金市场交易，全年共实现 265.30 万亿元股票和基金交易额，同比增加 20.35%。其中，2021 年全市场累计成交股票 246.98 万亿元，较 2020 年增加 19.41%；累计成交基金 18.32 万亿元，较 2020 年增加 34.51%。2021 年交易所债券市场实现 378.93 万亿元的交易额，同比增加 23.39%（见表总 1-7）。

表总 1-7　　　　　　　2020—2021 年市场规模和交易情况

年 度	上市公司数量（家）	退市公司数量（家）	股本（万亿股）		市值（万亿元）		股票成交额（万亿元）	基金成交额（万亿元）	交易所债券成交额（万亿元）
			总股本	流通股本	总市值	流通市值			
2021	4 697	23	7.07	6.08	91.61	75.16	246.98	18.32	378.93
2020	4 154	16	6.55	5.64	79.72	64.36	206.83	13.62	307.10

资料来源：上海证券交易所，深圳证券交易所，Wind。

2021 年，全年行业平均佣金率为 0.305‰，相较 2020 年的 0.326‰ 略有下降。全年证券公司经纪业务净收入 1 338.41 亿元，同比增加 15.27%，该增幅明显低于股票基金交易额的增幅，佣金率水平继续缓慢下滑。

2. 投资者情况

截至 2021 年末，沪、深两市投资者数量（投资者数量指持有未注销、未休眠的 A 股、B 股账户的一码通账户数量）达到 19 740.85 万人，其中自然人 19 693.91 万人，非自然人

46.94 万人。自然人投资者中，约 99.47%的投资者开立 A 股账户，1.20%的投资者开立 B 股账户；非自然人投资者中，约 95.50%的投资者开立 A 股账户，4.56%的投资者开立 B 股账户。

（二）证券投资咨询业务

证券投资咨询业务包括证券投资顾问业务和发布研究报告这两种基本的服务形式。2021 年全年，证券投资咨询业务实现净收入 54.57 亿元，同比增加 13.61%。

1. 证券投资顾问（以下简称"投顾"）业务

2021 年中国证券业协会专项调查统计显示，截至 2021 年底，在参与调研的 103 家证券公司中，共有 97 家已开展投资顾问业务，并有 70 家设立了专门从事及管理投资顾问业务的独立部门。其中，共有 24 家证券公司成立一级部门来从事投资顾问业务，比 2020 年增加 1 家；其余 46 家多在经纪业务总部、研究发展中心、零售业务部和财富管理部等一级部门下开展此项业务。2021 年有 90 家公司的投资顾问业务创造收入，比 2020 年增加 4 家；业务收入主要源于投资顾问费用和差别佣金。

证券公司投资顾问业务的组织形式基本以总部和分支机构分工协作为主；总部主要负责投资顾问业务规章制度、投研体系、风控体系的构建，以及业务的组织、推广、培训、指导及系统支持等，分支机构则具体负责投资顾问业务的开展。根据调查统计显示，投资顾问业务的产品类型较为丰富。根据投资者的风险偏好，设立稳健型、平衡型、进取型产品；根据投资标的，设立权益类、固定收益类、资产配置类产品；根据服务对象，设立标准化产品和定制产品；根据服务方式，设立基础服务产品、终端服务产品、投资顾问服务产品、短信服务产品、线上投资顾问服务产品及资讯服务产品；根据收费方式，分为基础服务产品、固定收费产品和浮动佣金产品。

2021 年证券公司投资顾问业务延续 2020 年的"四化"（一体化、线上化、智能化、专业化）特征，并有所深化。一是在服务形式上，通过自有 App、微信小程序、公众号推送以及与互联网平台合作等方式进一步完善和推动了线上投资顾问业务的推广；二是从收入结构看，传统投资顾问签约带来的差异化佣金收入及收入占比逐年收窄，以标准化、产品化为特色的互联网投顾产品及服务的收入效果逐年显现，服务涵盖客户数有明显新增，客户对该类线上化、产品化、标准化的服务接受度有所提升；三是继续加大金融科技的研发投入，加强智能投顾服务和量化投资研究。

2. 发布研究报告业务

2021 年中国证券业协会专项调查统计显示，在参与调研的 104 家证券公司中，100 家证券公司设有研究所（部、子公司），比 2020 年增加 4 家。从研究广度看，研究范围主要包括宏观研究、策略研究、行业与公司研究、金融工程研究、金融产品研究、债券及固定收益研究、买方研究、大宗商品研究、中小市值研究、北交所研究、新三板研究、海外市场研究等。

研究报告依然是证券研究的主要产品形式。2021 年共有 92 家证券公司的研究所（部、子公司）发布研究报告，全年共计发布研究报告 20.50 万篇，同比增加 1.84%；其中，深度报告 26 465 篇，约占研究报告总数的 12.91%，同比提高 0.86 个百分点。

证券研究业务的服务对象包括公募基金管理人、保险公司、社保基金、私募基金管理人、产业资本、资产管理公司、证券公司资产管理部门、证券公司自营部门、合格境外投资者、海外客户、高净值客户等外部机构客户，服务形式包括提供研究报告、路演、策略会、联合调研、培训、电话会议等。根据调研统计，在开展证券研究的 100 家证券公司中，83 家开展了对机构客户的产品推广及服务工作。

2021 年，证券研究部门在研究方法上持续创新：一是在新设北交所的背景下，增加了对北交所上市公司的研究覆盖；二是在宏观经济高质量发展背景下，拓展了对环保行业、新能源行业、"专精特新"企业等的覆盖范围和研究深度；三是持续加强跨行业研究、整体化研究，发掘投资价值；四是加强利用科技手段开发智能撰写、智能审核等功能，提高研究质量和效率，防范合规风险。

根据 2021 年中国证券业协会的不完全调查统计，从事发布研究报告业务的人员数量持续增加，100 家证券公司研究所（部、子公司）的全部员工总数为 6 258 人，同比增加 786 人；其中，具有 5 年及以上从业经验的员工人数为 2 284 人，约占 36.50%；具有博士及以上学历的员工人数为 490 人，约占 7.83%。

（三）证券承销与发行业务

1. 股票发行与承销业务

2021 年证券公司共完成首次公开发行（IPO）481 家，共募集资金 5 926.17 亿元，同比增加 25.38%。2021 年定向增发项目（以融资性为目的）募集资金 6 469.04 亿元；配股项目募集资金 345.32 亿元。2021 年证券公司共完成北交所上市项目 41 家，共募集资金 75.22 亿元（含 2021 年挂牌的精选层平移至北交所项目）。

2. 债券发行与承销业务

2021 年交易所债券市场持续稳定发展，全年募集资金 86 553.13 亿元，较 2020 年小幅增长 2.09%。其中，公司债券（仅包括公开发行公司债券和非公开发行公司债券）共发行 4 489 只，合计募集资金 45 373.14 亿元；可转换公司债券全年发行 118 只，发行规模合计 2 813.77 亿元；可交换公司债券全年发行 31 只，发行规模约 411.60 亿元；企业资产支持证券全年发行 1 413 只，发行规模 15 491.97 亿元；地方政府债全年发行 489 只，发行规模 21 876.55 亿元；政策性银行债全年发行 21 只，发行规模 586.10 亿元。

2021 年，交易所市场创新推出碳中和公司债券、科技创新公司债券和乡村振兴公司债券。随着"碳达峰碳中和"目标的提出，绿色债券相关政策进一步完善，2021 年交易所市场推出子品种碳中和公司债券，2021 年共发行 51 只碳中和公司债券，规模合计 478.22 亿元，市场影响力不断扩大，社会环境效益显现。为进一步聚焦科技创新引领作用，2021 年沪、深证券交易所相继推出科技创新公司债券，募集资金专项用于符合国家战略、支持关键核心领域科技创新的项目，2021 年共发行 23 单科技创新公司债券，合计募集资金 166.60 亿元，支持科技创新领域企业高质量发展。为巩固扶贫成果，推动脱贫地区发展和乡村全面振兴，2021 年沪、深证券交易所修订相关品种指引，推出乡村振兴公司债券，2021 年共发行 14 单乡村振兴专项公司债券，合计募集资金 72 亿元，资金用途涵盖乡村产业现代化建设、基础设施建设、助农企业股权出资等。其他创新品种方面，2021 年共发行 317 单短期公司债券，合计募集资金 2 616.82 亿元，发行数量及规模分别同比增长 40.89% 和 33.98%。

3. 证券公司参与全国中小企业股份转让系统业务

（1）挂牌公司情况。2021 年 9 月北交所成立，全国中小企业股份转让系统新设精选层退出历史舞台，层内挂牌公司平移为北交所上市公司。根据全国中小企业股份转让系统统计数据，截至 2021 年底，股份转让系统挂牌公司共 6 932 家，其中创新层 1 225 家、基础层 5 707 家。全年市场成交金额 2 148.16 亿元，较 2020 年增长 65.93%。

（2）定向增发融资情况。2021 年共完成 596 次定向增发，合计募集资金 259.67 亿元（见图总 1-6）。

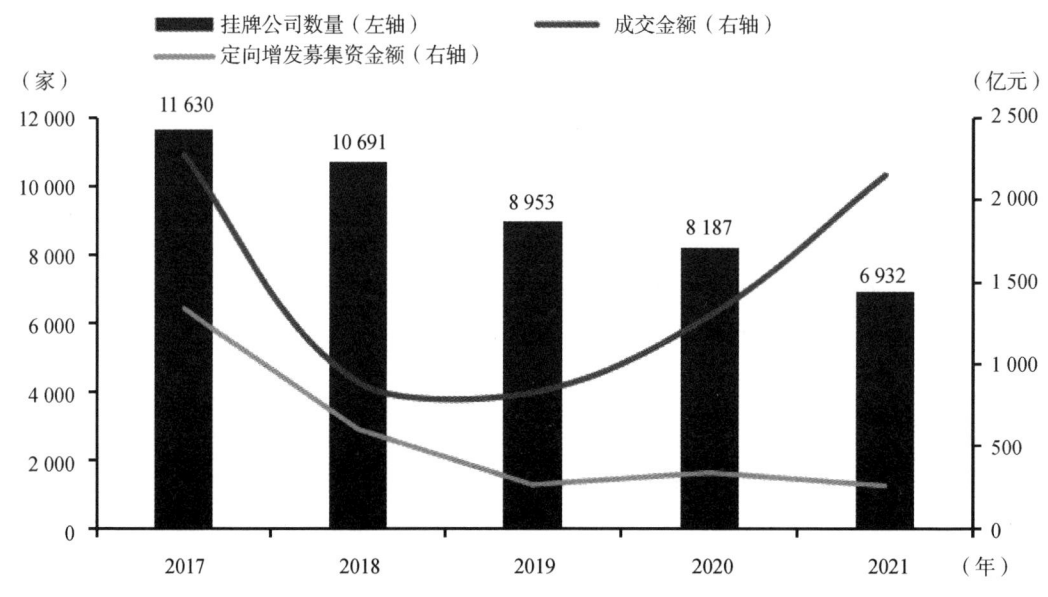

图总 1-6　2017—2021 年新三板市场发展情况

资料来源：全国中小企业股份转让系统。

4. 证券承销与发行业务收入情况

2021 年证券公司证券承销业务收入增速放缓，同比增长 4.68%，该项业务行业收入总规模达到 618.54 亿元（见图总 1-7）。

总报告
2021 年中国证券业发展回顾与展望

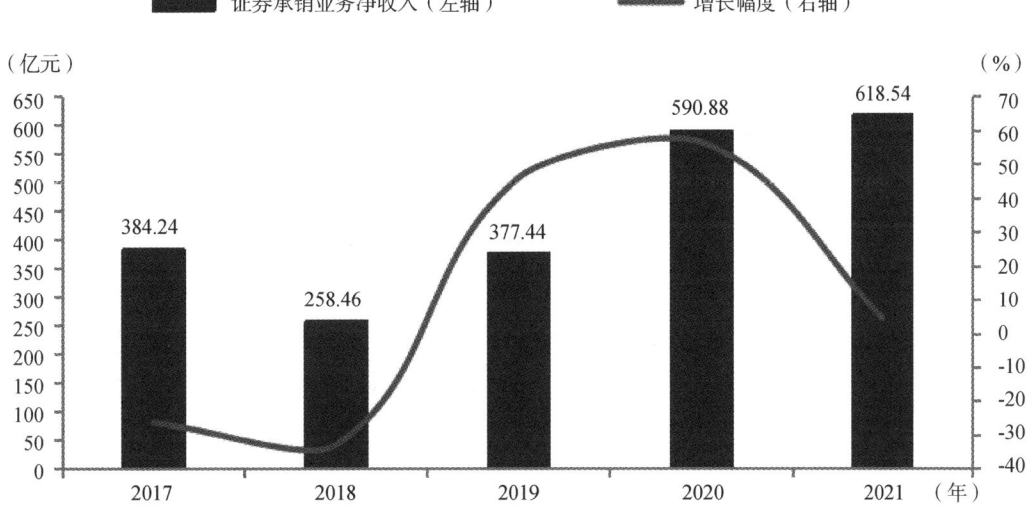

图总 1-7 2017—2021 年证券承销业务净收入及增幅

资料来源：中国证券业协会。

5. 市场集中度情况

2021 年证券公司承销业务市场格局保持集中趋势。根据 Wind 数据，股权融资（含可转债、可交债）排名前 10 位的证券公司主承销金额合计占比为 72.11%，与 2020 年的 72.00% 相比基本持平；债券融资方面，排名前 10 位的证券公司主承销金额合计占比为 64.53%，较 2020 年的 61.45% 提高 3.08 个百分点。

（四）财务顾问业务

2021 年北交所成立，多层次资本市场体系进一步完善，首次上市融资和再融资市场持续活跃，并购市场规模有所收缩。全年 A 股上市公司完成发行股份购买资产及重大资产重组交易数量为 98 单，交易规模 3 320.57 亿元，分别较 2020 年下降了 33.78% 和 44.94%。2021 年中国证监会及交易所并购重组委审核并购重组 47 单，相比 2020 年下降了 45.35%。其中，中国证监会并购重组委审核了 42 单，科创板和创业板并购重组委（上市委）审核了 5 单。

2021 年，证券公司财务顾问业务累计实现收入 81.29 亿元，与 2020 年基本持平，财务顾问业务在行业总收入的比重为 1.62%，比 2020 年降低 0.33 个百分点（见图总 1-8）。

（五）资产管理业务

1. 资产管理产品规模情况

根据中国证券投资基金业协会数据，截至 2021 年底，国内证券公司资产管理总规模 7.69 万亿元，较 2020 年下降 4.06%。其中，集合资产管理计划规模约 3.65 万亿元，占总体管理规模的 47.46%；单一资产管理计划规模约 4.04 万亿元，占总体规模的 52.54%。

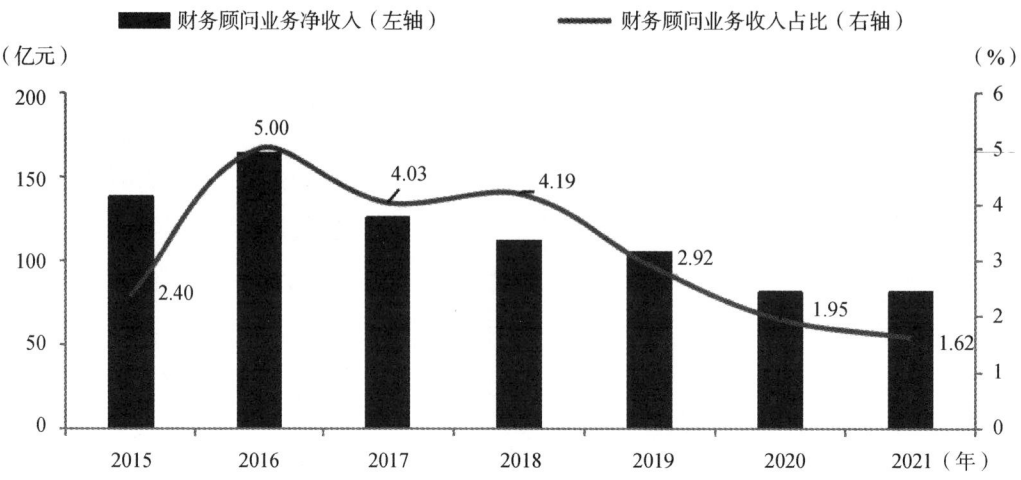

图总1-8 2015—2021年财务顾问业务净收入及其业务比重

资料来源：中国证券业协会。

2. 资产管理业务收入情况

2021年证券公司资产管理业务收入达317.86亿元，同比增加18.26亿元；资产管理业务收入在行业总收入中的比重约为6.33%，基本保持稳定（见图总1-9）。

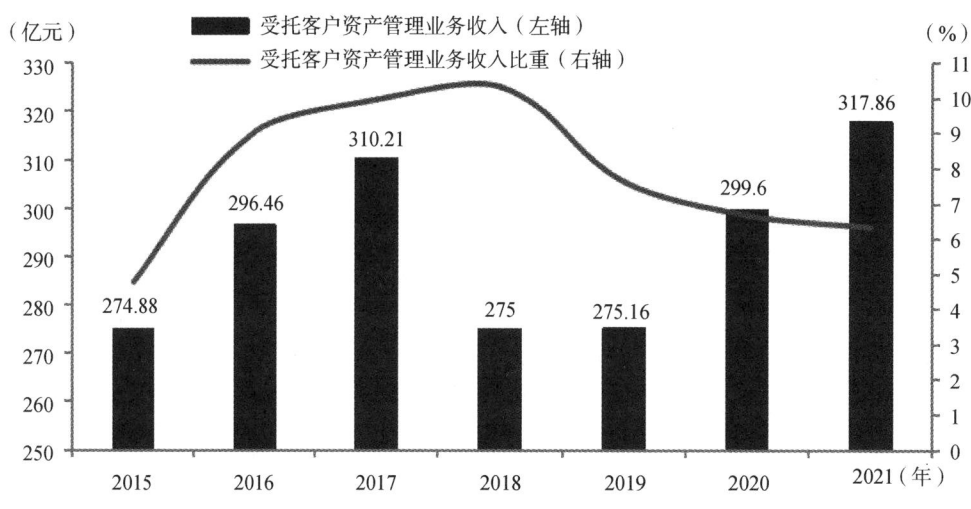

图总1-9 2015—2021年资产管理业务净收入及其业务比重

资料来源：中国证券业协会。

（六）证券自营业务

截至2021年末，证券公司进行金融产品投资的资金规模达4.81万亿元，同比增加26.59%。其中，基金资产比重大幅上升，由2020年的9.69%上升至12.24%；股票和债券资产比重略有下降，分别由8.73%、65.35%下降至7.84%、64.12%（见表总1-8）。

表总1-8　　　　　2020—2021年证券公司金融产品投资配置情况

年度	投资规模（亿元）	股票（%）	基金（%）	债券（%）	其他证券产品（%）
2021	48 090.79	7.84	12.24	64.12	15.81
2020	37 989.75	8.73	9.69	65.35	16.23

资料来源：中国证券业协会。

2021年，证券公司含公允价值变动的证券投资收益显著提升，达到1 380.86亿元，较2020年增加9.36%。

（七）融资类业务

1. 融资融券业务

（1）融资融券交易情况。2021年融资融券余额规模呈现逐步上升态势，年末余额超过1.8万亿元。根据中国证券金融股份有限公司的数据，截至2021年底，融资融券余额为18 321.52亿元，同比增加13.17%；其中，融资余额17 120.06亿元，约占融资融券余额的93.44%；融券余额1 201.47亿元，约占6.56%。

从整个A股市场来看，融资融券交易是股票市场流动性的重要组成部分。截至2021年底，融资融券余额约占A股市场流通市值的2.44%；全年累计融资买入交易额约占A股交易总额的8.42%，同比下降1.08个百分点（见图总1-10和图总1-11）。

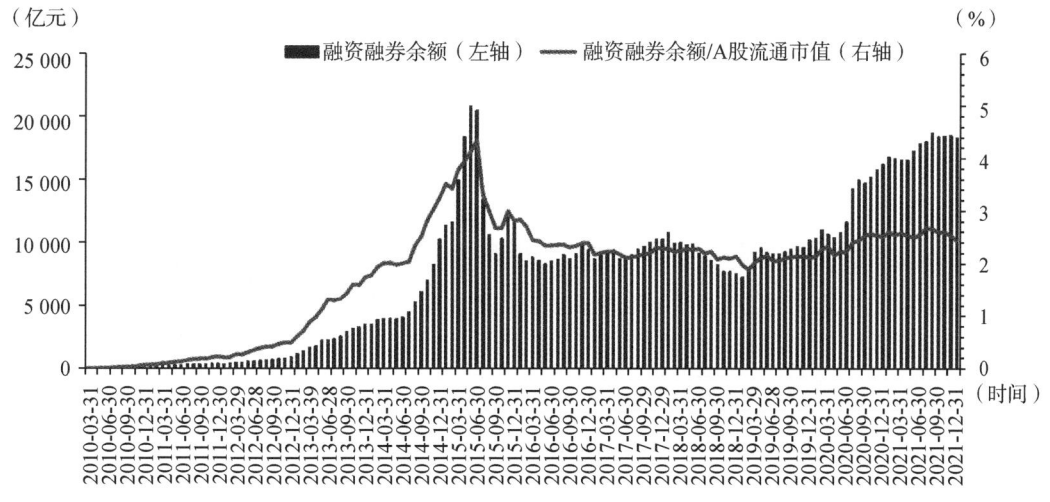

图总1-10　融资融券业务开展以来规模发展情况

资料来源：中国证券金融股份有限公司，Wind。

（2）转融通交易情况。截至2021年末，转融通余额2 359.80亿元，其中转融资余额918.43亿元，转融券余额1 441.37亿元。转融资业务累计向市场融出资金3 517.00亿元；转融券业务累计向市场融出证券1 107.73亿股，累计成交22 351.11亿元。截至2021年底，共有93家证券公司开通了转融通业务,融出转融通标的股票数量从1 897只增加至1 945只,进一步满足了投资需求(见图总1-12)。

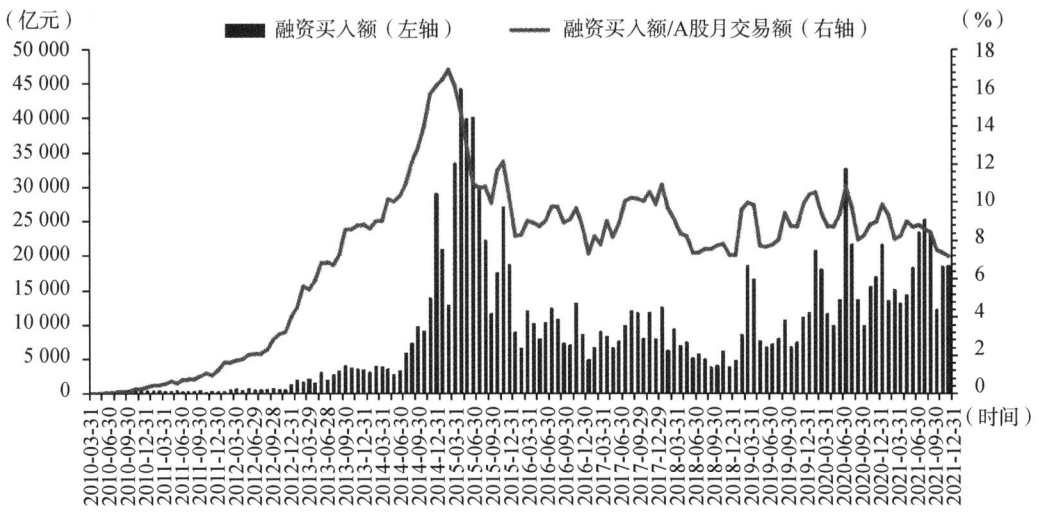

图总1-11 融资融券业务开展以来交易情况

资料来源:中国证券金融股份有限公司,Wind。

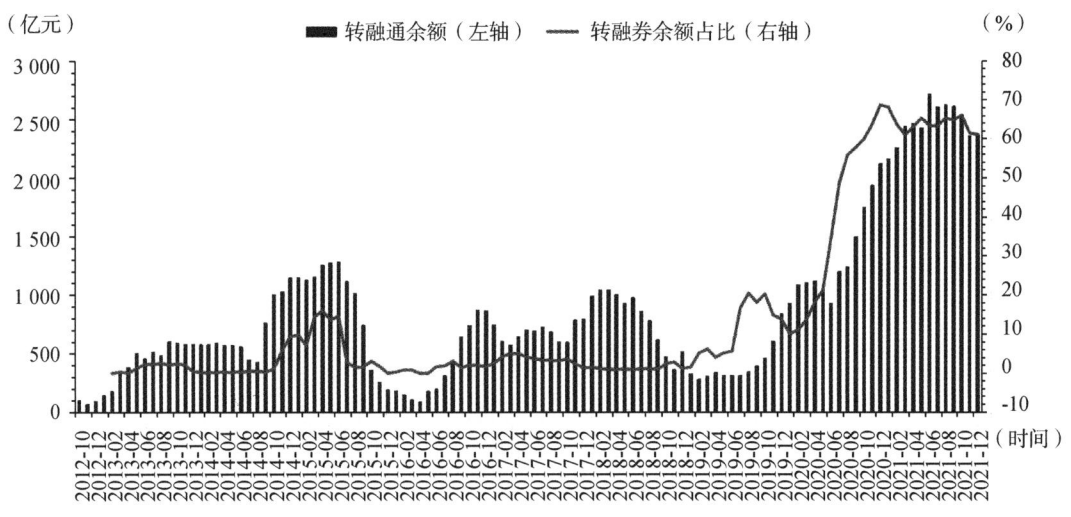

图总1-12 转融通业务开展以来规模情况

资料来源:中国证券金融股份有限公司。

(3)融资融券投资者情况。2021年,参与融资融券业务的投资者数量继续保持增长趋势。中国证券金融股份有限公司数据显示,2021年参与融资融券业务的投资者数量继续保持增长趋势。截至2021年底,614.47万名投资者开设融资融券信用账户,比2020年底增加8.68%,全年平均每月新增4.09万名投资者开设融资融券账户(见图总1-13)。

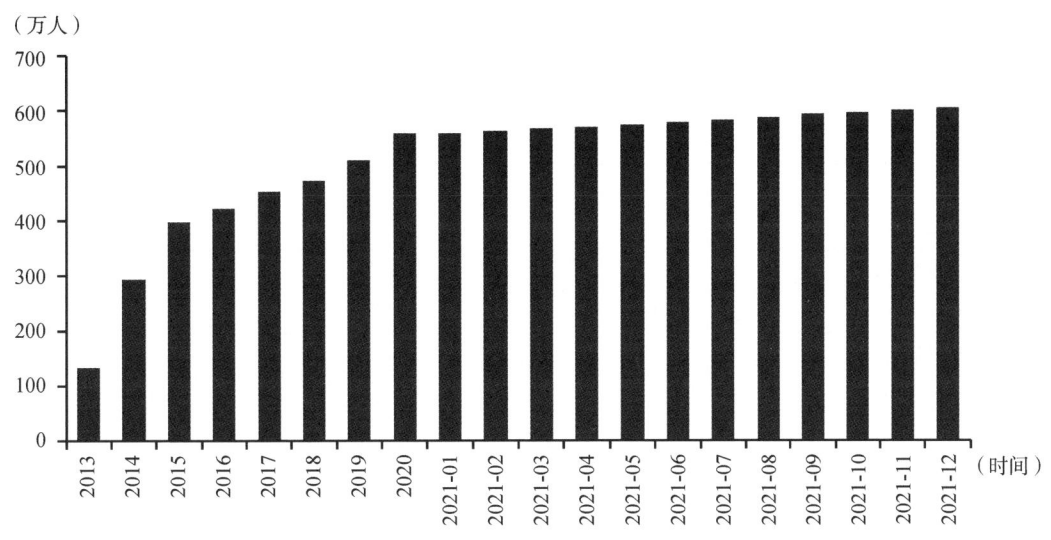

图总1-13 证券信用账户期末账户数量

资料来源：中国证券金融股份有限公司。

2. 股票质押式回购交易业务

根据上海证券交易所和深圳证券交易所专项统计数据，2021年股票质押式回购业务规模持续收缩。截至2021年底，共95家证券公司在沪、深证券交易所开通了股票质押回购业务权限，两市待购回初始交易金额5 988.68亿元，同比减少18.83%。2021年全年初始交易金额合计1 755.93亿元，同比减少25.41%。2021年全年购回交易金额2 877.27亿元，同比减少36.18%。

标的证券股份性质方面，2021年质押标的证券为流通股的待购回初始交易金额为5 102.78亿元，占比85.21%；质押标的证券为限售股的待购回初始交易金额为885.91亿元，占比14.79%。

资金融出方类别方面，2021年证券公司自有资金出资的待购回初始交易金额为3 164.98亿元，占比52.85%；证券公司资产管理计划出资的待购回初始交易金额为2 790.61亿元，占比46.60%；其他融出方出资的待购回初始交易金额为33.09亿元，占比0.55%。

3. 约定购回式证券交易业务

根据上海证券交易所和深圳证券交易所专项统计数据，截至2021年底，共81家证券公司开通了约定购回业务权限。截至2021年末，两市待购回初始交易金额28.28亿元，同比上升22.31%。2021年全年初始交易合计453笔，同比下降1.95%；初始交易金额合计38.03亿元，同比上升47.11%。

（八）证券公司私募基金投资子公司业务

根据中国证券投资基金业协会披露数据，2021年证券公司私募投资基金子公司全年共发起设立各类直接投资基金1 054只，较2020年增加130只；募集资金（认缴）总额

9 650.25 亿元，实缴资本总额 5 498.03 亿元，认缴资金及实缴资金总额分别较 2020 年增加 6.64% 及 3.68%（见表总 1-9）。

表总 1-9　　2021 年证券公司私募投资基金子公司设立基金情况

基金类型	数量（只）	认缴金额（亿元）	实缴金额（亿元）
股权投资基金	827	7 525.50	3 969.05
创业投资基金	172	1 045.41	724.29
并购基金	39	836.80	639.18
证券投资基金	0	0	0
其他类基金	16	242.54	165.51
合计	1 054	9 650.25	5 498.03

资料来源：中国证券投资基金业协会。

（九）国际化业务

2021 年中国经济稳健恢复，成为支撑全球经济增长的中坚力量，中国证券行业国际化发展持续呈现出新的特征。一是互联互通进一步深化，证券公司跨境业务向好发展。沪深港通股票投资扩大范围，粤港澳大湾区"跨境理财通"业务正式落地实施，首批跨沪港深 ETF 产品在上海证券交易所发行上市，MSCI 中国 A50 互联互通指数期货在港交所正式推出，多只 MSCI 中国 A50 互联互通 ETF 在沪、深证券交易所及港交所上市，债券通实施多项优化措施并推出债券通南向通，沪伦两地持续推进资本市场合作，沪伦通机制进一步优化。二是证券公司国际化战略布局持续推进。2021 年中国证监会放宽证券公司境外子公司设立审批及限制条件，根据中国证监会披露数据，截至 2021 年底，共有 35 家证券经营机构在境外设立子公司，相较 2020 年新增 1 家。三是"一带一路"资本市场合作稳步推进。沪、深证券交易所继续深化与"一带一路"沿线资本市场的战略合作。上海证券交易所积极开拓与境外交易所股权投资及其他合作，进一步研究完善"一带一路"熊猫债融资机制，支持境内和"一带一路"沿线国家相关机构和优质企业及国际金融机构在上海证券交易所发行人民币债券；深圳证券交易所不断拓展跨境资本市场服务链条，截至 2021 年末已与东盟 8 个国家的证券交易所签署了合作谅解备忘录。

（十）金融衍生品业务

1. 交易所衍生品业务

中国金融期货交易所数据显示，2021 年上证 50 股指期货累计全年成交 1 433.59 万手，成交金额达 146 580.12 亿元，分别同比增长 22.01% 和 33.14%；沪深 300 股指期货累计成交 2 968.05 万手，成交金额 452 669.08 亿元，分别同比增长 34.91% 和 14.91%；中证 500 股指期货累计成交 2 272.28 万手，成交金额 304 786.00 亿元，分别同比减少 30.63% 和 20.89%；10 年期国债期货累计成交 1 637.85 万手，成交金额 161 837.56 亿元，分别同比增长 2.93% 和 2.22%；5 年期国债期货累计成交 606.99 万手，成交金额 60 925.11 亿元，分别同比增长 4.48% 和 3.79%。

2. 场外衍生品业务

截至 2021 年底，共 8 家证券公司具备场外期权业务一级交易商资质，35 家证券公司具备场外期权业务二级交易商资质。根据中证机构间报价系统股份有限公司数据，2021 年全年共新增场外衍生品交易合计名义本金 84 038.31 亿元，其中新增收益互换交易合计名义本金 47 727.35 亿元，新增场外期权交易合计名义本金 36 310.66 亿元。截至 2021 年底，未了结的场外衍生品交易合计共存续名义本金 20 167.17 亿元，其中收益互换交易存续名义本金 10 260.67 亿元，场外期权交易存续名义本金 9 906.5 亿元。

三、证券行业制度建设情况

2021 年资本市场继续按照"建制度、不干预、零容忍"的原则深化制度改革，围绕推进注册制、设立北交所、打击证券犯罪等方面加强制度建设，以更好地规范市场主体，防范化解金融风险，保护投资者权益，为推进资本市场高质量发展奠定坚实的制度基础。

（一）深化新三板市场改革，建立和完善北交所制度基础，逐步实现多层次资本市场通道有机互联

2021 年，新三板改革稳步推进，北京证券交易所各项基础制度得以建立和完善，多层次资本市场制度框架更趋完善。北京证券交易所发行上市、股权融资、持续监管等规范性文件立足于北交所服务创新型中小企业的市场定位，全面提高北京证券交易所上市公司信息披露的针对性、有效性和可读性，并努力降低中小企业的信息披露成本，着力构建一套契合中小企业发展阶段和成长规律的信息披露规则体系。

2021 年 5 月，中国证监会制定《关于完善全国中小企业股份转让系统终止挂牌制度的指导意见》，结合新三板市场特点，进一步完善了主动终止挂牌、强制终止挂牌的基本制度框架，明确了终止挂牌后有关监管安排，突出交易场所主体责任，尊重市场规律和公司自治，加强市场出清和风险防控，加强投资者保护，促进形成更加规范化的市场退出制度。

2021 年 10 月，中国证监会发布《北京证券交易所上市公司证券发行注册管理办法（试行）》《北京证券交易所上市公司证券持续监管办法（试行）》《北京证券交易所向不特定合格投资者公开发行股票注册管理办法（试行）》，对北京证券交易所的发行上市、再融资、持续监管作出规定；发布《公开发行证券的公司信息披露内容与格式准则第 46—56 号》共 11 件规范性文件，对北京证券交易所上市公司招股说明书、募集说明书、发行情况报告书、年度报告、中期报告、权益变动报告书、收购报告书、重组报告书等信息披露文件的披露内容和格式提出明确要求；配套修改《非上市公众公司监督管理办法》和《非上市公众公司信息披露管理办法》，制定了挂牌公司定向发行可转债两件内容与格式准则，以做好制度衔

接，进一步丰富全国股转系统融资工具。

2021年12月，中国证券业协会发布《北京证券交易所股票向不特定合格投资者公开发行与承销特别条款》和《北京证券交易所股票向不特定合格投资者公开发行并上市网下投资者管理特别条款》两项自律规则，规范证券公司开展北交所公开发行股票承销业务，加强北交所网下投资者管理，充分体现了北交所错位发展、突出特色，以试点注册制为基础，扎实推进契合中小企业特点的制度创新。

（二）深化注册制改革，持续提高信息披露质量，压实中介机构"看门人"职责

2021年，中国证监会继续加快注册制改革的步伐，在科创板试点注册制、创业板注册制改革后，实施公司债券注册制。围绕提高信息披露质量的目标，集中修改多项证券期货基础性制度文件，督促发行人及中介机构归位尽责；进一步优化注册制新股发行承销制度，更好地发挥市场在资源配置中的决定性作用。

2021年2月，中国证监会修订发布《证券市场资信评级业务管理办法》和《公司债券发行与交易管理办法》，进一步夯实公司债券注册制的制度基础，加强事中事后监管。2021年12月，上海证券交易所发布《上海证券交易所债券发行上市审核业务指南第3号——信用债融资业务咨询》，借鉴了设立科创板并试点注册制的经验，遵循注册制"三原则"，惠及众多拟发信用债的合格企业。

2021年2月，中国证监会发布《监管规则适用指引——关于申请首发上市企业股东信息披露》，坚持以问题为导向，重点约束股权代持、临近上市前突击入股、入股价格异常等市场反映集中的行为，加快补齐制度短板。2021年3月18日，中国证监会发布修订后的《上市公司信息披露管理办法》，完善信息披露基本要求、定期报告制度和信息披露事务管理制度，细化临时报告要求，进一步提升监管执法效能。

2021年4月，中国证监会修订《科创属性评价指引（试行）》：一是新增研发人员占比超过10%的常规指标，修改后将形成"4+5"的科创属性评价指标；二是按照支持类、限制类、禁止类分类界定科创板行业领域，建立负面清单制度；三是在咨询委工作规则中，完善专家库和征求意见制度，形成监管合力；四是交易所在发行上市审核中，按照实质重于形式的原则，重点关注发行人的自我评估是否客观，保荐机构对科创属性的核查把关是否充分，并进行综合判断。

2021年7月，中国证监会发布《关于注册制下督促证券公司从事投行业务归位尽责的指导意见》，从监管、机构、市场三个维度提出重点工作任务：一是建立健全工作机制，提升监管合力；二是完善制度规则，提升监管和执业的规范化水平；三是全面强化立体追责，净化市场生态；四是做实"三道防线"，强化机构内部控制；五是完善激励约束机制，促进证券公司主动归位尽责。

2021年9月，中国证监会发布修订后的《创业板首次公开发行证券发行与承销特别规定》。本次修改取消新股发行定价与申购安排、投资风险特别公告次数挂钩的要求；删除累计投标询价发行价格区间的相关规定，由深圳证券交易所在其业务规则中予以明确。

沪、深证券交易所及中国证券业协会同步完善了科创板、创业板新股发行定价相关业务规则，进一步优化注册制新股发行承销制度，针对实践中出现的部分网下投资者重策略轻研究、为博入围"抱团报价"、干扰发行秩序等新情况新问题，进一步加强发行承销管理。

（三）贯彻实施刑法修正案，提高证券期货犯罪惩戒力度

打击证券违法活动是维护资本市场秩序、有效发挥资本市场枢纽功能的重要保障。2021年3月1日正式实行的《中华人民共和国刑法修正案（十一）》大幅提高了欺诈发行、信息披露造假、中介机构提供虚假证明文件和操纵市场四类证券期货犯罪的刑事惩戒力度。

2021年7月，中共中央办公厅、国务院办公厅印发《关于依法从严打击证券违法活动的意见》，围绕主要目标规定了7个方面、27条具体举措，主要包括：完善资本市场违法犯罪法律责任制度体系，建立健全依法从严打击证券违法活动的执法司法体制机制，强化重大证券违法犯罪案件惩治和重点领域执法，进一步加强跨境监管执法司法协作，着力提升证券执法司法能力和专业化水平，加强资本市场信用体系建设，以及加强组织保障和监督问责。

2021年7月，中国证监会发布《证券期货违法行为行政处罚办法》，主要规定了以下内容：一是明确立案程序和执法权限；二是规范调查取证行为；三是完善查审机制；四是落实行政执法"三项制度"；五是加强对当事人的权利保障和对执法人员的监督。

2021年11月，国务院公布《证券期货行政执法当事人承诺制度实施办法》，主要规定了以下内容：一是明确证券期货行政执法当事人承诺制度的内涵和适用原则；二是规定适用证券期货行政执法当事人承诺的基本流程；三是明确不适用证券期货行政执法当事人承诺的情形；四是明确承诺金的使用和管理方式；五是明确监督制约机制。该办法通过依法明确基本流程、严格限定适用范围、健全监督制约机制，确保证券期货行政执法当事人承诺制度公开公平公正实施。

（四）进一步完善投资者保护制度，诉讼、调解、仲裁多管齐下助力投资者维权

2021年，我国资本市场在保护投资者方面取得重要进步。一是法律制度供给不断完善。《中华人民共和国刑法修正案（十一）》的出台，提高了证券期货犯罪的刑事惩戒力度，着力解决近年来证券期货犯罪成本低、恶性财务造假频发等问题。在最高人民法院和地方法院的大力支持下，证券纠纷代表人诉讼司法解释正式出台。《最高人民法院关于证券纠纷代表人诉讼若干问题的规定》发布后，中国证监会同步完善配套制度，对投资者保护机构参与特别代表人诉讼进行总体规范，建立健全了"明示退出、默示加入"的证券纠纷特别代表人诉讼工作机制，进一步畅通了投资者依法维权渠道。二是投资者维权取得新成效。民事赔偿诉讼方面，首例证券纠纷特别代表人诉讼落地，首例操纵市场民事赔偿支持诉讼获得胜诉，普通代表人支持诉讼已有案件宣判。纠纷调解方面，建立多元化纠纷解决机制，设立全

国性证券期货纠纷专业调解组织；开通小额纠纷调解快速通道。2021年8月20日，最高人民法院办公厅与中国证监会办公厅联合印发《关于建立"总对总"证券期货纠纷在线诉调对接机制的通知》，对实现"人民法院调解平台"与"中国投资者网在线调解平台"系统对接，为证券期货纠纷当事人提供多元调解、司法确认、登记立案等一站式、全流程在线解纷服务提出明确要求。

2021年5月，中国证券业协会发布《证券公司投资者权益保护工作规范》，从三个方面提出自律要求：一是加强投资者保护工作的组织和机制建设；二是明确基本的投资者保护行为要求；三是完善自律管理体系，着重声誉约束。同月，中国证券业协会、中国期货业协会、中国证券投资基金业协会共同发布《证券基金期货经营机构投资者投诉处理工作指引（试行）》，规范投资者投诉处理工作。

2021年10月，中国证监会和司法部发布《关于依法开展证券期货行业仲裁试点的意见》，支持、推动在证券期货业务活跃的北京、上海、深圳三地的仲裁机构内部试点组建证券期货仲裁院（中心）。2021年11月1日，全国首个证券仲裁中心深圳证券仲裁中心揭牌，为我国资本市场法治和投资者保护机制的创新提供新的制度经验。

2021年，由中国证监会牵头、英美法等14个成员辖区的监管机构参加的全球中小投资者投诉处理与权益救济项目文件获得国际证监会组织（IOSCO）理事会审议通过，并于国际证监会组织官网正式对外发布。这是我国首次在投资者保护领域牵头国际文件的制定工作，体现了IOSCO对中国资本市场投资者保护工作，特别是中小投资者权益救济做法的肯定。该文件主要包括以下内容：一是金融服务机构及其授权代理机构对投资者投诉的内部处理机制；二是监管机构对金融服务机构及其代表相关投诉的处理机制；三是采用诉讼外的替代性争议解决机制对投资者赔偿纠纷的处理机制；四是投资者对受损合法权益要求赔偿的司法救济机制；五是九项完善中小投资者投诉处理和权益救济机制的建议。我国投诉处理机制、投保机构代表人诉讼制度、证券期货纠纷调解机制、仲裁、示范判决等制度得到了各国肯定，供新兴国家在后续制定和完善投资者投诉处理机制过程中参考和借鉴。

（五）制定多市场主体监管条例推动监管关口前移，"建制度"形成行业监管与证券监管合力

2021年中国证监会严把资本市场"入口"关、推动监管关口前移，进一步压实发行人、中介机构责任，推动制定基础法律法规，为资本设置"红绿灯"，防范化解金融风险，形成行业监管与证券监管的强大合力。

2021年2月，中国证监会发布修订后的《关于上市公司内幕信息知情人登记管理制度的规定》，落实新《证券法》规定，进一步明确内幕信息知情人、内幕信息的定义和范围，压实上市公司防控内幕交易的主体责任，强化证券交易所在内幕交易防控方面的职责，明确中介机构的配合义务；发布《监管规则适用指引——关于申请首发上市企业股东信息披露》，重申发行人股东适格性的原则要求，加强临近上市前入股行为的监管，加强对入股交

易价格明显异常的自然人股东和多层嵌套机构股东的信息穿透核查，进一步压实中介机构责任，注重形成监管合力。

2021年2月，中国证券业协会发布《证券行业文化建设十要素》，从行为、组织、观念三个层次，提出平衡各方利益、建立长效激励、加强声誉约束、落实责任担当、融合发展战略、强化文化认同、激发组织活力、秉承守正创新、崇尚专业精神以及坚持可持续发展10个证券行业文化建设关键要素，旨在为证券公司文化建设工作提供参照和指导，倡导证券公司把文化建设与公司治理、发展战略、发展方式和行为规范深度融合，与人的全面发展、历史文化传承、党建工作要求和专业能力建设有机结合，促进形成健康的价值观、发展观、风险观，为资本市场长期稳定健康发展提供价值引领、精神支撑和制度基础。

2021年3月，中国证监会发布《关于修改〈证券公司股权管理规定〉的决定》及配套规定，主要涉及：一是参考国内外金融监管经验，结合证券公司股权日渐分散的趋势，将证券公司主要股东从"持有证券公司25%以上股权的股东或者持有5%以上股权的第一大股东"调整为"持有证券公司5%以上股权的股东"。二是适当降低证券公司主要股东资质要求，取消主要股东具有持续盈利能力的要求；将主要股东净资产从不低于2亿元调整为不低于5 000万元人民币等。三是落实新《证券法》，调整证券公司变更注册资本、变更5%以上股权的实际控制人相关审批事项。四是对新问题予以规制，为新情况留出空间。包括禁止证券公司股权相关的"对赌协议"，完善控股股东变更为唯一股东的备案程序，明确单个非金融企业实际控制证券公司股权比例不得超过50%的例外情形；进一步明确对上市证券公司、股份转让系统挂牌证券公司持有5%以下股权的股东可以免除适用的条款等。

2021年5月，中国证监会公布首批证券公司"白名单"，确定将首批29家证券公司纳入"白名单"。按照"分类监管、放管结合"的思路，中国证监会对公司治理、合规风控有效的证券公司实行"白名单"制度，对纳入白名单的证券公司取消部分监管意见书要求，同时对确有必要保留的监管意见书，简化工作流程，从事前把关转为事中事后从严监督检查。

2021年6月，中国证监会发布修订后的《证券市场禁入规定》，进一步明确市场禁入类型以及交易类禁入适用规则。

2021年10月，中国证券业协会发布《证券公司声誉风险管理指引》，旨在完善证券公司全面风险管理体系，防范证券从业人员道德风险，推动建立行业声誉约束机制，维护证券行业形象和市场稳定，要求证券公司建立并持续完善声誉风险管理制度和机制，在战略规划、公司治理、业务运营、信息披露、工作人员行为管理等经营管理各领域充分考虑声誉风险，从识别、评估、控制、监测、应对、报告等环节实施声誉风险的全流程管控。

（六）增强资本市场枢纽能力，推动经济高质量发展

2021年是"十四五"开局之年，资本市场立足新发展阶段，贯彻新发展理念，服务新发展格局，进一步加强基础制度建设，着力增强资本市场枢纽功能，为推动经济高质量发展

积极贡献力量。

2021年4月9日，中国人民银行、中国银保监会、中国证监会、国家外汇管理局发布《关于金融支持海南全面深化改革开放的意见》，从提升人民币可兑换水平支持跨境贸易投资自由化便利化、完善海南金融市场体系、扩大海南金融业对外开放、加强金融产品和服务创新、提升金融服务水平、加强金融监管防范化解金融风险六个方面提出33条具体措施，基本确立了金融支持海南全面深化改革开放的"四梁八柱"，有助于弥补海南金融短板、夯实海南金融基础。

2021年4月21日，中国人民银行、国家发展改革委、中国证监会联合发布《关于印发〈绿色债券支持项目目录（2021年版）〉的通知》。《绿色债券支持项目目录（2021年版）》实现以下三方面突破：一是绿色项目界定标准更加科学准确；二是债券发行管理模式更加优化，有效降低了绿色债券发行、交易和管理成本，提升了绿色债券市场的定价效率；三是为我国绿色债券发展提供了稳定框架和灵活空间。绿色债券是重要的绿色金融工具，对绿色债券支持领域和范围进行科学统一界定，有助于提升我国绿色债券的绿色程度和市场认可度，使我国绿色债券更加聚焦绿色低碳发展战略，更好地为我国绿色金融发展赋能，推动绿色金融领域的国际合作。

第二章
2021年中国证券业服务实体经济成效

2021年是全面建设社会主义现代化国家新征程的开启之年,也是"十四五"开局之年。证券行业认真贯彻落实党中央、国务院决策部署,坚持稳中求进的总基调,承担起资本市场的主要参与者和躬身实践者的使命,强化多层次股权和债券市场功能发挥,要素资源加速向科技创新领域集聚,在发展直接融资、加快财富管理转型、强化投资端建设、助力实现"碳达峰碳中和"目标、巩固拓展脱贫攻坚成果、提升对外开放水平等方面发挥积极作用,服务实体经济实现量质双升。

一、发挥投资银行效能,助力企业直接融资

2021年,北京证券交易所正式设立,标志着在科创板、创业板注册制稳健运行基础上,我国资本市场改革发展又取得标志性进展,资本市场金字塔体系更加完善,证券行业发展直接融资业务,拓宽企业融资渠道,继续深入参与资本市场建设。

(一)立足交易所市场,拓宽企业融资渠道

1. 股权融资

IPO和再融资发行提速,市场扩容显著。2021年证券行业共服务481家企业完成境内首发上市,融资金额达到5 926.17亿元,同比增长25.38%;服务527家境内上市公司实现再融资,融资金额达到9 575.93亿元,同比增长8.10%。

证券行业积极贯彻党中央战略部署,支持创新驱动发展战略,把服务科技创新摆在更加突出的位置,支持重点行业融资需求,助力市场结构转型。2021年交易所市场股权融资规模行业排名较2020年发生了较大变化,其中,材料、银行、电信服务、食品、饮料与烟草、公用事业等行业的融资规模排名较2020年有所上升(见表总2-1)。

2021年,证券行业共服务165家科创板公司完成发行上市,首募金额达2 115.99亿元;占IPO募集资金总额的35.51%;服务199家创业板公司完成发行上市,首募金额达1 494.09亿元,占IPO募集资金总额的25.07%。科创板、创业板首发上市家数占全年IPO

家数的 75.68%，融资金额占全年 IPO 融资总额的 60.58%，证券行业有序引导资本有效支持科技创新。

表总 2-1　　2020—2021 年股权融资规模排名前 10 位行业

序号	2021 年股权融资规模行业排名	2020 年股权融资规模行业排名	位次变化
1	材料Ⅱ	资本货物	1
2	资本货物	材料Ⅱ	-1
3	银行	多元金融	9
4	技术硬件与设备	技术硬件与设备	0
5	半导体与半导体生产设备	半导体与半导体生产设备	0
6	制药、生物科技与生命科学	制药、生物科技与生命科学	0
7	电信服务Ⅱ	运输	16
8	食品、饮料与烟草	汽车与汽车零部件	1
9	公用事业Ⅱ	食品、饮料与烟草	2
10	运输	软件与服务	-3

注：含首发、增发、配股、优先股、可转债。
资料来源：Wind。

2. 债券融资

2021 年，证券公司继续担当好中介机构的职能，助力发行人充分利用公司债、企业债、中期票据、短期融资券、资产支持证券等多种融资工具，满足自身融资需求。根据中国证券业协会公布的数据，2021 年证券公司承销债券 15.23 万亿元，同比增长 12.53%。

3. 并购重组

证券公司作为资本市场中介机构，通过支持上市公司以并购重组等方式进行资本运作，为上市公司提质增效注入"新鲜血液"，有效释放微观主体活力，助力经济转型升级和高质量发展。根据 Wind 数据，2021 年 A 股上市公司完成发行股份购买资产及重大资产重组交易数量为 98 单，交易规模 3 320.57 亿元。2021 年，中国证监会共审核 42 单并购重组业务，其中 36 单获通过。

（二）积极参与新三板改革，服务创新型中小企业登陆北交所

1. 服务新三板融资，助力中小企业自立自强

新三板是资本市场服务创新型、创业型、成长型中小企业的重要平台，对于打造制度多元、功能互补的多层次资本市场，引导资金流向实体经济发挥了重要作用。根据全国股转公司数据，截至 2021 年末，新三板存量挂牌企业 6 932 家，总市值 22 845.40 亿元。2021 年，证券公司推荐企业在新三板市场完成发行 587 次，融资 259.68 亿元。与此同时，证券行业支持新三板企业收购和并购重组，服务企业累计完成重大资产重组 20 次，涉及交易金额 40.43 亿元；完成收购 126 次，涉及交易金额 80.78 亿元。

2. 助力企业登陆北交所，打造服务创新型中小企业新生态

继新三板精选层及转板制度设立后，2021年11月15日，北京证券交易所（简称"北交所"）正式挂牌，这是证券行业持续深化新三板改革、激发中小企业创新活力的又一标志性事件。

北交所设立后，新三板精选层平移至北京证券交易所。根据北交所公布的数据，截至2021年末，北交所共有82家上市公司，总市值2 722.75亿元，其中，战略新兴产业、先进制造业、现代服务业等占比87%，经营业绩突出、创新能力强。未来，证券行业将继续服务北交所，坚持错位发展、特色发展理念，打造服务创新型中小企业主阵地。

（三）助力场外市场业务发展，多渠道满足企业融资需求

区域性股权市场、证券公司柜台市场和中证机构间报价系统是证券公司开展场外市场业务的重要平台，是资本市场服务实体经济不可或缺的基础设施。区域性股权市场是中小微企业直接融资的主渠道，是地方政府扶持中小企业政策措施的综合运用平台。截至2021年底，区域性股权市场累计服务企业186 759家，实现各类融资16 648亿元，产品实现转让成交3 672.27亿元，发展投资者584 891户、中介机构8 248家。服务企业中累计转沪、深证券交易所上市69家，转新三板挂牌737家，被上市公司或新三板公司收购58家，改制为股份公司5 390家。近年来，证券公司积极参与区域性股权市场服务体系建设，在帮助中小微企业对接资本、落实金融服务实体经济方面取得了显著成效。

证券行业在证券公司柜台市场和中证机构间报价系统积极开展场外市场业务，进一步拓展资本市场服务实体经济方式，通过发行收益凭证、场外金融衍生品交易等业务为资本市场提供流动性支持，提升资本要素配置效率，促进实体经济发展。2021年证券公司共发行收益凭证44 091只，金额达10 226.49亿元，2021年末收益凭证存续规模达4 142.24亿元；2021年证券公司开展场外金融衍生品交易本年累计新增名义本金84 038.31亿元，2021年末证券公司场外金融衍生品存续未了结初始名义本金合计20 167.17亿元。

二、培育财富管理新动能，满足居民多元化资产配置需求

财富管理是支持资本市场投资实体经济的重要业务，随着我国居民财富快速增长，居民优化资产配置、增加财产性收入的需求日益迫切。证券行业积极开展财富管理业务，为客户提供多层次、多品种、风险收益匹配的金融产品，在满足居民多元化资产配置需求的同时，引导居民储蓄进入资本市场，服务实体经济发展。

（一）加强金融产品供给，夯实财富管理发展根基

证券公司在发力财富管理转型过程中，构建客需导向型业务路径，除了为客户提供股票、债券等传统金融产品之外，还配置基金等其他金融产品。

根据中国证券业协会公布的数据，2021 年证券行业代理销售金融产品净收入 206.90 亿元，同比增长 53.96%，收入占经纪业务收入 13.39%，占比提升 3.02 个百分点。证券公司根据目标客群需求和自身满足客户需求的能力，为居民配置全生命周期、多种类金融资产，夯实财富管理根基。

（二）打造专业化投顾队伍，培育财富管理新动能

近年来，在证券公司传统经纪业务向财富管理转型过程中，投资顾问队伍的重要性日益凸显。作为智力密集型业务，财富顾问业务的展业模式、服务内容和服务客群需要专业化的投资顾问队伍，而专业化的投资顾问队伍将是推动居民财富管理业务发展的新动力之一。根据中国证券业协会公布的数据，2018—2021 年，证券公司投资顾问数量逐年增加，从 2018 年的 45 133 人上升到 2021 年的 69 229 人，占从业人员比重由 13.5% 提升至 20.16%。

2021 年，证券行业财富管理业务转型初见成效。2021 年证券公司社会财富管理属性更强的资管产品规模显著增长，集合资产管理计划增长明显，较 2020 年增长约 75%，单一资产管理计划持续压降，较 2020 年下降约 32%。2021 年证券行业全年实现资管业务净收入 317.86 亿元，同比增长 6.10%；实现投资咨询业务净收入 54.57 亿元，同比增长 13.61%。

（三）借助资本市场力量，助力居民财富管理进阶

在金融产品种类逐步丰富以及证券行业财富管理水平不断提升的推动下，居民储蓄多渠道转化为资本市场长期资金，对于实现居民财富积累、繁荣实体经济发挥了重要作用。截至 2021 年末，证券行业为客户开立 A 股资金账户数为 2.98 亿个，同比增加 14.89%，客户交易结算资金期末余额（含信用交易资金）1.90 万亿元，较上年末增加 14.66%，客户基础不断扩大。财富管理业务的快速发展有赖于庞大的居民投资群体，其有效推动了个人财富向资本市场长线资金的转化，既助力实体经济发展，又为居民带来长线投资回报。

三、赋能投资端建设，打造市场优质企业新发展

在发挥资本市场中介职能、参与资本市场建设的同时，证券行业承担直接投资者责任，通过资产管理、自营等业务，将自有资金和客户委托资金直接投资于实体经济。此外，证券行业通过对投资标的筛选和面向市场的研究服务，引导市场资金向具有投资价值的核心资产集聚，推动了实体经济去粗取精、扶优限劣的进程，真正成为实体经济的"重要投资者"和"价值发现者"。

（一）持续扩大投资规模，向实体经济注入流动性

资产管理业务、直接投资业务和自营业务是证券公司投资实体经济的重要方式。证券公司通过资产管理业务将客户委托资金投资于实体经济。根据中国证券投资基金业协会公布的数

据，2021年，基金管理公司及其子公司、证券公司、期货公司、私募基金管理机构资产管理业务总规模约67.87万亿元，其中证券公司及其子公司私募资产管理业务规模达8.24万亿元。

证券公司通过自营等投资类业务将自有资金直接投资于实体经济。自营业务在风险可控的前提下，通过购买企业发行的债券，向实体经济注入流动性。另外，证券公司通过另类投资子公司参与科创板企业等项目跟投，积极支持新经济企业发展。根据Wind数据，科创板注册制试点以来，截至2021年末，证券公司科创板跟投规模达184.42亿元。通过科创板跟投等机制，证券行业以优质项目带动有效投资，多渠道向实体经济注入发展新活力。

（二）挖掘核心资产价值，向实体经济注入资金活水

证券公司在实体企业发展的全流程中积极挖掘企业价值。在二级市场投资中，证券公司践行管理人职责，努力寻找高成长性的核心资产，配置各行业代表性龙头企业股票，对于实体经济发展起到了扶优限劣的作用。在一级市场投资中，证券公司高度重视新经济领域成长企业投资，持续为信息技术、生物医疗、互联网和半导体等重点投资领域注入资金活水。证券公司通过卖方研究服务，为市场投资者提供了重要的参考信息，深化投资者对于优质实体企业的理解与认识，引导市场资金注入实体经济。根据2021年中国证券业协会专项调查不完全统计，2021年共有92家证券公司的研究所（部、子公司）发布研究报告，全年共计发布研究报告20.50万篇，同比增加1.84%。

四、践行新发展理念，助力实体经济绿色高质量发展[①]

（一）多渠道践行新发展理念，助力实现"双碳"目标

1. 成立专门碳金融业务团队，探索开展碳交易业务

证券行业积极服务于国家战略发展大局，践行绿色发展理念，探索成立专门的碳金融业务团队，开展碳交易业务，旨在利用市场机制控制和减少温室气体排放，推动绿色低碳发展。根据调查统计，在践行"碳达峰碳中和"方面采取具体举措的75家证券公司中，有15家成立专门的碳金融业务团队或碳金融业务组，占比20%。

证券行业通过试点碳配额和中国核证减排量（CCER）交易等方式，助推"双碳"目标实现，将绿色发展理念落到实处，重点服务水泥、发电、钢铁等行业的碳交易需求，CCER覆盖可再生能源、甲烷利用、森林碳汇、碳普惠等类型，并积极与林业等相关部门和行业开展广泛合作。目前有2家证券机构获准展开碳交易业务，未来可在研究可能性基础上放开更多证券公司开展碳交易业务，为证券行业助力实现"双碳"目标提供有效支撑。

---

① 如无特殊说明，本节数据取自2021年中国证券业协会专项调查，有效问卷结果合计104份。

2. 多种方式、多管齐下，创新赋能"双碳"目标

证券公司多种方式、多管齐下，积极探索赋能"双碳"目标的有效途径。一是作为中介机构，助力绿色企业进行股权和债券融资，将"碳中和"专项债作为重点承销产品，贯彻落实绿色低碳发展理念，并担当绿色企业的财务顾问，助力转型发展；二是探索开发挂钩碳排放配额、碳中和指数的收益凭证以及"碳中和指数""碳汇组合贷"等碳金融创新产品，培育绿色发展新动能；三是举办绿色主题论坛，开展绿色金融宣讲，聚焦"双碳"研究，实时关注并发布光伏、风电、锂电、新能源汽车等重点行业发展动态，发布"双碳"行动方案，举办绿色主题创新知识竞赛，宣导环保理念，为推进碳市场发展提供智力支持。

（二）支持绿色股权、债券融资，引导绿色项目资金配置

证券行业积极服务"碳中和"概念上市公司开展股权融资，根据 Wind 数据，2021 年证券行业助力两家"碳中和"概念公司成功实现 IPO，募集资金累计 59.33 亿元；截至 2021 年底，中国内地资本市场已有 126 家"碳中和"概念上市公司。

根据中国证券业协会发布的 2021 年证券公司债券承销业务专项统计，2021 年全年，作为绿色公司债券主承销商或绿色资产证券化产品管理人的证券公司共 50 家，承销（或管理）102 只债券（或产品），合计金额 1 376.46 亿元；其中，资产证券化产品 38 只，合计金额 529.25 亿元。

（三）支持投资绿色产业，推动绿色产业发展

1. 积极参与绿色债券投资，提升绿色项目资金可获得性

证券行业积极支持低碳、循环、生态领域投资需求，提升绿色项目资金可获得性。根据调查统计，2021 年 52 家证券公司参与绿色债券相关投资交易规模平均达 61.41 亿元，其中最大投资规模达 785.12 亿元，最小投资规模为 0.2 亿元。2021 年证券公司参与绿色债券相关投资交易规模分布情况见图总 2－1。

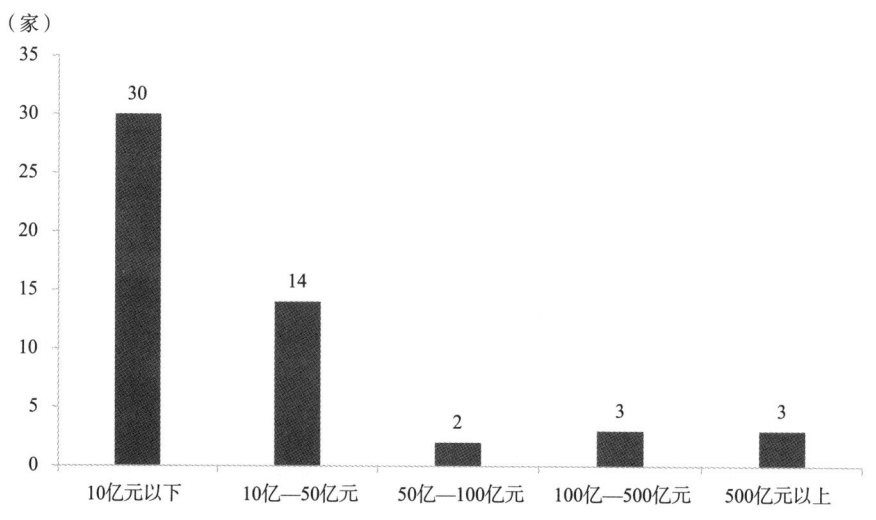

图总 2－1　2021 年证券公司参与绿色债券相关投资交易规模分布情况

2. 协助机构客户投资低碳绿色产业上市公司，充分发挥资本市场绿色金融优势

证券公司积极发挥资本优势，引导机构客户投资于光电感知、科学仪器、激光应用、光通讯、生态建设等重点低碳绿色产业上市公司。根据调查统计，2021 年 14 家证券公司助力机构客户参与投资低碳绿色产业上市公司规模平均达 34.65 亿元，其中最大投资规模达 163.32 亿元，最小投资规模为 0.3 亿元。2021 年证券公司助力机构客户参与投资低碳绿色产业上市公司规模分布情况见图总 2-2。

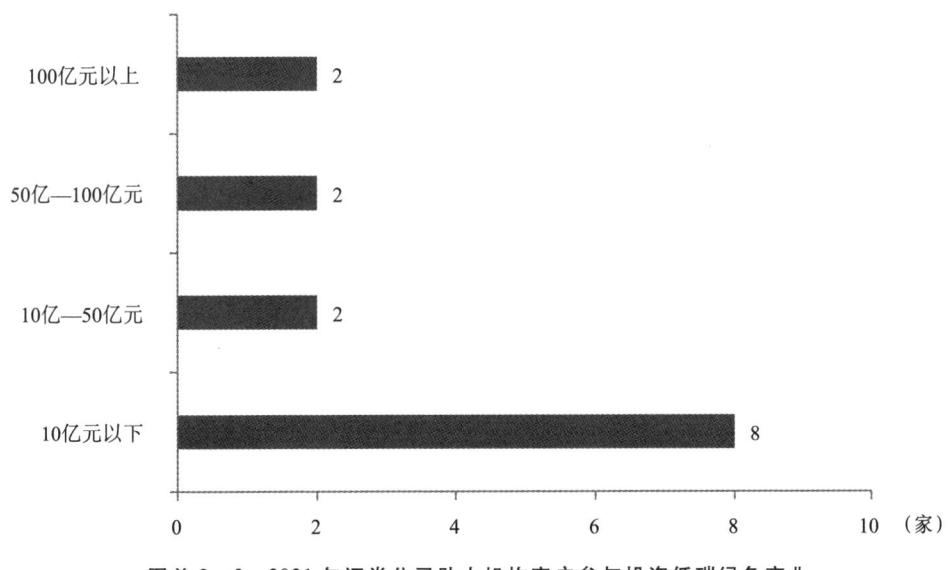

图总 2-2 2021 年证券公司助力机构客户参与投资低碳绿色产业上市公司累计规模分布情况

3. 通过设立市场化母基金、境内外私募股权投资及战略配售，拓宽绿色低碳投资路径

证券公司积极通过设立市场化母基金、开展境内外私募股权投资以及战略配售等方式，开拓绿色低碳投资的方式方法。根据调查统计，2021 年 29 家证券公司通过设立市场化母基金以及境内外私募股权投资及战略配售对绿色低碳领域的投资规模平均达 11.34 亿元，其中最大投资规模达 265.22 亿元，最小投资规模为 0.1 亿元。2021 年证券公司通过设立市场化母基金以及境内外私募股权投资及战略配售对绿色低碳领域的投资分布情况见图总 2-3。

（四）积极发布各类绿色指数，鼓励和引导绿色投资

证券行业通过发布绿色指数，监测和反映绿色产业和绿色金融发展情况，从而鼓励和引导绿色投资。根据中证指数有限公司公布的数据，截至 2021 年底，累计有 45 只绿色指数，其中 10 只为 2021 年新发布，包括信用债、综合债、主题、策略等类别，涵盖股票、债券、固定收益三类资产（见图总 2-4）。

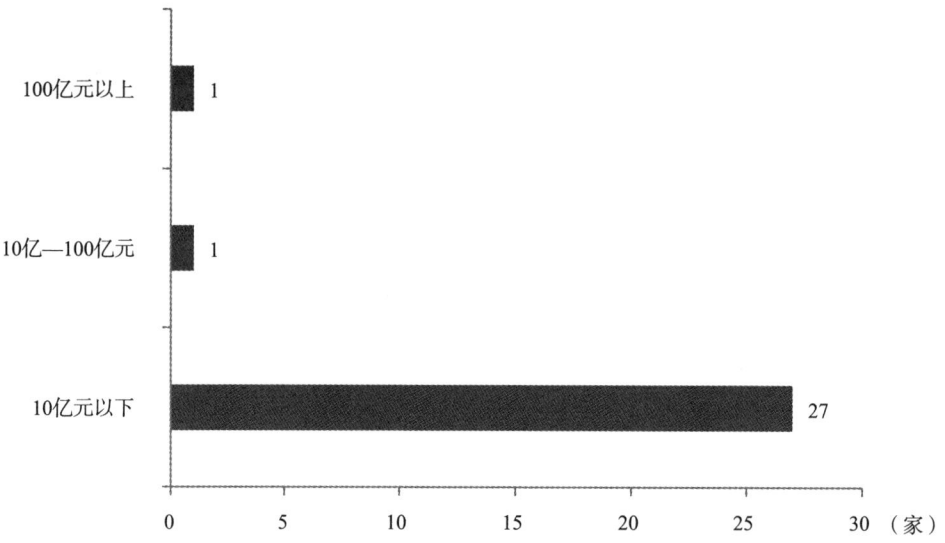

图总 2-3　2021 年证券公司通过设立市场化母基金、境内外私募股权投资及战略配售对绿色低碳领域的投资分布情况

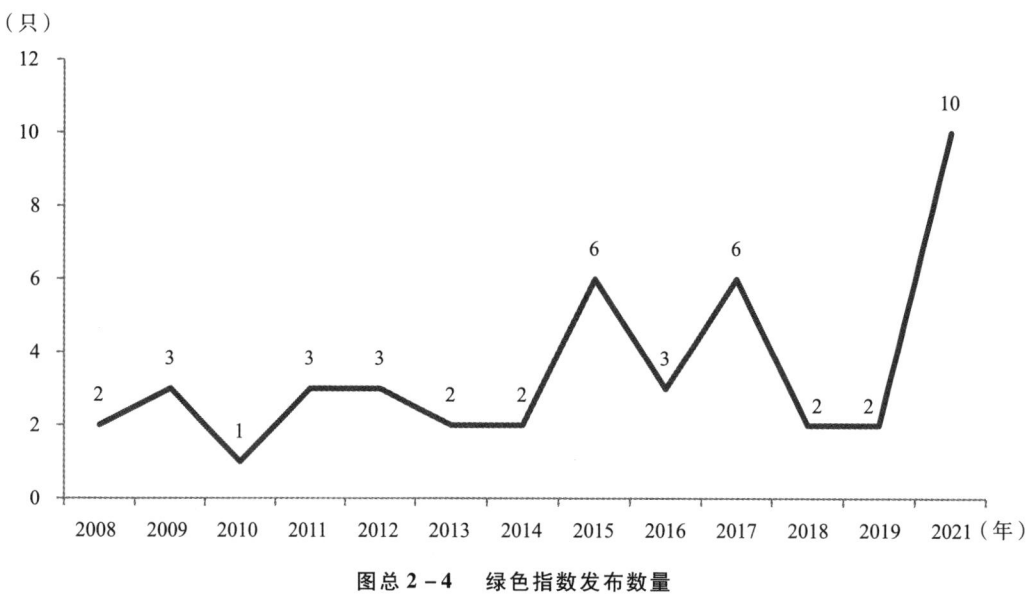

图总 2-4　绿色指数发布数量

资料来源：中证指数有限公司。

（五）引入、创设绿色低碳金融产品，践行绿色低碳发展理念

1. 引入绿色低碳主题公募基金，丰富绿色低碳产品体系

证券公司积极引入绿色低碳主题公募基金，利用资本市场力量，丰富绿色低碳产品体系。调研数据显示，2021 年 41 家证券公司引入绿色低碳主题公募基金平均为 17.68 只，证券公司引入绿色低碳主题公募基金最多达 156 只。2021 年证券公司引入绿色低碳主题公募基金产品数量分布情况见图总 2-5。

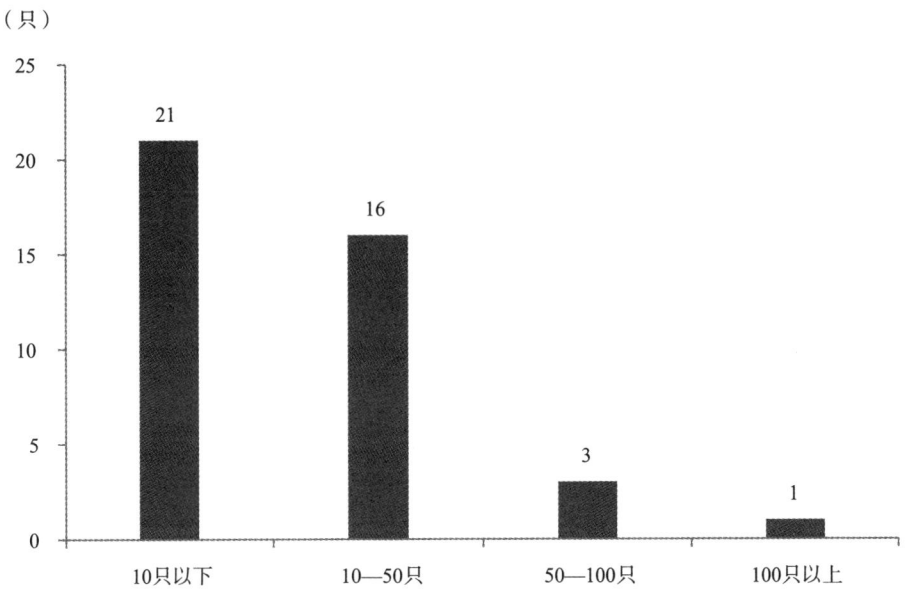

图总 2-5　2021 年证券公司引入绿色低碳主题公募基金产品数量分布

2. 发行绿色资产证券化产品，引导资金注入绿色产业

证券公司发行绿色资产证券化产品，引导各类资金注入绿色产业，助推绿色产业发展。根据调查统计，2021 年 12 家证券公司资管子公司发行绿色资产证券化产品的最大规模为 89.95 亿元，最小规模为 3.06 亿元，平均值为 25.64 亿元。证券公司资管子公司致力于推动绿色低碳行业的发展，发行的资产证券化产品基础资产涉及的标的物多为绿色领域，该类资产证券化产品的发行有利于相关绿色产业获得充足的资金支持，进一步推动相关绿色政策的落地。

3. 发行绿色低碳主题基金，积极践行绿色投资理念

根据调查统计，2021 年 19 家证券公司发行绿色低碳主题基金的最大规模为 309.34 亿元，最小规模为 0.48 亿元，平均值为 45.34 亿元。证券公司旗下基金管理公司发行的绿色低碳主题基金，积极引入"绿色投资"概念，推广环保可持续理念，引导投资者参与投资，有助于通过技术创新、产业转型升级、产业结构调整促进低碳成长的行业发展。

五、巩固拓展脱贫攻坚成果，助力乡村振兴

根据中国证券业协会公布的数据，截至 2021 年底，共有 102 家证券公司结对帮扶 323 个脱贫县，致力于践行创新、协调、绿色、开放、共享发展理念，助力提升发展的平衡性、协调性、包容性。已有 60 家证券公司参与"促进乡村振兴公益行动"，以巩固脱贫成果为重点，积极开展助学、助老、助残、助医、助困等公益行动，服务乡村振兴，促进共同富裕。

(一) 巩固拓展脱贫攻坚成果,深入开展各类公益项目

1. 深入开展医疗、教育等各类公益项目,推进落实帮扶工作

2021年,证券行业加大在帮扶对接县的医疗、教育等公益项目投入,推进落实帮扶工作。根据调查统计,2021年,在项目数量上,74家证券公司在帮扶对接县平均实施7.35个项目,投资项目数量在30个以上的证券公司有2家;在项目金额上,74家证券公司在帮扶对接县平均赞助金额达470.76万元,其中投资金额在3 000万元以上的有3家(见图总2-6、图总2-7)。

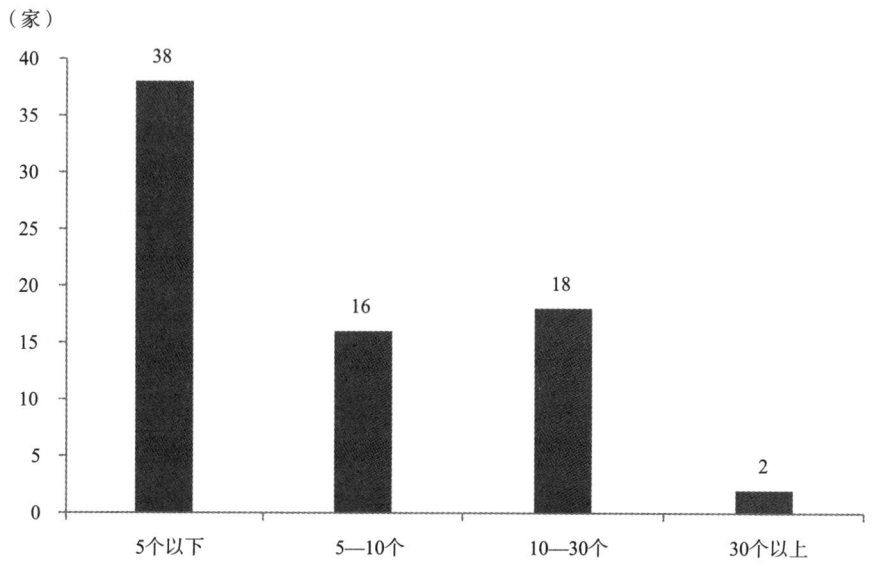

图总2-6　2021年证券公司在帮扶对接县实施的公益、医疗、教育等项目数量分布情况

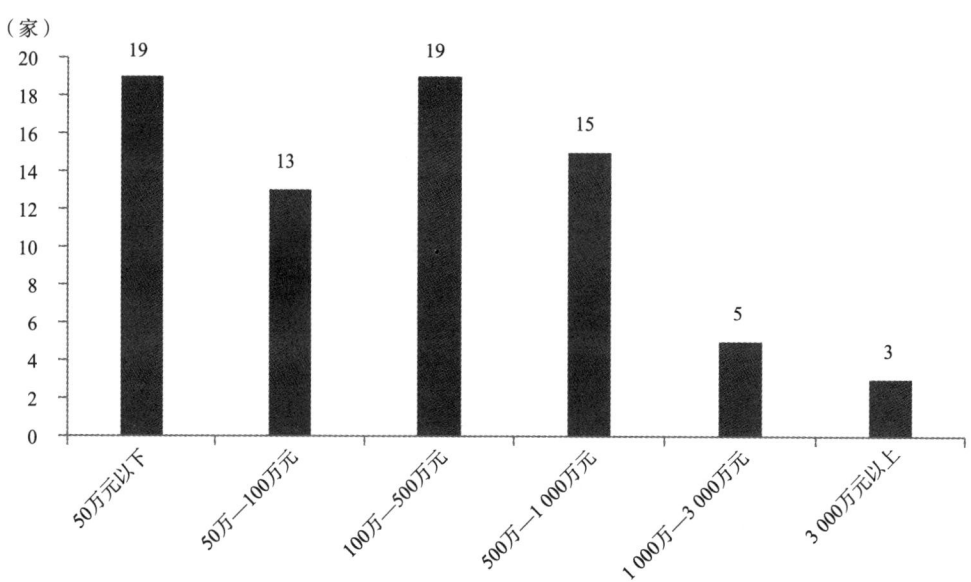

图总2-7　2021年证券公司在帮扶对接县实施的公益、医疗、教育等项目金额分布情况

2. 多渠道多方式开展资源对接，巩固拓展扶贫攻坚成果

2021 年，证券行业积极贯彻落实党中央关于金融服务实体经济、金融助力乡村振兴的要求，采用多种形式，巩固拓展脱贫攻坚成果，助力乡村振兴。一是开展产业帮扶，在帮扶对接县建设牲畜饮用水水池、蔬菜大棚、扶贫车间、"农村产业合作社发展"等项目，促进帮扶对接县第一、第二、第三产业深度融合，形成"农业+"多业态发展态势；二是开展智力帮扶，针对农民工开展从技术到市场等一揽子基础培训，增强其创业能力及创业技巧；三是开展消费帮扶，直接或者带动员工采购帮扶对接县农产品，助力农民增收；四是进行文化帮扶，在帮扶对接县建设文化场地，开展乡村助学、师资培训、支教等活动，助力提高帮扶对接县文化水平；五是进行医疗帮扶，支持帮扶对接县基础医疗服务设施建设，提升医疗水平；六是进行生态帮扶，更新公用垃圾桶、污水泵等生产生活设施，助力美丽乡村建设；七是进行捐赠帮扶，直接向帮扶对接县捐款捐物，进行校舍扩建，购置校服、体育用品、书籍等。

（二）助力欠发达地区[①]企业融资，为企业发展注入源头活水

证券公司担任保荐机构和承销商，助力欠发达地区企业融资，巩固拓展脱贫攻坚成果。根据调查统计，2021 年 46 家证券公司平均助力欠发达地区企业融资项目 18.15 个，融资金额达 89.68 亿元（见表总 2-2）。

表总 2-2　　　　2021 年证券公司助力欠发达地区企业融资项目情况

指　标	助力欠发达地区企业融资项目数量（个）	助力欠发达地区企业融资项目金额（亿元）
平均值	18.15	89.68
最大值	295	1 879.38
最小值	1	0.21

（三）积极履行社会责任，贯彻落实乡村振兴战略

1. 助力乡村振兴专项债发行，有效利用资本抓手

根据调查统计，2021 年 22 家证券公司担任保荐机构和承销商，平均助力乡村振兴专项债券发行数量 3.59 个，融资金额达 31.52 亿元（见表总 2-3）。

表总 2-3　　　2021 年证券公司助力乡村振兴专项债券发行数量以及金额情况

指　标	助力乡村振兴专项债券发行数量（个）	助力乡村振兴专项债券发行金额（亿元）
平均值	3.59	31.52
最大值	15	211
最小值	1	2

---

① 欠发达地区由各证券公司依照自身标准进行认定。

2. 加大医疗、教育等公益项目投入，聚焦乡村振兴重点领域

根据调查统计，2021 年 25 家证券公司在助力乡村振兴医疗、教育等公益项目上平均投入 859.91 万元，充分运用资本力量，聚焦乡村振兴重点领域。相关金额分布情况见图总 2-8。

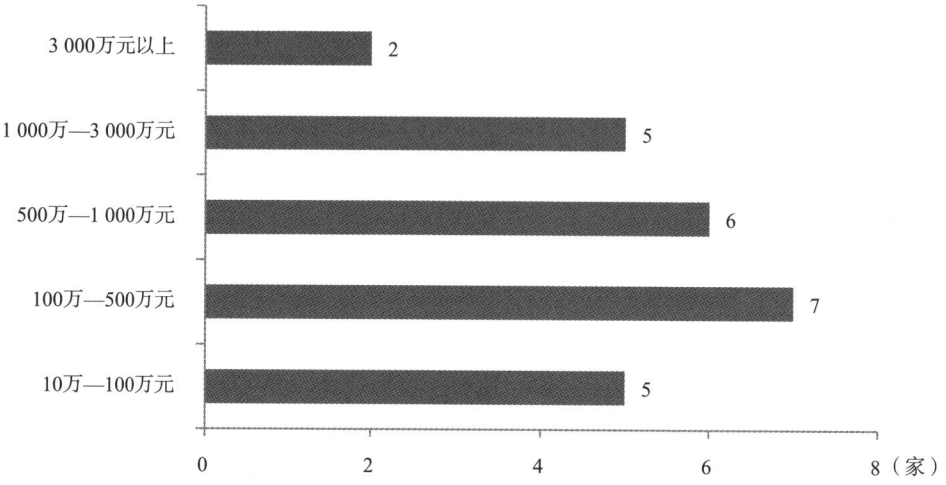

图总 2-8　2021 年证券公司助力乡村振兴开展的医疗、教育等公益项目投入金额分布情况

六、助力资本市场高水平对外开放，服务行业双向开放新格局

2021 年，党中央、国务院继续在前期工作基础上，深化布局"引进来"和"走出去"战略，在新时代下加快推进资本市场对外开放，坚持以开放促改革、以开放促发展，努力形成资本市场高水平对外开放新格局。证券行业在国际化浪潮中，通过引入国际资本、拓展跨境服务积极支持实体经济发展。

（一）落实"引进来"战略，引入外资支持资本市场发展

证券公司多渠道引流国际资金，为实体经济贡献增量投资来源。目前国际资金主要分为合格境外机构投资者（QFII）资金和北向资金两类。针对 QFII 资金，证券公司努力扩大其在一级市场的参与程度，利用锁定期引导国际资金长期配置国内市场。根据 Wind 数据，QFII 投资者积极参与科创板和创业板 IPO 跟投，目前已参与昊海生科、中芯国际、前沿生物、生益电子、大全能源、华利集团等科创板和创业板项目。针对北向资金，证券行业积极拓展陆港通业务，为国际资金建立便捷的 A 股投资渠道。根据 Wind 数据，2021 年北向资金净买入额达 4 321.69 亿元，累计净买入额突破 1.6 万亿元，与 2020 年相比，分别增加 106.85% 和 35.94%。截至 2021 年底，外资机构通过陆股通总持股市值达 2.7 万亿元，占 A 股总流通市值的 3.66%，有力促进了国内实体企业发展。

（二）践行"走出去"战略，完善国际化布局

证券行业持续推进国内企业海外融资与并购，为实体经济国际影响力的提升做出贡献。融资层面，中资证券公司协助企业在中国香港、美国等国际平台完成 IPO 募资。根据 Wind 数据，截至 2021 年底，港股市场有 97 只新股上市，共融资 3 314 亿港元，其中有 29 家由内资券商作为独家保荐人，35 家由内资、外资行携手参与保荐；完成美股市场 11 家中概企业的 IPO 主承销，首发募集总额 85.82 亿美元。并购层面，中资券商积极提供财务顾问支持，不断推动国内实体企业做大做强，为完善国际布局、优化产业链条、打开境外市场做出了贡献。根据 Wind 数据，中资券商 2021 年协助境内企业完成海外并购 2 单，合计金额 32.01 亿元人民币。

第三章
2021年中国证券业发展特点

2021年,资本市场实现"十四五"良好开局,证券行业坚持稳中求进工作总基调,紧扣行业高质量发展"六个必须"总要求,认真贯彻落实新发展理念,立足于服务构建资本市场改革纵深发展新格局,着力强化和发挥资本市场枢纽功能,加快推动要素资源向科技创新领域汇聚,进一步畅通科技、资本与实体经济的高效循环,不断探索行业文化建设新实践,快速推进数字化转型发展,积极服务居民财富管理和绿色低碳循环发展经济,证券公司经营状况整体向好,合规管理和风险防控能力进一步增强,综合实力和盈利能力进一步提升,在支持"碳达峰碳中和"、乡村振兴、创新驱动发展以及"一带一路"建设等方面发挥了重要作用。与2020年相比,2021年证券行业发展主要呈现如下特点。

一、全面深化资本市场改革向纵深推进,制度建设更趋完善

2021年是中国资本市场全面深化改革和制度建设的关键一年。2021年深圳证券交易所主板与中小企业板合并,北京证券交易所正式开市,多层次资本市场体系更加优化,常态化退市机制加速形成,中介机构更加归位尽责,行业文化建设和生态改善取得新成效,制度性开放亦取得新进展,为证券行业高质量发展夯实了基础。

在市场制度建设方面,以全面推进注册制改革为主要抓手,以贯彻落实新《证券法》为主要契机,证券发行、交易、再融资、并购重组、信息披露和退市等各项基础制度建设进一步修订和完善,资本市场法制供给不断加大,为资本市场平稳健康运行提供了重要保障,上市公司质量提升取得明显成效,公募REITs基础设施证券投资基金试点取得新突破,在助力要素资源加速向科创领域聚集方面实现量质双升。

在强化行业合规和风险管理方面,2021年证券行业分类监管首次引入"白名单"管理制度,督促证券公司归位尽责。与此同时,证券行业积极加强文化建设,主动压实内控合规主体责任,从业人员执业及自律管理更加规范,行业合规和风控管理能力进一步提升,债券违约、股票质押等重点领域风险持续收敛,投资者权益保障更加得力,资本市场高质量发展的基础得到进一步夯实。

2021年,证券执法和司法体制进一步健全,监管部门进一步加大对欺诈发行、财务造假、内幕交易和市场操纵等恶性违规行为的打击力度,有效净化了资本市场生态环境。2021年中国证监会共办理案件609起,其中重大案件163起,涉及财务造假、资金占用、以市值管理名义操纵市场、恶性内幕交易及中介机构未勤勉尽责等典型违法行为。依法向公安机关移送涉嫌犯罪案件或线索177起,同比增长53%;会同公安部、最高检联合部署专项执法行动,证券执法司法合力进一步加强,证券市场违法多发高发势头得到初步遏制。

二、多层次资本市场构建新格局,支持实体经济高质量发展

2021年是国内多层次服务构建新发展格局的关键一年,设立北京证券交易所迈出了打造服务创新型中小企业主阵地的新步伐,合并深市主板与中小企业板能够进一步完善差异化制度安排,科创板"硬科技"的市场定位更加明晰,上市公司质量提升取得显著成效,常态化退市机制加速形成,多层次股权、债券市场枢纽功能发挥更加充分,市场韧性、稳定性和可预期性持续提升,股债融资规模创历史新高,推动要素资源加速向科技创新领域汇聚,服务实体经济实现量质双升。

设立北京证券交易所,是资本市场服务构建新发展格局作出的新的重大战略部署,是中国特色现代资本市场时代性和适应性的重要体现,能够进一步优化国内多层次股权市场体系结构,显著增强了多层次股权市场服务"专精特新"企业的活力和韧性。与此同时,年内深市主板与中小企业板合并后形成与创业板各有侧重、相互补充的新发展格局,科创板聚焦"硬科技"的服务定位和示范效应更加凸显,引导要素资源加速向科技创新领域集聚,促进科创资本加速形成,推动创新要素合理定价,畅通科技、资本和实体经济的良性循环,为打造可持续发展新动能和服务构建绿色低碳循环发展经济体系提供了重要支撑。中国证监会数据显示,2021年共有481家公司完成首次公开发行,共募集资金5 926.17亿元,同比增加25.38%,其中科创板、创业板首发上市家数和融资金额分别占全年的75.68%和60.58%,上市公司配股和定向增发融资6 814.36亿元,同比增长28.35%,资本市场支持科技创新取得显著成效。此外,随着上市公司质量稳步提升和市场资金结构、投资者结构明显改善,常态化退市机制加速形成,2021年共有23家上市公司完成退市。

作为筹措中长期资金的重要场所,债券市场在直接融资中同样发挥着不可替代的作用。2021年交易所债券市场继续保持平稳发展,发行准入、资信评级等基础制度更加规范,市场化、法治化债券违约处置机制更加完善,业务品种进一步丰富和多元化,对疫情防控、乡村振兴、创新驱动、绿色发展和"一带一路"建设的支持力度进一步提升。中国证监会数据显示,2021年交易所债券市场总发行规模8.66万亿元,同比增长2.09%,其中公司债发行4 638只,合计募集资金4.86万亿元,同比增长7.25%。

作为多层次资本市场主要服务创新性小微企业的主要平台,2021年全国中小企业股份转让系统继续推进全面深化改革,着力提升市场活力和挂牌公司质量,定向发行、分层管

理、信息披露、持续督导、上市转板、终止挂牌和投资者适当性管理等各项制度更加完善，对北交所打造服务中小企业"主阵地"的支持力度进一步提升，与沪、深证券交易所和区域股权市场的互联互通更加密切，资本市场层层递进的中小企业全链条服务体系更加顺畅。全国中小企业股份转让系统披露的数据显示，截至 2021 年底，全国中小企业股份转让系统共有挂牌企业 6 932 家，总市值超过 2.28 万亿元，全年共完成定向发行（含优先股）587 次，实现融资 259.68 亿元，年成交量达到 2 148.16 亿元，同比增长 65.93%。

作为小微企业直接融资的主要渠道，区域性股权市场是我国多层次资本市场良好发展生态的重要组成部分，也是多层资本市场支持县域经济发展、助力脱贫攻坚和乡村振兴的重要平台。2021 年区域性股权市场在服务"专精特新"企业发展方面迎来良机，国务院促进中小企业发展工作领导小组办公室印发《为"专精特新"中小企业办实事清单》明确提出，要在区域性股权市场推广设立"专精特新"专板，通过市场化机制开发更多适合中小企业的融资产品，已有 10 余家股权交易中心设立"专精特新"板或特色板块来服务区域内的专精特新企业。与此同时，年内区域性股权市场债券产品风控体系建设取得新进展，探索完善创业投资、私募股权投资退出机制取得新成效，登记托管信息对接机制建设取得新突破，区块链建设试点工作稳步推进，区域股权市场数据共享、资源互通的生态体系加速形成，与高层次资本市场的关系更为密切。中国证监会数据显示，截至 2021 年底，全国 35 家区域性股权市场运营机构累计服务企业 18.68 万家，实现各类融资 1.66 万亿元，产品转让成交 3 672.27 亿元，累计转板沪、深证券交易所上市 69 家，转新三板挂牌 737 家。

三、坚持稳中求进，优化发展生态，推动证券行业高质量发展新进步

2021 年是证券行业稳中求进，踔厉奋发，践行新发展理念，构建新发展格局的关键一年。在我国开启"十四五"建设、迈进全面建设社会主义现代化国家新征程的新发展阶段，高质量发展是经济社会发展的主题，更是资本市场和证券行业发展的主题。2021 年 5 月 22 日，中国证券业协会第七次会员大会在北京举行。中国证监会主席易会满出席会议，并作了题为"坚持稳中求进 优化发展生态 推动证券行业高质量发展新进步"的讲话。易会满主席指出，经过四年努力，证券行业规模和资本实力稳步增长，服务实体经济和投资者能力不断增强，合规和风险管理体系逐步健全，行业履行社会责任成效显著，行业文化建设全面推进，进一步夯实了稳中求进和守正创新的基础，证券行业高质量发展取得良好开端。易会满主席深刻阐述了证券行业高质量发展的核心要义，强调证券行业必须准确把握高质量发展的本质内涵，紧紧围绕主责主业，在做专做优做精做强上更加努力。证券行业必须坚定贯彻落实新发展理念，努力成为践行者和推动者，在构建新发展格局中找准定位、主动站位；必须聚焦实体经济提升服务能力，助力畅通科技、资本和实体经济的高水平循环；必须坚持走专业化发展之路，适应注册制要求向专业化、主动管理转型，在"特色、强项、专长、精品"

方面多下功夫，切实提升专业能力；必须持续强化风控能力和合规意识，坚持以稳健合规经营为引领，夯实可持续发展根基；必须切实提升公司治理的有效性，切实把公司治理的落脚点放在端正经营行为、有效防范风险上来；必须守正笃实推进证券业文化建设，促使"合规、诚信、专业、稳健"在全行业内化于心外化于行，持续优化行业生态。"六个必须"为证券行业未来发展提供了重要指引和根本遵循。同时，易会满主席在讲话中指出，行业高质量发展需要进一步处理好放松管制和加强监管、稳健经营与创新发展、压实责任与明确责任边界、行政监管与自律管理等方面关系，推动改善行业发展环境，持续积淀和涵养高质量发展的良性生态。易会满主席强调，证券行业必须切实肩负起新责任新使命，以自身高质量发展助力资本市场高质量发展。"十四五"是证券行业迈向高质量发展的重要机遇期，应当围绕高质量发展进一步凝聚共识，落实"十四五"规划要求，加强顶层设计，制订行业高质量发展的时间表、路线图、行动方案，推动行业发展更加主动融入国家发展战略，努力实现建设高质量投资银行和财富管理机构取得更加丰硕的成果。

易会满主席在会上表示，四年来中国证券业协会更加注重培育行业发展生态，在增强行业合规风控和国际化能力、推动行业数字化转型和文化建设方面做了大量工作，发挥了积极作用，希望中国证券业协会进一步贯彻落实新《证券法》要求，继续依托会员自治，构建共建、共治、共享平台，更好发挥自律管理的前瞻性引导、预防性规范作用，引导行业机构合规展业，强化道德约束、诚信约束、声誉约束、规则约束，更好服务行业高质量发展。安青松代表第六届理事会向大会作了工作报告。报告指出，在中国证监会的指导和行业的支持下，四年来中国证券业协会引导行业坚持守正创新发展，坚持合规风控底线，坚持提升专业服务能力，坚持推进行业文化建设；聚焦提高政治站位，贯彻落实新发展理念；聚焦依靠会员发展，构建共建共治共享平台；聚焦凝聚行业智慧，发挥好专业委员会作用，积极推动行业探索高质量发展新路径。协会贯彻落实新《证券法》要求，积极构建中国特色行业自律管理体系，工作重心从服务"业务塑造"向更加注重"生态营造"转变：一是落实资本市场全面深化改革部署，主动作为服务注册制改革，健全保荐承销机构业务规范和执业标准，加强网下投资者行为规范和自律管理，推进行业文化建设，夯实行业高质量发展基础；二是转变服务方式，积极反映会员呼声和关切，维护会员合理诉求和合法权益，推动建立行业声誉激励与约束机制，组织从业人员业务培训，建设适应高质量发展的人才队伍，引导行业共议共商共推高质量发展，形成促进行业高质量发展的合力；三是创新传导机制，疫情期间落实"六稳""六保"，引导行业投身脱贫攻坚，发挥专业智库作用，组织行业开展研究，推动绿色证券业务和国际业务发展，丰富行业高质量发展实践。下一阶段中国证券业协会将持续推动行业高质量发展，组织行业研究制订高质量发展规划和行动方案，助力资本市场发挥枢纽功能；引导行业守正创新，健全业务规范促进行业机构归位尽责，增强服务直接融资能力；督促行业履行社会责任，服务国家发展战略，持续推进行业文化建设，构建良好行业生态；加强协会治理结构、党建和文化建设协同高质量发展，全面提升自律管理质效和服务传导效能。

四、持续加强证券行业责任与能力建设，勇担使命开新局

1991年8月28日，中国证券业协会成立大会在人民大会堂召开，标志着证券行业全国性自律组织的诞生。1998年12月29日颁布的《中华人民共和国证券法》，首次明确规定了中国证券业协会作为行业自律组织的法定地位和职责。2021年8月28日，中国证券业协会成立30周年座谈会在北京举行，中国证监会副主席李超出席会议并讲话。李超副主席指出，我国证券行业因改革开放的大潮而生，随着中国特色社会主义市场经济的深化而发展。迈进高质量发展的新阶段，证券行业应持续抓好以下工作：一是坚持回归本源，提升服务实体经济能力。证券行业作为连通实体经济与资本市场的核心中介，应该始终坚持服务实体经济这一根本宗旨。30年来，证券行业为服务实体经济融资，助力国企改革、对外开放和脱贫攻坚等国家战略发挥了重要作用，承担了应有的社会责任。进入新发展阶段，构建新发展格局，贯彻新发展理念，全面实行注册制改革、提高直接融资比重等目标任务，对证券行业提出了新的更高要求。行业要进一步增强使命感、责任感，从国家大局出发，勇于担当作为，深化金融供给侧结构性改革，为实体经济提供更高质量、更高效率的服务。二是坚持严守底线，强化合规风控意识和实施。金融机构是经营和管理风险的专业机构，由于金融风险具有显著的外溢性，证券行业必须牢牢树立合规风控意识，坚守合规风控底线。证券经营机构要将合规风控摆在突出位置，全面提升合规风控能力，有效防范化解风险。三是坚持行稳致远，加强行业文化和声誉建设。文化建设为证券经营机构提供了价值引领和精神支撑，是证券业能够行稳致远的根本保障。自2019年召开行业文化建设动员大会以来，"合规、诚信、专业、稳健"行业文化理念有效落地，行业文化建设取得了积极成效。下一步行业要继续贯彻新发展理念，构建中国特色行业文化，加强专业声誉建设，发挥声誉激励和约束作用，珍惜专业声誉，加强声誉风险管理，自觉维护行业专业声誉，不断提升声誉资本"软实力"。四是坚持强基固本，努力提升专业服务能力。证券发行注册制改革是资本市场基础制度的重大变革，证券公司首先要聚焦主业，健全与注册制改革相适应的能力体系建设，围绕保荐、定价、承销等核心提升投资银行全链条业务能力和执业质量。苦练内功，锤炼经营管理水平，增强合规风控能力，打造高水平、专业化团队。强化创新，为企业和居民提供更加多样化的金融产品工具，提高行业的科技应用水平，稳步发展跨境业务，努力建设高质量的投资银行和财富管理机构。围绕"特色、强项、专长、精品"培育竞争优势，推动行业形成综合化、专业化、特色化、差异化的发展格局。

30年来，中国证券业协会作为证券行业自律组织，恪守法律赋予的职责，团结和依靠全体会员，秉持"自律、服务、传导"宗旨，集中行业智慧和力量，从市场全局和行业实际出发，推行自律管理，改善营运环境，促进创新发展，推动和见证了行业从无到有、从小到大，实现跨越式发展的历程。李超副主席在讲话中指出，30年来中国证券业协会与证券行业砥砺前行，同资本市场一道走过了峥嵘岁月，已成为我国资本市场治理体系中的重要组

成部分。希望协会坚持担当使命，发挥好自律服务传导作用。新实施的《证券法》进一步明确了协会职责，中国证监会发布的《关于进一步加强中国证券业协会自律管理职责的意见》对协会工作予以指导。协会要坚持自律管理与行政监管的差异化定位，突出自律规则、业务规范的正面清单属性，发挥自律管理的前瞻性引导、预防性规范作用，注重构建市场化的自律约束、道德约束、诚信约束、声誉约束机制，通过建标准、作评价、立示范等方式方法引导证券公司合规展业，守正创新，与行政监管协同配合，形成对行政监管的传导、细化和补位作用。在新的发展阶段，协会将继续在中国特色资本市场伟大实践中，担当起引导行业形成高质量发展生态的使命责任，踏上新征程，奋进新时代。

五、证券公司经营状况整体向好，综合实力和经营效率进一步提升

证券公司作为资本市场的中介机构，在利用资本市场引导资源配置、促进资本形成等方面发挥着关键作用，是资本市场服务实体经济的重要金融力量。2021年，国内证券行业始终坚持服务实体经济的根本宗旨，认真贯彻落实新发展理念，着力做好"六个必须"高质量发展要求，不断提升投行业务专业化水平，加快推进财富管理业务转型，行业规模和综合实力进一步壮大，核心竞争力和盈利能力进一步提升。2021年全行业共实现营业收入5 024.10亿元，净利润1 911.19亿元，分别比2020年增长12.03%和21.32%。

2021年国内证券市场总体上保持稳健发展态势，年内上市公司总数突破4 600家，总市值突破90万亿元，全年股票基金交易总额达到265.30万亿元，较2020年增长20.35%。与上年相比，行业平均佣金率从0.326‰小幅下降到0.305‰，机构客户交易量占比则从28.3%上升至34.34%，国内证券公司经纪业务净收入（含交易单元席位租赁）达到1 338.41亿元，同比增长15.27%，占行业总收入的比重为26.64%。同样受到市场行情利好影响的还有融资融券业务，2021年融资融券月均余额和年末余额分别同比增长36.08%和13.17%，融资融券业务利息收入1 151.36亿元，同比增长30.3%，是行业全年收入增速最高的业务种类。

全面注册制改革和中国经济稳中向好为证券公司投行业务提供了良好的发展机遇，2021年国内证券公司投行业务恪守归位尽责，立足于服务实体经济和发展直接融资，IPO定价市场化博弈更加充分，助力中国资本市场融资规模创历史新高，充分发挥了证券公司和资本市场的投融资枢纽功能。此外，年内上市公司并购理念更趋理性，产业并购成为市场主流，跨界并购交易持续回落。2021年证券公司共服务境内上市公司实现IPO和再融资募资超过1.49万亿元，同比增长18.71%，证券公司承销债券15.23万亿元，同比增长12.53%。全年证券公司共实现投资银行业务净收入699.83亿元，同比增长4.12%。

随着基金投顾业务试点稳步扩大，2021年证券公司加快财富管理转型取得新成效，账户管理功能优化试点稳步推进，多家证券公司已经完成投顾业务线上展业，如何提升产品配置的专业化水平成为财富管理转型的主要发力点，全年证券公司共实现投资咨询业务收入

54.57 亿元，同比增长 13.61%。在资产管理业务方面，证券公司继续加快在资管和公募子公司的布局，公募资管产品规模快速扩张，资产管理业务的社会财富管理属性进一步强化，集合资产管理计划增长明显，较 2020 年增长约 75%，单一资产管理计划持续压降，较 2020 年下降约 32%。证券公司全年共实现资管业务净收入 317.86 亿元，同比增长 6.10%，代理销售金融产品净收入 206.90 亿元，同比增长 53.96%，收入占经纪业务收入 13.39%，比 2020 年提高了 3.02 个百分点，证券行业服务居民财富的保值增值能力显著提升。此外，2021 年证券公司证券投资规模取得较快增长，更加聚焦长期价值投资，全年共实现证券投资收益（含公允价值变动）1 380.86 亿元，同比增幅为 9.36%，占行业总营收的比重为 27.48%。

六、坚守合规风控底线，提升合规和风险管理水平

随着新《证券法》落地实施和以信息披露为核心的注册制改革稳步推进，各类创新业务不断发展，尤其是金融科技与业务发展深度融合，证券公司合规风控管理的制度环境和经营环境正在发生深刻变化。2021 年，证券公司立足于服务实体经济高质量发展，严格坚守合规风控底线，深入落实合规管理全覆盖，不断深化全面风险管理体系建设，切实提高合规管理专业化水平和风险管理执行力，积极运用金融科技手段增强合规和风控管理的有效性，着力推动合规和风险管理数字化转型，全行业坚持依法合规稳健经营，股票质押、债券违约等重点领域风险化解工作取得显著成效，进一步夯实了资本市场和证券行业高质量发展的基础。

为全方位督促证券公司归位尽责，压实证券公司内控合规主体责任，回归金融服务实体经济的本源，中国证监会对公司治理、合规风控有效的证券公司实行"白名单"制度，对纳入白名单的证券公司取消部分监管意见书要求，同时对确有必要保留的监管意见书，简化工作流程，从事前把关转为事中事后从严监督检查。与此同时，2021 年中国证监会发布《关于注册制下督促证券公司从事投行业务归位尽责的指导意见》，中国证券业协会修订《证券公司合规管理有效性评估指引》和发布《证券公司声誉风险管理指引》，进一步完善了证券行业合规风控管理的制度体系。

合规管理是证券行业健康发展的基石，合规经营始终是证券公司生存发展不可逾越的底线，随着监管和自律规则的逐步完善，合规管理在证券公司业务拓展中的重要性显著提升，已经成为影响证券公司综合竞争力的关键因素。一方面，证券公司恪守归位尽责，不断强化主动合规意识，深化合规管理全覆盖，着力提升合规管理专业化水平，持续增强投行、资管业务的合规管理有效性，证券行业合规管理迈入全覆盖、多维度、实质性管控的新阶段；另一方面，为了更好地发挥中介机构"看门人"作用，证券公司 2021 年进一步加快行业合规文化培育，着力健全和完善公司治理，党建在公司治理当中发挥的作用更加突出，党建工作与业务的深度融合取得长足进展。根据中国证券业协会专项调研数据，2021 年已设立专门

合规部门的证券公司占比达 95.5%，较上年提高 1.86%，证券公司专职合规管理人员总人数为 13 373 人，较上年增加 411 人。截至 2021 年底，证券行业平均风险覆盖率 249.87%，平均资本杠杆率 20.90%，平均流动性风险覆盖率 233.95%，平均净稳定资金率 149.64%，行业整体风控指标优于监管标准，合规风控水平整体稳定。

证券公司是风险定价和风险管理的专业机构，风控能力是证券公司把握好风险和收益平衡、确保长期健康发展的有效抓手。2021 年，证券公司坚守"防范化解重大风险"的底线，不断完善全面风险管理架构，深入推进风险文化建设，积极运用金融科技赋能，重点针对风险数据集市、净资本及并表管理、风险监控预警、风险计量引擎、报表展示等系统功能点进行升级完善，着力提升全面风险管理效能和危机应急管理能力，声誉风险管理和声誉资本建设取得新突破，全面风险管理体系建设取得显著成效，为实现证券业长远稳健发展提供了坚实保障。根据中国证券业协会专项调研数据，截至 2021 年底，证券行业风险管理部门员工合计约 2 699 人，同比增加 13.7%，1/3 的证券公司已开展风险调整绩效指标的计量，26.3% 的证券公司已将其应用于绩效考核、资本配置、风险定价等场景。另外，证券公司年内还积极探索如何将 ESG（环境、社会和治理）因素纳入全面风险管理体系，部分证券公司已经制定了 ESG 风险管理制度。

七、加快数字化转型，金融科技深度融合步入新阶段

证券行业是技术密集和信息密集型行业，数字化是助力证券行业高质量发展的重要引擎，大数据、人工智能、云计算和区块链等技术可以对证券公司的经营方式、服务业态和商业模式进行全方位的科技赋能，在降低服务成本和提升行业效率的同时催化出更多数字化、智能化的新业态，应用场景进一步丰富和多元化，数据治理能力进一步提升，信息技术基础设施建设进一步强化，网络安全体系进一步完善，驱动证券行业迈入金融科技深度融合的高质量发展新阶段。

2021 年证券行业数字化转型主要呈现出如下新特点：第一，数字化转型已经成为证券公司发展战略的重要组成部分，多数证券公司已经设立了专门组织来统筹推进数字化战略，积极推动数据治理工作探索，着力强化配套研发体系建设，通过数字化转型来实现证券业务和金融科技交互融合，打通全方位、全过程、全领域的数据，加快传统业态下的发行上市、交易结算、投资者保护以及日常监管等环节的变革与重构，以增强新形势下证券服务的普惠性和差异化。第二，数字化转型重点领域正在从证券经纪业务逐步向全业务领域扩展。数字化转型进一步强化了证券公司"以客户为中心"的服务理念，除了针对零售业务开展线上线下全生命周期数字化管理和服务流程数字化再造、场景化精准营销外，机构业务、资产管理、投资银行、自营投资、合规风控等业务领域的数字转型落地场景正在日益普及，分布式、高性能、低延时等前沿技术应用快速推广，多数证券公司已经开始探索重塑跨投研、销售、交易、托管外包和风控一体化的机构客户数字化综合服务机制，在完成全流程业务线上

化、数字化的基础上，向数字化智慧投行和智能资管演进。第三，"数字化中台"正在显著提升证券公司的运营效率。绝大多数证券公司都将提升中台服务能力作为数字化转型的重点领域，积极探索并加大智能运维投入，通过"数字化中台"实现业务流程再造和资源流量汇聚，为金融科技和证券业务进一步深度融合提供了技术基础，为前台业务创新和提质增效提供了重要支持。

随着证券行业数字化转型逐步进入科技与业务的深度融合阶段，网络安全、数据隐私、数据安全等方面的风险也不容忽视。2021年中国证监会发布《证券期货业科技发展"十四五"规划》，同时颁布了多项相关的金融行业标准，研究制定数字资本市场的监管原则，加快提升监管数据实时采集、风险智能化分析的能力，为证券行业信息化建设保驾护航。与此同时，中国证券业协会积极引导行业加大科技投入，支持行业加强信息技术领域的合作交流，年内证券行业联盟链"中证链"正式推出，投行业务电子底稿监管系统作为首个应用已经上线。

随着金融科技快速发展和资本市场双向开放稳步扩大，市场竞争环境和监管政策催化证券公司持续加大信息技术投入，不断探索构建证券业务与金融科技融合的创新机制，加快业务线上化、智能化和数字化，以科技引领金融生态建设，着力打造一流的金融科技能力，促进金融科技真正服务于客户，服务于实体经济。根据中国证券业协会专项调研数据，2021年证券公司IT投入总额超过303.55亿元，同比增长26.51%，其中IT总投入达到亿元级别的证券公司有72家，有7家证券公司的年投入超过10亿元，IT总投入排名前10位的证券公司共投入124.86亿元，占全行业总投入的比重达41.13%；在IT人员配置方面，2021年证券公司IT人员总数达到30 952人，同比增长19.7%。

八、资本市场制度型开放取得新进展，构建高水平"双循环"新发展格局

2021年，多家外资证券公司变更股权或新设基金公司获批，部分外资证券公司和基金管理公司已经正式展业，QFII资格获准速度进一步加快，资本市场双向开放渠道不断拓宽，沪港通和深港通交易标的继续扩容，交易结算机制进一步优化，粤港澳大湾区"跨境理财通"正式落地实施，中国国债正式纳入富时罗素世界债券国债指数，境外合格投资者参与衍生品交易市场手段进一步丰富，对全球金融机构和投资者的吸引力进一步提升。

2021年跨境投融资活动需求活跃，A股市场境内外互联互通生态持续优化。首批MSCI中国A50互联互通ETF完成发售；全年沪港通、深港通成交量均创历史新高，2021年合计买卖成交总额较2020年增长36.27%；债券通运行良好，市场交易投资活跃度进一步提升，2021年成交票面总额6.4万亿元，同比增长33.1%；沪伦通双向扩容筹划工作稳步推进。资本市场运行质量和国际影响力明显提升，对境外长期资金和优质资产的吸引力进一步提高，在建设更高水平开放型经济新体制进程中发挥了重要桥梁作用。

与此同时，国内证券公司积极发挥内外联动的枢纽作用，开拓境外市场取得新成效，跨

境业务探索取得新突破，海外业务竞争力继续加强，服务境内外客户的深度和广度进一步拓展，服务"双循环"新发展格局，支持海南全面深化改革开放和"一带一路"建设的能力显著增强。在国际业务拓展方面，2021年中国证监会同意1家证券公司、3家基金公司新设境外子公司，已有35家国内证券经营机构在境外设立子公司，中资证券公司在中国香港市场的经纪业务市场份额稳步提升，股票承销市场份额略低于2020年同期，离岸债券市场份额微幅上升。另外，2021年熊猫债券发行再创新高，全年共发行73期熊猫债券，发行总额1 065.16亿元，同比增长81.61%。

九、文化建设迈出新步伐，行业生态进一步优化

文化建设是资本市场健康发展的重要支柱，也是证券行业高质量发展的根本基石。建设中国特色证券行业文化是服务实体经济的内在要求，是全面深化资本市场改革的重要保障，是防范金融风险的根本抓手。

2021年是我国证券行业文化建设全面推进的关键之年。为推动"合规、诚信、专业、稳健"的证券行业文化理念落实落地，为资本市场长期稳定健康发展提供价值引领和制度基础，不断提升证券行业文化"软实力"和核心竞争力，进一步优化行业发展生态，中国证券业协会于2021年2月发布了《证券行业文化建设十要素》，从组织、行为和观念三个层次引导证券公司笃实推进文化建设，把文化建设与公司治理、发展战略、发展方式和行为规范深度融合，与人的全面发展、历史文化传承、党建工作要求和专业能力建设有机结合，为资本市场长期稳定健康发展提供价值引领、精神支撑和制度基础。

与此同时，各家证券公司立足全面注册制改革，坚守"服务国家战略、助力实体经济"的根本使命，紧紧围绕"十要素"，将文化建设作为提升品牌形象和增强综合实力的重要途径，切实践行"合规、诚信、专业、稳健"的行业文化理念，以合规打牢根基，以诚信赢得信赖，以专业创造价值，以稳健笃行致远，主动抑制资本消极作用，重点强化声誉约束，着力构建良好发展生态，持续增强公司文化"软实力"，不断提高证券产品和服务的供给质量，更好地助力社会财富保值增值，服务广大人民群众共享发展成果。

十、助力"碳达峰碳中和"，接续服务乡村振兴

作为促进资本形成和助力科技与实体经济高水平循环的核心中介，证券公司始终秉承初心，坚守责任担当，积极服务国家战略，在构建绿色低碳循环发展经济体系和助力"乡村振兴"方面发挥出独特优势，作出了重要贡献。

"碳达峰碳中和"目标是推动经济社会绿色转型和深化金融供给侧改革的重要方向，是新发展阶段贯彻落实人类命运共同体重要思想的伟大实践，将对我国现代化经济体系建设质量和发展方向带来深远的影响。资本市场具有为绿色产业发现价格、管理风险，为绿色发展

提供长期金融服务的优势，在构建绿色低碳循环发展经济体系中具有枢纽功能。2021年，证券行业积极践行创新、绿色、共享发展理念，充分发挥行业智库专业化优势，积极探索行业绿色金融行动方案，着力构建绿色投融资体系，推动碳金融市场建设，不断丰富绿色金融产品，促进绿色价值发现、绿色溢价形成、绿色投资实现，为保障"碳达峰碳中和"目标的实现注入金融力量。2021年共有50家证券公司担任绿色公司债券主承销商或绿色资产证券化产品管理人，承销（或管理）102只债券（或产品），合计金额达1 376.46亿元。与此同时，2021年有多家证券公司发布了绿色金融行动方案，快速组建碳金融业务团队，探索开发碳金融创新产品，积极支持绿色股权、债券融资，主动推行绿色低碳理念，倡导员工绿色生活，实施低碳办公和无纸化办公，节约办公能源资源，让绿色办公成为新常态。

民族要复兴，乡村必振兴，实施乡村振兴，是决胜全面建成小康社会、全面建设社会主义现代化国家的重大历史任务。2021年是全面推进乡村振兴的关键之年，在中国证监会统一部署和中国证券业协会的积极引导下，证券行业认真落实《党中央、国务院关于全面推进乡村振兴加快农业农村现代化的意见》，持续巩固结对帮扶成果，进一步加大产业扶持力度，深化拓展消费帮扶，把"一司一县"作为主阵地和试验田，充分发挥专业特长和优势，加快推进ESG投资中国化实践，促进农民农村共同富裕，为接续推进脱贫地区乡村振兴贡献行业应有之力。2021年已有60家证券公司参与"促进乡村振兴公益行动"，以巩固脱贫成果为重点，积极开展助学、助老、助残、助医、助困等公益行动，服务乡村振兴，促进共同富裕；已有21家证券公司发起设立公益基金会，通过公益平台广泛汇聚社会力量，积极参与第三次分配，动员员工发挥专业优势、投入时间，为促进共同富裕作出行业积极贡献。

第四章
2022年中国证券业发展展望

2022年我国经济社会发展内外部环境更趋复杂严峻，但我国经济稳中向好、长期向好的发展态势有望继续保持，资本市场平稳健康发展具备坚实基础。证券行业要切实把思想和行动统一到中央对形势的科学判断和决策部署上，把握好"稳"与"进"，围绕打造一个规范、透明、开放、有活力、有韧性资本市场的总目标，坚持稳字当头、稳中求进，以证券行业高质量发展"六个必须"为指引，积极践行新发展理念，持续加强中国特色证券行业文化建设，以全面实行股票发行注册制为契机，在促进资本、科技与实体经济高水平循环中发挥枢纽作用，服务构建新发展格局和高质量发展。

一、全面实行股票发行注册制，重塑投资银行核心竞争力

2021年12月，中央经济工作会议提出要全面实行股票发行注册制，我国证券发行将全面进入注册制时代，全市场注册制落地可期，企业融资效率将进一步提高，主流融资方式从间接融资向直接融资转移，有助于提升直接融资比例，我国资本市场将向着健康、稳步的方向持续迈进，更好地服务实体经济。随着全面注册制的推进，以信息披露为核心的注册制安排进一步完善，发行监管转型加快推进，中介机构"看门人"责任进一步压实，推动形成有利于全面实行注册制的良好市场生态。全面实行股票发行注册制，给证券行业带来更多机会，与此同时，也是对投资银行执业能力、责任和组织适应性的重大考验，是对投行核心竞争力的深刻重塑。

二、多层次资本市场体系持续完善，行业服务实体经济功能进一步增强

资本市场在优化资源配置，促进资本、科技和实体经济高水平循环中发挥着枢纽作用。随着北京证券交易所设立、深市主板和中小板合并、科创板"硬科技"的市场定位更加明晰、创业板和新三板改革不断深化，我国多层次资本市场体系日益完善，多层次股权、债券市场枢纽功能发挥更加充分。未来，科创板有望引入做市机制，有助于维护市场的稳定，在

强化科创板价格发现功能的同时，也为市场提供了流动性。同时，债券市场发展将日趋成熟，债券市场的法律基础和法制化建设将不断完善，债券发行交易管理将分类趋同，信息披露有效性将持续提升，信用评级机构的监管持续强化，投资者适当性管理持续加强，债券市场定价机制进一步推进健全，资产证券化、高收益债券等产品市场规范化发展，丰富发展多层级的交易服务体系，推动债券基础设施有序联通，债券市场对外开放水平将不断提高。证券行业作为联通实体经济与资本市场的核心中介，将大有可为，应进一步增强使命感、责任感，从国家大局出发，勇于担当作为，深化金融供给侧结构性改革，为实体经济提供更高质量、更高效率的服务。

三、践行新发展理念，发挥行业优势服务国家战略

一直以来，证券行业坚决贯彻落实党中央、国务院的决策部署，坚持回归本源，积极服务国家战略，践行创新、协调、绿色、开放、共享的新发展理念，不断增强服务实体经济能力，助力实体经济高质量发展。

2022年，在"一带一路"建设方面，证券行业仍应继续响应号召，不断拓展"一带一路"沿线的业务发展，积极给予相关企业有力的融资支持，努力实现更高合作水平、更高投入效益、更高供给质量、更高发展韧性，推动共建"一带一路"高质量发展不断取得新成效。

在促进实现"碳达峰碳中和"目标方面，证券行业将积极发挥绿色产业价格发现、风险管理等金融服务功能，在构建绿色低碳循环发展经济体系中发挥枢纽功能，通过加强"碳中和"经济理论研究，发挥价值引领作用，通过构建绿色投融资体系，利用中介机构优势、融资优势、金融创新载体优势，助力绿色产业基金发展、促进绿色价值发现、绿色溢价形成、绿色投资实现，通过推动碳金融市场体系建设，促进碳价格的市场形成机制和碳排放权的市场化配置。

在助力实现乡村振兴方面，证券行业应积极构建包括专项金融债、信用债（含专项债和一般债）、资产证券化产品等在内的乡村振兴债券体系，通过A股首发上市、新三板挂牌、区域性股权市场挂牌等股权融资方式，支持乡村产业发展，通过并购重组方式，推动乡村企业做强、做大、做优，并继续把"一司一县"作为乡村振兴公益行动路线的主阵地、"试验田"、主战场，贯彻落实新发展理念、促进农民农村共同富裕，助力提高发展的平衡性、协调性、包容性。

四、多种因素驱动，推动证券业财富管理业务转型升级

近年来，居民财富快速增长，可投资金融资产规模提升，为财富管理业务提供了广阔的发展空间。伴随"房住不炒"、资管新规、放开险资参与证券出借、证券公司账户管理功能

优化试点等多重因素驱动,居民财富向权益类资产转移,财富管理业务将具有更好的稳定性和成长性。同时,证券行业财富管理业务正加快向以客户为中心的"买方理念"模式升级,证券经纪业务领域的数字化财富管理转型向纵深推进,均有利于加快财富管理转型。越来越多的证券公司将采用金融产品保有规模、客户资产管理规模等作为财富管理业务考核的指标,挂钩客户利益,以提升客户投资体验。证券公司将加快建设线上线下一体化的数字化服务能力,在智能投顾、金融产品销售和资产配置、量化交易、智能客服、智慧网点等方面进一步加强大数据、人工智能、区块链、云计算等前沿技术的创新与应用水平,并基于此提升对客户需求的智能识别能力和服务精准匹配能力。

五、中资企业赴港上市的持续需求将为证券公司带来新的机遇

伴随资本市场制度型开放不断推进,市场、机构和产品高水平双向开放稳步扩大,境内外市场互联互通不断深化,企业境外上市监管制度政策落地加快推进,中国香港市场有望进一步承接中资企业赴港上市,中国香港市场仍是当前境外上市地的最优选择之一。目前34家在港设立子公司的证券经营机构,均持有中国香港证监会发放的证券经纪、承销保荐等牌照,具备担任内资企业境外上市主办行、机构投资者境外主经纪和托管商的相关资质。中资证券公司在满足机构及居民跨境投资、跨境理财的需求上将大有可为。

六、数字化风控转型不断升级,提升证券业信息技术风险管控能力

随着大数据、云计算、区块链、人工智能等创新科技在证券行业的推广应用,证券行业数字化转型持续向各业务领域深入,行业面临安全管控能力持续加强和提升的需求,信息安全将直接影响证券公司整体业务运行。建立数据安全标准,有助于防范信息技术风险。未来证券公司应加强数据加密、数据完整性认证、数据标签、数据脱敏与安全审计等数据安全核心技术的研发和运用,推进建立数据安全标准,并强化在证券行业数字化过程中的推广应用,构建数据安全保障体系,加强证券业信息技术风险管控。

七、推进中国特色证券行业文化建设,提升高质量发展"软实力"

文化建设是资本市场健康发展的重要支柱,是证券行业高质量发展的内涵要求,是证券行业能够行稳致远的根本保障。建设中国特色证券行业文化是服务实体经济的内在要求,是全面深化资本市场改革的重要保障,是防范金融风险的根本抓手。同时,行业文化建设是一项长期事业,需要从小事抓起,常抓不懈。证券行业应以敬畏历史、敬畏文化、敬畏生态为指引,推动中国特色证券行业文化建设,构建良好行业发展生态,持续加强文化引领,引导行业形成精益文化、向善文化、诚信文化、责任文化;注重专业培养,适应全面注册制改革

的要求，持续提升专业化水平；加强声誉激励和约束作用，围绕从业人员的素质管理和道德规范，通过健全从业人员执业信息、诚信记录、声誉评价，形成声誉约束；突出责任担当，切实践行新发展理念，增强服务人民共享发展成果的社会责任，在服务乡村振兴、构建绿色低碳循环发展经济体系中作出更大贡献。证券公司应根据《证券行业文化建设十要素》构建评估指标体系，进一步推动证券公司把文化建设与公司治理、发展战略、发展方式和行为规范深度融合，与人的全面发展、历史文化传承、党建工作要求和专业能力建设有机结合，推动文化建设落地、落实。

分报告

分报告之一：
2021年中国证券经纪业务发展回顾与展望

第一章
2021年中国证券经纪业务的总体情况

第一节 2021年中国证券经纪业务的市场环境

一、市场总体情况

（一）两市指数先扬后抑，震荡上涨

2021年，股票二级市场第一季度大幅下跌，第二季度稳步上涨，第三、第四季度开始震荡上涨。

2021年上证综合指数从上年收盘的3473.07点，最高到3731.69点，最低达3312.72点，收盘3639.78点，全年指数上涨4.80%。深证综合指数从上年收盘的2329.37点，最高到 2571.27 点，最低达 2130.09 点，收盘 2530.14 点，全年指数上涨 8.62%。

创业板指数从上年收盘的 2966.26 点，最高到 3576.12 点，最低达 2603.94 点，收盘 3322.67 点，全年指数上涨 12.02%。科创 50 指数从上年收盘的 1393.03 点，最高到 1639.19 点，最低达 1212.34 点，收盘 1398.19 点，全年指数上涨 0.37%（见表分 1-1）。

表分 1-1　　　　2020—2021 年 A 股市场板块指数变化情况

收盘点位	上证综合指数（000001）	深证综合指数（399106）	创业板指数（399006）	科创 50 指数（000688）
2020 年收盘点位	3473.07	2329.37	2966.26	1393.03
2021 年收盘点位	3639.78	2530.14	3322.67	1398.19
变化幅度（%）	4.80	8.62	12.02	0.37

资料来源：上海证券交易所，深圳证券交易所。

（二）市场持续扩容，市值大幅增加，市盈率小幅下降

2021 年市场持续发行新股。截至 2021 年底，境内上市公司数（A、B 股）合计 4 697 家，较 2020 年底 4 154 家增加了 543 家，增幅为 13.07%。

市场新股扩容，沪、深两市指数先抑后扬，总市值有所增加。2021 年底，沪、深两市股票市价总值为 91.61 万亿元，较 2020 年的 79.72 万亿元上涨 14.91%；其中，流通市值从 2020 年的 64.36 万亿元增加到 2021 年底的 75.16 万亿元，增幅达 16.77%。

市场平均静态市盈率小幅下降。截至 2021 年底，沪市平均静态市盈率为 16.61 倍，较 2020 年底的 16.76 倍下降 0.89%；深市平均静态市盈率为 33.03 倍，较 2020 年底的 34.51 倍下降 4.29%（见表分 1-2）。

表分 1-2　　　　2021 年证券市场概况统计表

项目	2020 年底	2021 年底	变化幅度（%）
境内上市公司数（A、B 股，家）	4 154	4 697	13.07
境内上市外资股（B 股，家）	93	90	-3.23
股票市价总值（A、B 股，亿元）	797 238.16	916 088.18	14.91
其中：股票流通市值（亿元）	643 605.29	751 556.11	16.77
股票成交金额（亿元）	2 068 252.52	2 469 870.95	19.42
日均股票成交金额（亿元）	8 511.33	10 164.08	19.42
上证综合指数（收盘）	3473.07	3639.78	4.80
深证综合指数（收盘）	2329.37	2530.14	8.62
平均市盈率（静态）			
其中：上海	16.76	16.61	-0.89
深圳	34.51	33.03	-4.29

资料来源：中国证监会，上海证券交易所，深圳证券交易所，中国证券登记结算有限责任公司。

（三）股票、基金、债券①交易量均保持增长

2021年，沪、深两市股票合计成交246.99万亿元，较2020年的206.83万亿元增长19.42%，股票日均交易额从2020年的8 511.33亿元上涨到2021年的10 164.08亿元，涨幅为19.42%；基金成交方面，2021年两市基金成交金额18.32万亿元，较2020年的13.62万亿元上涨34.51%；债券成交方面，2021年债券合计成交378.93万亿元，较2020年307.10万亿元上涨23.39%（见图分1-1）。

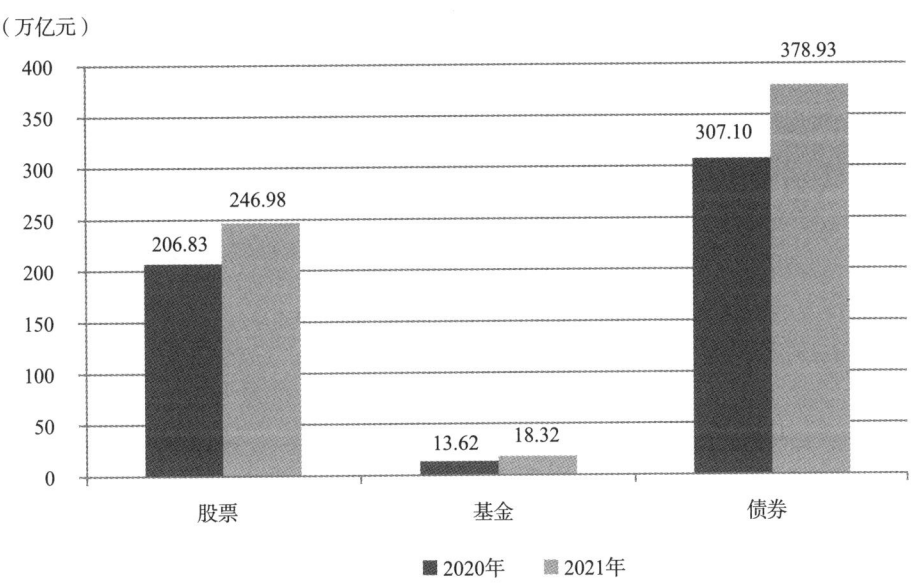

图分1-1　2020年和2021年股票、基金和债券交易量变化对比图

资料来源：上海证券交易所，深圳证券交易所。

股基②总交易量大幅增长。根据沪、深证券交易所的统计数据，2021年两市股票、基金总成交265.30万亿元，较2020年的220.45万亿元增加44.85万亿元，增幅20.34%。其中，上海证券交易所股基交易金额118.35万亿元，深圳证券交易所股基交易金额146.96万亿元，分别较2020年上涨24.92%和16.89%。日均成交量方面，2021年成交天数为243天，与2020年交易日持平，2021年两市日均股基交易金额为10 917.70亿元，较2020年上涨20.34%。

（四）融资融券交易活跃，融资和融券交易均上升

2021年，融资融券整体交易呈现上涨态势，融资融券业务余额由2020年末的16 190.08

---

① 此处的债券交易特指深圳证券交易所和上海证券交易所的债券交易。
② 指股票和基金。其中，股票包括主板A股、创业板、科创板和主板B股；基金包括ETF、LOF、封闭式基金、基础设施基金等。

亿元上涨到 18 321.91 亿元，涨幅为 13.17%。

融资交易规模上涨。截至 2021 年底，融资余额 17 120.51 亿元，期间买入额 216 268.31 亿元，偿还额 213 968.04 亿元，而 2020 年同期对应的三项指标分别为 14 820.24 亿元、195 624.59 亿元及 190 859.39 亿元，增长幅度分别为 15.52%、10.55% 及 12.11%。

融券交易规模持续上升，2021 年期间卖出额 12 146.75 亿元，较上年涨幅为 49.63%（见表分 1-3 和图分 1-2）。

表分 1-3　　　　　　　　　　　2018—2021 年融资融券业务发展数据

年份	融资			融券		融资融券余额（亿元）
	截止日余额（亿元）	期间买入额（亿元）	期间偿还额（亿元）	截止日余额（亿元）	期间卖出量（亿股）	
2018	7 489.81	75 693.94	78 421.71	67.23	258.36	7 557.04
2019	10 055.04	113 452.84	110 887.60	137.80	365.50	10 192.85
2020	14 820.24	195 624.59	190 859.39	1 369.84	671.39	16 190.08
2021	17 120.51	216 268.31	213 968.04	1 201.40	808.32	18 321.91
2021 年相比 2020 年的变化幅度（%）	15.52	10.55	12.11	-12.30	20.40	13.17

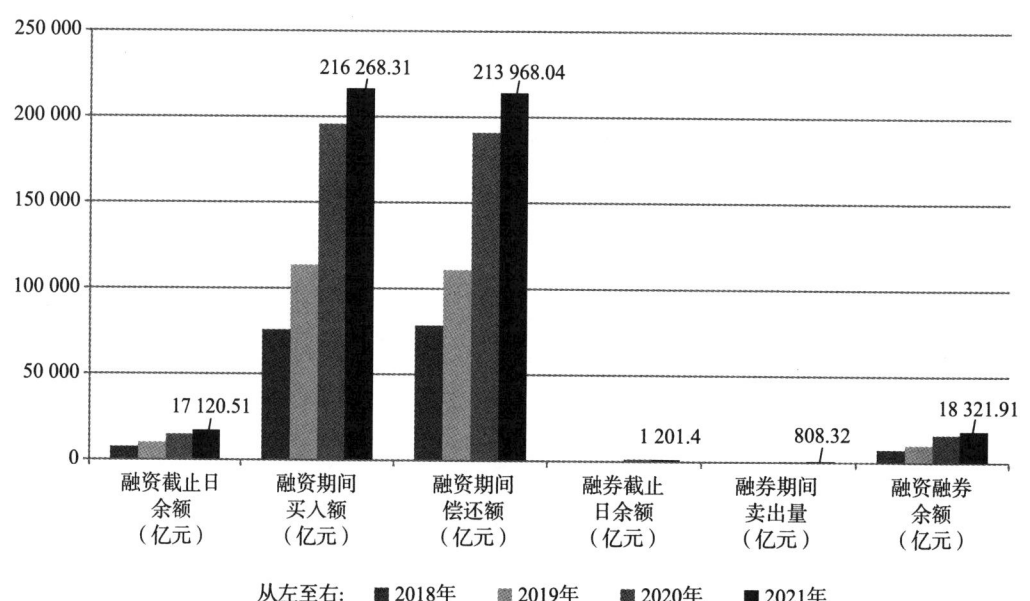

图分 1-2　2018—2021 年融资融券业务发展数据

资料来源：Wind。

二、市场参与主体

（一）沪、深两市投资者数持续增长

2021 年末，沪、深两市共有投资者 19 740.85 万户，较 2020 年增长 11.04%。其中，自然人共计 19 693.91 万户，较 2020 年增长 11.04%；非自然人共计 46.94 万户，较 2020 年增长 12.51%，增幅超过自然人投资者增幅（见表分 1-4）。

表分 1-4　　　　　　　　2019—2021 年沪、深两市投资者数量

项　目	2019 年	2020 年	2021 年
沪、深两市投资者数量（万户）	15 975.24	17 777.49	19 740.85
较上年增长（%）	9.04	11.28	11.04
其中：自然人（万户）	15 937.22	17 735.77	19 693.91
较上年增长（%）	9.05	11.29	11.04
非自然人（万户）	38.02	41.72	46.94
较上年增长（%）	7.61	9.73	12.51

资料来源：中国证券登记结算有限责任公司。

（二）信用账户投资者数持续增长

截至 2021 年末，开立信用证券账户的投资者数为 607.03 万个。其中，个人投资者 603.03 万个，较上年增长 8.67%；机构投资者 4 万个，较上年增长 27.39%，增幅是个人投资者的 3.16 倍（见表分 1-5）。

表分 1-5　　　　　　　2019—2021 年信用证券投资者数　　　　　　（单位：万个）

项　目	2019 年	2020 年	2021 年
期末信用证券账户	509.90	558.07	607.03
其中：个人	507.65	554.93	603.03
机构	2.25	3.14	4.00

资料来源：中国证券登记结算有限责任公司。

第二节　2021 年中国证券经纪业务的发展情况

一、行业代理买卖证券业务净收入增长，占比上升

根据中国证券业协会统计，2021 年证券行业全行业实现营业收入 5 024.10 亿元，较上

年的 4 484.79 亿元上涨 12.03%；净利润为 1 911.19 亿元，较上年的 1 575.34 亿元上涨 21.32%。

具体到证券经纪业务收入方面，2021 年行业代理买卖证券业务净收入为 1 338.41 亿元，较 2020 年的 1 161.10 亿元上涨 15.27%；从收入结构来看，代理买卖证券业务净收入占营业收入的比重从 2019 年的 21.85% 上升至 2021 年的 26.64%（见表分 1-6）。

表分 1-6　　　　　　2020—2021 年证券行业主要经营数据对比

项目	2020 年	占比（%）	2021 年	占比（%）
营业收入（亿元）	4 484.79	—	5 024.10	—
代理买卖证券业务净收入（亿元）	1 161.10	25.89	1 338.41	26.64
证券承销与保荐业务净收入（亿元）	590.88	13.18	618.54	12.31
财务顾问业务净收入（亿元）	81.23	1.81	81.29	1.62
投资咨询业务净收入（亿元）	48.03	1.07	54.57	1.09
资产管理业务净收入（亿元）	299.60	6.68	317.86	6.33
证券投资收益（含公允价值变动）（亿元）	1 262.72	28.16	1 380.86	27.48
融资融券业务利息收入（亿元）	883.63	19.70	1 151.36	22.92
净利润（亿元）	1 575.34	—	1 911.19	—
证券公司盈利家数（家）	127	—	124	—

资料来源：中国证券业协会。

二、证券公司营业部数量基本稳定

截至 2021 年上半年，证券公司营业部数量达 11 850 家，相比 2020 年的 11 731 家，增加 119 家，增幅为 1.01%。

从营业部数量排名靠前的证券公司比较来看，2021 年上半年，中国银河证券增加 9 家，营业部数量保持行业第一位；方正证券增加 17 家，营业部数量排名行业第二位；安信证券减少 2 家，营业部数量排名行业第三位；中泰证券、长江证券、华泰证券营业部数量分别增加 4 家、1 家、1 家（见表分 1-7）。

表分 1-7　　　　　　2020—2021 年证券公司营业部数量前 10 名　　　　　　（单位：家）

公司名称	2020 年营业部数量	2021 年营业部数量	数量变化
中国银河证券	493	502	9
方正证券	356	373	17
安信证券	370	368	-2
国泰君安证券	360	360	0
中泰证券	320	324	4

续表

公司名称	2020 年营业部数量	2021 年营业部数量	数量变化
海通证券	307	306	-1
中信建投证券	296	296	0
广发证券	290	290	0
长江证券	274	275	1
华泰证券	269	270	1

资料来源：上海证券交易所。

三、从业人员总量持续上升

根据中国证券业协会统计数据，2021 年证券公司从业人员数持续上升。截至 2021 年底，证券公司证券从业人数为 342 702 人。其中，一般从业人员 208 550 人，证券经纪人 55 001 人，证券投资咨询业务投资顾问 68 332 人，证券投资咨询业务分析师 3 426 人，保荐代表人 7 393 人。

从证券公司从业人员结构来看，2021 年一般从业人员占比 60.85%，相较上年略有提升；证券投资咨询业务投资顾问、保荐代表人较上年占比上升，人数增加；证券经纪人、证券投资咨询业务分析师占比下降，人数减少（见表分 1-8）。

表分 1-8　2020—2021 年证券公司从业人员结构

从业类型	2020 年（人）	2020 年占比（%）	2021 年（人）	人数变化（人）	2021 年占比（%）
一般从业人员	198 377	59.37	208 550	10 173	60.85
证券经纪人	64 924	19.43	55 001	-9 923	16.05
证券投资咨询业务分析师	3 475	1.04	3 426	-49	1.00
证券投资咨询业务投资顾问	60 961	18.24	68 332	7 371	19.94
保荐代表人	6 393	1.91	7 393	1 000	2.16
总计	334 130	100.00	342 702	8 572	100.00

资料来源：中国证券业协会。

第二章
2021年中国证券经纪业务面临的问题与2022年前景展望

第一节 2021年中国证券经纪业务面临的问题

一、证券公司在中国财富管理市场占比低，亟须建设高质量财富管理机构

近年来，随着我国资本市场改革不断深化，沪伦通开通、科创板试点注册制、创业板注册制改革、新三板改革、北京证券交易所（简称"北交所"）开市、基金投顾业务落地等，权益类资产管理产品发展迅速，资产配置愈发多元化。政策推动和居民理财需求升级，对证券行业财富管理转型提出了更高的要求。

2021年，全国居民人均可支配收入35 128元，比上年名义增长9.1%，扣除价格因素，实际增长8.1%，较2020年实际增长率高出6.0个百分点（见图分1-3），沪、深两市投资者数年度累计新增1 963.36万户。

2021年，证券行业实现代理买卖证券业务收入（含席位租赁）1 338.41亿元，同比增长15.27%；实现投资咨询业务收入54.57亿元，同比增长13.61%。2021年证券行业服务居民财富管理能力进一步提升，财富管理转型进入深化阶段。

目前中国财富管理市场主要由银行储蓄、理财、保险、信托、基金、券商资管等构成，与境外成熟市场相比，我国证券公司在财富管理市场占有率相对较低。伴随全面深化资本市场改革向纵深推进，中国人均可支配收入和财富迅速增长，中国居民资产配置逐步从房地产等实物资产转向金融资产，产品配置或逐步从以现金和固定收益类为主转向增加权益类产品的比重，亟须证券行业建设高质量财富管理机构，着力聚焦为居民财富增长提供更高质量、更加精准的金融服务，助力共同富裕。

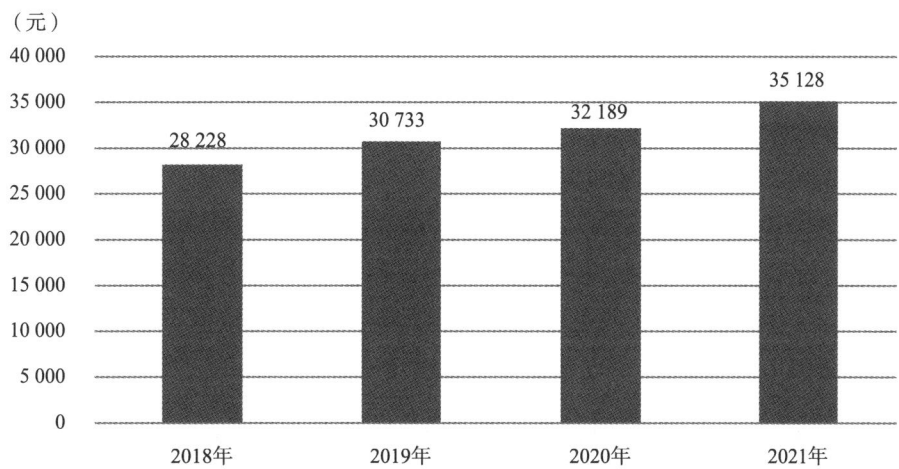

图分 1-3　2018—2021 年全国居民人均可支配收入情况

资料来源：中国政府网，国泰君安证券整理。

二、金融产品销售保持高增长，但较银行、第三方增速较低

当前，财富管理转型已成为证券公司的重要战略目标。金融产品销售是前提和基础，也是财富管理转型最重要的一部分，是衡量证券公司转型财富管理成效的一个重要标志。2021年，证券公司金融产品继续保持增长，证券行业实现代理销售金融产品净收入 206.90 亿元，同比增长 53.97%（见表分 1-9）。

表分 1-9　　2018—2021 年代理销售金融产品业务收入情况

项目	2018 年	2019 年	2020 年	2021 年
代理销售金融产品收入（亿元）	51.35	54.02	134.38	206.90
同比增幅（%）	17.12	5.20	148.76	53.97

资料来源：中国证券业协会。

根据中国证券投资基金业协会公布的 2021 年基金销售行业数据，"股票+混合"公募基金保有规模前 100 名总计 6.46 万亿元，其中证券公司保有规模 9 392 亿元，环比 2021 年第三季度末下降 0.36%，银行、第三方保有规模均保持增长；非货币市场公募基金保有规模前 100 名总计 8.33 万亿元，其中证券公司保有规模 10 157 亿元，环比增加 0.75%，银行、第三方保有规模增长超 5% 以上。证券公司相较于银行、第三方公募基金销售保有增速缓慢（见表分 1-10）。

表分 1-10　　2021 年末基金销售机构公募基金销售前 100 名保有规模情况

行业分类	"股票+混合"公募基金保有规模		非货币市场公募基金保有规模	
	保有规模（亿元）	环比增幅（%）	保有规模（亿元）	环比增幅（%）
前 100 名总计	64 609	—	83 262	—

续表

行业分类	"股票+混合"公募基金保有规模		非货币市场公募基金保有规模	
	保有规模（亿元）	环比增幅（%）	保有规模（亿元）	环比增幅（%）
其中：证券	9 392	-0.36	10 157	0.75
银行	37 861	4.00	43 952	5.75
第三方	17 032	10.08	28 769	16.69
保险	324	20.45	384	21.14

资料来源：中国证券投资基金业协会。

三、各业务需加强联动，财富管理业务综合能力有待提升

零售经纪客群作为财富管理服务的主力军，证券公司需要从前、中、后台各方面联动提升综合、专业的零售客户服务能力，实现交叉服务和分层分类运营客户。

前端，需进一步通过严格的投顾人员选拔，建立完善的培训体系，打造一支高水平投顾队伍；中台，需进一步通过各业务部门协同提供能力支持，包括综合投研能力、产品引入供给能力等，充分整合业务资源，打造投研品牌，满足各类客群的财富管理需求；后台，需进一步通过金融科技能力支持，加大智能投顾、智能资讯等人工智能领域深化应用和千人千面用户运营等大数据前沿技术创新应用，进一步深化线上线下一体化高度融合的零售经纪客户服务体系，实现提升全方位数字化财富管理客户服务能力。前、中、后台须实现协同，打造综合能力，最终才能实现高质量综合财富管理能力建设。

第二节 2022年中国证券经纪业务发展前景展望

一、在我国经济高质量均衡发展、资本市场全面深化改革下，代理买卖证券业务净收入有望延续增长趋势

2022年，证券市场仍将处于高质量发展机遇期。一是宏观环境方面，我国统筹国内国际两个大局、统筹疫情防控和经济社会发展，实施稳健有效的宏观政策，我国经济韧性强、长期向好的基本面不会改变；同时，科技创新、产业结构优化升级、"碳达峰碳中和"、共同富裕等成为新发展阶段的主旋律，资本市场将在我国经济转型发展中发挥更为重要的枢纽作用。二是资本市场坚持"稳字当头"和"改革攻坚"的主基调，为证券行业的高质量发展带来历史性的风口期。从供给端来看，全面推进全市场注册制、北交所正式开市等将为市

场提供更多的优质企业标的，公募 REITs、绿色金融等创新产品陆续推出，也进一步丰富了投资者的选择空间，促进居民财富加速向资本市场转移；从投资端来看，交易做市、衍生工具、账户功能、交收、投资者保护等制度建设继续推进，不断夯实资本市场基础性功能，公私募、银行理财子公司、社保年金等长期资金加快入市，双向开放不断深化，吸引外资机构加速布局境内市场，基金投顾试点扩容以及互联互通机制不断完善等，将为资本市场引入更多的增量资金。供给端和投资端的双向改革，将进一步激发市场活力。

综上，2022 年行业代理买卖证券业务净收入有望延续增长趋势。但同时考虑到外部环境依然复杂严峻，资本市场可能出现阶段性波动，或将制约 2022 年代理买卖证券业务净收入的增长空间。

二、证券经纪业务预计将延续产品化、机构化发展趋势

一是居民理财需求带来经纪业务产品化发展，证券行业金融产品销售将继续保持高增长态势。从资金端来看，在房地产投资属性弱化、资管新规打破银行理财刚兑以及居民理财意识提高等多方面因素促进下，居民资产配置调整、增配金融产品将为金融产品销售提供源源不断的资金增量。从供给端来看，以基金为代表的满足客户保值、增值、投资、避险等多元化需求的金融产品供给日益丰富。截至 2021 年末，境内公募基金管理规模升至 25.56 万亿元，同比增长 28.51%；全年公募基金发行规模 2.98 万亿元，其中股票及混合类基金新发行份额 2.07 万亿元，占比接近 70%。从保有规模来看，截至 2021 年末，证券公司在权益基金（股票＋混合）保有规模前 100 家中占据 46 席，未来将在权益类公募基金销售端扮演更重要的角色。

二是在产品化趋势带动下，机构经纪交易量占比预计将保持上升态势。在产品化趋势下，传统零售客户越来越多地将自主交易转化为购买金融产品，从而由发行产品的金融机构借由证券公司交易通道代为参与交易，推动机构经纪交易量占比上升。目前，以公募基金为代表的机构投资者已经成为 A 股市场的重要力量，截至 2021 年末，公募基金持有 A 股总市值 6.44 万亿元，占 A 股流通市值比例为 6.98%。预计 2022 年，随着产品化趋势的进一步延续，经纪业务机构化趋势也将逐步增强，机构经纪交易量占比将持续提升。

三、财富管理业务加快向"买方理念"模式升级，不断增强投研能力和基础服务能力

证券行业财富管理业务正加快向以客户为中心的"买方理念"模式升级。越来越多的证券公司采用金融产品保有规模、客户资产管理规模等作为财富管理业务的考核指标，挂钩客户利益，以期提升客户投资体验、助力客户资产保值增值。

截至 2021 年底，共有 60 家机构获得基金投顾试点资格。预计 2022 年，证券行业将进

一步推动财富管理业务由代销金融产品向帮助客户提供资产配置服务的"买方理念"模式升级，不断增强投研能力和基础服务能力，加强投研实力和投资策略构建，培育专业化的投资顾问队伍，完善配套信息系统建设，及时为客户提供金融资产配置策略建议，运用先进的配置方法和工具为客户降低风险、提高组合收益，增强财富管理业务的获客能力和客户黏性。

四、证券经纪业务领域的数字化财富管理转型向纵深推进

近年来，证券公司持续推动以客户需求为导向、向买方思维转变的财富管理转型，加快建设线上线下一体化的数字化服务能力，在智能投顾、金融产品销售和资产配置、量化交易、智能客服、智慧网点等方面，进一步加强大数据、人工智能、区块链、云计算等前沿技术的创新与应用水平，并基于此提升对客户需求的智能识别能力和服务精准匹配能力，在经纪业务各项关键指标上均取得有力增长。

2022年，预计证券行业继续加大证券经纪业务领域的金融科技投入，数字化财富管理转型将向纵深推进，零售经纪客户经营服务效能将进一步提升。一是员工端和客户端的业务流程进一步线上化，聚焦关键节点加强上下游环节的对接和打通，实现用户体验和运营效率双提升；二是加快提升财富管理专业能力，通过建立健全投顾服务体系、打造数字化赋能平台，为客户高效率提供更加定制化、专业化、智能化的财富管理综合服务方案；三是不断完善客群全生命周期的精细化运营体系，通过加强大数据挖掘、丰富用户标签，形成千人千面的精细化运营策略，从而提升客户黏性和转化率；四是践行开放证券理念，以客户需求为导向，促进内外部的业务场景融合、数据价值共享和技术能力互补，打造以用户需求为导向的全新产品和服务体验，实现更高能级的金融服务模式创新。

分报告之二：
2021年中国投资银行业务发展回顾与展望

第一章
2021年中国投资银行业务的总体情况

2021年资本市场实现"十四五"良好开局，服务构建新发展格局和高质量发展取得新成效。投资银行业务方面，股债融资规模创历史新高，设立北京证券交易所，要素资源加速向科技创新领域集聚，提高上市公司质量取得积极成效，市场韧性和抗风险能力不断增强。

2021年境内交易所市场证券承销总额为9.98万亿元。其中，股权融资业务[①]全年保荐承销总额为13 199.34亿元，同比增长24.34%；交易所市场债券发行总额为86 553.13亿元，同比增长2.09%。公司债券（包括公开发行公司债券、非公开发行公司债券、可转换公司债券和可交换公司债券）为48 598.51亿元，同比增长7.25%。

上市公司重大资产重组方面，2021年A股上市公司完成重大资产重组交易数量为98单，交易规模3 320.57亿元，同比分别下降33.78%、44.94%。

2021年北京证券交易所（简称"北交所"）成立，71家全国中小企业股份转让系统（简称"新三板"或"全国股转系统"）精选层挂牌公司整体平移至北交所，2021年有11家公司在北交所上市，截至2021年底北交所共有82家上市公司。2021年，新三板新增91

[①] 2021年股权融资业务包括首次公开发行（IPO）、融资性非公开发行股票、配股及在北京证券交易所公开发行并上市的股权融资，2021年无实施的公开增发和优先股项目。

家挂牌公司，较上年同比减少36.81%。截至2021年底，新三板存量挂牌公司有6 932家，其中创新层挂牌公司有1 225家，占比17.67%，基础层挂牌公司有5 707家，占比82.33%。

第一节 股权融资业务情况

一、股权融资发行情况①

2021年，我国A股证券市场股权融资金额和主承销项目家数同比稳步增长。2021年股权融资募集资金共13 199.34亿元，较2020年的10 615.13亿元增加24.34%；主承销家数共991家，较2020年的704家增加40.77%（见图分2-1）。

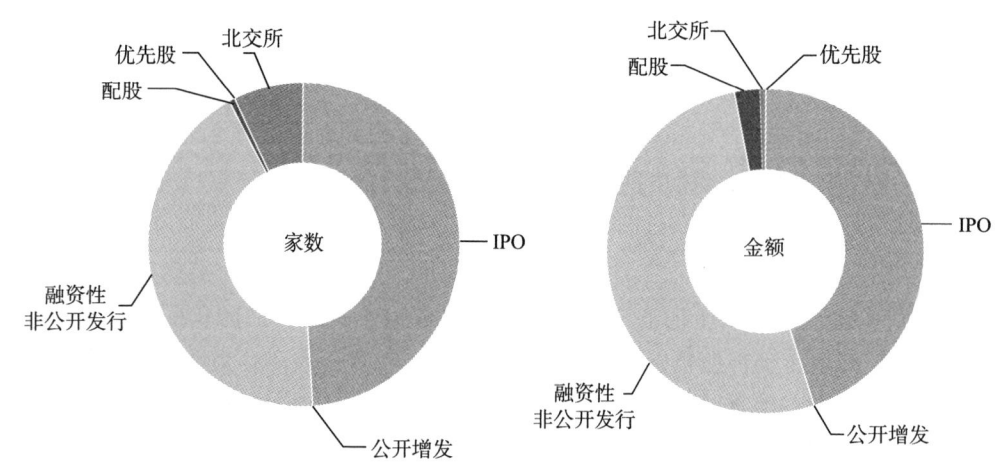

图分2-1 2021年A股股权融资情况

资料来源：中国证监会，Wind。

（一）首次公开发行（IPO）

2021年共有481家企业完成首次公开发行，合计募集资金5 926.17亿元，同比增长25.38%，平均融资规模12.32亿元②。

在科创板方面，2021年有165家科创板公司完成发行上市，首募金额达到2 115.99亿

---

① 资料来源：本节数据若无特殊说明，均取自Wind；若无特殊说明，均按发行日口径统计。
② 资料来源：中国证监会，数据为完成发行口径，IPO以完成申购为完成发行。

元，占首次公开募股（IPO）募集资金总额的 35.51%。

从保荐机构与主承销商业务来看，2021 年共有 34 家保荐机构参与科创板 IPO 项目。保荐家数排名前 10 位的保荐机构占据市场 77.27% 份额（见表分 2-1）。

表分 2-1　　　　2021 年科创板 IPO 首发数量前 10 位机构统计

机构名称	科创板首发数量（家）	主承销金额占比（%）
中信证券股份有限公司	24	19.01
海通证券股份有限公司	18	9.61
华泰联合证券有限责任公司	16	8.15
中信建投证券股份有限公司	12	5.44
民生证券股份有限公司	12	4.10
中国国际金融股份有限公司	10	17.83
国泰君安证券股份有限公司	9	5.91
国金证券股份有限公司	6	2.05
招商证券股份有限公司	5	2.09
安信证券股份有限公司	5	1.02
国元证券股份有限公司	5	2.06

注：招商证券、安信证券与国元证券科创板首发家数相同，故总计列示 11 家机构。

在创业板方面，2021 年 199 家创业板公司完成发行上市，首募金额达到 1 494.09 亿元，占 IPO 募集资金总额的 25.07%。

从保荐机构与主承销商业务来看，2021 年共有 47 家保荐机构参与创业板 IPO 项目。排名前 10 位的保荐机构占据市场 63.78% 的份额（见表分 2-2）。

表分 2-2　　　　2021 年创业板 IPO 首发数量前 10 位机构统计

机构名称	创业板首发数量（家）	主承销金额占比（%）
中信证券股份有限公司	18	8.65
民生证券股份有限公司	15	5.71
中信建投证券股份有限公司	14	11.37
国信证券股份有限公司	13	7.21
国金证券股份有限公司	11	5.91
海通证券股份有限公司	10	4.87
长江证券承销保荐有限公司	10	2.82
华泰联合证券有限责任公司	9	6.12
安信证券股份有限公司	8	3.86
东兴证券股份有限公司	8	3.18
招商证券股份有限公司	8	4.08

注：安信证券、东兴证券和招商证券创业板首发家数相同，故总计列示 11 家机构。

(二) 定向增发

2021年,上市公司融资性非公开发行股票427家次,共募集资金6 469.04亿元,同比增加38.16%,平均融资规模15.15亿元①。

2021年,除因再融资非公开发行股票外,上市公司发行股份购买资产项目41个,涉及资产认购规模1 978.23亿元;公司间资产置换重组项目3个,募集资金74.86亿元;重组配套融资项目36个,募集资金383.59亿元。

(三) 配股

2021年共有6家上市公司实施配股,合计募集资金345.32亿元,平均融资规模57.55亿元。与2020年相比减少12家次,募集资金减少44.90%。

(四) 北京证券交易所股权融资发行情况②

2021年11月15日,北京证券交易所开板交易。2021年共有11家企业公开发行并在北交所上市,另有71家企业从精选层平移至北交所,其中上市日期在2021年内的有30家;合计41家上市企业首募金额总计75.22亿元。截至2021年12月31日,北交所共有82家上市公司,总市值2 722.75亿元。

从保荐机构与主承销商业务来看,2021年共有28家保荐机构参与北交所发行上市项目。排名前8位的保荐机构占据市场58.25%份额(见表分2-3)。

表分2-3　　2021年北交所上市数量前8位机构统计

机构名称	北交所上市数量(家)	市场份额(%)
安信证券股份有限公司	5	12.82
中信建投证券股份有限公司	5	14.91
东北证券股份有限公司	3	6.52
开源证券股份有限公司	2	3.52
平安证券股份有限公司	2	4.57
申万宏源证券承销保荐有限责任公司	2	7.00
中国银河证券股份有限公司	2	3.39
中信证券股份有限公司	2	5.52

注:其他机构参与北交所上市数量均为1家,故仅列示前8家。

2021年境内交易所市场无实施的公开增发和优先股项目。

---

① 资料来源:中国证监会;数据为完成发行口径。
② 资料来源:北京证券交易所;数据为上市日口径。

二、股权融资发行特点

(一) 合设并举,中国特色多层次资本市场体系渐趋完善

2021年4月6日,设立16年的深交所中小板与深市主板正式合并。中小板定位于主板之中成长性强、流通股本小的企业,为主业突出、发展空间大的中小企业提供了广阔平台。中小板的设立是我国解决中小企业融资难的一次有意义的探索,不仅对于优化经济结构、转换增长动能、建设现代化经济体系发挥了重要作用,还为创业板市场的设立积累了监管经验和运作经验。然而随着中小板的不断发展,其与主板公司之间的差异性愈发微弱,市值规模、业绩表现、交易特征走向趋同。随着创业板的设立和注册制的不断深化,中小板在深圳证券交易所的定位日渐模糊,两板合并大势所趋,水到渠成。合并遵循"两个统一、四个不变"的原则,即统一业务规则,统一监管模式,保持发行上市条件不变、投资者门槛不变、交易机制不变、证券代码简称不变。在这一原则的指导下,合并过程平稳顺利,后续市场表现良好,截至2021年末,中小企业综合指数收于14530.72点,累计涨幅为14.17%;中小企业100指数收于9985.74点,累计涨幅为4.62%。

合并后,主板继续支持成熟企业,创业板则聚焦成长创新企业,突出板块"三创、四新"的鲜明特色。深圳证券交易所市场结构精简,各板块定位清晰,充分满足了不同企业的融资需求,更多的优秀企业将在资本的助力下,成为创新发展的新支柱。

2021年9月2日,习近平主席在2021年中国国际服务贸易交易会全球服务贸易峰会上宣布设立第三家全国性证券交易所——北京证券交易所。历时74天的高效筹备,11月15日北交所鸣锣开市。开市首日,中国证监会主席易会满在开市仪式上表示:"设立北交所,是党中央、国务院立足构建新发展格局、推动高质量发展作出的重大决策部署,对于进一步健全多层次资本市场,加快完善中小企业金融支持体系,推动创新驱动发展和经济转型升级,都具有十分重要的意义。"2021年开市以来,北交所已有上市公司82家,总市值近3 000亿元,日均成交额较2021年8月精选层增长3倍有余,日均换手率1.79%,整体年化换手率为434.26%,全年北交所股票平均涨幅98.90%。北交所的设立,是新形势下全面深化资本市场改革的重要环节。在原有精选层基础上设立的北交所,在成立之初就秉承"服务中小企业"的理念,维持了"基础层、创新层、北交所"层层递进的制度逻辑,遵循了企业发展和交易场所建设的一般规律,同时又创造性地引入了适合中小企业的规则设计,兼具理性和包容。北交所在设立伊始就依照注册制运行管理,注册制试点稳步落实,意味着中国资本市场又向全面实现注册制迈出了关键的一步。北交所与沪、深证券交易所及区域性股权市场错位发展、互联互通,满足了不同类型、不同阶段企业的多样化需求,多层次市场结构体系羽翼丰满,活力与日俱增,韧性有增无已。

（二）量质齐抓，新股发行制度市场化程度不断加深

随着注册制改革的不断深化，2021 年全年 A 股 IPO 数量和融资金额都再创新高。同时，监管对于发行质量也提出了更高的要求。2021 年全年，发审委共审核了 501 家企业的首发申请，其中 442 家企业的 IPO 申请顺利获得通过，过会率为 88.22%，与 2020 年过会率 95.43% 相比有所下降。2021 年 4 月 16 日，中国证监会修订《科创属性评价指引（试行）》，上海证券交易所同步修订发布了《科创板企业发行上市申报及推荐暂行规定》，强调"硬科技"属性，压实"两个责任"，强调中介机构履职尽责，体现了明显的"从严从重"导向。

监管对于发行质量的要求不仅停留在"入口端"，针对注册制下 IPO 询价机制失灵、机构投资者"抱团压价"的问题，对症下药，对询价规则进行了修订。2021 年 8 月 6 日至 9 月 5 日，中国证监会就修改《创业板首次公开发行证券发行与承销特别规定》部分条款向社会公开征求意见，包括三大内容：一是调整最高报价剔除比例；二是调整"四个值"（即网下投资者有效报价的中位数和加权平均数、五类中长线资金有效报价的中位数和加权平均数四个值）定价要求；三是强化报价行为监管。2021 年 9 月 18 日，新规正式落地。

新规实施后，定价过程中的高价剔除比例由"不低于 10%"调整为"不超过 3%，不低于 1%"，网下投资者有效报价区间得到拉伸，从新规前的 1% 提升至约 40%。以科创板为例，新规前网下投资者有效报价区间均值为 1.18%，中位数为 1.11%，而这一数字在新规实施后提升至 41.43% 和 33.19%，报价更趋合理。新规同时放松了新股定价环节中的"四值约束"，发行价格超过网下投资者报价平均水平的，仅需在申购前发布一次投资风险特别公告，无须延迟申购。新规实施后至 2021 年末，已有 18 个项目的定价突破"四值孰低"，同时，网下投资者获配范围由新规实施前 1 个月平均 82.92% 降至新规实施后平均 65.85%，博弈更加充分，发行定价更趋市场化。市场化定价直接反映在新股平均收益率的下降，新规实施后，已有 17 家注册制询价发行公司首日破发，上市首日平均收益率也从超 200% 有余降至约 40%，新定价机制更加充分地发掘了企业的自身价值，发行定价更趋理性。

在原有询价制度下，投资机构"重策略轻研究"，新规通过对询价定价机制的调整，倒逼询价机构审慎报价的同时，加强对投资者询价报价行为的配套监管。2021 年 9 月 18 日，为贯彻落实《关于注册制下督促证券公司从事投行业务归位尽责的指导意见》，进一步规范证券公司承销注册制下首次公开发行股票行为，加强网下投资者自律管理，中国证券业协会发布《注册制下首次公开发行股票承销规范》《注册制下首次公开发行股票网下投资者管理规则》《注册制下首次公开发行股票网下投资者分类评价和管理指引》。三项规定强化了路演推介作用，加强了投资价值研究报告的规范，整合了自律要求，压实了证券公司责任，建立了网下投资者分类评价和管理体系、促成了优胜劣汰的网下投资者生态环境。询价新规是新股发行制度市场化的关键一步，有利于 IPO 公司合理估值，提升筹资效率；推动投资机构重视研究，关注公司基本面，使报价更加合理；同时主承销商的权责也更加平衡，资本市场"看门人"的价值愈加凸显。

(三) 罚保共进，现代资本市场生态闭环加速构建

2021年监管在推动全面注册制、深化制度改革、强化中介责任的同时，也加强了对违法违规行为的惩罚力度以及对投资者的保护。各方主体不敢违、不能违、不想违，中小投资者受保护程度更加受到重视，成为2021年资本市场生态闭环建设的关键环节。

2021年7月中共中央办公厅、国务院办公厅印发《关于依法从严打击证券违法活动的意见》，要求坚持零容忍、坚持法治、坚持统筹协调、坚持思维底线，加快健全证券执法司法体制机制，加大对重大违法案件的查处惩治力度，夯实资本市场法治和诚信基础，加强跨境监管执法协作，推动构建良好的市场秩序。

2021年全年保持了"强监管"的态势，中国证监会及各地证监局累计发布300余份行政处罚，多个案例备受市场关注。与此同时，2021年上半年，中国证监会已累计向公安机关移送涉嫌犯罪案件及线索119件，移送涉案主体266人，较2020年同期增长均达到1倍以上，及时向检察机关抄送重大案件17件[1]。中国证监会通过和刑事司法机关的执法协作机制，不断开展"证监、公安、检察"联合部署专项执法行动，发挥各自优势，提升执法效能，严厉打击证券违法犯罪行为。

2021年，在严厉打击违法犯罪行为的同时，投资者保护工作也稳步发展。中国证监会主席易会满表示，投资者是资本市场发展之本，尊重投资者、敬畏投资者、保护投资者，是证券监管部门的根本监管使命。2021年，"完善投资者保护制度"被写入《中华人民共和国国民经济和社会发展第十四个五年规划和2035年远景目标纲要》，保护投资者从证券行业内部走向大众视野，多部门、多形式、多措并举，立体化保护格局开始构建。代表人诉讼首次实践、操纵市场民事赔偿首例判决、投保机构股东代位诉讼初显成效，都为后续同类司法事件诉讼判决提供了值得借鉴的样本，具有里程碑式的意义。

第二节 公司债券业务情况[2]

一、公司债券发行情况[3]

2021年上半年我国经济延续复苏，但存在恢复不均衡、基础不稳固的特征，宏观政策延续宽松格局。受新冠肺炎疫情反弹扰动，2021年下半年以来全球经济复苏放缓，我国经济发展面临需求收缩、供给冲击、预期转弱的三重压力，外部环境更趋严峻和不确定。中国

---

[1] 资料来源：中国证监会。
[2] 资料来源：本节数据如无特殊说明，均取自Wind。
[3] 资料来源：中国证监会。

人民银行货币政策坚持"以我为主",分别于 2021 年 7 月和 12 月进行了两次降准,全年来看市场利率震荡下行。

2021 年,交易所市场公司债券(包括公开发行公司债券、非公开发行公司债券、可转换公司债券和可交换公司债券)的发行规模继续呈现小幅增长:2021 年共发行 4 638 只,合计募集资金 48 598.51 亿元,较 2020 年增长 7.25%;其中公开发行公司债券与非公开发行公司债券共发行 4 489 只,合计募集资金 45 373.14 亿元,募集规模较 2020 年增长 7.44%;可转换公司债券全年发行 118 只,发行规模合计 2 813.77 亿元;可交换公司债券全年发行 31 只,发行规模合计 411.60 亿元(见图分 2-2)。除公司债券外,交易所市场 2021 年还发行企业资产支持证券 1 413 只,规模 15 491.97 亿元,较 2020 年增长 5.86%;发行地方政府债 489 只,规模 21 876.55 亿元;发行政策性银行债 21 只,规模 586.10 亿元。发行公司债券及其他各品种合计规模为 86 553.13 亿元,较 2020 年增长 2.09%。

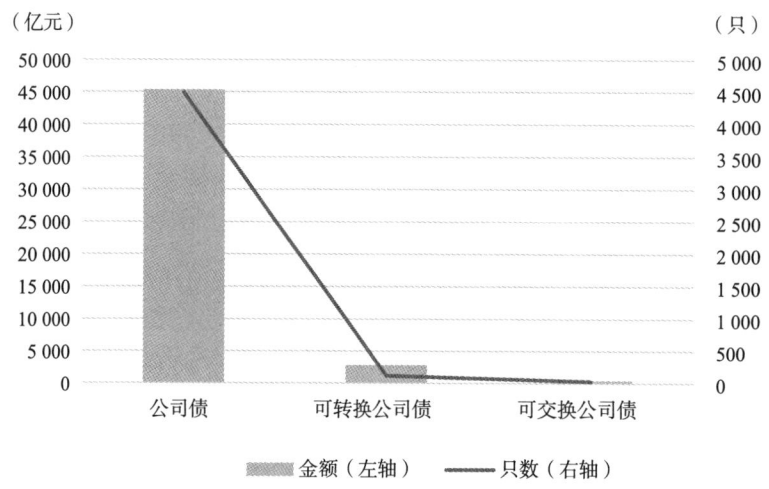

图分 2-2　2021 年公司债券发行情况

资料来源:中国证监会。

公司债券发行规模小幅增长,市场创新以及履行社会责任方面同样保持热度。2021 年,为进一步聚焦科技创新引领作用,沪、深证券交易所相继推出子品种科技创新公司债券,募集资金专项用于符合国家战略、支持关键核心领域科技创新的项目;绿色债券相关政策也进一步完善,推出子品种碳中和公司债券。

二、公司债券发行特点[①]

(一)建筑业融资小幅回落,国企融资占比进一步提升

从行业角度来看,2021 年公司债券(仅包括公开发行公司债券和非公开发行公司债券)

---

① 资料来源:Wind。

发行规模最大的 3 个行业分别是：建筑业、综合和房地产业，分别占公司债券融资总额的 33.93%、25.52% 和 7.66%。相比 2020 年的前三大行业建筑业（占比 39.16%）、综合（占比 24.28%）和房地产（占比 6.10%），建筑业公司债券融资较 2020 年小幅回落，而房地产业公司债券融资受制于融资政策收紧、行业风险暴露持续处于低位。

从发债企业属性角度来看，2021 年国企（包括中央国有企业和地方国有企业）发行规模占比高达 94.18%，发债只数占比高达 95.15%，相比 2020 年的 89.67% 和 90.90%，国企融资占比进一步提升。

（二）公司债券发行主体的信用等级有所提升

从发行规模来看，2021 年主体评级为 AA 级以上（含 AA 级）的企业是市场发行主体，占比约 98.75%，较 2020 年的 97.63% 小幅提升。其中，AAA 级企业发行规模占比最大，达 45.00%，较 2020 年基本持平，其次分别为 AA+级企业（31.88%）和 AA 级企业（21.87%）。

从发行只数来看，2021 年主体评级为 AA 级以上（含 AA 级）的企业也是市场发行主体，占比约 97.61%，较 2020 年的 95.88% 小幅提升。其中，AA 级企业发行只数最多，占比达 34.05%，较 2020 年的 37.56% 小幅回落；AA+级企业占比也较高，达到 33.83%，较 2020 年的 27.96% 明显提升。

（三）公司债券仍以信用发行为主

由于公司债券的发行主体信用等级普遍较高，因此发行人一般选择信用发行。2021 年信用发行的公司债券只数和规模占比分别为 76.42% 和 83.82%，相比 2020 年（77.24% 和 84.19%）进一步减少。

非信用发行的公司债券采用的担保方式以不可撤销连带责任担保为主，只数和规模在非信用发行公司债券中的占比分别为 90.71% 和 90.24%。

（四）公司债券票面利率延续下行趋势，中短期限债券的只数及规模占比小幅降低

2021 年主体评级为 AAA、AA+和 AA 级的公司债券平均票面利率分别为 3.76%、4.74% 和 5.76%，平均票面利率较 2020 年分别下降 0.18%、0.15% 和 0.14%。受新冠肺炎疫情反弹的扰动，2021 年宏观经济下行压力较大，稳健的货币政策灵活精准，保持流动性合理充裕，公司债券平均票面利率延续下行趋势，实体经济的融资成本稳中有降。

中短期限（3 年及以下）债券的发行只数及规模占比小幅走高。2021 年发行的中短期限债券的只数占比为 90.84%，规模占比为 89.73%，较 2020 年的 91.82% 和 91.64% 小幅降低。

第三节 并购重组业务情况[①]

一、并购重组市场概况

2021年,IPO、再融资市场持续活跃,并购市场整体萎缩。近年需经中国证监会及证券交易所审核的并购重组项目数量快速减少。2021年,A股上市公司完成发行股份购买资产及重大资产重组交易数量为98单,较2020年下降33.78%,交易规模3 320.57亿元,较2020年下降44.94%。2021年中国证监会及交易所并购重组委审核并购重组47单,其中创业板5单。总审核单数相比2020年下降45.35%(见表分2-4)。

表分2-4 2017—2021年中国证监会及证券交易所审核上市公司并购重组情况 (单位:家)

类别	2017年	2018年	2019年	2020年	2021年
总审核家数	176	144	124	86	47
中国证监会	176	144	124	78	42
科创板注册制	—	—	—	1	—
创业板注册制	—	—	—	7	5
通过	161	123	103	71	41
未通过	12	17	21	15	6
取消审核	3	4	—	—	—

从行业来看,根据中国证监会行业分类,2021年已完成的发行股份购买资产及重大资产重组交易中,计算机、通信和其他电子设备制造业11家次,家数占比11.22%,位居榜首;其次是化学原料和化学制品制造业交易9家次,家数占比9.18%;再次是批发业交易7家次,家数占比7.14%。

从支付对价来看,2021年发行股份购买资产的交易金额达到2 388.16亿元,占交易总金额的71.92%。股份支付方式仍是2021年上市公司重大资产重组的主要支付方式。

二、并购重组市场特点

(一)国资整合和产业并购仍是并购业务的主要方向

2021年国企改革三年行动进入快车道,国资央企深入推进国企改革三年行动,层层压

[①] 资料来源:本节数据如无特殊说明,均取自Wind。

实责任，狠抓落实落地，七成目标任务顺利完成。2021年央企和地方国企发行股份购买资产和重大资产重组交易规模2 832.89亿元，占总交易金额的85%。2021年交易规模前10位的并购重组项目中，有6家央企项目、3家地方国企项目，央企和地方国企项目包揽了前9名。

2021年完成的98单上市公司发行股份及重大资产重组项目中，60单系上市公司与标的资产为同行业或者行业上下游的产业并购，家数占比为61.22%，产业并购仍是并购业务的主要方向。

（二）上市公司控制权收购较为频繁

由于经营困难、资金压力或业务转型等因素，上市公司实际控制人频频出让控制权或寻求战略合作，同时沪、深证券交易所发布退市新规。近年A股上市公司控制权交易市场持续升温，2021年有200余家上市公司公告转让控制权，其中130余家已完成交易，完成的项目中，主板上市公司占比超过七成。

（三）重组审核通过率有所回升，标的资产持续盈利能力为重组审核关注要点

2021年度，中国证监会并购重组委共召开了34次工作会议，审核了42家，审核通过36家，整体过会率为85.71%，同比有所上升。科创板和创业板并购重组委（上市委）审核通过5家，终止（撤回）8家（见表分2-5）。

表分2-5　2020—2021年中国证监会及证券交易所上市公司并购重组通过审核情况

年度	中国证监会				科创板注册制		创业板注册制	
	审核总数（家）	通过（家）	未通过（家）	通过率（%）	通过（家）	终止（撤回）（家）	通过（家）	终止（撤回）（家）
2020	78	63	15	80.77	1	—	7	4
2021	42	36	6	85.71	—	1	5	7

注：①中国证监会并购重组委通过率=［1－（未通过/中国证监会审核家数）］×100%；
②终止（撤回）含通过交易所审核未完成中国证监会注册撤回项目。

从并购重组被否项目的维度来看，标的资产盈利能力依然是并购项目被否的主要问题。中国证监会并购重组委否决的6家重组中有5家企业涉及上述问题。

（四）入境并购有所回升

受新冠肺炎疫情等因素的不利影响，我国跨境并购单数及金额继续严重下滑，其中出境并购受影响最为严重，2019—2021年出境并购单数从185单下滑至98单和83单。随着我国对新冠肺炎疫情的有力控制，外资并购境内企业以及外资出售境内资产的交易在2021年有一定回升。2019—2021年入境并购分别为70单、42单和80单。

（五）破产重整家数显著增加

自国务院于2020年发布《关于进一步提高上市公司质量的意见》明确提出拓宽多元化

退出渠道、完善并购重组和破产重整等制度以来,破产重整已成为提高上市公司质量的重要手段之一。近年来 A 股上市公司被法院裁定进入破产重整程序的数量呈明显增多趋势,2017—2021 年分别为 2 家、2 家、7 家、15 家和 17 家。

(六) 并购重组市场化改革的同时压实中介机构责任

2021 年中国证监会及证券交易所反复重申压实中介机构"看门人"责任。中国证监会发布《关于注册制下督促证券公司从事投行业务归位尽责的指导意见》等法规,强化监管执法,抓好压实中介机构责任、明确责任边界、推动建立投行执业质量评价体系。深圳证券交易所发布《创业板发行上市审核业务指引第 1 号——保荐业务现场督导》,明确将创业板重大资产重组独立财务顾问业务纳入现场督导范围。

第四节 证券公司参与全国股转系统情况[①]

2021 年是继续深化新三板改革的关键之年。2021 年 9 月 2 日,习近平总书记在中国国际服务贸易交易会全球服务贸易峰会上郑重宣布:"将继续支持中小企业创新发展,深化新三板改革,设立北京证券交易所,打造服务创新型中小企业主阵地。"这是我国资本市场改革发展的重要标志性事件。2021 年 11 月 15 日,北京证券交易所正式揭牌开市,整体运行平稳,市场效应不断发挥,重大改革取得积极成果。北京证券交易所自成立以来,与新三板市场一道有机联动、一体发展,市场热度不断提升,各项法律法规更加完善,社会各界对新三板改革给予高度评价和良好预期。

一、挂牌情况

2021 年,新三板市场新增挂牌公司 91 家,较 2020 年同比减少 36.81%。截至 2021 年底,新三板存量挂牌公司有 6 932 家,其中创新层挂牌公司有 1 225 家,占比 17.67%;基础层挂牌公司有 5 707 家,占比 82.33%。

2021 年 11 月北交所成立后,71 家新三板精选层挂牌公司整体平移至北交所,此后又新增 11 家上市公司。截至 2021 年末,北交所共有 82 家上市公司。

二、发行情况

2021 年,562 家新三板挂牌公司共完成股票发行 587 次,融资 259.68 亿元。其中 2021

---

① 资料来源:本节数据如无特殊说明,均取自全国股转系统和北京证券交易所。

年 1 至 11 月，共有 30 家公司完成公开发行并进入精选层，融资 53.89 亿元，占比 20.75%；定向发行全年累计 557 次，融资 205.79 亿元，占比 79.25%，含自办发行 122 次，融资 9.61 亿元，自办发行次数及融资额分别占比 21.90%、4.67%。

2021 年，共 41 家北交所公司（含 1 至 11 月挂牌精选层的公司）完成公开发行，发行数量 8.22 亿股，累计融资 75.22 亿元，相比 2020 年精选层公开发行金额减少 28.78%。

三、交易情况

2021 年新三板市场的股票成交数量为 309.08 亿股；成交金额为 2 148.16 亿元，较 2019 年、2020 年的 825.69 亿元、1 294.64 亿元分别增长 160.17%、65.93%。2021 年新三板市场全年换手率为 17.66%，较 2019 年、2020 年的 6.00%、9.90% 有较大增长。其中 2021 年 1 月 1 日至 11 月 12 日精选层挂牌公司股票成交数量为 58.41 亿股，占 2021 年新三板股票交易量的 18.90%，成交金额为 942.62 亿元，占比 43.88%。

2021 年北交所上市公司股票成交数量为 95.86 亿股，成交金额为 1 609.80 亿元（含 1 月 1 日至 11 月 12 日精选层挂牌公司交易数据），较 2020 年精选层的 20.19 亿股成交量和 273.89 亿元成交额（2020 年 7 月 27 日至 2020 年 12 月 31 日数据）分别增长 374.79% 和 487.75%。2021 年北交所股票换手率为 206.50%，较 2020 年新三板精选层 103.66% 换手率有显著提高，市场活跃度进一步提升。

四、全国股转系统及北交所主要政策变化

（一）梳理整合并购重组和信息披露相关规则

2021 年 3 月 5 日，全国股转公司在修订原持续信息披露指南及梳理整合信息披露问答类文件的基础上，制定了《全国中小企业股份转让系统挂牌公司持续信息披露指南第 1 号——信息披露业务办理》《全国中小企业股份转让系统挂牌公司持续信息披露指南第 2 号——定期报告相关事项》。3 月 19 日，全国股转公司对部分并购重组相关业务规则进行了梳理调整，制定了《全国中小企业股份转让系统并购重组业务规则适用指引第 1 号——重大资产重组》《全国中小企业股份转让系统并购重组业务规则适用指引第 2 号——权益变动与收购》。

（二）修订回购股份实施细则

2021 年 3 月 26 日，全国股转公司修订了《全国中小企业股份转让系统挂牌公司回购股份实施细则》。本次修订主要包括回购定价参考标准及回购指令申报要求，并针对精选层的相关制度安排作出适应性调整，进一步强化信息披露监管要求。

（三）制定终止挂牌实施细则

2021年5月28日，全国股转公司制定了《全国中小企业股份转让系统挂牌公司股票终止挂牌实施细则》，优化了主动终止挂牌条件和程序，取消关于聘请律师出具法律意见书的要求；完善强制终止挂牌情形和要求，坚决出清劣质公司，健全市场自净功能；健全投资者保护措施，要求挂牌公司制定合理的异议股东保护措施，同时设置10个交易日的摘牌整理期，充分保障投资者退出机会；为股东人数超过200人终止挂牌公司搭建终止挂牌专区，防范风险传导。

（四）修改公司治理规则等4项业务规则

2021年7月30日，全国股转公司对《全国中小企业股份转让系统挂牌公司治理规则》《全国中小企业股份转让系统分层管理办法》《全国中小企业股份转让系统挂牌公司治理指引第1号——董事会秘书》《全国中小企业股份转让系统挂牌公司治理指引第2号——独立董事》进行了修改，取消了董事会秘书资格考试、颁发资格证书、强制后续培训等内容；放宽独董准入资格，加强独董的事中、事后管理。

（五）修改投资者适当性管理办法

2021年9月17日，全国股转公司修改了《全国中小企业股份转让系统投资者适当性管理办法》，将创新层投资者准入资金门槛由150万元调整为100万元。北京证券交易所同步发布了《北京证券交易所投资者适当性管理办法（试行）》，明确个人投资者准入的资金门槛为证券资产50万元，机构投资者准入不设置资金门槛，此前已开通的精选层交易权限将自动平移至北交所。此外，具有新三板创新层和基础层交易权限的投资者，其交易权限范围将包含北交所股票。

（六）北京证券交易所发布上市与审核4件基本业务规则及6件配套细则和指引

2021年10月30日，北京证券交易所正式发布《北京证券交易所股票上市规则（试行）》等4件基本业务规则，以及《北京证券交易所上市委员会管理细则》等6件配套细则和指引。北京证券交易所发行上市制度总体平移精选层关于盈利能力、成长性、研发能力等晋层标准作为上市条件。同时，落实注册制试点要求，明确了交易所审核与中国证监会注册的衔接分工，组建上市委员会；北交所融资并购规则明确了再融资和重大资产重组的审核程序与自律监管等方面的具体要求，构建了普通股、优先股、可转债并行的多元化融资工具体系。在发行机制上明确上市公司证券发行需由证券公司保荐承销，明确了主承销商在发行定价、发售过程中的责任，同时引入了竞价发行机制，设立并购重组委员会，提高审核的专业性和透明度；上市公司持续监管方面，北交所不再实行主办券商制度，由保荐机构履行规定期限的持续督导。

（七）根据设立北京证券交易所相关部署，对 29 件业务规则进行适应性调整

为配合北京证券交易所的设立，2021 年 11 月 12 日，全国股转公司发布修订后的《全国中小企业股份转让系统挂牌公司信息披露规则》等 29 件业务规则。本次修订主要对涉及新三板股票挂牌、持续监管、交易监管和市场综合管理等业务的规则进行了适应性调整，删除了与精选层相关的规定，以保障北京证券交易所开市后各项业务与规则有序衔接。

（八）北京证券交易所发布交易和会员管理 2 件基本业务规则及 31 件细则指引指南

2021 年 11 月 2 日，《北京证券交易所交易规则（试行）》《北京证券交易所会员管理规则（试行）》2 件基本业务规则及 31 件细则指引指南正式发布，涵盖了发行上市、融资并购、公司监管、证券交易、会员管理等方面，总体延续了精选层的制度安排，并按照试点注册制、上市公司监管和交易所职责相关的上位法进行了调整优化。

第五节　资产证券化及其他创新业务情况

一、资产证券化发行情况①

新冠肺炎疫情对企业资产证券化业务的发展带来了较大的冲击。随着疫情传播逐步得到有效控制，以及政府适时推出经济修复政策助力企业复工复产，企业资产证券化产品的发行规模得以逐步恢复。

2021 年全年企业资产支持证券产品共发行 1 424 单，累计发行规模 15 788.01 亿元，发行规模同比增长 0.26%。截至 2021 年末，企业资产证券化存量 23 887.14 亿元，净融资额为 1 534.42 亿元②，同比减少 3 336.57 亿元。

（一）资产证券化业务的创新情况

1. 绿色资产证券化产品发行提速

随着"碳达峰碳中和"目标的提出和稳步推进，2021 年度绿色资产证券化产品发行规模显著提高，多只"碳中和"资产证券化产品成功发行，有效降低了绿色企业的融资成本，积极落实金融支持绿色发展，助力"碳中和"目标早日实现。虽然中国绿色资产证券化市

---

① 资料来源：本部分数据如无特殊说明，均取自 Wind。
② 计算口径为 2021 年资产证券化总发行量 – 总偿还量。

场起步较晚，但随着中国经济持续高速增长、金融支持绿色发展概念的提出以及相关监管制度的完善，绿色资产证券化市场发展迅速，并且已经在市场细分、基础资产类型、绿色覆盖领域等方面展现出具有中国特色的产品特征。在此背景下，2021年全市场共计发行78单绿色资产证券化产品，合计发行规模超过1 100亿元。从发行的绝对规模来看，中国绿色资产证券化市场的体量还较小。但在"碳达峰碳中和"目标提出的大背景下，未来中国绿色资产证券化市场较为广阔。

2. 首批公募REITs上市

随着我国首批基础设施领域不动产投资信托基金（REITs）试点发行，公募REITs作为一种全新金融创新产品和权益投资工具，开始进入大众视野。首批9只基础设施公募REITs产品于2021年5月31日起公开发售，6月21日正式在沪、深证券交易所上市。首批产品包括产权类REITs和特许经营权类REITs，具体涉及现代物流仓储、产业园、高速公路、水务处理、垃圾发电等领域，主要投向基础设施短板领域，分布于京津冀、粤港澳大湾区、长三角、长江经济带等经济重点区域。我国基础设施公募REITs采取"公募基金+ABS"的产品结构，有助于盘活基础设施存量资产，并且有效降低了投资门槛，各类投资者参与度得到极大提高；同时，也进一步丰富了我国资本市场的投资品种。

3. 知识产权ABS（资产支持专项计划）创新继续推进

2021年9月3日，国务院印发《关于推进自由贸易试验区贸易投资便利化改革创新若干措施的通知》，以产业链条或产业集群高价值专利组合为基础，构建底层知识产权资产，在知识产权已确权并能产生稳定现金流的前提下，在符合条件的自贸试验区规范探索知识产权证券化模式。在多项政策的支持下，2021年知识产权ABS产品出现大幅增长，发行规模和发行数量同比增长384.05%和300%；除了发行规模和发行数量之外，也有诸多亮点值得关注，出现了多个区域首单、行业首单、基础资产类型首单等。

（二）资产证券化产品基础资产结构情况

根据CNABS（ABS云服务平台）汇总统计，2021年度企业资产证券化市场上各类资产证券化产品发行和同比变动情况如下。

从发行规模来看，2021年度，前5位的资产证券化产品分别为供应链（2 818.81亿元）、融资租赁（2 213.73亿元）、特定非金债权（2 115.56亿元）、应收账款（1 733.99亿元）及小微贷款（1 454.81亿元）。对比2020年度，供应链产品下滑15.61%，融资租赁、特定非金债权、应收账款、小微贷款均保持增长，特别是小微贷款产品增长299.02%，呈现快速发展的态势。

位列第5至第10位的资产证券化产品分别为个人消费金融（1 430.52亿元）、CMBS/CMBN（商业房地产抵押贷款支持证券/商业房地产抵押贷款支持票据）（1 157.20亿元）、类REITs（644.62亿元）、信托受益权（631.01亿元）及购房尾款（512.30亿元）。对比2020年度，个人消费金融产品受监管收紧的影响，发行下滑较多，降幅达62.46%；CMBS/

CMBN 保持基本稳定；类 REITs、信托受益权均有 50% 以上的增长；购房尾款则减少了 32.64%。

位列第 11 名及之后的资产证券化产品为保单质押贷款（351.41 亿元）、保障房（336.47 亿元）、基础设施收费收益权（229.25 亿元）、保理融资（183.71 亿元）、小额贷款（122.13 亿元）、PPP 项目（71.78 亿元）、其他收益权（46.10 亿元）和补贴款（38.00 亿元）。相比 2020 年度，其中变化较大的产品是保理融资增加 96.27%，小额贷款增长 109.41%。

除上述产品外，在 2020 年出现的委托贷款、门票收益权、有限合伙份额和融出资金债权类 ABS 产品，在 2021 年没有发行。

从发行单数来看，2021 年同比变动较大的产品主要有：小微贷款增加 230.00%，保理融资增加 200.00%，小额贷款增加 168.75%，个人消费金融减少 46.92%。

二、其他创新业务情况[①]

（一）绿色及碳中和公司债券

为支持绿色产业发展，推动经济发展方式转变和经济结构转型升级，沪、深证券交易所于 2016 年分别发布《关于开展绿色公司债券券试点的通知》，拉开了绿色公司债券快速发展的帷幕；2020 年以来，随着"碳达峰碳中和"目标的提出，绿色债券相关政策进一步完善，并于 2021 年推出子品种碳中和公司债券。

2021 年度，市场共发行 64 单绿色公司债券，合计募集资金 847.21 亿元[②]，发行规模较上年增加 15.72%。其中，"碳中和"公司债券发行 51 只，规模合计 478.22 亿元。随着标准和相关规范的不断完善，绿色公司债券蓬勃发展，市场影响力不断扩大，社会环境效益显现。

（二）创新创业及科技创新公司债券

全国首批创新创业企业公司债券于 2016 年在上海证券交易所发行；2017—2020 年，为落实国家创新驱动发展战略，沪、深证券交易所创新创业公司债券的注册发行持续规范发展。2021 年，为进一步聚焦科技创新引领作用，沪、深证券交易所相继推出子品种科技创新公司债券，募集资金专项用于符合国家战略、支持关键核心领域科技创新的项目。2021 年 3 月，上海科创投集团、中关村发展集团、深圳市创新投资集团等主体公开发行了首批科技创新公司债券。

2021 年，市场共发行 32 单创新创业公司债券，合计募集资金 343.95 亿元[③]，发行单

[①] 资料来源：本部分数据如无特殊说明，均取自 Wind。
[②][③] 资料来源：中国证券业协会发布 2021 年证券公司债券承销业务专项统计。

数、规模较上年分别增加 60.00% 和 154.40%，迎来爆发式增长。其中科技创新公司债券共发行 23 单，合计募集资金 166.60 亿元，支持科技创新领域企业高质量发展。

（三）乡村振兴公司债券

为充分发挥资本市场在服务国家乡村振兴战略中的作用，巩固扶贫成果，推动脱贫地区发展和乡村全面振兴，沪、深证券交易所修订相关品种指引，推出乡村振兴公司债券。

2021 年，市场共发行 14 单乡村振兴专项公司债券，合计募集资金 72 亿元。2021 年乡村振兴债券募集资金用途涵盖乡村产业现代化建设、基础设施建设、助农企业股权出资等领域。

（四）短期公司债券

2021 年，交易所市场共发行了 317 单短期公司债券，同比增长 40.89%；合计募集资金 2 616.82 亿元，同比增长 33.98%。其中，公开发行 32 单，募集资金 462 亿元；非公开发行 285 只，募集资金 2 154.82 亿元。

（五）住房租赁专项公司债券

实行购租并举，培育和发展住房租赁市场，是深化住房制度改革的重要内容。2021 年，市场共发行 13 单租赁房专项公司债券，合计募集资金 124.87 亿元。受地产企业融资政策紧缩等政策影响，2021 年住房租赁专项公司债券发行规模有所萎缩。2021 年 6 月国务院办公厅发布《国务院办公厅关于加快发展保障性租赁住房的意见》，要求加快完善以公租房、保障性租赁住房和共有产权住房为主体的住房保障体系，"支持企业发行企业债券、公司债券、非金融企业债务融资工具等公司信用类债券，用于保障性租赁住房建设运营"。随着房地产融资市场预期转稳、风险化解有序推进、政策支持力度加大，住房租赁专项公司债券有望迎来进一步发展。

第六节　投资银行业务组织架构基本情况[①]

一、证券公司承销业务格局集中度较高

2021 年证券公司承销业务市场格局保持集中趋势。根据 Wind 数据，2021 年度股权

[①] 本节数据如无特殊说明，均来源于中国证券业协会 2021 年专项调查，数据由回收的有效问卷统计得出。

融资（含可转债、可交债）排名前 10 位的证券公司主承销金额合计占比为 72.11%，与 2020 年度 72.00% 相比基本持平；排名前 5 位的证券公司主承销金额合计占比为 60.07%，与 2020 年度 55.73% 相比提高 4.34 个百分点。在债券融资方面，排名前 10 位的证券公司主承销金额合计占比为 64.53%，较 2020 年度 61.45% 提高 3.08 个百分点；排名前 5 位的证券公司主承销金额占比为 46.20%，较 2020 年度 42.73% 提高 3.47 个百分点（见图分 2-3）。

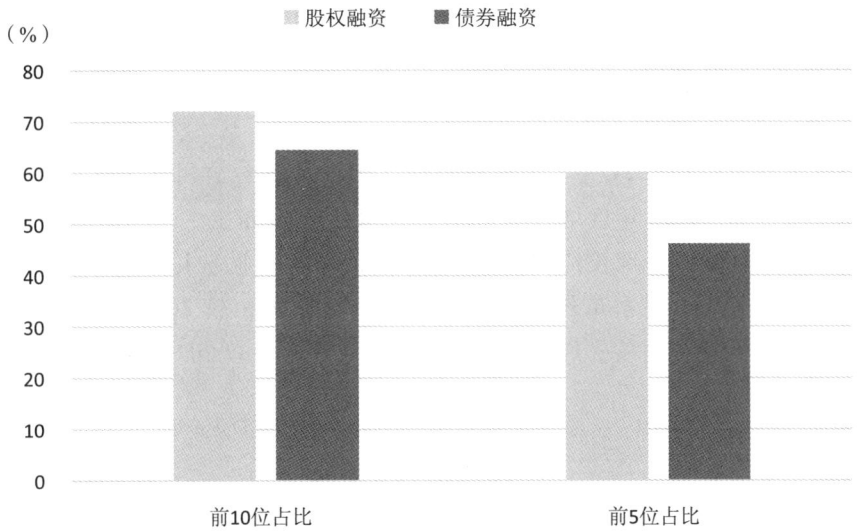

图分 2-3　2021 年前 10 位、前 5 位证券公司承销金额的占比情况

资料来源：Wind。

在业务收入方面，2021 年证券公司承销业务收入保持增长。根据中国证券业协会发布的证券公司经营数据，2021 年度证券承销与保荐业务净收入 699.83 亿元，与 2020 年度相比增长 4.12%。据不完全统计[①]，2021 年度证券公司投资银行业务收入平均值为 6.00 亿元、中位数为 2.19 亿元，排名前 10 位的证券公司合计收入占比为 53.28%。根据 Wind 按项目发行统计的股权融资主承销商收入数据，2021 年首发、增发、配股和可转债主承销商收入合计 355.05 亿元，较 2020 年同期增长 19.70%；前十大主承销商的收入合计占比 64.04%，与 2020 年同期相比变化不大。

二、证券公司开展投资银行业务的组织架构情况

根据中国证券业协会 2021 年专项调查收集到的数据，证券公司开展投资银行的组织架构方面变化不大。约 70% 的证券公司按业务品种设置投资银行组织架构，通常分为股

---

① 资料来源：中国证券业协会 2021 年专项调查，数据由回收的有效问卷统计得出。

权融资和债务融资,少数设置了财务顾问、资产证券化、创新融资等部门,有些证券公司同时按照地域或行业来设置业务部门。约55%的证券公司设立了从事新三板以及北京证券交易所业务的团队。约85%的证券公司在多地开展投资银行业务,总部之外在其他城市设有分公司、分部或业务团队。约8.5%的证券公司设立子公司来从事投资银行业务。证券公司投资银行类业务内部控制组织架构不断完善,均常设质量控制部门,超过87%的证券公司常设内核机构,多作为公司一级部门,或作为风险管理或合规部门的二级部门。

三、从业人员数量变化情况

根据中国证券业协会2021年专项调查数据,2021年证券公司从事投资银行业务的总人数约3.30万人,较2020年度增长约15%。从业人员分布上,从事股权融资业务的人员1.72万人,较2020年增长约17.68%;从事债券融资业务人员约9 080人,较2020年增长约13.97%;从事资本市场业务的人员约1 750人,较2020年增长约12.09%;其他从业人员(包括质控内核、综合管理等)约4 920人,较2020年增长约8.82%(见图分2-4)。

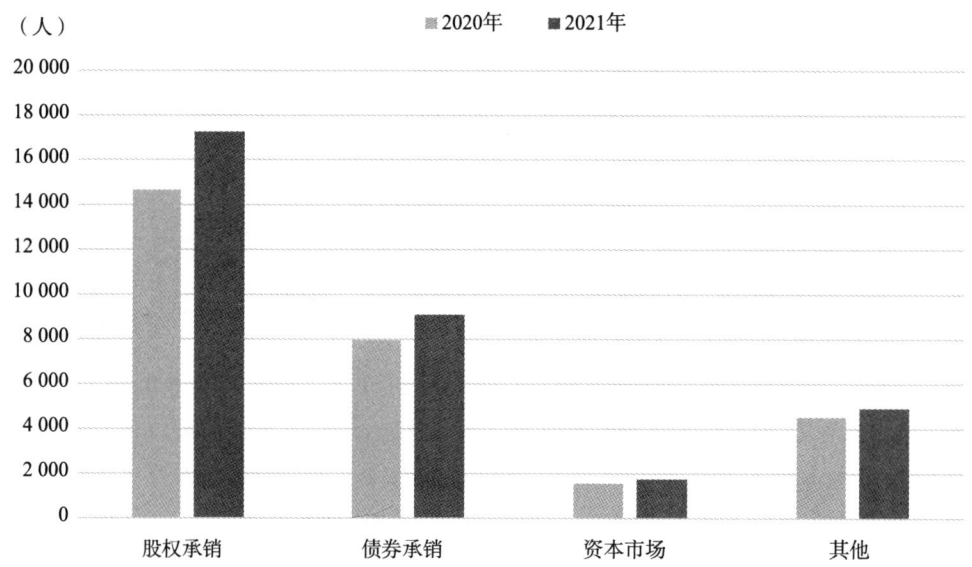

图分2-4　2020年、2021年证券公司投行从业人员数量情况

资料来源:中国证券业协会2021年专项调查。

在回收的有效问卷中,证券公司从事投资银行业务总人数超过1 000人的有8家、600—1 000人(含)的有11家、400—600人(含)的有6家、200—400人(含)的有17家、100—200人(含)的有30家、100人及以下的有33家。这也反映了投资银行业务相对集中的竞争格局。

从业人员中，2021 年底保荐代表人有 7 393 人，较 2020 年底人数增长 15.64%[①]，增长速度较上一年的 68% 有所放缓。2020 年 12 月《证券公司保荐业务规则》发布并施行，2021 年度中国证券业协会对保荐代表人进行持续动态跟踪管理，记录其专业能力水平评价情况、执业情况、持续培训情况、违法违规行为、违反职业道德行为、处罚处分信息等，并在官网予以公示，接受社会监督。

[①] 资料来源：中国证券业协会。

第二章
2021 年中国投资银行业务面临的问题与 2022 年前景展望

第一节　2021 年中国投资银行业务面临的问题

一、内控水平需要不断提升，执业质量有待进一步提高

在全面实行股票发行注册制的目标下，重视内控水平，提高执业质量是投行健康发展的有力保证。然而回顾 2021 年，全市场投资银行业务仍然存在着许多问题，发挥中介机构"看门人"的作用还有进一步提高的空间。

2021 年，中国证监会和证券交易所向证券公司开具了共计 266 张罚单，其中投资银行业务占比达 29.32%，为证券公司受处罚数量最多的业务条线。共计 34 家证券公司的投行业务条线被处罚，并且受罚数量前 5 位的证券公司投行业务受处罚数量占总量的 50% 左右，大多数处罚都是围绕着 IPO 项目，被处罚较多的原因主要是发行人核查不充分、内部控制有效性不足、未勤勉尽责督促发行人等。

2022 年，随着以全面实行股票发行注册制为主线的资本市场改革深入推进，对于发行端的监管会更加严格，需要从源头提高首发企业信息披露质量和提升上市公司质量。同时也应当看到，提高发行质量需要多方共同提升治理能力和治理手段，以应对全面注册制提出的新要求、新挑战。

投资银行业更应在坚持业务本源的基础上，继续恪守保荐机构在发行上市过程中综合牵头的责任定位，做到权责清晰、责任归位，进一步加强行业自律，努力践行为实体经济服务的初心使命。

二、风险的防控与化解仍是债券市场的重要议题

2021年末，我国债券市场存量规模达到130.41万亿元，较上年末增加14.13%，我国债券市场已经发展成为全球第二大债券市场。而随着国内经济增速放缓、经济结构调整以及新冠肺炎疫情等影响，债券违约呈现常态化。根据Wind统计，2021年国内债券市场共有148只信用债实质违约，共涉及发行人54户，违约日债券余额1 595.93亿元。整体而言，受前期低资质主体的逐步出清及债券展期的风险缓释，2021年债券违约量较以前年度边际缓和。2021年新增违约主体集中在房地产、航空、生物医药等领域，尤其是地产行业随着"三道红线"、预售款监管等政策的实行，违约数量明显提升。

在政策层面上，2021年1月，中国银保监会、国家发展改革委、中国人民银行和中国证监会四部委发布《关于印发金融机构债权人委员会工作规程的通知》，对债委会规则和流程进行了统一和明确，金融债委会机制在债务重组、有序化解债务风险方面发挥了积极作用；2021年8月，沪、深证券交易所更新发布业务指南，出台投资者权益保护参考文本，对债券募集说明书中违约事项及纠纷解决机制进行规范。市场层面上，2021年，海航集团合并重整案、华夏幸福债务重组计划等大型企业债务处置与化解方案有序推进，体现出相关监管制度得到积极落实，实践效应显现，债券违约处置方案丰富化，违约债券交易机制也有一定进展。风险固然是难题，但监管政策供给、事前防范措施、市场化化解路径均持续完善，风险防范化解工作将持续、有序推进。

三、优质标的供给不足，上市公司并购重组交易活跃度不高

据国家统计局发布，2021年我国经济持续稳定恢复，外部环境更趋复杂严峻和不确定，国内经济面临需求收缩、供给冲击、预期转弱三重压力。受疫情影响，部分标的公司经营业绩处于近年较低水平，较多行业的标的公司近两年经营业绩无法正常体现企业的价值。上述原因导致标的公司出售积极性较低，上市公司并购重组活跃度不高。同时，近年来IPO、再融资市场持续活跃，科创板推出、创业板注册制改革、北京证券交易所的设立，使得资产证券化路径非常畅通。多数情况下，优质企业更愿意选择独立IPO的方式实现证券化。科创板和创业板上市公司估值倍数普遍较高，相比之下并购重组标的估值仍旧处于较低水平，与上市公司估值倍数差异较大，卖方没有充足的动力进行交易，双方谈判难度较大，上市公司并购重组交易活跃度不高。

四、新三板市场热度尚未完全修复，需要进一步发挥北京证券交易所的引领与"反哺"作用

2021年，在原精选层及新设北京证券交易所的带动下，新三板市场热度有了进一步修

复,尤其是二级市场股票成交量有较大提升。但是基础层、创新层挂牌公司的市场吸引力仍然有限,若剔除 2021 年 1—11 月精选层挂牌公司,新三板基础层、创新层公司的融资规模及二级市场交易量仍不容乐观。此外,2021 年全年共有 1 273 家挂牌公司从新三板摘牌,摘牌公司家数较 2020 年增长超 40%,且摘牌数量远高于新增挂牌数量,部分优质挂牌公司选择其他渠道上市。

北京证券交易所设立以来,市场建设取得了长足进步,市场结构更加完善,定位更加清晰,运行质量显著改善,"龙头"撬动作用初步发挥。开市以来,北京证券交易所日均成交额较 2021 年 8 月精选层增长 3.04 倍,日均换手率 1.79%,整体年化换手率为 434.26%,符合中小市值股票流动性特征;2021 年北京证券交易所全市场股票平均涨幅 98.90%,市场财富效应初步显现;投资者数量超 475 万户,是宣布北交所设立前的约 2.8 倍;存量公募基金入市交易,8 只新设主题基金全部超募,社保基金、QFII 已经进场,机构投资者加速布局。创新层和基础层获得有效带动。宣布设立北京证券交易所以来,拟定向发行次数和募集资金环比增长 1.96 倍和 1.14 倍,2021 年全年拟定向发行募集金额同比增长超 54%。根据中国证券业协会专项调查显示,96% 的挂牌公司对新三板未来发展充满信心。

五、资产证券化业务不应成为企业规避监管指标的"通道"

近些年资产证券化创新品种的不断涌现,一些具有特殊交易安排的资产证券化产品开始逐渐被发行人认识并青睐,"出表""并表""供应链""非标转标"和其背后代表的企业"调负债""调利润""延账期"以及"调节监管指标"等现实诉求纷纷化为了一单单"爆款"。

2021 年是金融政策整体收紧的一年,也是企业大量通过资产证券化产品进行创新尝试的一年。资产证券化创新丰富了企业投融资工具和投资人结构,为企业提供了盘活存量资产、释放增量投资的空间,但创新应从落实党中央、国务院的战略部署出发,从业务实质出发,更加关注其底层的商业背景与业务实质,避免资产证券化创新成为规避监管指标的"通道"。

第二节　2022 年中国投资银行业务前景展望

一、全面注册制来临,A 股市场进入新阶段

2021 年 12 月召开的中央经济工作会议明确提出,要全面实行股票发行注册制,资本市场将向着健康、稳步的方向持续迈进。

随着全面注册制的实施，首先，IPO 将保持科学合理常态化发行，市场将不断扩容，上市公司本身的稀缺性和"壳公司"的虚高价值将降低。其次，上市公司募资难度趋向两极分化，行业龙头、优质上市公司会吸引更多的资金，核心资产的价值将更多地受到重视。此外，A 股市场的机构化程度将不断加深，公募基金、私募基金继续高速发展，渠道作用不断凸显，原有的"散户"占比将逐渐降低。最后，全面注册制的实现，意味着 A 股同国际市场的全面接轨，这是中国特色现代资本市场走向国际化的关键一步。

在上市条件宽松、包容的情况下，优质中小企业的融资难度不断降低，有利于催生出一大批具有高成长性和价值创造能力的企业，未来中国资本市场多层次的格局将更加明显，市场整体将向着透明化、高质化、市场化的方向迈进，资本市场服务实体经济的作用更加明显，为实体经济和创新发展提供更强的动力。

二、债券市场将朝着更加成熟与高质量发展的方向迈进

高质量发展是"十四五"时期我国经济社会发展的主题，也是国内债券市场发展的主题。"十三五"时期以来，我国债券市场经历了快速发展，年度债券发行规模从 2016 年的 36.37 万亿元增加至 2021 年的 61.75 万亿元，信用债发行规模从 2016 年的 23.91 万亿元增加至 2021 年的 41.86 万亿元，帮助各类企业完成债权融资、服务实体经济发展，并发行创新创业债券、科技创新债券、民企纾困债券、绿色债券、碳中和债券、蓝色债券、疫情防控债券、扶贫债券、乡村振兴债券、租赁房专项债券、"一带一路"专项债券、大湾区专项债券等创新品种，服务国家战略与国民经济发展。在此期间，债券市场法律基础持续完善，市场基础设施不断提升。2021 年 8 月，中国人民银行、国家发展改革委、财政部、中国银保监会、中国证监会和国家外汇管理局联合发布《关于推动公司信用类债券市场改革开放高质量发展的指导意见》，确立我国统一的债券市场高质量发展方向和监管架构，为今后信用债市场的发展和改革指明了方向。展望未来，债券市场的法律基础和法治化建设将不断完善，司法机关提供了有力的司法保障，严格依法行政，行业自律持续加强；债券发行交易管理将分类趋同，防范监管套利；信息披露有效性将持续提升，遵循真实、准确、完整、及时、公平原则，银行间和交易所市场信息披露要求走向统一，压实发行人及董监高、控股股东及实际控制人、各中介机构的信息披露责任，强化法律约束机制；信用评级机构的监管持续强化，不断提高信用评级质量；投资者适当性管理持续加强，建立健全有效的投资者保护机制；债券市场定价机制进一步推进健全，以形成充分反映信用分层的风险定价机制；债券市场监管和执法将进一步加强，压实各方责任；债券市场宏观管理有序加强，债券市场主体融资行为和宏观政策的关系将有效统筹，并防范化解债券信用风险；多层次市场建设工作将进一步推进，资产证券化、高收益债等产品市场规范化发展，丰富发展多层级的交易服务体系，推动债券基础设施有序联通；债券市场对外开放水平将持续提高，支持构建以国内大循环为主体、国内国际双循环相互促进的新发展格局。

三、产业并购提升市场活力，助推存量市场改革

在"中国制造2025"及《"十四五"规划和2035年远景目标纲要》引领下，我国产业转型升级稳步推进。并购重组是资本市场优化存量资源配置的重要方式，也是加速产业升级的重要手段。并购重组可以实现对产业资源的整合，推动企业去产能、去杠杆、技术升级、产品迭代，助力产业龙头骨干的培育和发展，有效服务实体经济高质量发展。

随着并购重组监管机制的不断优化及并购重组市场化改革的持续推进，并购重组在资本市场中将发挥更为关键的存量质量提升作用，促进上市公司质量全面提升。上市公司通过并购重组壮大主业、做优做强、提升质量，服务经济社会高质量发展。

四、北京证券交易所的设立有望成为业务发展的新引擎

深化新三板改革、设立北京证券交易所，是党中央、国务院对资本市场服务构建新发展格局、推动经济高质量发展作出的重大决策部署，对于更好发挥资本市场枢纽功能、支持中小企业创新发展具有重要意义。在多层次资本市场框架下，北京证券交易所坚持服务创新型中小企业定位，坚持与沪、深证券交易所及区域性股权市场错位发展、互联互通，构建了与新三板创新层、基础层一体发展、层层递进的市场结构，形成了"发行上市制度突出精准包容，持续融资制度突出灵活多元，交易制度突出便捷高效，公司监管制度突出宽严适度"有特色的基础制度安排。截至2021年底，北京证券交易所上市公司共计82家，总市值2 722.75亿元，市盈率46.66倍，中小企业占比78%，其中17家公司入选工信部专精特新"小巨人"企业名单，符合作为服务创新型中小企业主阵地的战略定位；新三板创新层、基础层中有1 155家新三板公司符合北京证券交易所上市财务条件。随着市场各方加大投入，市场流动性逐步提升，北京证券交易所有望为证券公司提供更多业务机会。

五、公募REITs开启中国资产证券化权益时代

截至2021年末，交易所市场已经有11单基础设施公募REITs完成了发行上市，募集资金总额达364.13亿元。"十四五"规划将"推动基础设施领域不动产投资信托基金（REITs）健康发展，有效盘活存量资产，形成存量资产和新增投资的良性循环"列入其中。企业有望能够以资产信用，将不动产和项目公司股权作为基础资产参与权益型融资试点。

传统基础设施领域投资人主要是以政府、地方城投、国有企业为主，其股权投资比例较低，而债权融资比例较高。公募REITs坚持权益导向，可以真正实现盘活一部分存量资产，通过市场化吸引社会资本参与基建项目，有利于防范地方债务风险，也能够借助资本市场的定价机制，推动基础设施建设高质量发展以及新旧基建调结构。但同时，公募REITs仍然处

于试点初期，也存在一定的诸如试点范围有限、项目要求较高等方面的发行限制。虽然如此，其推出本身无疑为企业开展其他权益融资提供了巨大的想象空间和发展潜力，如 2021 年国家电投集团发行的"中信建投 – 国家电投 – 中国电力能源基础设施投资和皖资产支持专项计划（类 REITs）"和"中金公司 – 国家电投 – 重庆江口能源基础设施绿色资产支持专项计划（类 REITs）"两单项目成为权益型类 REITs 的有效探索和尝试，在交易条款设计和交易安排上给予了企业充分的创新空间，为企业有效盘活存量不动产资产、压降企业负债率提供了重要助力。

分报告之三：

2021 年中国证券公司资产管理业务发展回顾与展望

第一章
2021 年中国证券公司资产管理业务的总体情况

第一节 2021 年中国证券公司资产管理业务的发展环境

一、经济环境："十四五"稳步开局

2021 年是"十四五"规划开局之年，也是"两个百年目标"的交汇之年。虽然全球新冠肺炎疫情形势仍然复杂严峻，但我国在有效的防疫措施保障之下，全年经济实现了稳步开局。2021 年我国 GDP 同比增速为 8.1%，在全球主要经济体中表现突出。从需求结构来看，消费仍然是拉动经济增长的主要动力，投资需求虽受房地产调控政策影响有所收缩但基本保持稳定，净出口需求快速增长且呈现较强的韧性。在海外主要经济体纷纷陷入滞胀格局的背景下，2021 年我国通货膨胀水平保持基本稳定，全年 CPI 涨幅 0.9%。

2021年居民收入继续保持较高增长，持续增长的财富管理需求继续为资产管理行业提供良好的发展环境。2021年全国居民人均可支配收入35 128元，同比实际增长8.1%；其中，人均财产净收入3 076元，同比增长10.2%，占人均可支配收入的比重达到8.8%。

二、政策环境：进一步落实新规要求，夯实行业高质量发展基础

2021年是《关于规范金融机构资产管理业务的指导意见》（以下简称"资管新规"）过渡期的最后一年，在从严监管的同时，资产管理业务制度建设持续完善。中国证监会及其派出机构全年共向12家证券公司出具了与资产管理业务相关的监管函[①]。在制度建设方面，中国证券投资基金业协会于2021年9月10日更新了《证券期货经营机构私募资产管理计划备案关注要点》及《合规负责人的合规审查意见（模板）》，主要增加了在私募资管计划备案中投资非标永续债权、金交所债权等非标资产、涉房投资和投资雪球结构场外衍生品的关注要点，以及管理人主动管理职责履行情况、涉房投资和投资雪球结构场外衍生品的合规审查意见等，从产品备案环节对证券公司私募资管产品的合规运作予以进一步规范。

2021年1月29日，中国证券业协会发布《公开募集基础设施证券投资基金网下投资者管理细则》；同日，沪、深证券交易所发布《公开募集基础设施证券投资基金（REITs）业务办法（试行）》《公开募集基础设施证券投资基金（REITs）规则适用指引第1号——审核关注事项（试行）》《公开募集基础设施证券投资基金（REITs）规则适用指引第2号——发售业务（试行）》3项公募REITs配套业务规则。截至2021年底，共有2批11只公募REITs基金发行上市，2021年基础设施REITs的落地为证券公司资产管理业务提供了更多机会。

此外，2021年5月14日，上海市人民政府办公厅印发《关于加快推进上海全球资产管理中心建设的若干意见》的通知，明确提出"力争到2025年，上海基本建成资产管理领域要素集聚度高、国际化水平强、生态体系较为完备的综合性、开放型资产管理中心，打造成为亚洲资产管理的重要枢纽，迈入全球资产管理中心城市前列"，在地区层面对资产管理行业的高质量发展提供推动力，有利于促进资产管理行业的生态完善。

三、行业环境：证券公司资产管理业务进一步分化

2021年，证券公司资产管理业务发展分化更为明显。一是资管新规提高了对证券公司资产管理业务主动管理能力的要求，相关业务条线协同作战能力较强的证券公司更具优势。

[①] 根据中国证监会及各地证监局网站公开披露信息统计。

"财富管理+资产管理+投资银行"协同发展模式下,综合实力较强的证券公司业务之间相互促进,尤其是在私募业务领域,护城河将越来越坚固。二是公募业务领域头部证券公司继续发力。一方面,有的证券公司资管子公司于年内获批公募基金管理人资格,进军公募业务,另有部分证券公司公告拟设立资管子公司并申请公募基金管理人资格;另一方面,券商系公募基金公司持续表现突出,部分优秀基金管理人持续巩固龙头地位和品牌优势,逐步成为作为股东的证券公司业绩增长的重要驱动力。

第二节 2021年中国证券公司资产管理业务的发展情况

一、管理规模:总量下降,结构优化

(一)管理规模小幅下降

2021年证券公司管理资产规模小幅下降。私募产品方面,根据中国证券投资基金业协会数据,2021年证券公司资产管理规模为7.69万亿元,较2020年的8.01万亿元下降4.06%[①]。公募产品方面,根据中国证券业协会数据,截至2021年底,由证券公司(或其资管子公司)管理的公募基金(含参公改造大集合)受托资金达到9 022.24亿元,受托资产总净值达到1.03万亿元。

(二)私募资管业务结构进一步优化

1. 社会财富管理属性更强的资管产品规模显著增长

2021年在资管新规整改过渡期结束的背景下,证券公司社会财富管理属性更强的资管产品规模显著增长。根据中国证券投资基金业协会数据,2021年证券公司私募资管业务中,主动管理规模占比已经达到86.67%,较2020年大幅提高28.82个百分点(见图分3-1)。

2. 集合资产管理计划增长明显,单一资产管理计划持续压降

根据中国证券投资基金业协会数据,2021年证券公司集合资产管理计划规模为3.65万亿元,较2020年的2.09万亿元大幅增长74.64%,这是自2019年以来的连续第三年回升。2021年集合资产管理计划规模占证券公司私募资管业务规模的比重达到47%,较2020年大幅提高21个百分点。

---

① 证券公司资产管理规模包含未转公募基金的大集合产品。自2020年8月起,证券资管总规模统计中不含已规范整改的大集合产品,因此2020年、2021年数据统计口径较2019年小。

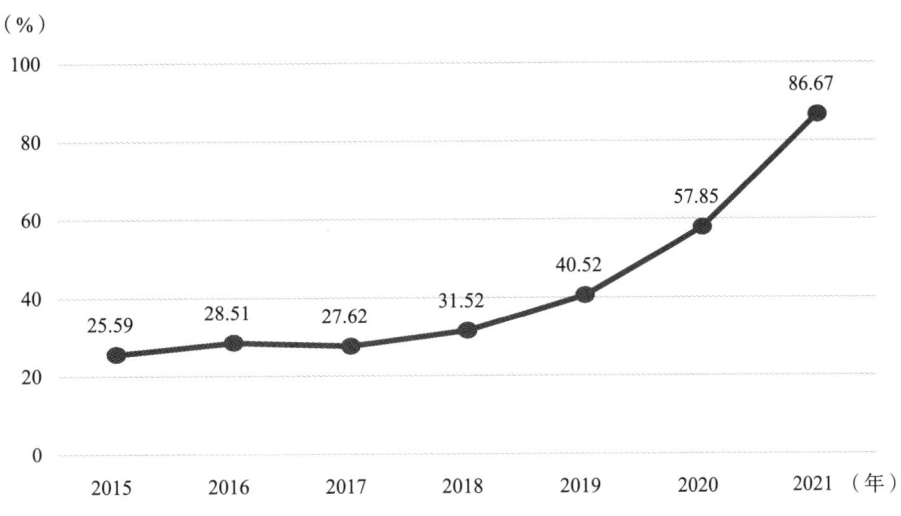

图分 3-1　证券公司私募资管业务主动管理规模占比

资料来源：中国证券投资基金业协会。

2021 年证券公司单一资产管理计划规模为 4.04 万亿元，较 2020 年的 5.92 万亿元下降 31.76%。单一资产管理计划规模占证券公司私募资管业务规模的比重从 2020 年的 74% 下降到 2021 年的 53%（见图分 3-2）。

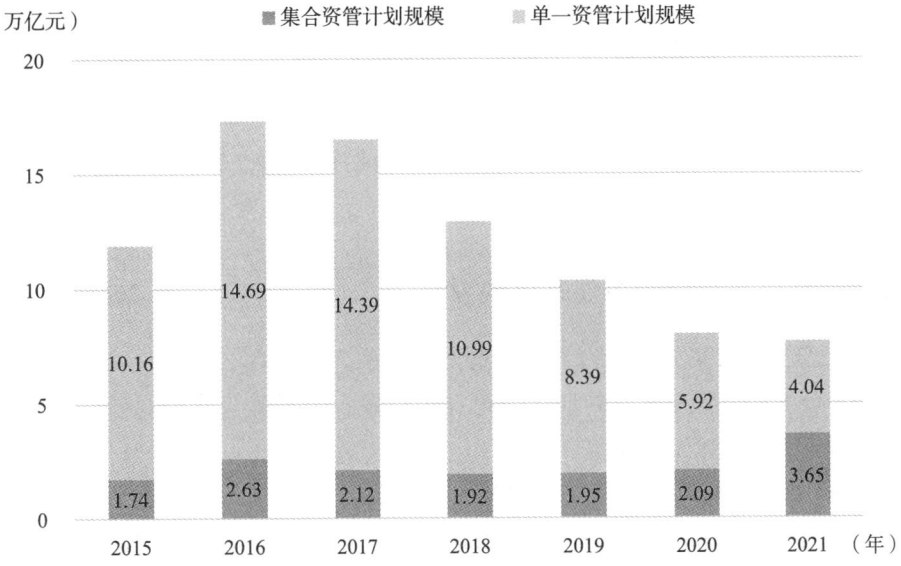

图分 3-2　证券公司私募资管业务集合和单一资产管理计划规模构成

资料来源：中国证券投资基金业协会。

3. 固定收益类仍是绝对主体

根据中国证券投资基金业协会数据，2021 年证券公司固定收益类资产管理计划规模为

6.13万亿元，较2020年的5.93万亿元小幅增长3.37%；权益类资产管理计划规模为0.69万亿元，较2020年的0.75万亿元下降8%；混合类资产管理计划规模为0.85万亿元，较2020年的1.32万亿元大幅下降35.61%；商品及金融衍生品类资产管理计划规模为190亿元，较2020年的112亿元增长69.64%。从规模占比上看，2021年固定收益类资产管理计划规模占比达到80%，较2020年进一步提高了6个百分点，仍然是证券公司私募资管业务的绝对主体（见图分3-3）。

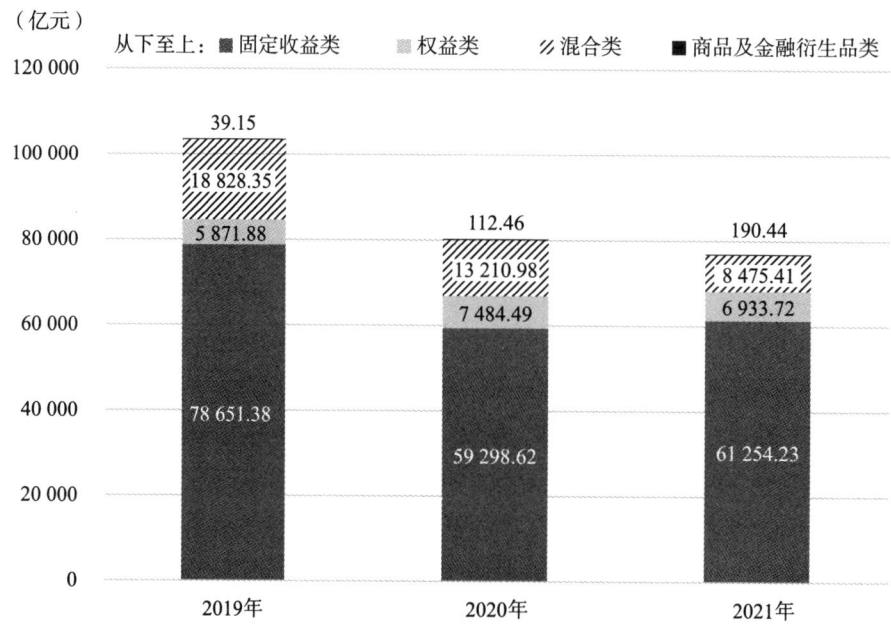

图分3-3 2021年证券公司私募资管业务不同类型产品规模构成

资料来源：中国证券投资基金业协会。

（三）公募资产管理业务迎来较快发展

2021年证券公司大集合产品的参公改造明显加快，同时在公募基金市场较快发展的大环境下，持有公募基金管理资质的证券公司也积极做大公募基金管理规模。2021年证券公司公募资产管理业务总体发展较快。

根据Wind数据，截至2021年底，共有40家证券公司（或证券公司资管子公司）合计管理公募产品（包括公募基金及完成参公改造的大集合）397只[①]，较2020年底24家合计管理225只增长明显。2021年底上述公募产品合计份额不低于6 386.68亿份[②]，较2020年

[①] 公募产品存在不同份额的合并计算为同一只产品，下同。
[②] Wind数据中，存在部分成立日期接近年底的产品份额数据缺失的情况，因此，这些公募产品实际的合计份额可能比Wind数据合计值更高。2021年底397只由证券公司（或证券公司资管子公司）担任管理人的公募产品中，有23只成立日期在11—12月，产品份额数据缺失；2020年底225只产品中，也有2只存在这种情况。下同。

底增长 47%；合计资产净值不低于 7 907.22 亿元①，较 2020 年底增长 44%。

从产品类型构成来看，债券型产品在证券公司公募产品中占据主体地位，2021 年底由证券公司（或证券公司资管子公司）管理的债券型公募产品 160 只，较 2020 年底增加 74 只，在证券公司公募产品数量中占比达到 42.22%；合计份额不低于 3 159.17 亿份，较 2020 年底增长 37.73%，在证券公司公募产品合计份额中占比达到 49.46%；合计资产净值不低于 3 400.20 亿元，较 2020 年底增长 42.25%，在证券公司公募产品合计资产净值中占比达到 43%。其次是混合型产品，2021 年底产品数量 179 只，较 2020 年底增加 72 只，产品数量占比达到 47.23%；合计份额不低于 1 880.05 亿份，较 2020 年底增长 32.48%，在证券公司公募产品合计份额中占比达到 29.44%；合计资产净值不低于 3 103.01 亿元，较 2020 年底增长 25.64%，在证券公司公募产品合计资产净值中占比达到 39.24%。货币市场型产品虽然数量不多，但规模较大，合计份额和资产净值均排在债券型和混合型之后。股票型、QDII 和 FOF 三类产品虽然规模占比仍然不高，但 2021 年底规模相对于 2020 年底有数倍乃至数十倍的增幅。公募 REITs 基金是 2021 年新设立的品种，有 1 只产品由证券公司担任管理人。另类投资型是 2021 年唯一出现规模下降的公募产品品种（见表分 3-1）。

表分 3-1　　　　　　　2020 年、2021 年证券公司公募产品数量和规模

产品类型	产品数量（只）		产品份额（亿份）		资产净值（亿元）	
	2021 年底	2020 年底	2021 年底	2020 年底	2021 年底	2020 年底
货币市场型	11	8	1 149.37	564.40	1 149.37	564.40
债券型	160	86	3 159.17	2 293.68	3 400.20	2 390.23
股票型	29	15	72.51	24.58	112.23	42.88
混合型	179	107	1 880.05	1 419.15	3 103.01	2 469.71
QDII	4	2	12.53	0.16	7.25	0.09
另类投资型	2	2	5.41	21.66	5.54	22.79
FOF	11	5	102.64	8.20	124.62	9.16
REITs	1	—	5.00	—	5.00	—
合计	379	225	6 386.68	4 331.84	7 907.22	5 499.25

资料来源：Wind 数据，申万宏源资管。

1. 证券公司公募基金业务增长快于公募基金行业

截至 2021 年底，中国证监会共核准了 14 家证券公司（或证券公司资管子公司）公开募集证券投资基金管理业务资格，根据 Wind 数据，2021 年和 2020 年实际管理公募基金的均

---

① Wind 数据中，存在部分成立日期接近年底的产品资产净值数据缺失的情况。对于其中产品份额数据未缺失的，资产净值调整为份额数。但对于 2021 年底 23 只和 2020 年底 2 只份额数据也缺失的产品，资产净值无可参考的数据。因此，公募产品实际的合计资产净值可能比 Wind 数据合计值更高。下同。

为其中 11 家。截至 2021 年底,证券公司(或证券公司资管子公司)合计管理公募基金 272 只,较 2020 年底增加 90 只;合计基金份额不低于 5 458.63 亿份,较 2020 年底增长 50%;合计资产净值不低于 6 616.73 亿元,较 2020 年增长 48%。根据中国证券投资基金业协会数据,同期公募基金行业整体份额和净值增幅均为 28% 左右,证券公司公募基金业务增速明显快于行业整体。

2. 大集合参公改造明显提速

根据 Wind 数据,截至 2021 年底,共有 30 家证券公司(或证券公司资管子公司)合计完成了 125 只大集合产品的参公改造,在 2020 年底 14 家合计完成 42 只的基础上提速明显。截至 2021 年底,完成参公改造的大集合产品合计份额不低于 928.05 亿份,较 2020 年底增长 49%;合计资产净值不低于 1 290.49 亿元,较 2020 年底增长 27%。

二、业务收入:小幅增长,公募业务收入占比近四成

根据中国证券业协会数据,2021 年证券公司资产管理业务净收入为 317.86 亿元,较 2020 年增长 6%。虽然证券公司资产管理总规模有所下降,但是结构优化效果显著:压降较多的通道类产品费率较低,而费率较高的主动管理类产品规模反而有所增加,两相抵补,2021 年资产管理业务净收入在 2020 年小幅增长的基础上实现了继续回升(见图分 3 - 4)。

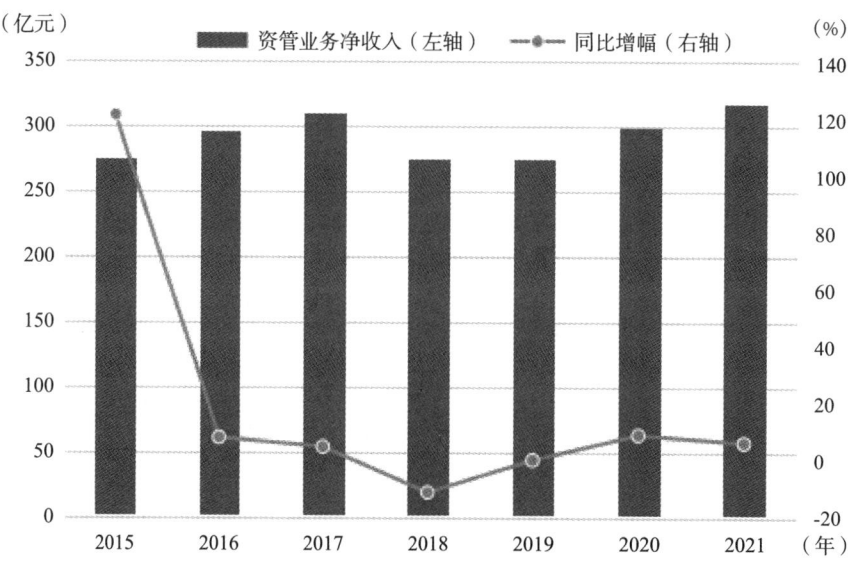

图分 3 - 4 证券公司资产管理业务净收入

资料来源:中国证券业协会。

从 2021 年证券公司资产管理业务净收入的构成来看,公募基金(含大集合)管理业务净收入为 117.26 亿元,占比达到 37%。私募集合和单一资管业务净收入分别为 93.77 亿元和 95.35 亿元,各占 30% 左右(见图分 3 - 5)。

分报告之三
2021年中国证券公司资产管理业务发展回顾与展望

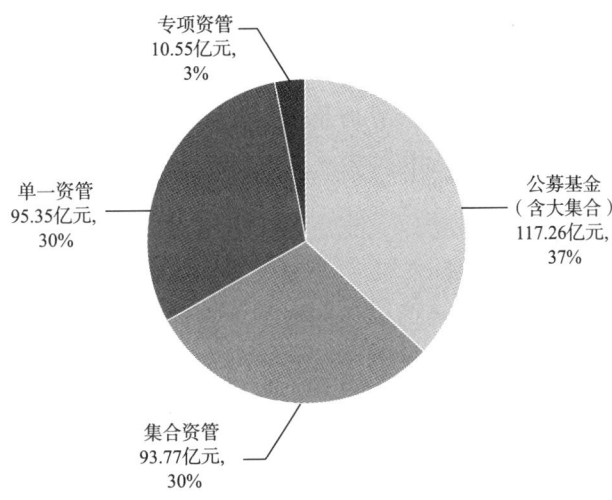

图分3-5 2021年证券公司资产管理业务净收入构成

资料来源：中国证券业协会。

三、资金来源：银行资金渠道仍为主体，集合资管业务合作加深

2021年证券公司私募资管业务的资金来源中，银行渠道资金仍为主体，且占比有所回升。根据中国证券投资基金业协会数据，银行渠道资金在证券公司私募资管业务资金来源中的占比并未延续上一年的下降趋势，而是从2020年的67.51%上升到了2021年的72.30%；个人投资者资金占比则从2020年的14.34%下降至2021年的11.63%；非银金融机构资金占比从2020年的12.55%下降至2021年的11.42%（见图分3-6）。

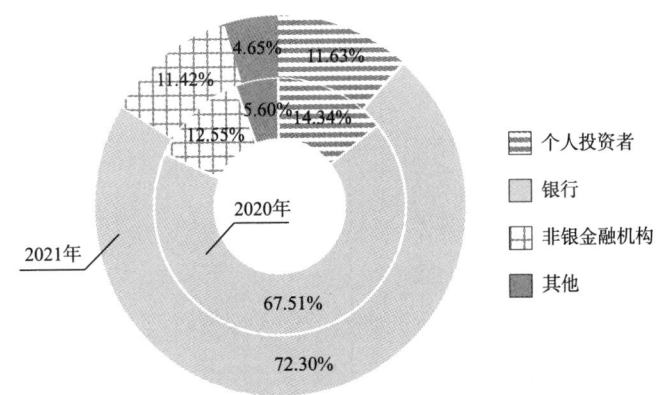

图分3-6 2020年、2021年证券公司私募资管业务的资金来源构成

资料来源：中国证券投资基金业协会。

从进一步细分数据来看，2021年证券公司单一资管业务的资金来源构成变化相对较小，但集合资管业务的资金来源构成则发生了明显的变化。银行资金在集合资管业务资金来源中的占比从2020年的32.54%大幅提高到了2021年的69.04%，而个人投资者资金占比则从

2020 年的 50.96% 大幅下降到了 2021 年的 21.48%（见图分 3-7）。集合资管业务资金来源构成的变化，除个人投资者资金减少的影响外，与投资于证券公司集合资产管理计划的银行资金大幅增加密不可分。证券公司资产管理业务与银行的合作已经改变了资管新规颁布前主要通过单一资产管理计划开展委外合作的模式，集合资管业务方面的合作正逐步深入。

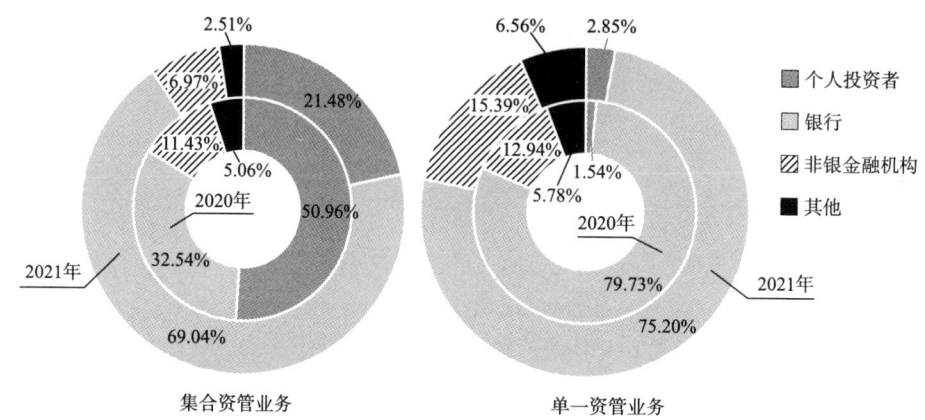

图分 3-7　2020 年、2021 年证券公司集合和单一资管业务的资金来源构成

资料来源：中国证券投资基金业协会。

四、资产配置：标准化资产比例进一步提升

从资产配置构成来看，2021 年证券公司私募资管业务在债券、基金等标准化资产上的配置比例进一步提升。根据中国证券投资基金业协会数据，截至 2021 年底，债券、股票和基金合计在证券公司私募资管业务的资产配置中占比已达约 60%，较 2020 年底提高了 12 个百分点；其中债券占比从 2020 年的 37.03% 提高到了 2021 年的 49.02%（见图分 3-8）。

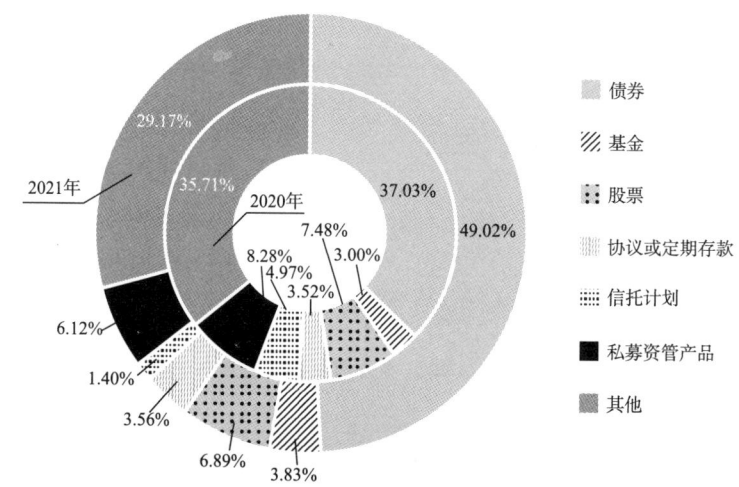

图分 3-8　2020 年、2021 年证券公司私募资管业务的资产配置构成

资料来源：中国证券投资基金业协会。

较多配置标准化资产的集合资管业务进一步提升标准化投资比例,截至2021年底,证券公司集合资产管理计划投向债券、股票和基金的比例达到73%,较2020年进一步提高2个百分点。而单一资产管理计划中标准化资产的配置比例也有明显提升,截至2021年底,投向债券、股票和基金的比例从2020年底的39%提高到了2021年底的48%(见图分3-9)。

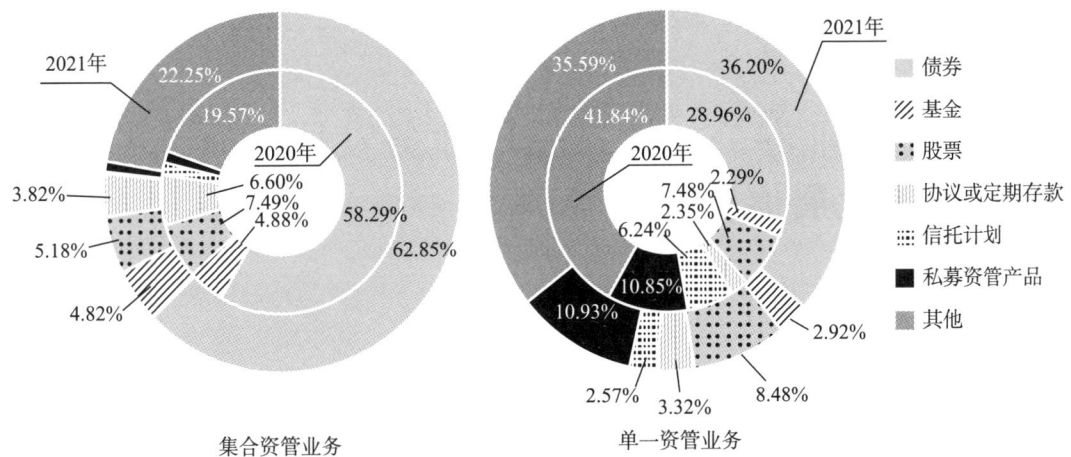

图分3-9 2020年、2021年证券公司集合和单一资管业务的资产配置构成

资料来源:中国证券投资基金业协会。

第二章
2021年中国证券公司资产管理业务发展中面临的问题与2022年发展展望

第一节 2021年中国证券公司资产管理业务发展中面临的问题

一、私募资管业务规模压降影响仍需消化，主动管理规模增长任重道远

虽然部分转型领先的证券公司（或证券公司资管子公司）资产管理规模已企稳甚至上升，但2021年行业整体资产管理规模仍压降，主动管理规模的增长仍任重道远。从新设产品情况来看，2019—2021年证券公司新设立的私募资管产品数量增长明显，但是新设立私募资管产品的总规模不仅没有提升，反而有所下降（见图分3-10）。未来证券公司私募资管业务仍然面临规模增长压力：一是资产端，仍然有个别难以处置的长期限股权类资产需要逐步压降；二是负债端，主动管理业务能否完全弥补通道业务的萎缩，未来仍值得关注。

二、产品类型构成有待进一步优化，公募产品和权益类产品发展空间值得期待

2021年证券公司资产管理产品结构进一步优化，一方面主动管理规模占比大幅上升，另一方面单一资产管理产品占比下降，集合资产管理产品占比上升，但仍有进一步优化的空间。

一是公募产品具备较大的发展空间。目前证券公司资产管理产品仍以私募产品为主，公募产品因业务资格限制等因素规模仍偏低。但2021年证券公司资管的公募产品迎来较快发

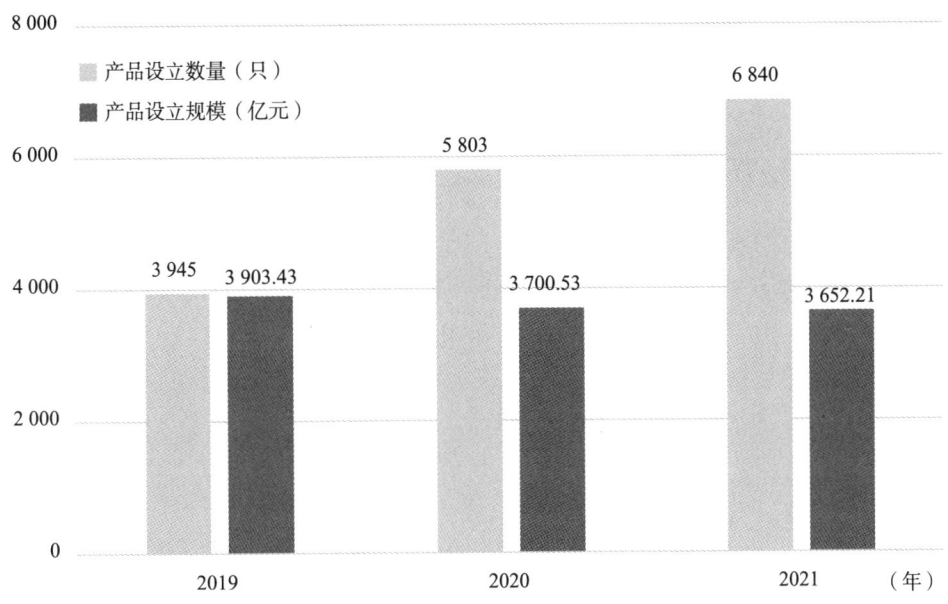

图分 3-10　2019—2021 年证券公司私募资管产品设立数量和规模

资料来源：中国证券投资基金业协会。产品设立数量和规模均按备案通过口径。

展，持有公募基金管理资格的证券公司（或证券公司资管子公司）管理的公募基金规模增速高于公募基金行业平均增速，大集合产品参公改造也较快推进。随着资管新规过渡期的结束，不少证券公司已把公募业务作为资产管理业务的重点发展方向，根据 2021 年中国证券业协会专项问卷调查数据显示，在有效反馈问卷的证券公司（或证券公司资管子公司）中，49 家为"已获得、正在申请或计划申请公募基金管理业务资格"，23 家把"缺乏公募基金管理业务资格"或与公募业务相关问题视为"新规过渡期结束后面临的最大挑战"。证券公司公募资产管理产品的快速发展将进一步优化证券公司资产管理产品结构。

二是权益类产品占比有待进一步提高。从全球资产管理行业整体来看，股票型基金在全球受监管开放式基金净资产中占比从 2011 年的 38% 左右提升到了 2020 年的 45%，是各类产品中占比最高的，美国 2020 年股票型基金在共同基金净资产中占比甚至达到了 53%[1]。相对而言，目前权益类产品在证券公司（或证券公司资管子公司）管理的资管产品中占比仍然很低，截至 2021 年底，私募资管产品中权益类产品的受托资金占比仅为 9%，私募资管产品的资产配置中股票占 7%；公募资管产品中股票型产品的份额占比和资产净值占比均不足 2%。证券公司在权益投资上原本具备比较优势，在资管新规过渡期结束后，权益类产品有望伴随着证券公司资管主动管理能力的增强而迎来较快发展，为吸引更多中长期资金参与资本市场投资贡献力量。

---

[1] 资料来源：中国证券投资基金业协会：《声音》，2021 年第 7 期。

三是"固收+"产品在固收类产品中的重要性有望进一步提升。"固收+"产品是2021年备受瞩目的资管产品品种。根据2021年中国证券业协会专项问卷调查数据显示，在有效反馈问卷的证券公司（或证券公司资管子公司）中，有25家将"固收+"产品视为2021年度发行的特色资管产品。在纯固收类资产收益率下行和类固收理财需求仍然旺盛的市场背景下，"固收+"产品的重要性将进一步提升。而"+"部分的策略有效性也将形成对产品管理人主动管理能力的真正考验。

四是FOF类产品在资产配置等方面的积极作用应进一步提升。FOF类产品也是2021年证券公司资管的一大类特色产品。根据2021年中国证券业协会专项问卷调查数据显示，在有效反馈问卷的证券公司（或证券公司资管子公司）中，有29家将FOF产品作为本年度特色产品之一，主要将其作为大类资产配置策略的载体，以及为高净值客户提供量化等私募产品配置的工具。符合资管新规的FOF产品在为客户提供资产配置工具等方面具有难以替代的积极作用，具备持续发展的空间。

五是商品和金融衍生品类产品受到关注，但需审慎监管、有序发展。2021年以雪球结构为代表的商品和金融衍生品类资管产品继续获得市场关注，由证券公司（或证券公司资管子公司）管理的商品及金融衍生品类资管产品的存续规模进一步增长，增幅达到69%。2021年9月10日，中国证券投资基金业协会更新《证券期货经营机构私募资产管理计划备案关注要点》，增加了对投资雪球结构场外衍生品的关注要点，对该类产品的有序发展进行引导。

三、投资者结构有所改善，私募合格投资者数量仍然有限

资管新规发布以来，证券公司资管业务的投资者结构发生了明显变化。虽然从表面上看机构客户资金占比仍然较高，但从最终资金来源看，个人投资者机构化的资金占比在提升。2021年银行和非银金融机构资金在证券公司私募资管业务资金来源中的占比从2020年的80.06%增加到2021年的83.72%，个人投资者资金占比则从2020年的14.34%下降至2021年的11.63%。但值得注意的是，银行资金在集合资管业务资金来源中的占比从2020年的32.54%大幅提高到了2021年的69.04%，其中相当比例或为由零售客户提供的银行理财产品资金。

根据2021年中国证券业协会专项问卷调查数据显示，在有效反馈问卷的证券公司（或证券公司资管子公司）中，私募合格投资者客户数量0—1 000人的有41家，1 000—10 000人的有35家，10 000—50 000人的有14家，50 000人以上的有4家。私募合格投资者客户数量相对有限。

第二节 2022 年中国证券公司资产管理业务前景展望

一、证券公司资产管理业务将在积极服务国家战略、支持实体经济发展、助力共同富裕中迎来重要发展机遇

不断丰富的产品体系和综合全面的金融服务，使证券公司资产管理业务在服务国家战略、支持实体经济发展上具备充分的工具。例如通过创设主题型资管产品，可以为"专精特新"企业、先进制造业和前沿科技企业、产业链重要环节和核心节点企业等提供投融资支持和发展助力，也可以为传统产业节能降碳升级、绿色低碳技术创新、"碳达峰碳中和"提供支持。证券公司及其资管子公司管理的公募产品快速发展，也将是普惠金融的重要组成部分。证券公司资产管理业务在连接实体经济与资本市场、吸引中长期资金优化配置方面具备比较优势，将迎来重要发展机遇和广阔发展前景。

二、主动管理能力差异将是行业竞争格局的主要驱动力

目前，证券公司资管业务头部效应明显，行业集中度较高，未来主动管理能力差异将继续驱动行业梯队格局变化，主动管理能力成为证券公司资管业务的核心竞争力。从目前行业梯队格局来看，至少三类因素较有可能在证券公司资管业务的差异化发展路径中发挥关键作用：一是投研能力、投研体系和投研团队建设，是主动管理能力的核心；二是与证券公司各优势业务条线的协同整合能力，是证券公司资管主动管理能力的重要特色；三是整合渠道等外部资源的能力，是证券公司资管主动管理能力的重要助力。

三、资产管理业务与证券公司其他业务协同效应进一步增强

资产管理业务联结的两端是资金端和资产端，与资金端的财富管理条线（经纪业务条线）、资产端的投资银行条线的协同是证券公司相比其他类型资管机构所独有的禀赋优势，协同效应有望筑牢头部证券公司资管业务的护城河。商业银行理财资金端优势相对突出，基金公司资产端优势相对显著，但是证券公司从资金端到资产端的服务链最齐全，因此，未来应进一步强化"财富管理+资产管理+投资银行"的生态闭环。大中型证券公司综合实力较强，协同机制建立之后所发挥的协同效应将有助于显著提升在大资管市场中的竞争力。

四、证券公司资产管理业务与其他金融机构合作模式将进一步丰富

资管产业链分工及禀赋优势逐步清晰，未来各类资管机构之间的合作从以往通道为主的粗放模式，逐步转向更加多元化的精细合作模式。证券公司业务资格齐全，网点布局较为全面，未来可以与其他金融机构合作的领域包括：一是产品代销，通过与银行、网金等外部渠道的代销合作，证券公司不仅可以扩大本身具备优势的销售网点覆盖，也可以吸引风险偏好不同的各类客户；二是投资顾问，对于投研体系完备、主动管理能力较强的证券公司，可以通过为其他机构或产品提供投资顾问服务形成投研能力的有效输出，扩大业务合作范围和规模；三是FOF配置，充分发挥证券公司的产品研究和FOF主动管理优势，对接商业银行等其他金融机构的FOF配置需求，以及部分投研能力突出的特色私募机构的募资需求。

分报告之四：
2021年中国证券公司融资类业务发展回顾与展望

第一章
2021年中国证券公司融资融券业务发展回顾与2022年前景展望

第一节 2021年中国证券市场融资融券业务发展现状

一、融资融券市场余额情况

2021年，A股市场整体表现比较平稳，融资融券业务整体情况稳中略增。据Wind数据统计，截至2021年12月31日，融资融券全市场余额为18 321.91亿元[①]，相比于2020年末

[①] 有关融资融券余额的数据有两个主要来源：一是中国证券金融股份有限公司网站公布的数据；二是Wind等数据服务商根据沪、深证券交易所公布数据加总而来。两者在统计口径上略有差异，比如2021年底，沪、深两市的融资融券余额按照Wind显示为18 321.91亿元，中国证券金融股份有限公司网站公布数据为18 321.52亿元。

的市场余额 16 190.08 亿元增长 13.17%（见图分 4-1）。

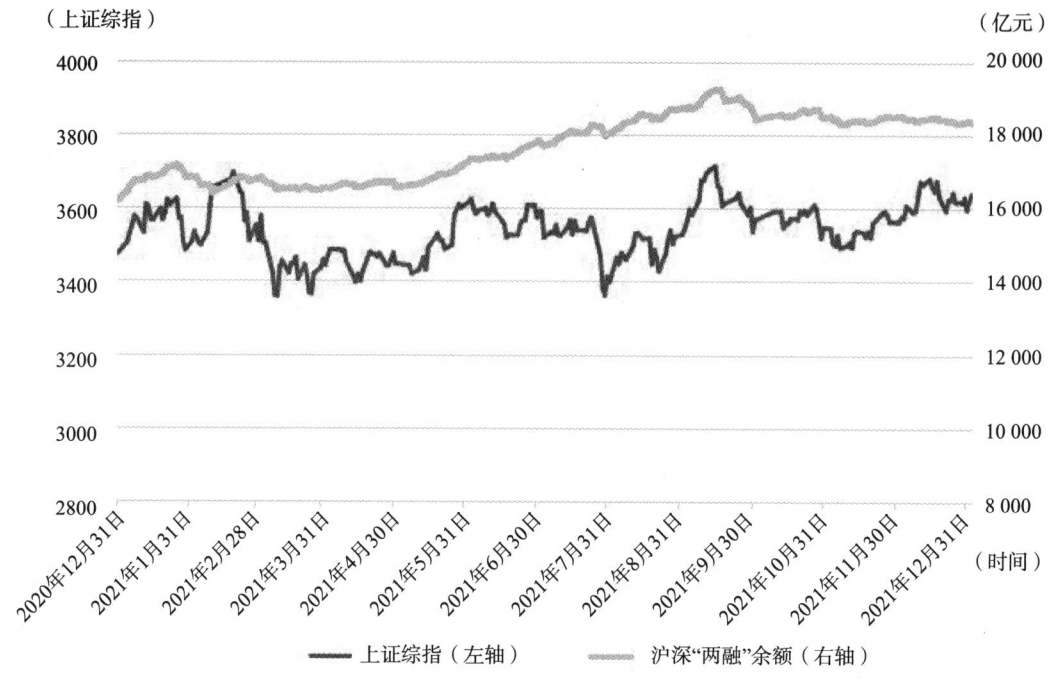

图分 4-1 2021 年融资融券余额与上证综指走势

资料来源：Wind。

2021 年全年，融资余额整体上呈现出缓慢增长的趋势，融券余额经历了前三季度的稳中略增后出现较大幅度的回调。具体来看，融资余额 2021 年末相较于 2020 年末增长 15.52%，2 月 10 日为全年最小值 14 987.67 亿元，9 月 15 日达到全年最大值 17 583.79 亿元；融券余额 2021 年前三季度缓慢增长，9 月 10 日达到全年最大值 1 738.58 亿元，第三季度后大幅降低，2021 末相较于 2020 年末降低了 12.30%，12 月 20 日降低至全年最小值 1 141.56 亿元（见图分 4-2）。

二、融资融券市场交易情况

2021 年全年，A 股总成交金额 254.70 万亿元①，全市场累计融资买入金额 21.63 万亿元，占 A 股总成交金额的 8.49%；全市场累计融券卖出金额 1.21 万亿元，占 A 股总成交金额的 0.48%。2021 年全年，融资买入金额占 A 股成交金额比例稳步下降，全年为 6.77%—10.95%，最大值在 2 月 18 日，为 10.95%，最小值在 12 月 20 日，为 6.77%；融券卖出金

---

① A 股总成交金额使用了 Wind 全 A 指数（代码 881001.WI）的成交金额，Wind 全 A 指数的样本范围是全部在上海、深圳证券交易所上市交易的 A 股股票。

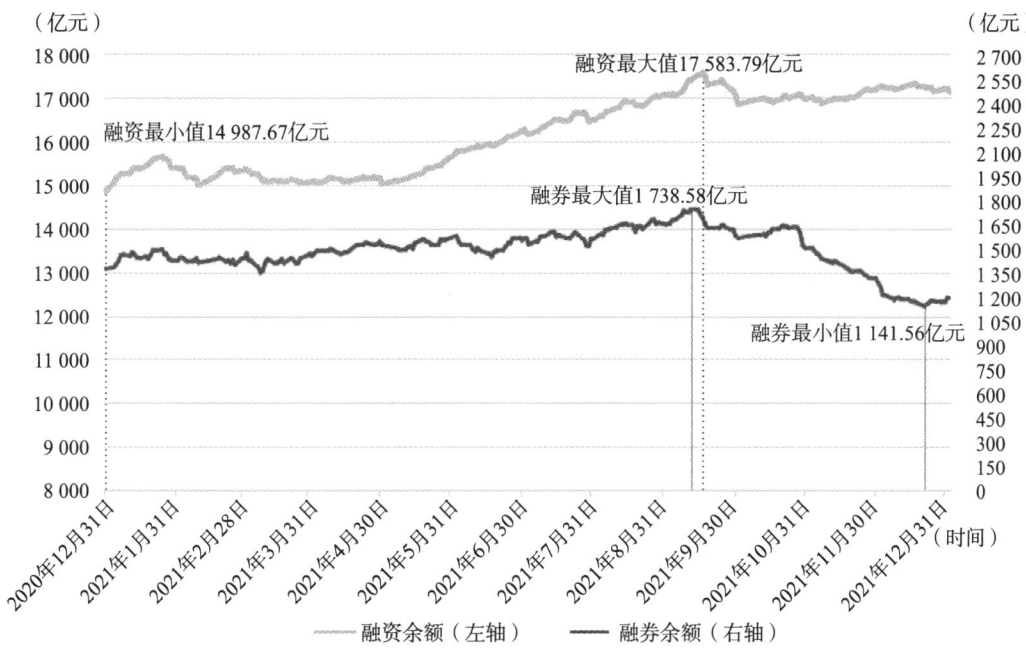

图分 4-2　2021 年融资融券市场余额变化情况

资料来源：Wind。

额占 A 股成交金额比例全年在 0.47% 上下震荡，最大值出现在 3 月 17 日，为 0.74%，最小值出现在 12 月 10 日，为 0.28%（见图分 4-3）。

图分 4-3　沪、深两市融资买入额和融券卖出额占 A 股成交额比例

资料来源：Wind。

三、融资融券业务开户情况

从融资融券业务的参与者来看,参与融资融券业务的投资者数量稳步增长。根据中国证券登记结算有限责任公司数据统计,2021年末开设信用证券账户的投资者数约为607.03万户,较2020年末开设信用证券账户的投资者数558.07万户增长了8.77%,但从2015年以来,融资融券业务的开户比例(即参与融资融券业务的投资者数量占沪、深证券交易所投资者总数的比例)逐年缓慢下降,从2015年的4.01%下降至2021年的3.07%(见表分4-1)。

表分4-1　　　　　　　　2015—2021年末信用账户数及占比

年份	期末投资者数*（万户）	期末信用账户数（万户）	信用账户占比（%）
2015	9 910.53	397.69	4.01
2016	11 811.04	424.89	3.60
2017	13 398.30	455.53	3.40
2018	14 650.44	472.42	3.22
2019	15 975.24	509.90	3.19
2020	17 777.49	558.07	3.14
2021	19 740.85	607.03	3.07

* 根据中国证券登记结算有限责任公司网站说明,期末投资者数量指持有未注销、未休眠的A股、B股、信用账户、衍生品合约账户的一码通账户数量。

资料来源：中国证券登记结算有限责任公司。

从融资融券开户增长率的角度来看,2021年信用账户开户数月增长率整体上相对稳定,围绕着中枢0.76%上下震荡,9月增速最大为0.93%,2月增速最小为0.57%,平均月增长率为0.77%,与2020年平均月增长率0.83%相比略有下降(见图分4-4)。

从区分个人和机构投资者的角度分析融资融券业务的开户比例。自2010年融资融券业务试点以来,2010—2015年参与融资融券业务的个人投资者开户比例(即参与融资融券业务的个人投资者数量占沪、深证券交易所个人投资者总数的比例)增幅显著高于机构投资者开户比例(即参与融资融券业务的机构投资者数量占沪、深证券交易所机构投资者总数的比例)。2015年以来,参与融资融券业务的个人投资者的开户比例逐年稳步下降,机构投资者的开户比例快速提升。截至2021年末,参与融资融券业务的机构投资者开户比例为8.92%,是个人投资者开户比例3.06%的2.92倍(见图分4-5)。

分报告之四
2021年中国证券公司融资类业务发展回顾与展望

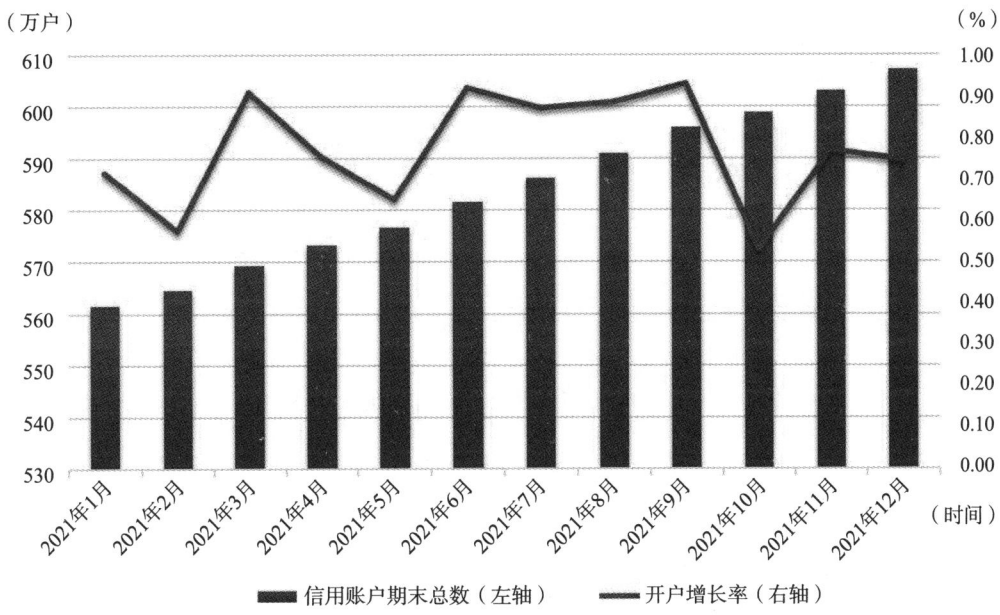

图分 4-4 2021年信用账户开户月增长率

资料来源：中国证券登记结算有限责任公司，Wind。

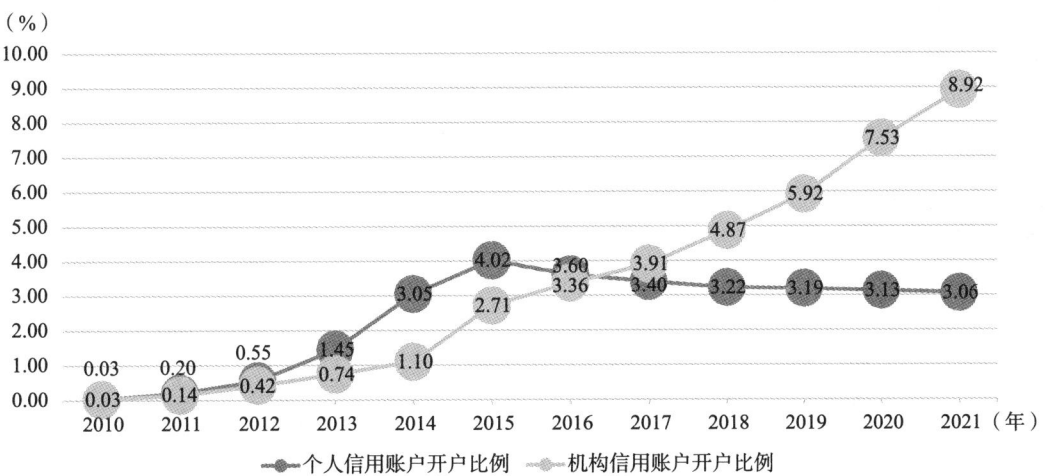

图分 4-5 个人和机构投资者的信用账户开户比例

资料来源：中国证券登记结算有限责任公司，Wind。

四、融资融券市场担保物与平均维持担保比例

根据中国证券金融股份有限公司数据，2021年融资融券客户的平均维持担保比例呈现波动上行趋势，最大值出现在9月，为293.26%，最小值出现在3月，为263.96%（见图分4-6）。

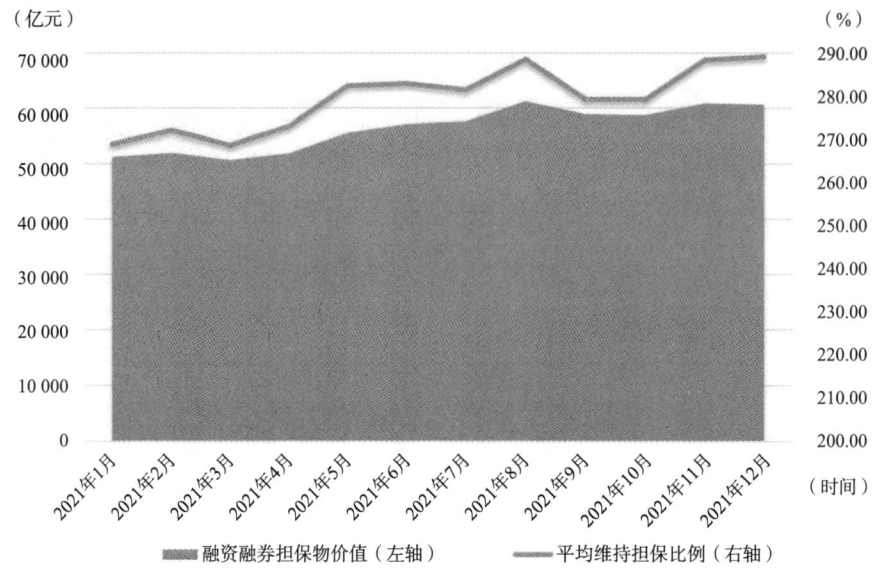

图分 4-6　2021 年融资融券市场担保物与平均维持担保比例（月度）

资料来源：中国证券金融股份有限公司。

五、融资融券对证券公司收入贡献情况

截至 2021 年末，共有 93 家证券公司参与融资融券业务。2021 年融资融券业务的利息收入占证券公司整体营业收入比重约 19%，近年来趋于稳定，已成为我国证券公司的主营业务之一（见图分 4-7）。

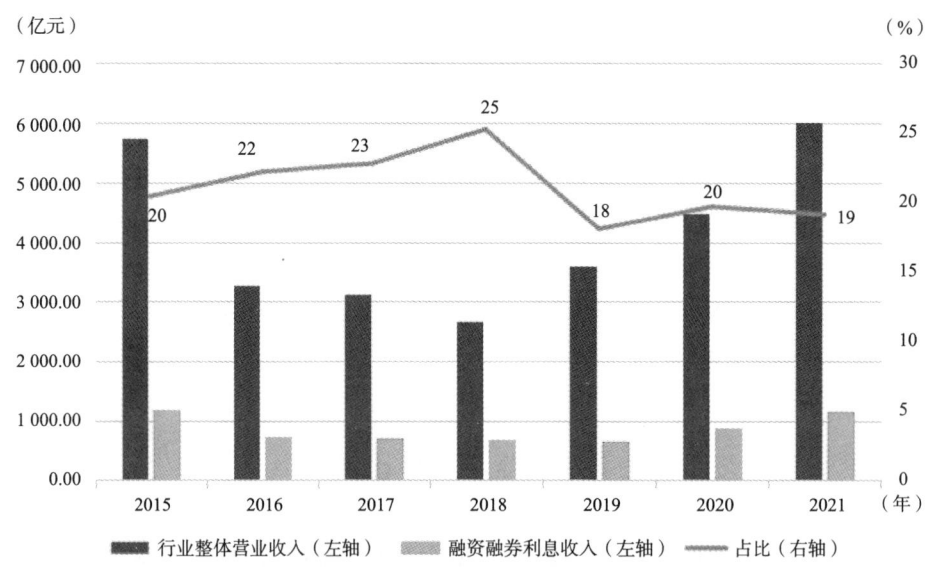

图分 4-7　2015—2021 年证券公司融资融券业务利息收入

资料来源：中国证券业协会。

第二节 2021年中国融资融券业务发展特点

一、融资和融券业务相对分化，转融通业务平稳运行

2021年全年融资余额整体缓慢增长，融券余额在2021年前三季度缓慢增长，随着第三季度新股破发、融券对冲参与打新策略的退出等多种因素影响，第三季度后融券余额出现较大幅度回撤，2021年全年下降12.30%。

截至2021年末，全行业有93家证券公司开通了转融通业务。2021年，转融通业务随着A股市场以及融资融券业务整体稳步发展，转融资业务平稳运行，转融券业务相对于2020年的快速增长，2021年进入平稳运行期。根据中国证券金融股份有限公司数据，2021年转融资日均余额为872.33亿元，较2020年日均余额742.52亿元增长17.48%，转融券日均余额为1 560.62亿元，较2020年日均余额541.60亿元增长了1.88倍（见图分4-8）。

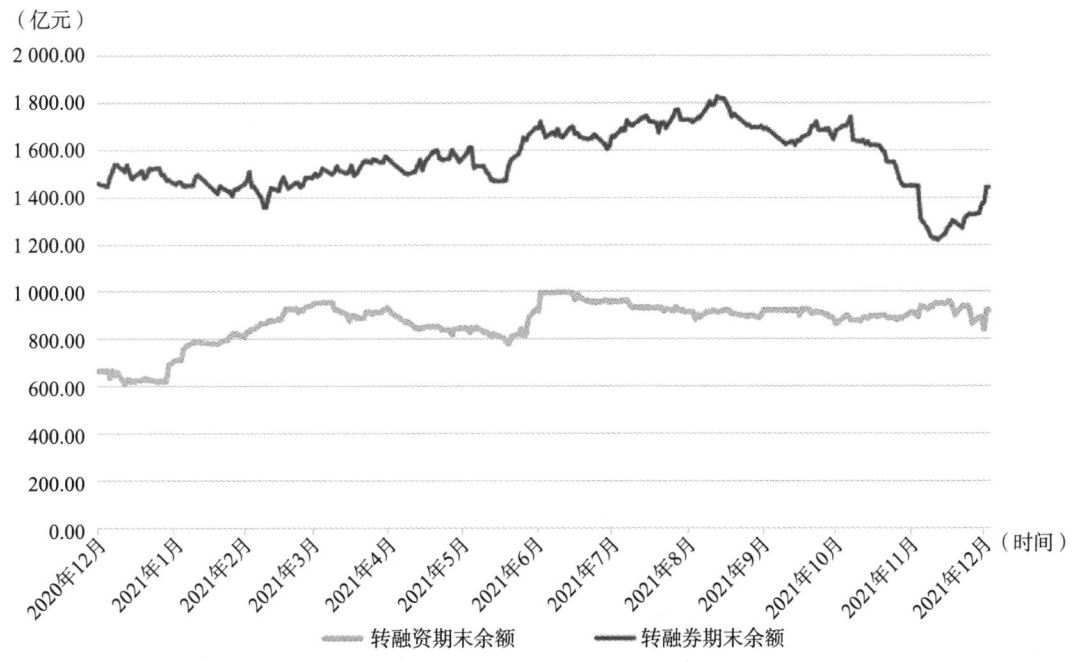

图分4-8 2021年转融资、转融券余额变化

资料来源：中国证券金融股份有限公司，Wind。

二、交易所定期调整融资融券标的，标的范围进一步扩大

自 2019 年科创板设立并试点注册制、2020 年创业板注册制改革以来，为了提高市场定价效率，着力改善"单边市"等问题，科创板和创业板优化了融券交易机制，科创板和创业板注册制首发股票自首个交易日起可作为融资融券标的，且融券标的证券选择标准与主板有所差异。2019 年以来，交易所定期调整融资融券标的，调入标的数量远超过调出标的数量。根据 Wind 数据，截至 2021 年末，A 股市场共计 4 647 只股票（含 CDR），标的股票数量 2 239 只，占比为 48.18%，标的证券市值约 82.07 万亿元，占 A 股总市值 91.61 万亿元的 89.59%（见图分 4-9）。

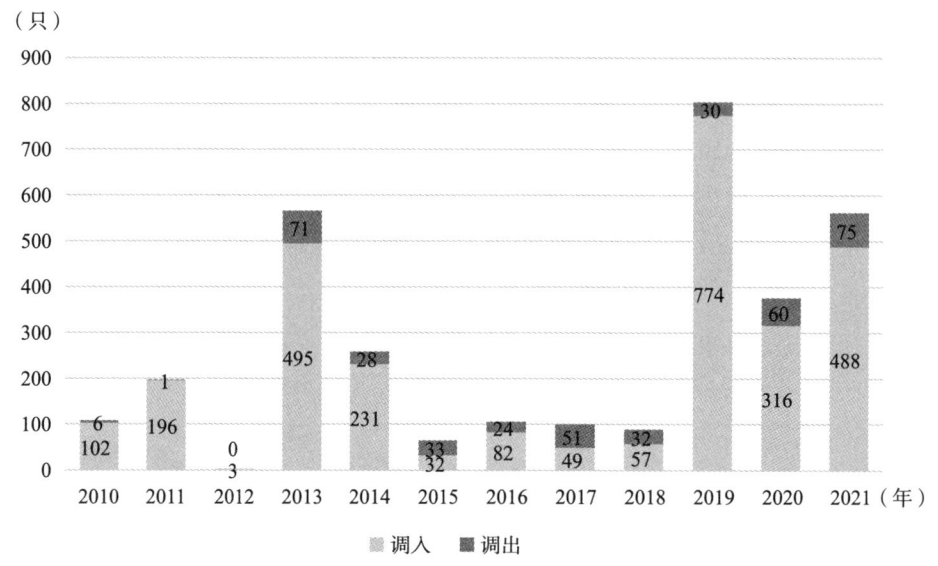

图分 4-9 2010—2021 年融资融券标的证券调入调出情况

资料来源：Wind。

三、规制融资融券套现风险，促进业务回归本源

2021 年 8 月，监管部门指出，部分投资者利用融资融券交易套现，实施绕标、融资等行为，刻意规避监管要求，扰乱交易机制，违背业务本源。证券公司作为融资融券业务的组织者，要切实承担主动管理职责，强化风险监测监控，引导投资者理性合规交易。融资融券套现的问题和风险主要包括：一是规避了监管要求，存在合规隐患；二是扰乱了交易机制，信用风险加大；三是规避了信披义务，风险传染性高；四是弱化了监测效能，违法隐患增加。为防范融资融券套现风险隐患，证券公司应当：一是正视融资融券套现问题，强化展业合规意识；二是切实落实主体责任，主动排查清理违规行为；三是回归融资融券业务本源，严防融资"信贷"化。

四、保险资金参与证券出借业务，提升市场流动性和活跃度

2021年12月3日，中国银保监会发布了《关于保险资金参与证券出借业务有关事项的通知》（以下简称《通知》）。《通知》共十六条，对保险机构参与证券出借业务的决策管理流程进行规范，主要内容包括：一是设置差异化监管标准，坚持分类监管导向。一方面限制偿付能力、资产负债管理能力等未达标的保险机构参与证券出借业务，另一方面引导保险机构加强交易对手管理，根据业务模式、风险程度的差异，设定不同的交易对手标准，切实防范信用风险。二是强化审慎监管理念，建立资产担保机制。对无中央对手方的证券出借业务，要求证券借入方提供担保，规定担保物类型及担保比例下限，强调担保比例持续达标，增强资产安全性。三是加强合规管理要求，压实机构主体责任。明确保险机构参与证券出借业务在会计处理上不终止确认、在保险资金运用比例监管上不放松要求，压实保险机构在经营决策、交易对手管理、资产担保、资产托管、合规管理、风险管理、关联交易等方面的主体责任。

《通知》的发布，一方面丰富了保险资金的运用方式，有助于盘活保险资金长期持有的存量资产，增厚投资组合收益；另一方面有助于发挥保险资金资本市场机构投资者作用，对于优化资本市场供需结构、提升市场流动性和活跃度具有积极意义。

第三节　2021年中国融资融券业务面临的问题

一、全面深化资本市场改革向纵深推进，对融资融券业务提出更高要求

随着全面深化资本市场改革向纵深推进，证券市场将面临长期的趋势性变化。市场优胜劣汰将进一步加剧、常态化退市机制加速形成、专业机构投资力量持续壮大、机构投资者将逐步成为市场主导，个股波动性的加剧等，将对融资融券业务的风险管理、合规经营、业务开展和竞争产生深远影响。同时，自2019年科创板设立并试点注册制、2020年创业板注册制改革以来，发行上市、保荐承销、市场化定价、交易、退市等方面的制度创新，特别是一系列创新交易机制安排，比如放开（放宽）涨跌幅限制、自上市首日起可作为融资融券标的、严格的客户准入制度等，对证券公司融资融券业务的管理提出了更高的要求。

二、融资融券业务发展仍不平衡，融券业务有待进一步发展

伴随公募基金积极参与转融券、创业板注册制改革等一系列政策相继落地，融券市场注

入新的活力,转融通机制得到进一步完善,2020 年业务迎来高速发展期,2021 年进入平稳发展期,但是相关交易量仍远远小于融资业务。2021 年融券卖出额占融资买入额比重日均值为 5.79%,较 2020 年的 4.39% 增长 31.89%;2021 年融券余额占融资余额比重日均值为 9.18%,较 2020 年的 4.00% 增长 129.50%。从成熟市场融资融券业务实践来看,融券交易总额占融资融券交易总额远高于 A 股市场。相比之下,我国融资融券业务发展仍然不够均衡,融券业务仍有进一步发展的空间(见图分 4-10)。

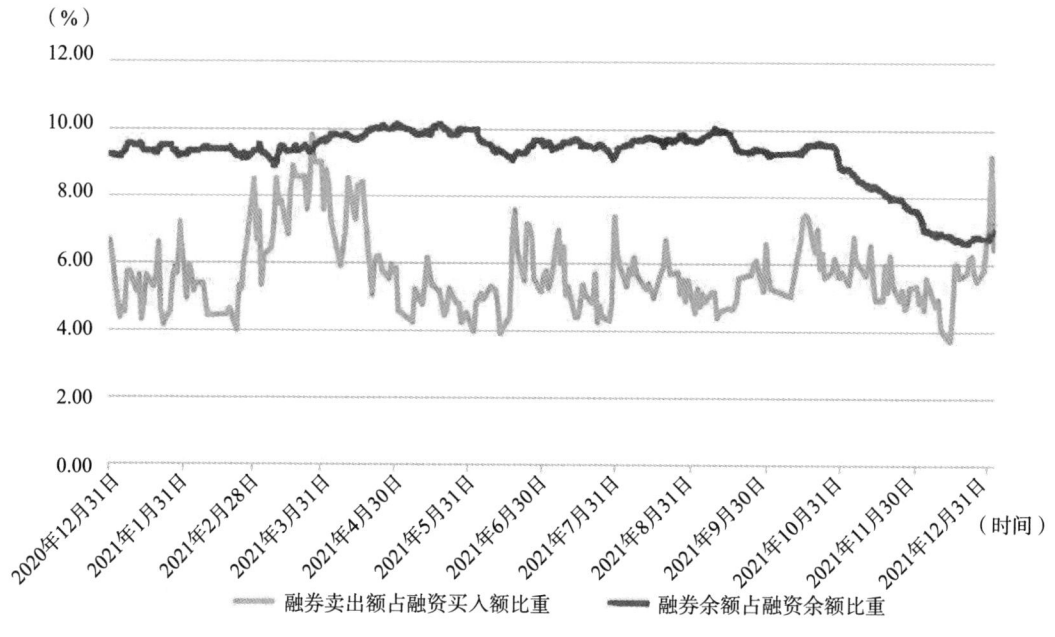

图分 4-10　2021 年融资业务和融券业务比较

资料来源:Wind。

融券业务的发展有赖于上下游参与人拓宽和交易机制优化,境内 A 股融券体量与境外成熟市场水平尚有较大的差距。上游券源供给方面,公募基金、保险公司、上市公司股东、QFII 等机构投资者尚未充分参与转融通证券出借,致使券源供给量、持续性、成本等方面均无法达到发达市场水平。下游投资者使用方面,信用账户体系在交易杠杆、资金使用、风险控制、交易品种等方面仍有一定的改进空间,同时证券公司自营尚无法参与融券用于做市与风险对冲类业务,下游投资者的融券策略较为单一,发达市场成熟的交易策略在我国境内成长缓慢。

三、融券业务中"空头"风险需持续关注和研究

自融资融券业务推出以来,一直是融资业务占据主导,融资融券业务的风险也主要来源于融资业务,证券公司"两融"业务风险管理的措施和关注点都集中在融资业务上,主要

关注"多头"下跌的风险，对于融券业务风险、"空头"上涨的风险关注较少，也缺乏相应的经验和教训。但是，随着注册制改革的持续推进，场内多空平衡机制逐步完善，融券业务发展迅速。随着融券业务的快速发展，融券业务风险，尤其是"空头"上涨的风险，需要持续关注和深入研究，融券业务风险管理相关的措施和制度也需要不断完善和优化。

第四节 2022年中国融资融券业务的发展前景

一、探索北京证券交易所股票参与融资融券业务，进一步扩充融资融券可交易证券范围

2021年9月3日北京证券交易所成立，一方面与沪、深证券交易所及区域性股权市场坚持错位发展与互联互通，发挥好转板上市功能；另一方面与新三板现有创新层、基础层坚持统筹协调与制度联动，维护市场结构平衡。自2010年融资融券业务试点并开展、2019年科创板设立并试点注册制、2020年创业板注册制改革以来，沪、深证券交易所已有近半数上市公司股票作为融资融券标的证券，融资融券也成为资本市场投资者的重要投资工具之一。随着全面注册制的推进，融资融券标的证券范围有可能进一步扩大。探索北京证券交易所股票参与融资融券业务，扩充可交易证券范围，有助于进一步完善资本市场功能，持续推动融资融券业务的发展。

二、融资融券业务稳健发展，证券公司场内融资业务竞争力持续增强

融资融券业务作为场内杠杆资金来源和风险对冲工具，有利于活跃市场，提升市场流动性水平，完善多空平衡机制，提高市场定价效率，充分发挥市场在资源配置中的决定性作用。随着资本市场的平稳健康发展，以全面实行股票发行注册制为主线的资本市场改革深入推进，市场、机构和产品高水平双向开放的稳步推进，将对A股市场带来深远影响。同时，自2010年融资融券业务试点以来业务体量不断增长，发展迅速，融资融券法律法规逐步完善和落实，证券公司的风险管理水平不断提高。预计2022年融资融券业务将继续稳健发展，在监管机构和行业共同努力以及广泛征求市场意见的基础上，融资融券和转融通相关制度将不断优化，杠杆资金和交易将稳步向场内引导，市场活力和市场透明度将不断提升，证券公司场内融资业务竞争力将持续增强。

三、市场化转融通机制进一步完善，促进融券功能发挥

公募基金、社保基金参与转融通证券出借业务逐步落地和发展，以及科创板、创业板转

融券市场化约定申报、实时成交等制度创新的逐步全面推广，将进一步拓展融券券源，提高出借人积极性，提升成交效率，降低交易成本。未来市场化转融通机制的完善，将进一步加强融券作为资本市场重要基础性交易制度功能和作用的发挥，促进市场多空平衡机制的完善。

四、拓宽信用账户可交易范围，满足投资者多样化交易服务需求

随着融资融券业务的稳步发展，融资融券和转融通制度不断优化，信用账户可交易证券的范围将不断拓展，信用账户可提供的交易服务也将不断丰富，逐步满足投资者多样化的交易服务需求。预计未来融资融券业务可充抵保证金证券、标的证券有望进一步扩大和优化，并逐步向"负面清单"的管理方式过渡。例如将港股通标的证券、证券公司现金管理产品等纳入可充抵保证金证券范围，规定更加灵活的可充抵保证金证券折算率，将部分优质港股通标的证券纳入标的证券范围，探讨将场内期权等衍生品纳入信用账户可交易范围等。

第二章
2021年中国证券公司其他融资类业务发展回顾与2022年前景展望

第一节 2021年证券公司其他融资类业务发展状况

一、股票质押式回购交易

2013年6月24日,股票质押式回购交易(以下简称"股票质押回购")业务同时在沪、深证券交易所上线。根据沪、深证券交易所统计数据,截至2021年末,两市股票质押回购存续规模[①]降至5988.68亿元,降幅为18.83%,自2018年以来已连续4年下降(见图分4-11)。2021年全年初始交易金额合计1755.93亿元,同比减少25.41%。2021年全年购回交易金额合计2877.27亿元,同比减少36.18%。逐月来看,2021年每月均呈现余额净减少趋势(见图分4-12),全年平均每月减少余额115.75亿元。

截至2021年12月31日,共95家证券公司开通了股票质押回购业务权限并发生交易。自2013年6月24日业务上线至2021年12月31日,沪、深两市初始交易金额累计53363.03亿元,其中沪市占31.73%,深市占68.27%;同期发生购回的初始交易金额累计46168.07亿元,沪市占29.99%,深市占70.01%;待购回初始交易金额5988.68亿元,沪市占31.40%,深市占68.60%;履约保障比例[②]沪市为205.19%,深市按市值加权平均为411.01%(见表分4-2)。

[①] 本章中,股票质押回购存续规模指股票质押回购待购回初始交易金额。
[②] 履约保障比例,沪市为上海市场所有待购回交易的质押证券市值总和除以对应负债余额总和的比例,深市为对每笔深圳市场存续交易按逐笔质押证券市值加权方式计算出的平均履约保障比例。

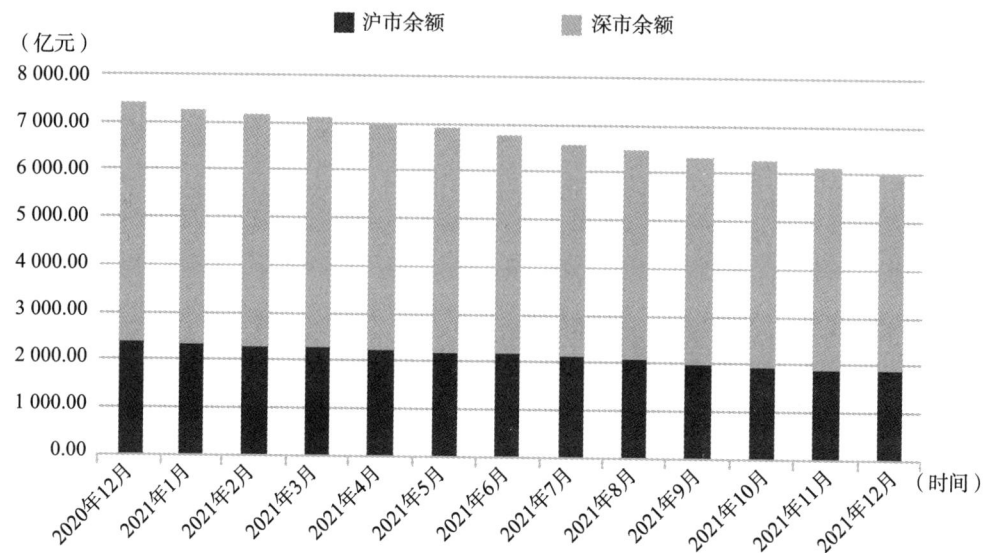

图分 4-11　股票质押回购业务逐月月末待购回金额

资料来源：上海证券交易所，深圳证券交易所。

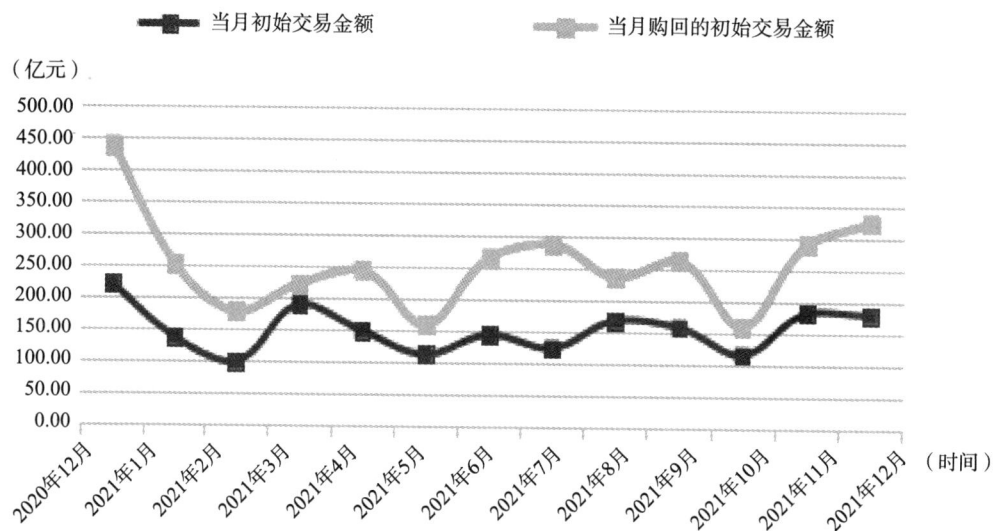

图分 4-12　股票质押回购业务逐月初始交易金额与购回交易金额

资料来源：上海证券交易所，深圳证券交易所。

表分 4-2　沪、深两市股票质押回购交易规模（自 2013 年 6 月业务上线起算）

项目	沪　市		深　市		沪、深两市 (亿元)
	金额（亿元）	占比（%）	金额（亿元）	占比（%）	
初始交易金额累计值	16 933.18	31.73	36 429.85	68.27	53 363.03
发生购回的初始交易金额累计值	13 846.74	29.99	32 321.33	70.01	46 168.07

续表

项目	沪 市		深 市		沪、深两市 (亿元)
	金额（亿元）	占比（%）	金额（亿元）	占比（%）	
待购回初始交易金额	1 880.16	31.40	4 108.52	68.60	5 988.68
标的证券市值	3 264.61	27.06	8 800.37	72.94	12 064.98
履约保障比例	205.19%		市值加权平均 411.01%		

资料来源：上海证券交易所，深圳证券交易所（截至 2021 年 12 月 31 日）。

标的证券股份性质方面，质押标的证券为流通股的待购回初始交易金额为 5 102.78 亿元，占比 85.21%；质押标的证券为限售股的待购回初始交易金额为 885.91 亿元，占比 14.79%。沪、深两市流通股待购回初始交易金额 5 102.78 亿元，沪市占比 29.30%，深市占比 70.70%。沪、深两市限售股待购回初始交易金额 885.91 亿元，沪市占比 43.46%，深市占比 56.54%。沪市待购回初始交易金额 1 880.16 亿元，流通股占比 79.52%，限售股占比 20.48%。深市待购回初始交易金额 4 108.52 亿元，流通股占比 87.81%，限售股占比 12.19%（见表分 4－3）。

表分 4－3　　　　沪、深两市不同类型股份待购回初始交易金额

项目	沪 市		深 市		沪、深两市 (亿元)
	金额（亿元）	占比（%）	金额（亿元）	占比（%）	
流通股	1 495.12	29.30	3 607.66	70.70	5 102.78
限售股	385.05	43.46	500.86	56.54	885.91
合计	1 880.17	31.40	4 108.52	68.60	5 988.68

资料来源：上海证券交易所，深圳证券交易所（截至 2021 年 12 月 31 日）。

资金融出方类别方面，证券公司自有资金出资的待购回初始交易金额为 3 164.98 亿元，占比 52.85%；证券公司资产管理计划出资的待购回初始交易金额为 2 790.61 亿元，占比 46.60%；其他融出方出资的待购回初始交易金额为 33.09 亿元，占比 0.55%，均为沪市交易。沪、深两市证券公司自有资金待购回初始交易金额 3 164.98 亿元中，沪市占 30.60%，深市占 69.40%；沪、深两市证券公司资产管理计划待购回初始交易金额 2 790.61 亿元中，沪市占 31.48%，深市占 68.52%。沪市待购回初始交易金额中，证券公司自有资金占比 51.51%，证券公司资产管理计划占比 46.73%，其他融出方占比 1.76%；深市待购回初始交易金额中，证券公司自有资金占比 53.46%，资产管理计划占比 46.54%（见表分 4－4）。

表分 4－4　　　　沪、深两市不同融出方的待购回初始交易金额

项目	沪 市		深 市		沪、深两市 (亿元)
	金额（亿元）	占比（%）	金额（亿元）	占比（%）	
证券公司	968.47	30.60	2 196.51	69.40	3 164.98
资产管理产品	878.60	31.48	1 912.01	68.52	2 790.61

续表

项目	沪市		深市		沪、深两市 (亿元)
	金额（亿元）	占比（%）	金额（亿元）	占比（%）	
其他	33.09	100.00	0.00	0.00	33.09
合计	1 880.16	31.40	4 108.52	68.60	5 988.68

资料来源：上海证券交易所，深圳证券交易所（截至 2021 年 12 月 31 日）。

二、市场参与股票质押纾困情况

2018 年股票质押市场出现一定风险，股价持续下跌使得高比例质押股东无力及时补仓，出现流动性危机。从党中央、国务院到各监管机构、自律组织、市场参与主体，各方协调互动，积极支持民营企业融资纾困，着力化解流动性风险。中国银保监会允许保险资金设立专项产品，参与化解上市公司股票质押流动性风险，为优质上市公司和民营企业提供长期融资支持。中国证监会鼓励地方政府管理的各类基金、合格私募股权投资基金、券商资管产品分别或联合组织新的基金，帮助有发展前景但暂时出现流动性风险的上市公司纾解股票质押困境，促进其健康发展。中国证券业协会推动设立证券行业支持民营企业发展集合资产管理计划，组织部分证券公司共商市场化方式化解股票质押风险，提升股票质押融资业务风险管理水平，支持民营经济高质量发展。

证券行业支持民营企业发展系列资产管理计划（以下简称"支民资管计划"）全面启动以来，得到了行业各机构的积极响应。截至 2021 年底，数十家证券公司管理的支民资管计划及其子计划已进行具体项目投资，涉及沪、深证券交易所上市的 300 余家上市公司及其主要股东，切实纾解了民营企业及其股东的流动性困难。

三、约定购回式证券交易

约定购回式证券交易（以下简称"约定购回"）业务于 2011 年 10 月 31 日由上海证券交易所率先推出，之后深圳证券交易所于 2013 年 1 月 14 日上线该业务。截至 2021 年 12 月 31 日，共 81 家证券公司开通了约定购回业务权限。

根据沪、深证券交易所统计数据，截至 2021 年 12 月 31 日，两市待购回初始交易金额 28.28 亿元，较 2020 年末增加了 5.16 亿元，同比增长 22.33%。2021 年全年初始交易合计 453 笔，同比下降 1.95%；初始交易金额合计 38.03 亿元，同比上升 47.11%。

自 2011 年 10 月业务上线至 2021 年 12 月 31 日，沪、深两市初始交易金额累计 1 120.11 亿元，其中沪市占 55.92%，深市占 44.08%；发生购回的初始交易金额累计 1 087.10 亿元，沪市占 55.33%，深市占 44.67%；待购回初始交易金额 28.28 亿元，沪市占 71.22%，深市占 28.78%；履约保障比例沪市为 245.61%，深市按市值加权平均为 487.68%（见表分 4-5）。

表分 4-5　沪、深两市约定购回业务交易规模（自 2011 年 10 月业务上线起算）

项目	沪市		深市		沪、深两市
	金额（亿元）	占比（%）	金额（亿元）	占比（%）	（亿元）
初始交易金额累计值	626.31	55.92	493.80	44.08	1 120.11
发生购回的初始交易金额累计值	601.44	55.33	485.66	44.67	1 087.10
待购回初始交易金额	20.14	71.22	8.14	28.78	28.28
履约保障比例	245.61%		市值加权平均 487.68%		

资料来源：上海证券交易所、深圳证券交易所（截至 2021 年 12 月 31 日）。

交易所约定购回业务规则的优化创新目前暂未继续推进，预计在规则优化创新之前，业务规模较难有较大增长。

第二节　2021 年证券公司其他融资类业务发展中面临的问题

一、股票质押式回购交易

2021 年，股票质押回购业务规模维持稳步下降趋势，月均复合降幅为 1.72%。2021 年底，市场存续规模降至 5 988.68 亿元，较 2020 年末下降 18.83%，自 2018 年以来已连续 4 年下降。在业务发展过程中，面临的问题主要体现在以下方面。

（一）交易指令有待进一步完善

深圳证券交易所于 2015 年推出"部分购回"交易指令，支持融入方在待购回期间进行场内部分还款；而上海证券交易所一直未推出该指令。此外，目前沪、深证券交易所都未推出"卖券还款"交易指令，使有意通过减持股份来还款的融入方无法灵活操作，同时增加了融入方资金占用，即需要融入方自行备资完成质押交易购回解质押后再自行卖出股份。无力备资先行还款的融入方将陷入两难：一方面，在未回收资金的情况下，证券公司先行解质押股份存在较大风险；另一方面，证券公司违约处置卖出的相应公告或对市场情绪带来负面影响。

（二）证券公司通过股票质押业务支持实体企业纾困的退出途径少、退出限制多

因国内外宏观经济环境和新冠肺炎疫情因素，部分实体企业出现流动性困难，证券公司一般通过新增股票质押融资、存量质押融资展期等方式参与实体企业纾困，以支持实体经济

发展。目前证券公司参与纾困，事后风险处置受减持规则限制，回收资金能力有限，一定程度上限制了证券公司的纾困意向。有必要进一步拓宽证券公司参与股票质押纾困的退出途径，放宽退出限制，以促进证券公司支持民营企业健康发展。例如针对股票质押融资纾困，可适度放宽减持规则的相关限制。

（三）上市公司股东参与场外质押风险防范机制需进一步完善

场外股票质押由于其非标准化属性，在交易结构、交易执行、风险指标等维度具有较大的灵活性，但也随之带来了诸多潜在风险。目前银行、信托等金融机构仍然可以为上市公司股东参与场外质押提供支持，且不受场内质押规则的限制，可考虑对于上市公司的核心股东参与场外质押业务，能够参考场内质押的监管要求进行一定程度的管理，通过重点关注信息披露、信息查询、风险指标等，进一步完善风险防范机制，切实做好风险防范工作。

（四）融入方信用变化或引发业务错向风险

股票质押回购业务的风险主要在于融入方的信用资质恶化而无法及时购回，虽然有标的证券作为质押物，但由于融入方多为控股股东、实际控制人，其资质与标的证券价值相关性较大，若其资质恶化，则标的证券价值也将下降，造成业务的错向风险增大。

二、约定购回式证券交易

随着2013年6月股票质押回购业务的推出，约定购回业务存续规模逐步下降，2021年末存续规模28.28亿元，仅占同期股票质押回购业务5 988.68亿元规模的0.47%。在业务发展中，面临的问题主要有监管政策、交易规则、客户体验三大类。

（一）监管政策方面

因标的证券过户的交易规则，上市公司持股比例5%以上股东及董事、监事、高级管理人员受限于其股东身份在买卖股票时的交易限制，较难参与约定购回业务。同时，约定购回业务过户的标的证券，需纳入证券公司权益类证券进行规模和集中度指标控制，相关规定要求证券公司通过约定购回业务持有的证券与通过其他自营持有的该证券合计不得超过该证券总股本的5%，此要求使得证券公司在约定购回与其他自营业务之间面临取舍，在一定程度上限制了约定购回业务的发展。

（二）交易规则方面

相对于股票质押回购业务的T+0交收、最长融资期限为3年、允许部分购回、违约处置支持电子化申报的便利特点，约定购回业务存在T+1日交收的相对效率较低、融资期限最长为1年相对较短、不支持对一笔交易的分次部分购回、违约处置不支持电子化申报等特证，业务规则有待进一步优化。此外，约定购回交易的标的证券占用了证券公司权益类持仓的规模和集中度，但却不能被证券公司使用。如何修订业务规则、有效利用交易存续期间证券公司约定购回专用账户中持有的标的证券，将对该项业务未来的发展有很大影响。

（三）客户体验方面

由于约定购回式证券交易开户要求临柜办理，导致客户体验较差。证券公司在客户完成开户及投资者适当性确认等相关工作后，可考虑通过适当的流程设定，允许客户通过非现场方式完成约定购回交易开户操作，在业务合规开展的前提下，达到方便客户的目的，提升客户体验。

第三节　2022 年证券公司其他融资类业务发展前景展望

一、股票质押式回购交易

（一）股票质押回购业务应以服务实体经济为主要目标

根据沪、深证券交易所数据，2021 年两市股票质押回购业务新增初始交易金额共1 755.93 亿元，其中约 20.32% 的资金直接用于生产经营及补充流动资金，约 42.51% 的资金用于偿还债务以纾解融入方流动性风险，两者合计占比 62.83%。证券公司在开展股票质押回购业务时，应积极主动融入国家重大发展战略，立足服务实体经济的本源，进一步做好融入方的资信审查工作，强化存续期资金用途管理，不断提升服务实体经济高质量发展能力。

（二）实体企业流动性风险逐步化解，股票质押回购业务市场环境前景向好

基于 Wind 数据统计，若以持股质押比例在 80% 及以上作为高比例质押的标准，持股比例 5% 及以上作为大股东的标准，则 2018—2021 年高比例质押的大股东数分别为 1 490 户、1 236 户、1 084 户、968 户。基于中国结算数据统计，2018—2021 年时点全市场质押比例在 50% 及以上的股票数量分别为 140 只、89 只、55 只、31 只。

大股东持股质押比例高、股票市场质押比例高的现象逐年改善，实体企业流动性风险逐步化解，股票质押回购业务市场环境前景向好。

（三）风险管理能力强、持续合规经营的证券公司将迎来业务发展机遇

2018 年以来，股票质押回购业务的市场规模逐年下降。2021 年，沪、深证券交易所分

别发布了《上海证券交易所股票质押式回购交易业务指引第 1 号——风险管理》《深圳证券交易所证券交易业务指引第 1 号——股票质押式回购交易风险管理》（以下统称《指引》），两所《指引》从融入方管理、标的证券管理、资金用途管理、业务持续管理、公司内部控制等方面对证券公司开展股票质押回购业务作出了相应的要求。深圳证券交易所《指引》将证券公司的增量规模与业务违约情况、合规经营情况挂钩。未来新增业务将向风险管理能力强、持续合规经营的证券公司集中。

（四）做好股票质押风险处置工作，维护市场稳定运行

根据最高人民法院、最高人民检察院、公安部、中国证监会联合发布的《关于进一步规范人民法院冻结上市公司质押股票工作的意见》，自 2021 年 7 月 1 日起正式实施质押股票新型冻结。质押股票被第三人司法冻结的，质权人可向法院申请自行变价卖出，进一步提高了证券公司股票质押违约处置的效率。在个股事件性风险中，发生股票质押违约事件后，证券公司如何在保障自身利益、保护融资人应有权益的基础上妥善完成处置，与股票质押相关的司法冻结与司法执行案件，尤其是限售股质押案件如何快速有效处置，是市场各参与主体共同关心的关键问题。随着风险处置案例及司法实践经验的逐步积累，会形成一些行业经验，证券公司自身风险管理能力得到提升的同时，将有助于股票质押回购业务规则和制度的完善，更好地指导未来业务开展。

二、约定购回式证券交易

目前约定购回业务逐渐被股票质押回购业务替代，业务的市场关注度逐渐降低。未来约定购回业务规模的增长，很大程度上取决于交易规则的进一步优化及创新。借着融券业务进一步发展的机遇，约定购回业务有望重启规则创新，例如证券公司可将标的证券出借等，以实现约定购回业务与股票质押业务的差异化发展。

分报告之五：
2021年中国证券公司投资业务发展回顾与展望

第一章
2021年中国证券公司投资业务的总体情况

我国证券公司传统投资业务主要包括权益投资和固定收益投资两大类。2021年各类投资品种规模如下：股票投资期末账面价值3 768.76亿元，较2020年末的3 315.58亿元增长13.67%；基金投资期末账面价值5 883.97亿元，较2020年末的3 681.45亿元增长59.83%；债券投资期末账面价值30 834.31亿元，较2020年末的24 825.89亿元增长24.20%；其他证券产品期末账面价值7 603.76亿元，较2020年末的6 166.82亿元增长23.30%。总体来看，2021年证券投资产品合计期末账面价值为48 090.79亿元，较2020年末的37 989.75亿元增长26.59%。证券投资规模在2021年取得了较快的增长（见表分5-1）。

表分5-1　　　　　2021年末证券行业自营业务运作情况　　　　　（单位：亿元）

序号	指标	期末账面成本	期末账面价值
1	股票投资	3 691.19	3 768.76
2	基金投资	5 792.25	5 883.97
3	债券投资	30 441.56	30 834.31
4	其他证券产品投资	7 322.51	7 603.76
5	证券投资产品合计	47 247.51	48 090.79

资料来源：中国证券业协会。

第一节　2021年中国证券公司传统投资业务发展情况

一、与投资业务相关的市场运行状况

2021年主要投资品种全年上涨。全年上证指数上涨4.80%，深证成指上涨2.67%，创业板指上涨12.02%，科创50上涨0.37%。2021年市场结构化行情明显，除了金融、地产和直接受新冠肺炎疫情影响的餐饮旅游、商贸零售板块以外，其他行业在年内均有不同程度的表现。1—2月大盘"白马股"涨幅靠前。经过3—4月的调整，5月以电子为代表的科技板块涨幅靠前。从6月到年底，新能源上下游行业涨幅靠前，包括光伏、新能源汽车、中游相关制造业、上游资源品等板块。7—8月传统周期股在"能耗双控"的背景下表现突出。年末小市值股票涨幅靠前。行情轮动和节奏变化比较频繁，考验市场参与者的投资判断力和定力。

2021年债券市场整体稳步走强。我国统筹推进疫情防控和经济社会发展工作，中国人民银行继续实施稳健的货币政策，综合运用多种货币政策工具，合理安排工具搭配和操作节奏，维持市场流动性的合理充裕。

二、市场参与者投资业绩情况

从市场参与者的结果来看，2021年投资收益率差异较大。以公开业绩的公募基金为例，2021年表现最好的产品收益率超过100%，多只热门基金的收益率在±10%之间徘徊。

投资收益分化现象在2021年证券公司传统投资业务上同样有所体现。2018—2020年证券公司投资业绩与当年指数行情走势相关性较高，2021年在震荡微涨的市场中，证券公司投资业绩有明显差异。

三、证券公司自营业务发展情况

2021年底，中国证券业协会对证券公司自营业务情况进行了专项问卷调查，收到问卷反馈共计101份。调查结果显示，2021年证券公司自营业务明确完成业绩考核的占比不到一半，9.9%反馈大幅完成目标，37.6%反馈基本完成目标，34.7%表示业绩与目标还有差距，剩余17.8%表示不便透露业绩。

证券公司对2022年投资业务布局仍然乐观。在投资规模方面，36.6%表示未来投资额度或有增加，44.6%预计投资规模将持平，6.9%打算降低投资额度，9.9%表示将视情况而定，2.0%未设立此业务。在人员变化方面，62家公司打算增加研究员，19家公司打算增加投资经理，27家人员预计维持不变，8家公司表示需看情况而定。

在账户管理模式上，38.6的证券公司选择总账户统一管理的模式，18.8%选择母子大小账户管理，39.6%选择分散独立账户管理，3.0%选择其他。2021年证券公司自营业务的管理方式没有发生较大变化，约2/3的证券公司选择集中式的管理方式，以提高投资效率；约1/3的证券公司选择分散管理，以发挥各投资经理的优势。

在投资策略上，54.5%的证券公司以基本面选股为主，39.6%为多策略组合管理，仅有2.0%的证券公司参考量化模型，4.0%选择其他模式。证券公司的自营投资模式以传统的基本面选股为主，在2021年复杂的市场行情中，采用多策略组合管理的证券公司占比提升10%，而采用基本面选股的证券公司占比降低10%。

在投资对冲方面，42.6%的证券公司不选择对冲操作，40.6%选择用期货小幅度对冲，14.9%选择用期货大幅度对冲，2.0%选择用期权对冲。在2021年的震荡行情下，参与对冲的证券公司比例较上年问卷调查结果增加。

在投资范围上，41家公司仅参与A股市场投资，不参与境外市场。60家公司参与港股市场投资，6家公司参与美股市场投资。2021年证券公司自营业务投资范围情况整体保持稳定。

在基金投资方面，证券公司与公募基金发展联系紧密，2021年基金投资规模同比上涨60%，提升较快。其中仅有14家公司不参与基金投资，50家公司购买宽基指数，41家公司配置特定行业的基金，41家公司申购主动型基金，34家公司有专户委外投资。参与基金投资的模式种类较多，有的挖掘优秀公募基金投资能力，有的自行配置公募行业产品。投资公募基金形成了对自身投资能力的有效补充。

在北京证券交易所上市标的投资方面，18.8%机构明确表示不参与；50.5%表示有意愿，仍在观望；26.7%已经开始小幅度参与；4.0%已经在北京证券交易所上市标的的研究上投入大量资源。

在外部机构服务上，63.4%表示能得到签约证券公司的服务，仅有6.9%表示能得到众多卖方服务，7.9%表示有其他渠道获取资讯，21.8%表示较少有卖方服务。卖方服务仍是市场主流的信息渠道来源。

在内部合作方面，61家证券公司与内部研究部门有交流，16家与衍生品部门有交流，3家与投行部门有交流，8家与经纪部门有交流，30家公司表示与其他部门有交流。

证券公司纷纷献言献策自营业务发展。在交易品种上，建议增加创业板或科创板股指期货，以更好地对冲风险；对于市场的大幅波动，建议采取多种措施促进市场平稳运行，防止市场大起大落，引导市场合理预期。

第二节 2021年中国证券公司传统投资业务发展中面临的问题和2022年前景展望

一、证券公司传统投资业务发展中面临的问题

（一）北京证券交易所的成立为证券公司投资业务带来新的机遇

2021年9月2日，国家主席习近平在中国国际服务贸易交易会上宣布设立北京证券交易所。2021年11月15日，北京证券交易所顺利开市，标志着资本市场服务中小企业的能力进一步加强，国家创新驱动发展的战略得到落实。北京证券交易所有望带来新的投资业务将由各证券公司自营部门承接，或将推动证券公司整合传统股票投资团队和新三板投资团队，加强股票自营投资业务与做市业务的融合协作。

（二）证券市场风格变化推动内部管理变革

证券市场近年来变革较多、变化较快，对投资机构的投研能力提出了更高要求，专业化、机构化、国际化的趋势日益凸显。各投资机构内部管理体系从之前的按行业划分和细分子行业开展研究的局面，逐步转变为以大组和板块划分的管理方式，将相似的细分行业划分在一起，从产业链上下游的角度深入挖掘投资机会。常见的板块有消费组、医药组、成长组、新能源组、周期组等。证券公司的自营投资业务也开始顺应这种趋势变化，改革内部组织架构。这样的变化能够更加灵活紧密地跟踪产业趋势，捕捉投资机会；同时也可能带来调整产生的不确定性，需要人员的重新磨合。

（三）证券公司传统投资的市场影响力需要进一步加强

近年来国内各类投资机构的管理规模上涨趋势明显，截至2021年末，公募基金总规模达到25.56万亿元，陆股通北上资金持仓规模达到2.76万亿元，百亿元规模以上私募超过百家。相比之下，证券公司传统投资业务规模受证券公司资产负债表规模限制，全行业股票投资加基金投资规模不足万亿元，单个证券公司在传统投资上的规模在投资行业内属于中小型投资机构。证券公司传统投资在股市中的定价权和话语权仍然偏小，未能体现出证券公司的综合业务优势，也未能形成引领市场的影响力。

二、证券公司传统投资业务发展前景展望

(一) 权益市场投资机构占比不断提升,更加注重长期价值

2019—2021 年股票市场涨幅较高,本轮行情与以往最大的不同之处在于投资者通过机构渠道入场,A 股的机构化趋势不断提速,投资模式也悄然发生变化。

目前机构化资金占 A 股自由流通市值不断提升,截至 2021 年第三季度,以公募和私募为代表的机构化资金占自由流通市值的比例达 44.3%。机构的交易行为模式深刻改变了 A 股市场的运行方式。机构投资者更加追求中长期价值,强调投资赛道和长期成长空间,对于股票的成长性给予了更高的溢价。展望 2022 年,这样的投资操作趋势将进一步加强。

(二) 证券公司自营投资业务机遇和挑战并存

2022 年全面深化资本市场改革将持续推进,行业将持续享受全面注册制、长期资金入市等政策利好,"后疫情"时代经济基本面复苏和改善为股票市场发展提供了机遇。同时,证券公司投资业务也面对挑战和激烈的市场竞争。证券公司自营投资业务需要紧跟市场及行业发展趋势,不断完善自身投资能力。

第二章
2021 年中国证券公司私募投资基金业务发展情况与 2022 年前景展望

第一节　2021 年中国股权投资市场基本情况

2021 年，面对复杂严峻的国际环境和国内新冠肺炎疫情多点散发等多重考验，在党中央的领导下，我国经济持续稳定恢复，全国 GDP 达到 114.37 万亿元，较 2020 年增长 8.1%。根据清科集团私募通统计，2021 年中国股权投资市场募资明显回暖，新募集总规模和新募基金的数量均较 2020 年实现大幅增长。

此外，随着疫情后国内经济复苏与宏观经济环境不断优化，2021 年中国股权投资市场投资数量和投资金额实现双增长，投资金额达到 14 229 亿元，同比增加 61.1%；投资案例数达到 12 327 例，同比增加 63.1%，均已超过疫情前水平并再创历史新高。

2021 年中国股权投资市场共发生 4 532 例退出案例，同比增加 18.0%，其中 IPO 数量达到创纪录的 3 099 例。

一、募资情况

根据清科集团私募通统计（见图分 5-1），2021 年中国股权投资基金新完成募集 6 979 只基金，同比增加 100.66%；从股权基金募集规模来看，2021 年共募集完成 22 085.19 亿元，较上年增长 84.47%；就平均募资金额而言，2021 年的平均募集规模为 3.16 亿元，较上年下降 8.1%，募资的两极化趋势愈发明显，规模不足 1 亿元的基金占基金总量达到约 56.7%，拉低了平均募资额。

分报告之五
2021 年中国证券公司投资业务发展回顾与展望

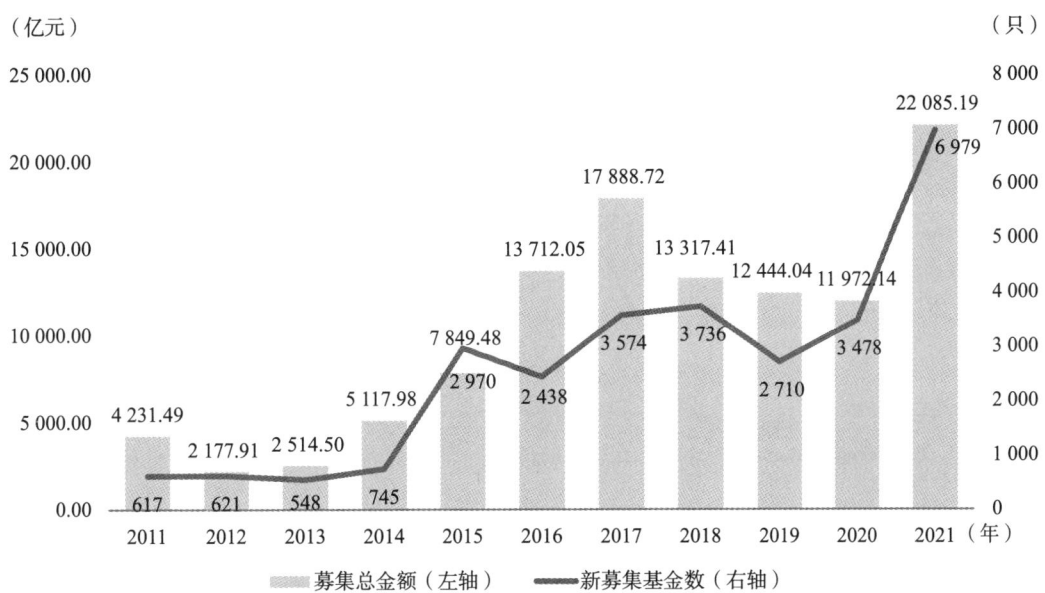

图分 5-1 2011—2021 年中国股权投资市场募资情况分布（含早期投资、VC、PE）

资料来源：清科集团私募通。

细分市场方面，私募股权投资机构仍为股权投资市场最主要的组成部分，2021 年募资总额达到 16 464.53 亿元，较上年增长 75.1%，占市场总额的 74.55%。随着科创板和创业板注册制带来投资阶段的前移，股权投资在早期投资和风险投资（VC）市场上快速增长，其中 2021 年早期投资和风险投资（VC）的募资总额分别达到 273.90 亿元、5 346.76 亿元，较上年募资额分别增长 109.9%、119.4%。

从基金类型来看，除并购基金外，各类型基金的募集金额均出现了一定幅度的增长。其中，占比最高的成长基金募集规模和数量双双增长，募资规模达到 13 019.77 亿元，较上年增长 94.4%，募集数量达到 3 174 只，较上年增长 83.2%；占比第二位的创业投资基金共募集 6 607.31 亿元、数量 3 564 只，较上年分别增长 127.1%、131.7%。除上述基金外，股权投资共募集并购基金 59 只，基础设施基金 49 只，房地产基金 39 只，早期基金 93 只及夹层基金 1 只，其中募资规模相对居前的基础设施基金、并购基金及房地产基金的募资规模分别达到 945.38 亿元、829.50 亿元及 425.43 亿元，较上年分别增长 19.9%、下降 25.1% 及增长 40.9%。

二、投资情况

根据清科集团私募通统计，从投资总金额来看，2021 年国内共完成股权投资 14 228.70 亿元，较上年增加 60.4%；从投资案例来看，共发生投资案例 12 327 例，较上年增加 63.1%（见图分 5-2）。从平均投资金额来看，2021 年股权投资的单笔投资金额为 1.16 亿元，较上一年同比减少 1.2%。

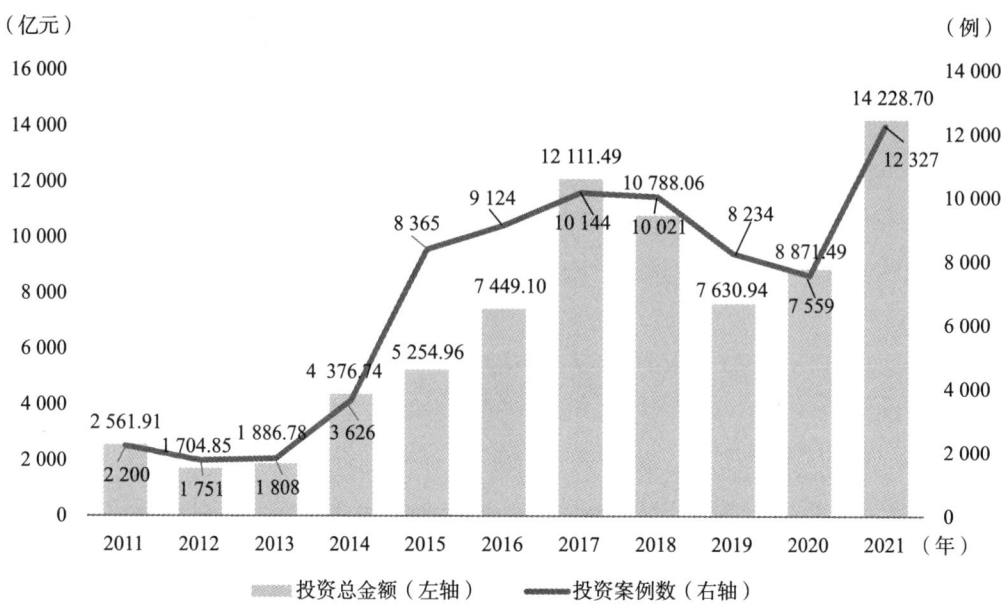

图分 5-2 2011—2021 年中国股权投资市场投资情况分布（含早期投资、VC、PE）

资料来源：清科集团私募通。

在细分市场方面，2021 年私募股权投资机构完成投资额 10 288.32 亿元，较上年增长 51.4%，完成投资案例数 5 262 例，较上年增长 58.1%，投资额和投资案例数分别占市场总量的 72.3% 和 42.7%。此外，2021 年早期投资和风险投资额分别增长 86.4% 和 90.0%，投资案例数分别增长 72.6% 和 65.1%。

从投资行业来看，2021 年在案例数方面，信息技术（IT）行业仍以 3 166 例高居首位；受新冠肺炎疫情的影响，医疗行业的重要性再次凸显，生物技术、医疗健康行业持续成为行业热点，以 2 517 例投资案例位列第二位，但投资金额则以 2 497.64 亿元高居第一位；此外，半导体及电子设备、互联网、机械制造等领域仍受到市场青睐和追捧，投资案例数分别位列第三至第五位。在投资地域上，无论是投资案例还是投资金额，北京均处于全国第一位，上海、深圳、江苏、浙江紧随其后。

总体而言，随着国内经济复苏与宏观经济环境不断优化，2021 年中国股权投资市场热度空前。虽然新冠肺炎疫情仍多点散发，但全国的生产生活、各类商业活动迅速恢复，加之我国全面深化资本市场改革持续向纵深推进，提振退出市场信心，2021 年度的投资活跃度明显回升。

三、退出情况

根据清科集团私募通统计，2021 年中国股权投资市场共计实现退出 4 532 例（见图分 5-3），同比增长 17.96%。从退出方式来看，2021 年注册制改革持续推进叠加北京证券交易所开市,境内上市渠道相对畅通,被投企业首次公开募股(IPO)数量较 2020 年大幅上升,达 3 099 例,同比增长 27.3%,是推动中国股权投资市场退出案例数增加的主要原因;紧随 IPO 之后的退出方式包括股权转让 834 例、占比 18.4%,回购退出 390 例、占比 8.6%,并购退出 192 例、占比 4.2% 等。

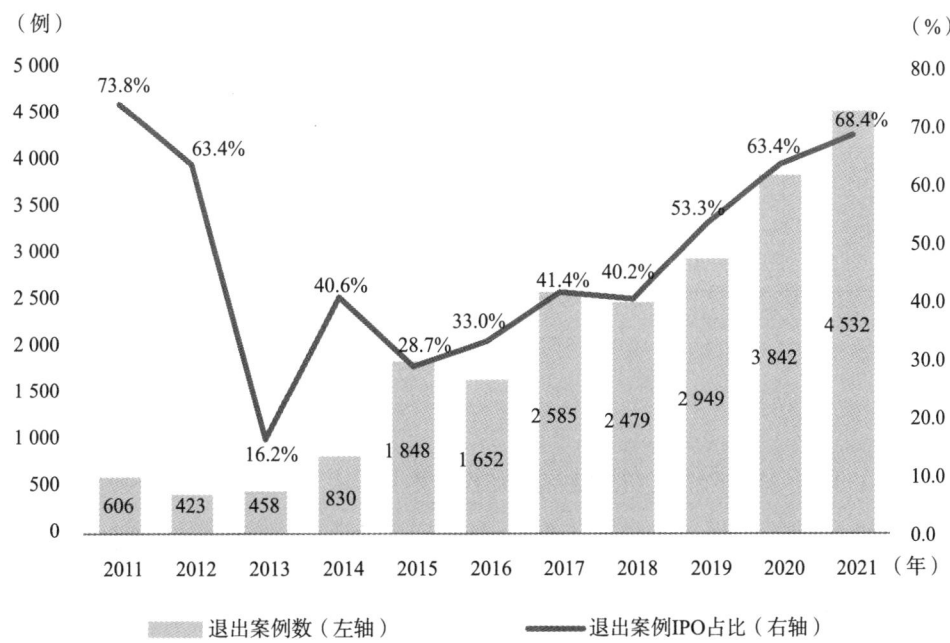

图分 5-3 2011—2021 年中国股权投资市场退出案例情况(含早期投资、VC、PE)

资料来源:清科集团私募通。

第二节 2021 年中国证券公司私募投资基金子公司的投资业务开展情况

根据中国证券投资基金业协会统计,截至 2021 年底,证券公司私募投资基金子公司注册数量为 140 家,注册资本合计 951.72 亿元;证券公司私募投资基金子公司全年共发起设立各类直接投资基金 1 054 只,较 2020 年的 924 只增加 130 只,同比增加 14.07%;募集资金(认缴)总额 9 650.25 亿元,实缴资本总额 5 498.03 亿元,认缴和实缴资金总额同比分别增长 6.64% 和 3.68%(见表分 5-2)。

根据中国证券投资基金业协会统计,2021 年,证券公司私募投资基金子公司下设私募基金新增对外投资 1 801 笔,较上年增长 110.64%;投资金额 791.52 亿元,较上年增长 18.2%;受科创板稳定运行、创业板注册制深入以及北京证券交易所开板的影响,退出速度大大加快，2021 年共计实现退出 1 193 笔，退出金额 623.73 亿元，退出笔数和退出金额同比分别增长 548.4% 和 146.4%。

表分 5-2   2021 年证券公司私募投资基金子公司设立基金情况

基金类型	数量（只）	认缴金额（亿元）	实缴金额（亿元）
股权投资基金	827	7 525.50	3 969.05
创业投资基金	172	1 045.41	724.29
并购基金	39	836.80	639.18
证券投资基金	0	0.00	0.00
其他类基金	16	242.54	165.51
合计	1 054	9 650.25	5 498.03

资料来源：中国证券投资基金业协会。

第三节　证券公司私募投资基金业务监管政策变化

一、证券公司私募投资基金子公司的政策解读

自 2006 年 2 月国务院颁布《实施〈国家中长期科学和技术发展规划纲要（2006—2020 年）〉的若干配套政策》，允许证券公司在符合法律法规和有关监管规定的前提下开展创业风险投资业务以来，证券公司作为中国股权投资行业的一个重要组成部分，已历经十余年的发展。

根据中国证券业协会发布的《证券公司私募投资基金子公司管理规范》《证券公司另类投资子公司管理规范》，证券公司应分别设立私募基金子公司、另类子公司，将投资业务进行拆分并区别管理，要点如下：证券公司应当以自有资金全资设立私募基金子公司，且私募基金子公司应当持有下设机构 35% 以上的股权或出资并拥有管理控制权，私募基金子公司及其下设基金管理机构将自有资金投资于本机构设立的私募基金的，对单只基金的投资金额不得超过该只基金总额的 20%，此外下设多家二级管理子公司的，子公司间业务范围应当清晰明确，不得交叉重复；证券公司应当以自有资金全资设立另类子公司，另类子公司不得向投资者募集资金开展基金业务，不得下设任何机构。上述要求力图解决证券公司设立子公司中存在的母子公司、子子公司间业务界限不清、交叉重复等问题。截至 2021 年底，根据中国证券业协会网站披露信息，累计已公示 15 批整改规范名单，共涉及 80 家证券公司及其下属的私募子公司。

二、其他私募投资基金相关政策解读

2020年12月30日,为进一步加强私募基金监管,严厉打击各类违法违规行为,严控私募基金增量风险,稳妥化解存量风险,提升行业规范发展水平,保护投资者及相关当事人合法权益,中国证监会发布《关于加强私募投资基金监管的若干规定》(以下简称《规定》)。《规定》重申和细化私募基金监管的底线要求,主要内容包括:一是规范私募基金管理人名称、经营范围,并实行新老划断;二是优化对集团化私募基金管理人监管,实现扶优限劣;三是重申私募基金应当向合格投资者非公开募集;四是明确私募基金财产投资要求;五是强化私募基金管理人及从业人员等主体规范要求,规范开展关联交易;六是明确法律责任和过渡期安排。

2021年1月15日,国家市场监督管理总局注册局下发《关于做好私募基金管理人经营范围登记工作的通知》,要求相关私募基金管理人在办理经营范围登记时,统一使用"私募证券投资基金管理服务"或"私募股权投资基金管理、创业投资基金管理服务"的表述办理经营范围登记,且须在中国证券业协会完成登记备案后方可从事经营活动。

2021年1月26日,中国证券投资基金业协会下发《关于适用中国证监会〈关于加强私募投资基金监管的若干规定〉有关事项的通知》,就《关于加强私募投资基金监管的若干规定》(以下简称《规定》)部分条款的适用问题进行说明,主要内容包括:一是首次提交管理人登记申请的机构,应当严格符合《规定》关于名称和经营范围的要求;二是已提交申请且未完成登记的申请机构的整改要求;三是已登记管理人若发生实际控制人变更,或申请名称或经营范围变更登记,应当符合《规定》第三条的要求;四是未备案的私募基金的整改窗口期。

2021年2月9日,为进一步加强私募基金信息报送工作,优化行业服务,持续推动行业数据质量提升,中国证券业协会下发《关于加强私募基金信息报送自律管理与优化行业服务的通知》,主要内容包括:一是管理人应当及时准确报送信息,强化内控管理;二是建立健全信息报送常态化核查机制;三是提升私募基金信息披露备份系统投资者账户开通情况透明度;四是明确对外公示的信息报送异常情形;五是优化行业服务,提供系列信息报送便利措施等。

2021年12月17日,中国银保监会发布《中国银保监会关于修改保险资金运用领域部分规范性文件的通知》(以下简称《规范通知》),其中关于私募基金规范性文件的修改内容主要包括:取消"保险资金投资的股权投资基金,非保险类金融机构及其子公司不得实际控制该基金的管理运营,或者不得持有该基金的普通合伙权益"的限制性规定;取消保险资金投资创业投资基金单只基金募集规模不得超过5亿元的限制性规定;取消"保险资金设立的私募基金,发起人及其关联的保险机构出资或认缴金额不低于拟募集规模的30%"的限制性规定。《规范通知》进一步深化"放管服"改革,提升保险资金服务实体经济质效。

未来，随着资金来源的释放，险资、银行理财资金等长期资金入市，募资市场或将持续优化结构调整并加快规范发展。

2021年12月31日，为切实维护投资者合法权益，规范投资基金业投诉处理工作，中国证券投资基金业协会发布修改后的《中国证券投资基金业协会投诉处理办法》，主要修改内容包括：一是清晰界定投诉处理范畴，立足保护投资者根本宗旨；二是规范投诉处理工作流程，探索建立投诉转办制度；三是压实行业机构主体责任，明确投诉办理基本要求；四是强化自律管理程序衔接，丰富行业多元化解纠纷机制。

第四节 证券公司私募投资基金业务面临的问题和挑战

一是竞争愈加剧烈，投资募资两极分化。近年来股权投资市场竞争加剧，内外因影响下头部机构在"募投管退"各个环节的竞争优势逐渐固化，其中早期投资机构、风险投资（VC）机构在募、投、退三个市场集中度水平可达40%甚至更高，且呈现一定的上升趋势。此背景下，证券公司私募更需要充分发挥资源优势及研究能力。虽然证券公司私募子公司可有效利用母公司强大的研究团队、分支机构"触角"深入开发地方市场，然而与同规模市场化风险投资（VC）、私募股权投资（PE）机构相比，证券公司私募基金投资子公司在项目资源获取能力和投资判断上偏弱，这一现象尤其在早期项目上更为明显。随着投资对行业专注要求的提升，证券公司私募投资基金将面临更加严峻的竞争环境。

二是人才竞争优势不足。一方面，证券公司私募投资基金子公司与市场化的私募股权投资机构相比，激励机制仍相对落后，不利于长期发展；另一方面，证券公司私募投资基金子公司较其他私募股权投资机构面临更为严格的监管要求，虽拥有更为专业规范的投资团队，但在非公平的市场竞争方面难免困难重重。建议证券公司私募投资基金子公司建立专业的"募投管退"团队，在激励机制上借鉴市场化VC、PE机构进行团队激励等。通过完善激励机制，在培养自身投资团队人员的同时吸引更多市场上优秀的投资人才，减少对证券公司在投资研究和项目来源上的依赖，提高对早期和成长期阶段项目筛选、投资判断及投后管理的能力。

三是部分热门行业估值偏高。在科技投资热潮的背景下，部分行业的估值增长迅速，个别企业在一年内估值增长超过10倍。随着注册制改革的持续推进，国内上市环境明显改善，上市退出渠道更加通畅，但部分上市企业股价表现并不理想，个别行业估值倒挂严重。对于证券公司私募而言，在投资时更需做好基础研究，衡量投资收益，适当调减对上市企业退出的回报预期，并积极做好退出管理。

第五节　2022年证券公司私募投资基金业务发展环境与契机

一是退出方式更加灵活和多元化。近年来，我国资本市场步入市场化改革快车道，多层次资本市场体系不断完善。2021年，科创板的深化、创业板注册制的推进以及北京证券交易所的开板，为私募股权投资市场打开了更为广阔的退出通道，同时也大幅降低了中小企业的上市门槛，从而使处在不同阶段的、具备发展潜力的各类企业，甚至是尚未盈利、特殊股权结构企业和红筹企业均可以在科创板、创业板或证券交易所实现上市。此外，随着各地逐步开启S基金（Secondary Fund）交易试点和探索研究，证券公司私募投资渠道和退出渠道变得更加灵活。

二是有限合伙人（LP）结构持续优化，募资渠道拓宽带来新契机。随着以国内大循环为主体、国内国际双循环相互促进的新发展格局加快构建，险资、理财子公司等长期资金入市限制的逐步放开，"募投管退"良性循环逐步形成，募资市场环境逐步优化。此外，政府机构（政府出资平台）、政府引导基金保持较大的出资规模，产业资金设立的市场化母基金等新兴LP出资逐渐常态化。随着国企、央企以及产业资本参与股权投资的逐步深入，市场化程度不断加深，LP结构将更为优化，证券公司私募的募资环境将持续改善，长期资本供给有望增加。此外，随着资本市场双向开放不断推进，外资进入国内股权投资市场渠道将进一步拓宽，境内资金对外投资也将拥有更多便利，跨境金融业务范围和规模扩大也会丰富境内基金募资来源，将推动LP结构持续改善优化。

分报告之六：
2021年中国证券市场资信评级业务发展回顾与展望

第一章
2021年中国证券资信评级行业发展环境

第一节 债市环境

一、信用债发行量增速下滑，发行利率整体下行

2021年，我国交易所债券市场共发行各类信用债[①]6 076期，同比增长6.32%；发行规模6.48万亿元，同比增长5.45%，交易所债券发行量增速有所下滑，主要与城投债审批收紧、资产支持证券发行受限、监管规范可转债发行等因素有关。2021年初，沪、深证券交易所和中国银行间交易商协会对城投债进行分档审理，参照财政部对地方政府债务风险的

[①] 此处交易所债券市场的各类信用债统计范围为一般公司债、私募债、证券公司债、可转债、可交换债和资产支持证券。对资产支持证券，一个项目发行的分层证券按一期计算。

"红橙黄绿"等级划分,对债务风险大的地方城投发债加以约束。2021年4月22日,沪、深证券交易所分别发布《上海证券交易所公司债券发行上市审核规则适用指引第3号——审核重点关注事项》和《深圳证券交易所公司债券发行上市审核业务指引第1号——公司债券审核重点关注事项》(以下统称《指引》),两份《指引》的主要内容基本一致,采用数量化指标对企业融资结构、杠杆水平等方面划定"红线",对于"踩线"企业,提出审慎确定公司债券申报规模和限制资金用途的要求;此外,《指引》还明确了诸多需要强化信息披露的情形,重点明确了城市建设企业和房地产企业的信息披露要求。上述政策有助于限制高风险企业发行债券融资,防范交易所公司债券信用风险。受"三道红线"和房地产贷款集中度管理等调控政策影响,房地产企业融资受限,2021年下半年,房地产行业销售开始下降,叠加部分企业信用风险暴露导致融资进一步趋紧,供应链资产证券化(ABS)发行规模因此出现下滑;此外,受互联网小额贷款监管趋严影响,消费贷ABS发行量出现大幅下滑,在此背景下,资产支持证券发行量增速有所放缓。2021年1月31日,《可转换公司债券管理办法》正式实施,对可转债的交易转让、信息披露、转股、赎回、回售、受托管理、监管处罚、规则衔接等内容进行了系统规制,有助于防范可转债过度炒作风险。利率方面,2021年,债券市场流动性整体保持合理充裕,全年1年期、3年期、5年期、7年期和10年期国债到期收益率呈波动下行走势,3年期公司债加权发行利率①为3.75%,较上年下降17.45个基点(BP)。

二、创新债券产品不断推出,助力精准调控有效落地

2021年,为实施对实体经济的定向支持和精准调控,我国债券市场不断推出创新债券品种。2021年2月,首批"碳中和公司债"在交易所债券市场成功发行,碳中和公司债募集资金主要用于清洁能源、清洁交通、绿色建筑等低碳减排项目,有助于丰富绿色债券品种,推动绿色金融创新。2021年3月,首批"科技创新债"在交易所市场成功发行,科技创新公司债的募集资金将专项用于符合国家重点支持行业的科技创新企业,有助于畅通科技创新领域的直接融资渠道,降低科技创新企业融资成本。2021年4月,国内首单碳中和绿色科技创新债券"21江科GK"成功发行,规模0.50亿元,期限为3+2+2年。碳中和绿色科技创新债融合了绿色和科技创新两种属性,有助于为绿色科技创新项目的开发建设提供资金支持。2021年6月,首单乡村振兴专项公司债"21广新V1"在交易所债券市场成功发行,规模5亿元,期限为5年,乡村振兴专项公司债募集资金用途聚焦"三农"发展,主要用于乡村振兴项目的建设、运营和收购等,有助于形成示范效应,引导带动更多社会资本通过不同渠道投向乡村振兴领域。2021年7月,国内首单可持续发展挂钩公司债"21广能01"成功发行,规模5亿元,期限为3年,可持续发展挂钩债券通过将企业可持续发展目标

---

① 权重为债券的实际发行金额。

与债券结构设计相结合，有助于促进传统企业转型升级。资产证券化业务方面，也推出了多项创新，2021年6月，全国首单碳中和CMBS"中信证券－成都中海国际中心绿色资产支持专项计划（专项用于碳中和）"成功募集资金21.01亿元；2021年7月，全国首单碳中和绿色公交ABS"宁波舜通集团有限公司公交经营收费收益权绿色资产支持专项计划"成功募集资金2亿元；2021年8月，首单防汛救灾ABS"万融保理－建信资本2021年供应链3期资产支持专项计划"成功募集资金1.42亿元；2021年8月，全国首单高校科技成果转化知识产权ABS"西丽湖国际科教城－高新投知识产权资产支持专项计划"成功募集资金0.20亿元；2021年11月，全国首单能源保供ABS"国家能源集团－工银瑞投－能源保供1期资产支持专项计划"成功募集资金50亿元。创新债券品种的不断出现，既为评级机构提供了新的业务机会，同时也对评级机构的评级技术提出了更高的要求，评级机构需加大对评级技术的研发投入，开发适用新型债券的评级技术，以满足债券市场的发展需要，更好地服务于绿色发展和科创企业融资。

三、债券市场双向开放进程进一步加快

2021年，我国债券市场对内对外开放步伐进一步加快，双向开放水平显著提升。2021年10月，富时罗素公司（FTSE Russell）正式将中国国债纳入富时世界国债指数（WGBI），至此，全球三大债券指数全部涵盖中国债券，我国债券市场开放迎来里程碑式成果。政策方面，一是统筹推进银行间和交易所债券市场对外开放。2021年1月31日，中共中央办公厅、国务院办公厅印发《建设高标准市场体系行动方案》，指出统筹规划银行间与交易所债券市场对外开放，优化准入标准、发行管理，明确中国债券市场对外开放的整体性制度框架，研究制定交易所债券市场境外机构债券发行管理办法；支持符合条件的民营金融机构和境内外资金融机构获得非金融企业债务融资工具A类主承销商资格，参与银行间债券市场，推动我国债券市场高水平对外开放。2021年8月18日，中国人民银行等六部委在《关于推动公司信用类债券市场改革开放高质量发展的指导意见》（以下简称《指导意见》）中指出统筹同步推进银行间债券市场、交易所债券市场对外开放，统一债券市场境外机构投资者准入和资金跨境管理，稳步实现我国债券市场跨境联通和双向开放。二是便利境外机构投资者投资我国债券。2021年3月31日，中国人民银行办公厅发布《关于进一步优化银行间债券市场基础设施对外开放服务 加强事中事后管理的通知》，要求全国银行间同业拆借中心、中央国债登记结算有限责任公司和银行间市场清算所股份有限公司进一步优化金融基础设施对外开放服务，为境外机构投资者提供多元化交易、登记、存管、结算等基础性服务。三是推动内地和香港债券市场互联互通。2021年9月15日，中国人民银行发布《关于开展内地与香港债券市场互联互通南向合作的通知》，允许内地机构投资者通过内地与香港基础服务机构连接投资于香港债券市场，进一步拓展国内投资者在国际金融市场配置资产的空间，推动我国债券市场双向开放。四是优化境内金融机构赴境外发行债券制度。2021年12月23日，

中国人民银行、国家发改委发布《关于废止〈境内金融机构赴香港特别行政区发行人民币债券管理暂行办法〉的公告》，废止境内金融机构赴境外发行人民币债券需由人民银行会同发改委对其资格和发行规模进行审核并上报国务院的规定，统一由中国人民银行、国家发改委等相关部门在现行管理框架及各自职责范围内分工负责，进一步统一和规范境内金融机构赴境外发行债券管理框架，提升境外发行债券的便利度和灵活性。

四、债券信用风险持续暴露，违约处置机制不断完善

2021年，我国经济持续稳定恢复，但仍面临需求收缩、供给冲击、预期转弱三重压力，同时，外部环境更趋复杂严峻和不确定，经济下行压力较大，我国债券市场违约常态化发生。2021年，交易所债券市场新增15家违约发行人，共涉及50期违约债券，到期违约金额约593.81亿元，违约家数、期数、金额较上年分别减少46.43%、16.67%、4.96%；另有23家此前已经发生违约的发行人未能按时偿付其存续债券利息或本金，涉及违约债券47期，违约金额约436.99亿元。新增违约发行人以民营企业为主，部分高等级房地产企业信用风险开始暴露，部分大中型房企接连发生违约，对债券市场信用环境造成一定冲击。

与此同时，监管层继续加强债市风险管控、完善违约处置机制。2021年4月22日，沪、深证券交易所分别发布《指引》，两份《指引》的主要内容基本一致，采用数量化指标对企业融资结构、杠杆水平等方面划定"红线"，对于"踩线"企业，提出审慎确定公司债券申报规模和限制资金用途的要求。此外，《指引》还明确了诸多需要强化信息披露的情形，并重点明确了城市建设企业和房地产企业的信息披露要求。《指引》有助于限制高风险企业发行债券融资，防范债券市场信用风险。2021年8月18日，中国人民银行等六部委在《指导意见》中指出，统筹债券市场宏观管理，对资产负债率明显高于行业平均水平、经营扩张激进、关联关系复杂的发行人建立约束机制；健全市场化、法治化违约债券处置的基本标准和流程；健全仲裁调解等非诉讼债券纠纷解决机制，探索集体诉讼和当事各方和解制度；健全违约债券转让等市场化出清机制，有助于进一步完善市场化、法治化的债券违约处置机制，提升债券市场出清效率。2021年8月13日，沪、深证券交易所分别发布公司债券投资者权益保护参考文本[①]。上海证券交易所发布的参考文本，丰富了投资者保护约定、细化约定实施机制、设置多层次救济机制、规范募集说明书编制四方面内容，有助于强化市场约束，提高执行质效，实现市场有序出清，提高信息披露质量，保护投资者合法权益。深圳证券交易所发布的参考文本进一步规范了特殊发行条款、增信机制、投资者保护条款、违约事项及纠纷解决机制四方面内容，强化了对发行人的约束力度，有助于提高投资者保护相关条款的有效性和可操作性，加强公司债券投资者权益保护。相关措施的推出有助于缓释和释

---

① 上海证券交易所发布《上海证券交易所公司债券发行上市审核业务指南第1号——公开发行公司债券募集说明书编制（参考文本）》《上海证券交易所公司债券发行上市审核业务指南第2号——投资者权益保护（参考文本）》；深圳证券交易所发布《公司债券发行上市审核业务指南第2号——投资者权益保护（参考文本）》。

放债券市场信用风险，但违约常态化的到来对信用评级机构的专业性提出了更高层次的要求，能否准确、及时揭示违约风险成为市场判断评级机构专业水平的核心标准，评级质量的竞争成为评级机构间竞争的主要内容。

第二节 监管环境

一、监管部门逐步取消强制评级，以评级质量监管为核心，推动评级行业高质量发展

在取消强制评级方面，2021年1月，中国银行间市场交易商协会发布《非金融企业债务融资工具公开发行注册文件表格体系（2020版）有关事项的补充通知》，明确债务融资工具注册申报环节取消信用评级报告要件要求。2021年2月26日，中国证监会修订《公司债券发行与交易管理办法》，正式取消公开发行公司债券信用评级的强制性规定，并取消了普通投资者参与认购的债券评级必须达到AAA级的规定。2021年3月26日，中国银行间市场交易商协会发布《关于实施债务融资工具取消强制评级有关安排的通知》，在前期债务融资工具注册申报环节取消信用评级报告要件要求的基础上，进一步在发行环节取消债项评级强制披露，仅保留企业主体评级披露要求，将企业评级选择权交予市场决定。2021年8月6日，中国人民银行等五部委发布《关于促进债券市场信用评级行业健康发展的通知》（以下简称《通知》），指出降低监管对外部评级的强制要求，择机适时调整监管政策关于各类资金可投资债券的级别门槛，弱化债券质押式回购对外部评级的依赖。2021年8月11日，中国人民银行发布《中国人民银行公告〔2021〕第11号》，明确试点取消非金融企业债务融资工具发行环节信用评级的要求。2021年8月13日，中国银行间市场交易商协会发布《关于取消非金融企业债务融资工具信用评级要求有关事项的通知》，明确在试点期间，取消强制评级要求，进一步降低评级依赖。2021年8月18日，中国人民银行等六部委在《指导意见》中指出降低外部评级依赖，在提升投资机构内部评级能力的基础上，逐步弱化和取消行政强制评级要求。2021年11月2日，中国银保监会发布《关于调整保险资金投资债券信用评级要求等有关事项的通知》，取消保险资金可投金融企业（公司）债的外部信用评级要求，分类设置可投非金融企业（公司）债券的最低外部信用评级要求[①]，同时明确保险公司投资BBB级（含）以下债券的集中度要求。长期来看，监管部门取消强制评级将推动评级行业由"监管驱动"向"市场驱动"转变，行业竞争将进一步加剧，有助于推动评级行

---

① 对于上季末综合偿付能力充足率为200%（含）以上的保险公司，取消其所投资非金融企业（公司）债券的外部信用评级要求；对于上季末综合偿付能力充足率为120%（含）以上的保险公司，其所投资非金融企业（公司）债券的主体和债项级别在BBB级（含）以上；不满足上述条件或存在重大风险隐患的保险公司，其所投资非金融企业（公司）债券的债项级别应在AA级（含）以上，债券的主体级别应在A级（含）以上。

业高质量健康发展。

加强评级质量监管方面，2021年8月6日，中国人民银行等五部委在《通知》中指出，加强评级方法体系建设，提升评级质量和区分度，明确信用评级机构应当长期构建以违约率为核心的评级质量验证机制，2022年底前建立并使用能够实现合理区分度的评级方法体系。同时，从大跨度级别调整、评级的有效性和前瞻性、评级机构的信息化建设等方面对评级机构提升评级质量提出具体要求。2021年8月18日，中国人民银行等六部委在《指导意见》中指出，加强对跟踪评级滞后、大跨度级别调整、更换评级机构后上调评级等行为的监管约束，提升评级机构风险预警功能；构建以违约率为核心的评级质量验证方法体系，推动形成有区分度的评级标准体系。监管推动评级机构提高评级质量，有助于发挥信用评级在风险揭示和风险定价等方面的作用，推动评级行业实现以评级质量为核心的可持续高质量发展。

二、监管日趋严格，促进评级机构归位尽责

2021年，监管机构继续强化评级行业监管和自律管理力度，对多家评级机构开展了约谈、现场检查和专项检查，中国银行间市场交易商协会和中国证券业协会定期联合发布信用评级机构业务运行及合规情况通报。2021年，中国证监会派出机构对评级机构采取3次行政监管措施，其中包括2次责令改正和1次出具警示函。此外，中国人民银行对评级机构采取2次行政监管措施。总体来看，监管机构对评级行业的监管更加严格和细致化，监管力度不断加强。政策方面，2021年2月26日，中国证监会修订《证券市场资信评级业务管理办法》，进一步强化证券自律组织的自律管理职能，增加破坏市场秩序行为的禁止性规定，提高证券评级业务违法违规成本。2021年3月1日，《中华人民共和国刑法修正案（十一）》正式施行，大幅提高了欺诈发行、信息披露造假、中介机构提供虚假证明文件和操纵市场四类证券期货犯罪的刑事惩戒力度，从法律角度表明了对证券犯罪"零容忍"的态度。2021年8月6日，中国人民银行等五部委发布《通知》加强评级行业严监管，监管部门将联合制定统一的信用评级机构业务标准，在业务检查、违规惩戒、准入退出等方面加强监管协同和信息共享，提升监管效力，防止监管套利；加强对信用评级机构评级质量和全流程作业合规情况的检查；对存在级别竞争、买卖评级、输送或接受不正当利益，蓄意干扰评级独立性等严重违反法律法规的信用评级机构及有关责任人员，依据有关规定予以处罚；涉嫌犯罪的，移送司法机关依法追究刑事责任。2021年8月18日，中国人民银行等六部委联合发布《指导意见》指出，对中介机构存在的尽职调查不充分、受托管理不到位等问题，有关部门应依法严肃问责，自律组织应积极采取自律措施；对违法违规情节严重的，有关部门应依法采取限制业务资格、移送司法机关等措施，强化市场监管和违规处罚。监管部门进一步强化评级机构的事中、事后监管，不断加大处罚力度，司法部门加大法律惩罚性赔偿力度，进一步震慑了信用评级行业，有助于推动评级机构的优胜劣汰，提高评级行业的公信力，促进债券市场的健康稳定发展。2021年9月27日，中国人民银行发布《征信业务管理办法》，从

机构监管与业务监管兼顾的角度对依法开展征信业务提供了可操作的规范指引。

三、备案通过的评级机构有所增加，推动评级行业进一步开放

在我国债券市场和信用评级行业国际化和市场化发展的背景下，监管机构逐步"放开前端"，允许更多评级机构进入我国债券市场开展信用评级业务。2020年10月21日和2021年8月23日，安融评级先后完成了中国证监会的备案和中国银行间市场交易商协会的注册，正式开展交易所债券市场和银行间债券市场的信用评级业务，成为新《证券法》实施以来首家新进入我国债券市场开展信用评级业务的民营评级机构。信用评级机构进一步扩容，评级行业格局将进一步重构，评级行业的竞争也日趋激烈。对外开放方面，2021年8月6日，中国人民银行等五部委在《通知》中指出，稳妥推进信用评级行业对外开放，支持符合条件的境外信用评级机构在中国债券市场开展业务；同时，培育若干具有国际影响力的本土信用评级机构，支持本土信用评级机构根据意愿和自身能力，积极参与国际评级业务。2021年8月18日，中国人民银行等六部委在《指导意见》中指出，推动更多符合条件的境外评级机构开展境内业务，支持本土评级机构根据意愿和自身能力，积极参与国际评级业务。监管部门稳步推动评级行业对内对外双向开放有助于提高境外投资者对国内债券市场的认知程度和关注度，提升我国信用评级机构的国际影响力，促进我国信用评级行业高质量发展。

四、推动金融科技与信用评级快速融合，促进评级机构数字化转型

金融科技与信用评级的结合已经成为国际国内信用评级领域新的发展趋势，部分国际信用评级机构和国内信用评级机构在大数据、云计算、人工智能、区块链技术方面有显著优势，为评级行业的发展带来了新的机遇和挑战。2021年，评级行业金融科技应用增多，行业数字化转型趋势明显。2021年8月6日，中国人民银行等五部委在《通知》中指出，信用评级机构应当不断加强信息化建设，建立与其业务发展相适应的、符合监管要求的数据库和技术系统，通过技术创新和科技应用，为提升评级行业竞争力赋能。鼓励信用评级机构在依法合规、风险可控的前提下，创新评级技术，将大数据、人工智能等科技手段应用于信用风险分析，提高评级数据质量、风险识别和风险监测能力。信用评级行业高度依赖信息和数据，大数据、人工智能等技术的开发运用，可以增加历史数据与信用风险的关联性，更好地解决评级行业信用体系建设、企业风险事件传导、企业信用风险实时预警等问题，提升评级机构的信用风险揭示水平，实现提质增效、控制风险和业务创新。

第二章
2021年中国证券资信评级业务发展情况

第一节 2021年中国证券资信评级行业基本情况

一、证券评级机构监管备案情况

截至2021年末,共有13家资信评级机构完成了中国证监会备案,分别是:东方金诚国际信用评估有限公司、大普信用评级股份有限公司、上海新世纪资信评估投资服务有限公司、联合资信评估股份有限公司(以下简称"联合资信")、中证鹏元资信评估股份有限公司、大公国际资信评估有限公司、中诚信国际信用评级有限责任公司(以下简称"中诚信国际")、标普信用评级(中国)有限公司、安融信用评级有限公司、远东资信评估有限公司、北京中北联信用评估有限公司、上海资信有限公司和安泰信用评级有限责任公司。在境外,3家证券评级机构或其关联分支机构[①]拥有香港证券及期货事务监察委员会提供信贷评级服务执业资质,1家证券评级机构[②]正在申请新加坡资信评级牌照。

二、证券评级机构基础建设情况

(一)评级数据库系统建设力度加大

2021年,国内共有9家证券资信评级机构对评级数据库系统进行了功能优化或完善,

[①] 中诚信国际的全资子公司中国诚信(亚太)信用评级有限公司、联合资信的关联公司联合评级国际有限公司、中证鹏元资信评估股份有限公司的全资子公司鹏元资信评估(香港)有限公司拥有香港证监会发出的第十类受规管活动牌照(提供评级服务)。

[②] 中证鹏元资信评估股份有限公司的全资子公司鹏元资信评估(香港)有限公司在新加坡设置了子公司鹏元资信评估(新加坡)有限公司,正在申请新加坡资信评级牌照。

如更新评级数据库、丰富数据应用及查询功能、加强行业评级数据统计等。部分评级机构建立全市场城投平台主题数据库，关联城投基本信息、地方经济财政、财务信息、债券与评级信息、违约信息等数据，并在此基础上搭建了城投平台分析系统，展示城投数据查询功能及可视化分析功能、地方政府信用风险以及全部已发债城投平台风险排序功能。部分评级机构结合模型打分实务操作，对现有各行业在线模型进行了更新与完善，开发了"定性指标打分操作指引功能"，进一步细化定性因素的评价范围及内容，规范打分依据。部分评级机构新增绿色信贷识别系统和ESG评级系统数据库，提供多维度的绿色信贷和ESG评级数据服务。部分评级机构完善业务数据标准和数据模型，整合内外部数据，构建风险监控预警体系，全时、全域监控存量变化。部分评级机构在数据库建设过程中重视数据安全防护，采用敏感数据加解密、SSL链路加密、IP白名单控制、磁盘加密存储等安全措施确保数据安全。

2021年，证券资信评级机构新增采购了企业预警通、见智风险预警数据库，为评级业务提供数据支持。不断优化的数据库系统为评级机构开展评级业务提供了坚实的基础。

（二）人才队伍进一步优化

截至2021年末，证券资信评级机构通过证券从业资格考试的评级人员有2 313人，较上年增长14.50%[①]。其中，具有3年以上评级从业经验的人员数量为874人，较上年增长2.94%；拥有注册会计师、律师、特许金融分析师（CFA）、注册国际投资分析师（CIIA）等专业执业资格人员人数为170人，较上年增长6.25%。在评级机构所有员工学历构成中，具有硕士以上学历的人员占比为68.49%，占比较上年上升了2.94个百分点。35周岁以下的人员数量为2 270人，占比为72.73%，占比较上年增加了0.60个百分点。整体来看，评级机构员工队伍继续优化，具有较长从业经验的员工数量有所增加，拥有专业执业资格的员工数量进一步增加，高学历员工占比上升，员工队伍的专业素质有所提高。

三、证券评级机构投资者服务情况

（一）研究水平与时俱进

截至2021年末，资信评级机构的研发人员总数为257人，较上年大幅增加26.60%，研发人员在整体评级从业人员中的占比为8.14%，较上年增加0.98个百分点[②]。其中，具有3年以上研发经验的研发人员数量为177人，较上年增加11.32%。2021年，各家评级机构对新产品评级方法和数字化转型开展重点研究，共完成各类研究课题189个，公开出版书籍2部，公开发表研究报告2 807篇，取得丰硕的研究成果。

多家评级机构深入分析了"碳达峰碳中和"对国内经济及重点行业信用的影响、地方隐性债务化解、债券市场信用风险及违约处置等热点问题，积极研究债市新产品的风险特点

---

①② 资料来源：2021年中国证券业协会专项调查统计数据。数据包含13家完成备案的评级机构。

和评级方法,并定期推出重点行业信用风险展望,研究内容紧扣时代脉搏,信用分析更有深度,研究水平稳步提高。

(二) 投资者交流渠道显著拓宽

2021年,各家评级机构积极拓展投资者交流渠道,除了公司网站、微信公众号、第三方媒体合作之外,部分评级机构通过Wind资讯、同花顺iFinD金融终端、Choice金融终端及慧博智能策略终端发布信息,加强与投资者的沟通。

投资人会议方面,2021年因受新冠肺炎疫情影响,各家评级机构采用以线上论坛为主线下论坛为辅的方式开展投资者交流活动,围绕宏观经济、债券市场、行业研究、区域城投研究以及市场热点专题研究等热点话题举办各类专题论坛。2021年,各家资信评级机构共主办或承办投资人会议349次,参加论坛并发表演讲115次,接受媒体采访或举办新闻发布会共305次,进一步提高投资者服务的水平。

四、证券评级机构合规管理情况

在防范化解重大金融风险的背景下,2021年监管部门不断强化对评级机构的事中、事后监管,同时加大对评级机构的处罚力度,旨在推动信用评级充分发挥在风险揭示和风险定价等方面的作用,促进债券市场的健康稳定发展。在此背景下,2021年评级行业受到的监管机构处罚有所增多。与此同时,各家评级机构积极配合监管部门和自律组织的现场检查,对自身合规风险管理建设高度重视,按照监管要求对自身公司治理机制和合规管理规范进行了整改,同时进一步修订了相关业务制度,并在中国证券业协会或各自公司官网上及时公示。其中,有5家评级机构新增了多项合规制度,如绿色认证业务管理制度、廉洁从业管理制度、重大风险事件应急处置工作指引等,强化了绿色债券认证、应急事件处置管理等合规制度,同时按照监管要求高频率定期自查并按时报送合规报告。

多数评级机构依据评级业务承揽规范、信用评级程序、内部审计等相关内控合规制度进行全方位合规风险检查、排查和整改,同时多次对全体员工进行合规培训,确保各项业务和工作完全合规合法、稳步有序推进,行业合规管理水平有所提升。

第二节 2021年中国证券资信评级业务发展概况

一、2021年证券资信评级业务规模与竞争格局

2021年,我国12家[①]证券资信评级机构的业务规模略有扩大,全年协议承做评级项目

---

① 安泰信用评级有限责任公司于2021年11月24日在中国证监会完成备案,尚未承做资本市场评级业务,因此,本节数据统计只包含12家完成备案的评级机构,不含安泰信用评级有限责任公司。

7 707 个，较上年增加 4.33%，但增速较上年明显下降。其中，2021 年承做一般公司债项目 1 327 个，由上年的上升 56.52% 转为下降 19.33%，主要是受 2021 年监管部门取消强制评级的影响；承做私募公司债项目 1 046 个，由上年的上升 38.49% 转为下降 13.48%；承做可转债项目 160 个，由上年的下降 16.39% 转为上升 4.58%；承做可交换债项目 10 个，延续上年的下降趋势进一步减少 23.08%；承做证券公司债项目 209 个，延续上年的上升趋势大幅提升 129.67%，主要源自证券公司为补充资本进行融资的需求上升；承做资产证券化产品 1 869 个，由上年的上升 76.24% 转为小幅下降 4.55%；承做其他主体评级项目① 2 520 个，延续上年的上升趋势进一步增加 61.85%；承做其他业务项目 72 个，由上年的上升 858.82% 转为下降 55.83%（见图分 6 - 1）。

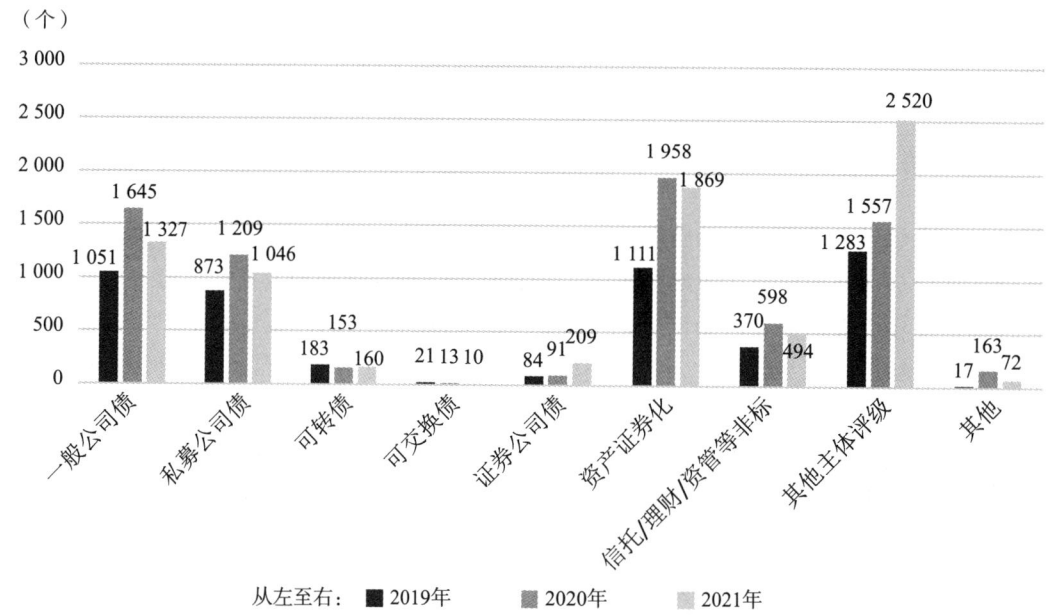

图分 6 - 1　2019—2021 年 12 家证券资信评级机构协议承做的评级项目情况

资料来源：2021 年中国证券业协会专项调查统计数据。

从评级项目数量份额情况看，2021 年其他主体评级业务份额是占比最大的产品，份额占比为 32.70%，较上年上升 11.62 个百分点；公司债（含一般公司债和私募公司债）产品份额排名第二位，占比为 30.79%，较上年下降 7.85 个百分点；资产证券化产品份额排名第三位，占比为 24.25%，较上年下降 2.26 个百分点；信托、理财、资管等非标产品份额仍处于第四位，占比为 6.41%，较上年下降 1.69 个百分点；证券公司债、可交换债、可转换债产品份额依旧占比较小。

2021 年，12 家证券资信评级机构合计正式出具首次评级报告 7 959 份，由上年的增长

---

① 其他主体评级项目主要包括信贷市场上借款企业主体评级项目、担保公司主体评级项目、网络小贷公司主体评级项目等。

42.86%转为下降8.73%。其中，出具其他主体首次评级报告2 527份，报告数量占比为31.75%，占比较上年上升6.61个百分点，报告数量占比排名第一位；出具公司债首次评级报告2 231份，报告数量占比为28.03%，占比较上年下降6.48个百分点，报告数量占比排名第二位；出具资产证券化产品首次评级报告2 133份，报告数量占比为26.80%，较上年小幅上升0.71个百分点，报告数量占比排名第三位。

随着前期市场规模的不断扩容，2021年各家评级机构跟踪评级工作量进一步增加，全年12家评级机构合计完成定期跟踪评级项目为6 848个，延续上年的上升趋势进一步增加14.52%，但增速较上年有所下降；不定期跟踪评级项目为1 767个，延续上年的上升趋势进一步增加35.09%，增速较上年明显上升；终止、撤销评级项目达到854个，延续上年的上升趋势进一步增加25.96%，但增速较上年（161.78%）明显下降。

从竞争格局看，2021年，承做项目数量最多的评级机构承做1 957个评级项目，占全部评级项目的25.41%，占比较上年上升了0.35个百分点；承做项目数量排前三位的评级机构共承做4 563个评级项目，占全部评级项目的59.24%，占比较上年下降了5.27个百分点。这表明，我国资信评级行业集中度有所下降，各家资信评级机构之间的竞争加剧。

二、创新券种评级业务

2021年，随着交易所债券市场推出创新债券品种，各家评级机构加强创新债券品种评级方法的研发和修订，充分揭示创新债券品种的信用风险，为各类创新债券品种的发行提供评级服务。2021年，针对交易所债券市场新推出的碳中和债、乡村振兴主题债券等创新品种，各家评级机构协议承做9个碳中和债评级项目、8个乡村振兴主题债券评级项目；针对绿色公司债、永续债、创新创业公司债、纾困专项债等原有创新品种，各家评级机构协议承做个数分别为43个、39个、13个、3个，分别较上年增加10.26%、50.00%、225.00%、50.00%。

2021年，资产证券化产品的基础资产类型继续扩大，交易结构更加丰富，部分评级机构加大资产证券化创新品种评级方法的研发力度，积极支持资产证券化产品的创新发展。针对首单防汛救灾资产证券化产品、首单能源保供资产证券化产品、首单高校科技成果转化知识产权资产证券化产品等创新品种，部分评级机构研发了评级方法与评级模型，揭示了基础资产与交易结构中的信用风险，助力资产证券化创新产品成功落地，满足实体经济的融资需求。

三、证券资信评级机构财务状况

2021年，受债券发行规模增速下降、监管部门取消强制评级、评级行业监管趋严的影响,信用评级行业整体业务收入略有上升,但盈利能力明显下降。2021 年,12 家证券资信评级机构的资产规模合计为 43.40 亿元,延续上年的上升趋势进一步增加 8.02%,但增速较上年明显下降,净资产合计为 22.25 亿元,由上年的上升 16.20% 转为下降 10.55%;营业收入合计为 27.95 亿元,延续上年的上升进一步增加 6.65%,但增速较上年明显下降;利润总额合计为 7.56 亿元,由上年的上升 35.78% 转为下降 20.13%;经营性现金流量净额合计为 10.26 亿元,由上年的上升 68.82% 转为下降 18.97%(见图分 6-2)。从交易所债券市场评级业务贡献度看,2021 年 12 家证券资信评级机构来自交易所债券市场的证券评级业务收入规模合计 11.43 亿元,延续上年的上升趋势进一步增长 14.33%,占 12 家证券资信评级机构收入的比例为 40.90%,占比较 2020 年增加 2.75 个百分点。交易所债券市场证券评级业务是评级机构的重要收入来源。

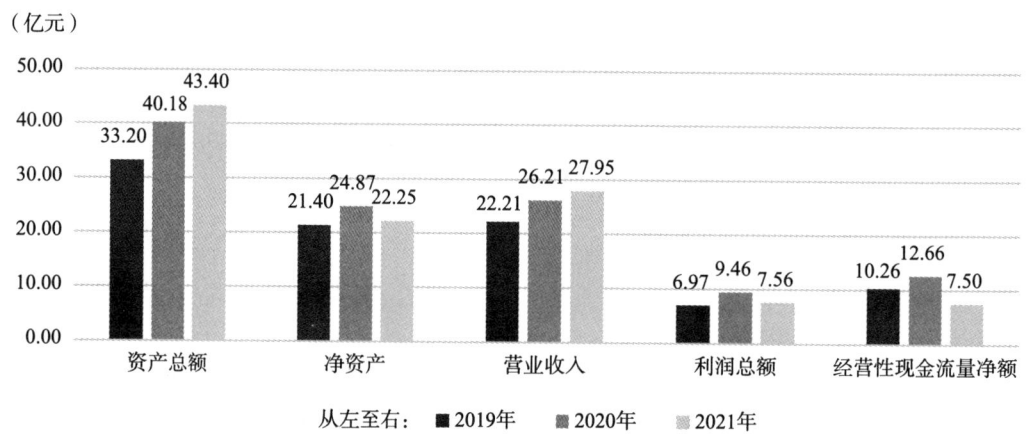

图分 6-2 2019—2021 年 12 家证券资信评级机构财务情况

资料来源:2021 年中国证券业协会专项调查统计数据。

第三节 2021 年中国证券资信评级业务评级表现分析

一、信用等级分布

(一)一般公司债

2021 年,从主体级别分布情况看,一般公司债发行人 AAA、AA+、AA 级别家数分别为 391 家、213 家和 62 家,占比分别为 59%、32% 和 9%。从债项级别分布情况看,2021 年一般公司债发行人所发行的债券 AAA、AA+、AA 和 AA- 级别期数分别为 1 042 期、271

期、24 期和 2 期，占比分别为 73.12%、19.02%、1.68% 和 0.14%（见图分 6-3）；另有 12 期一般公司债（短期公司债券）债项评级为 A-1 级，占比为 0.84%；74 期一般公司债（包括 25 期短期公司债券和 49 期期限超过 1 年的一般公司债）无债项评级，占比为 5.19%。

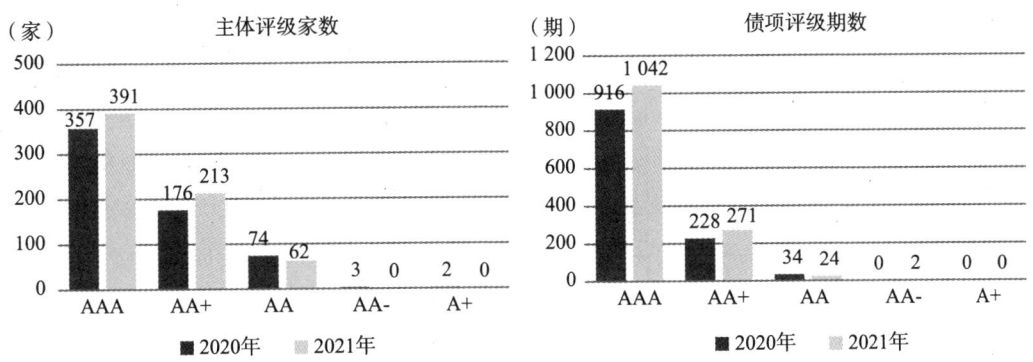

图分 6-3　2020—2021 年一般公司债级别分布

资料来源：Wind。

2021 年一般公司债发行人家数和发行期数分别较 2020 年增长 9.75% 和 17.57%，信用等级分布呈现如下特征：

一是高级别发行人家数进一步增长。以 AAA 和 AA+ 级为代表的高级别发行人家数，2021 年突破 600 家，占比合计高达 90.96%，较 2020 年提升 2.86 个百分点，主要原因是受债券违约事件频发、低级别发行人融资成本提高致其债券发行困难等因素的影响。

二是债项级别有所分化，无债项评级债券占比上升。2021 年一般公司债发行人所发行的债券 AAA 级期数占比有所下降，较 2020 年下降 2.25 个百分点。与此同时，2021 年债项等级新增 AA- 级别，债项级别较 2020 年有所分化。2021 年，无债项评级一般公司债共有 74 期，占比为 5.19%，较 2020 年上升 4.12 个百分点，增幅较大，主要是由于监管部门取消强制外部评级和短期公司债券发行规模扩大所致。

三是债券发行增信措施多样、增信效果明显。2021 年一般公司债发行人所发行的债券中提供增信保障措施的占比为 7.30%，较 2020 年下降 3.67 个百分点。在 104 期提供了增信措施的一般公司债中，主要由第三方担保公司或发行人的控股或参股股东提供担保，少数由发行人或关联方财产（包括房产、股权等）提供担保。其中，有 86 期增信效果突出，40 期债券增信后发行人主体级别由 AA 级增信到 AAA 级，11 期债券增信后发行人主体级别由 AA 级增信到 AA+ 级，35 期债券增信后发行人主体级别由 AA+ 级增信到 AAA 级；另有 2 期债券"21 汽车 G1"和"21 富通 02"无债项评级，"21 汽车 G1"由控股股东提供担保，"21 富通 02"由发行人子公司提供股权质押担保（见表分 6-1）。

表分 6-1　　2021 年一般公司债发行增信情况统计

主体级别	债券级别	期数（期）	增信措施
AA	AAA	40	由第三方担保公司或控股（参股）股东提供担保
	AA+	11	由第三方担保公司或控股（参股）股东提供担保
	AA	1	"21 中希 01"的发行人可在本期债券发行所募集的募集资金到位后 6 个月内，以评估价值不低于本期债券累计待偿本金 1.5 倍的资产（包括但不限于土地使用权、房屋建筑物等）设定第一优先顺位的抵押或质押，为本期债券本息偿还提供第一优先顺位的抵押担保或质押担保，以保障本期债券的本息按约定如期足额兑付。如发行人与全体债券持有人协商一致，则发行人可豁免为本期债券办理补充抵质押手续
AA+	AAA	35	由第三方担保公司或控股（参股）股东提供担保
	AA+	4	均由控股（参股）股东提供担保
AAA	AAA	11	由第三方担保公司或控股（参股）股东提供担保
合计		102	—

资料来源：Wind。

（二）私募公司债

2021 年私募公司债中，发行时有主体评级信息的发行人有 1 354 家，在私募公司债发行人中的占比为 96.16%；发行时有债项评级信息的私募公司债有 831 期，占私募公司债发行期数的比重为 31.50%。

从级别分布来看，2021 年有评级信息披露的私募公司债发行情况呈现如下特征：

一是主体级别集中分布于 AA—AAA 级，集中度为 97.89%。其中，AA 级发行人占比为 57.94%，同比下降 2.77 个百分点；AA+级发行人占比为 34.04%，同比上升 5.50 个百分点；AAA 级发行人占比为 5.90%，同比下降 2.33 个百分点。2021 年 A+及以下级别私募公司债发行人共 6 家，较 2020 年减少 5 家（见图分 6-4）。

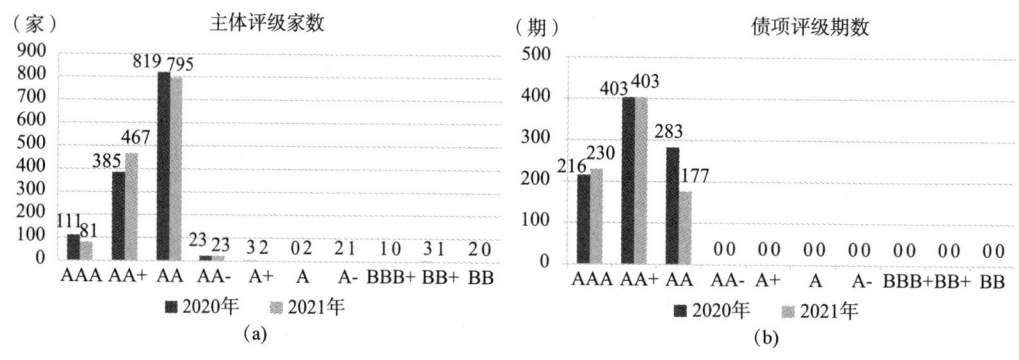

图分 6-4　2020—2021 年私募公司债级别分布

注：（1）未披露评级信息未在图中列示，以下同；（2）2020 年和 2021 年分别有 8 期和 21 期债项评级为 A-1 级的私募债未在图中列示。

资料来源：Wind。

二是债项级别主要分布于 AA—AAA 级[①]，集中度为 97.47%。其中，AAA 级和 AA+级债券占比分别为 27.68% 和 48.50%，同比分别上升 3.94 个百分点和 4.21 个百分点；AA 级债券占比为 21.30%，同比下降 9.80 个百分点，私募公司债债项信用等级进一步向高级别集中。

三是 2021 年私募公司债发行人仍主要是中央及地方国有企业，两者共计 1 386 家。其中，中央国有企业 12 家，占比为 0.86%；地方国有企业 1 374 家，占比为 94.93%，两者占比均较 2020 年略有下降。此外，2021 年带有担保措施的私募公司债共计 854 期，较 2020 年增长 22.70%。

（三）证券公司债

2021 年发行的证券公司债中，普通公司债 285 期（占比 63.47%），次级债 95 期（占比 21.16%），短期公司债 69 期（占比 15.37%）。上述发行的 449 期债券产品中，有债项评级信息的有 411 期，占证券公司债发行期数的比重为 91.54%。

从主体级别分布情况看，2021 年证券公司债发行人 AAA、AA+和 AA 级别家数分别为 46 家、11 家和 4 家[②]，占比分别为 75.41%、18.03% 和 6.56%。其中，2021 年 AAA 级证券公司家数较 2020 年增加 3 家，占比提升 13.98 个百分点，是份额占比最大的级别。值得注意的是，2021 年证券公司债发行人总家数较 2020 年减少 9 家，且发行主体的内部结构变化依然较大。以主体级别 AAA 为例，2021 年证券公司债发行人净增主体为 3 个，上调主体为 6 个，净减主体为 3 个（见表分 6-2）。

表分 6-2　　　　　2020—2021 年证券公司债主体级别分布及变化情况

级别	2020 年		2021 年		变化	
	主体家数（家）	占比（%）	主体家数（家）	占比（%）	家数变化（家）	占比变化（%）
AAA	43	61.43	46	75.41	3	13.98
AA+	19	27.14	11	18.03	-8	-9.11
AA	7	10.00	4	6.56	-3	-3.44
AA-	1	1.43	0	0	-1	-1.43
合计	70	100	61	100.00	-9	—

资料来源：Wind。

从有债项评级信息的债项级别分布情况看，2021 年证券公司债发行人所发行的债券 AAA、AA+和 AA 级别期数分别为 324 期、32 期和 1 期，占比分别为 72.16%、7.13% 和 0.22%，其中 AAA 级债券期数占比较 2020 年提升 13.11 个百分点。此外，尚有 54 期债项级别为 A-1 的短期证券公司债发行，占比为 12.03%。整体来看，2021 年证券公司债发行期数较 2020 年明显上升，主要由于监管放开证券公司公开发行次级债券限制；此外，监管推动证券公司做大做强，证券公司中长期融资需求有所增加（见表分 6-3）。

[①] 另有 21 期 A-1 级债券，占比 2.53%。
[②] 多评级发行人重复计入。

表分 6-3　　　　2020—2021 年证券公司债债项级别分布及变化情况

级别	2020 年		2021 年		变化	
	债券期数（期）	占比（%）	债券期数（期）	占比（%）	期数变化（期）	占比变化（%）
AAA	212	59.05	324	72.16	112	13.11
AA+	53	14.76	32	7.13	-21	-7.64
AA	10	2.79	1	0.22	-9	-2.56
A-1	27	7.52	54	12.03	27	4.51
有级别	302	84.12	411	91.54	109	7.41
无级别	57	15.88	38	8.46	-19	-7.41
合计	359	100.00	449	100.00	90	—

资料来源：Wind。

（四）可转债

从级别分布来看，2021 年有评级信息披露的可转债发行情况呈现如下特征：

2021 年可转债发行人披露主体级别的共计 116 家，主体级别主要分布于 A+ —AAA 级。其中，2021 年 AA-级占比最高，达到 30.17%，较 2020 年下降 0.68 个百分点；AA 级占比次之，为 29.31%，较 2020 年下降 5.52 个百分点；A+级占比居于第三位，为 15.52%，较 2020 年上升 1.59 个百分点。此外，2021 年 AAA 和 AA+级占比分别为 9.48% 和 14.66%，分别较 2020 年上升 3.51 个百分点和 2.22 个百分点［见图分 6-5（a）］。

2021 年可转债发行人所发行的债券披露债项级别的共计 113 期，债项级别分布规律基本与其所对应的发行人主体级别一致。其中，2021 年 AA 级和 AA-级占比最高，均为 30.09%，AA 级占比较 2020 年下降 5.62 个百分点，AA-级占比较 2020 年上升 1.54 个百分点；A+级占比居于第三位，为 15.93%，较 2020 年上升 2.66 个百分点。此外，2021 年 AAA 和 AA+级占比分别为 8.85% 和 14.16%，分别较 2020 年上升 2.73 个百分点和 1.92 个百分点［见图分 6-5（b）］。

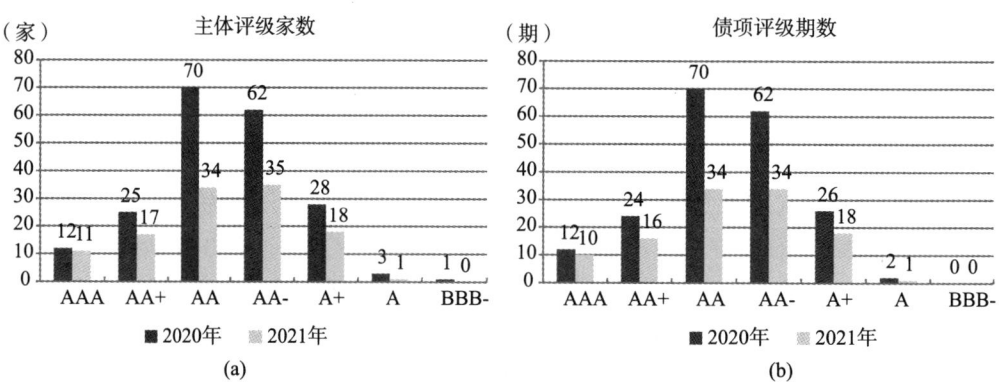

图分 6-5　2020—2021 年可转换公司债级别分布

注：未披露评级信息未在图中列示，以下同。

资料来源：Wind。

(五) 可交换债

2021 年共发行 33 期可交换公司债，比上年减少 9 期，且均以所持目标上市公司股权作为质押物进行增信，并设置了不同的赎回及回售条款。在有债项评级信息披露的 6 期可交换债产品中，债项级别分布于 AA—AAA 级，AAA 级债券有 2 期，AA+ 级债券有 1 期，AA 级债券有 3 期，所有债券的债项级别与主体级别均保持一致。

(六) 资产支持证券

2021 年资产证券化产品的基础资产类型更为多样，信用级别分布向高级别集中。以披露债项评级信息的 2 577 期中国证监会主管 ABS 为例，资产证券化产品仍以 AAA 级、AA+ 级产品为主。2021 年 AAA 级和 AA+ 级期数占披露债项评级信息资产支持证券发行期数的比例为 95.81%，较 2020 年提升 0.58 个百分点，高级别产品占比的进一步提升表明了在违约风险持续释放的背景下，合格机构投资者的风险偏好下降迹象依然明显（见表分 6-4）。

表分 6-4　　　　　　2020—2021 年中国证监会主管 ABS 级别分布

债项评级	2020 年		2021 年	
	发行期数（期）	占比（%）	发行期数（期）	占比（%）
AAA	1 896	74.27	2 072	80.40
AA+	535	20.96	397	15.41
AA	28	1.10	45	1.75
AA- 及以下	94	3.68	63	2.44
合计	2 553	100.00	2 577	100.00

注：未披露评级信息未在表中列示，以下同。
资料来源：Wind。

二、利率与利差

(一) 一般公司债

1. 发行利率

2021 年，在国际环境趋于复杂严峻、全球新冠肺炎疫情不断蔓延、大宗商品价格上涨、供应链紧张等背景下，我国经济上半年持续复苏，第三季度经济增长有所放缓，第四季度小幅改善。具体来看，2021 年国债到期收益率总体呈"前高后低"态势。从走势看，主要分为五个阶段。第一阶段，年初至春节前，国债到期收益率快速上行。随着永煤违约事件对市场的冲击逐渐消退及资金面实现平稳跨年，中国人民银行开始回收流动性，资金面逐步收紧，市场流动性预期由乐观转向谨慎，国债到期收益率快速上行。第二阶段，春节后至 7 月初中国人民银行降准前,国债到期收益率震荡下行。这一阶段,货币政策坚持"稳字当头",资金面总体平稳,流动性保持合理充裕,加之地方政府专项债额度下发较晚且发行门槛提高导致机构面临"资产荒",国债到期收益率呈震荡下行态势。第三阶段,从7月初中国人民银行降准至8月初,国债到期收益率快速下行。进入2021年下半年,中国经济下行压力逐渐显现,7月9日中国人民银行实施全面降准。全面降准在释放流动性的同时带动市场降息预期升温,从而带动国债到期收益率快速下行。第四阶段,8月初至10月中旬,国债到期收益率震荡上行。8月以后,地方政府债发行明显提速,叠加结构性通胀压力不断抬升,国债到期收益率震荡上行。第五阶段,10月下旬至年底,国债到期收益率震荡下行。在保供稳价政策支持下,通胀压力有所缓解,中国人民银行通过灵活主动的公开市场操作维持了市场流动性的合理充裕,12月中国人民银行二次降准落地、支农支小再贷款利率下调及1年期LPR下调进一步提振市场降息预期,国债到期收益率震荡下行(见图分6-6)。

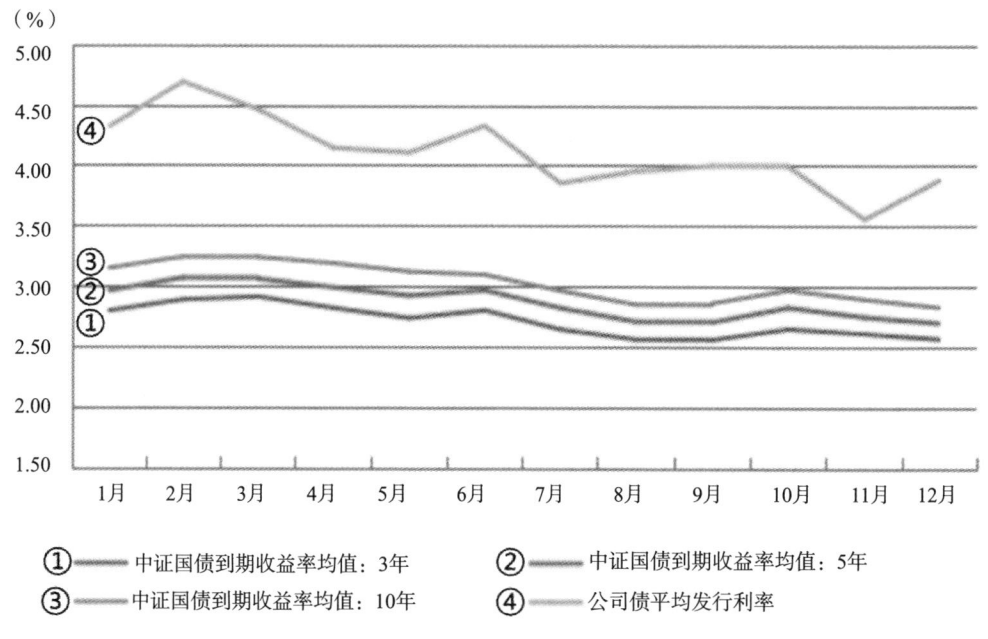

图分6-6　2021年公司债平均发行利率与国债到期收益率走势

资料来源:Wind。

公司债发行利率走势也基本与中证国债到期收益率走势趋同,总体呈现前高后低的态势。同时由于受到违约风险事件、监管政策以及投资者资金成本与风险溢价诉求等因素影响,公司债发行利率波动幅度较中证国债到期收益率振幅明显偏大。具体到一般公司债方面,与2020年相比,2021年各期限各级别平均发行利率均呈现下降态势,即3年期AAA、AA+和AA级一般公司债平均发行利率同比分别下降了2.36BP、24.79BP和6.08BP,5年期AAA和AA+级一般公司债平均发行利率同比分别下降了11.54BP和30.74BP。各期限各级别平均发行利率的下行,表明前期促进实体经济融资政策成效逐渐显现(见表分6-5)。

表分 6－5　　　　　　　　2020—2021 年一般公司债发行利率情况

期限	债项级别	2020 年（％）	2021 年（％）	同比变化（BP）
3 年期	AAA	3.6206	3.5970	－2.36
3 年期	AA＋	4.6583	4.4104	－24.79
3 年期	AA	5.5180	5.4572	－6.08
5 年期	AAA	3.8000	3.6846	－11.54
5 年期	AA＋	4.4848	4.1774	－30.74
5 年期	AA	—	7.6000	—

注：（1）如果债券存在选择权，期限为选择权之前的期限，例如债券的原始期限设计为"3＋2"，则期限为 3 年，样本中剔除可续期债券；（2）发行利率为该时间段内发行的一般公司债票面利率的加权平均利率，权重为实际发行总额，以下同；（3）无债项评级公司债按照主体评级统计。

资料来源：Wind。

2. 发行利差

从 3 年期和 5 年期一般公司债发行利差情况看，整体呈现如下特征：一是 3 年期和 5 年期一般公司债发行利差均值均呈现随债项级别的降低而逐步扩大的趋势；二是 3 年期和 5 年期一般公司债 AA 与 AA＋级之间级差均高于 AA＋与 AAA 级之间级差，可能是由于投资者对 AA 级民营房地产企业要求的风险补偿远高于其对 AA＋级企业要求的风险补偿；三是 3 年期各级别一般公司债的变异系数较高，反映出投资者对部分债券信用等级的认可度低（见表分 6－6）。

表分 6－6　　　　　　　　2021 年一般公司债券发行利差统计情况

期限	债项信用等级	样本数（个）	发行利率 区间（％）	发行利率 均值（％）	发行利差 均值（BP）	发行利差 级差（BP）	发行利差 变异系数（％）
3 年期	AAA	517	2.80—7.00	3.60	92.13	—	59.20
3 年期	AA＋	190	3.27—7.50	4.41	177.75	85.62	56.61
3 年期	AA	16	3.60—8.35	5.46	290.00	112.25	55.07
5 年期	AAA	170	3.25—4.49	3.68	86.38	—	22.39
5 年期	AA＋	21	3.84—5.00	4.18	132.26	45.88	16.98
5 年期	AA	2	7.60—7.60	7.60	467.31	335.05	2.64

注：（1）如果债券存在选择权，期限为选择权之前的期限，例如债券的原始期限设计为"3＋2"，则期限为 3 年，样本中剔除可续期债券；（2）发行利差为债券发行利率与其起息日同期限中证国债到期收益率的差额；（3）级差指某信用等级的利差均值减去比该信用等级高一个子级的利差均值，AAA 级无级差；（4）变异系数为利差的标准差与利差均值的比；（5）如果债券或发行人具有双评级或多评级，当级别相同，则按一次统计，当级别不同，则按不同级别分别统计；（6）无债项评级公司债按照主体评级统计。

资料来源：Wind。

与 2020 年同期相比，2021 年各期限、各级别的一般公司债发行利差同比均有所下降，其中 2021 年 5 年期 AA＋级一般公司债发行利差同比降幅最大，3 年期 AA＋级一般公司债发行利差同比降幅次之（见表分 6-7）。

表分 6-7　　2020—2021 年一般公司债发行利差及变化情况　　（单位：BP）

期限	债项信用等级	2020 年	2021 年	同比变化
3 年期	AAA	123.27	92.13	-31.14
	AA+	222.85	177.75	-45.10
	AA	313.40	290.00	-23.40
5 年期	AAA	126.94	86.38	-40.56
	AA+	179.62	132.26	-47.36
	AA	—	467.31	—

资料来源：Wind。

（二）私募公司债

从有评级信息披露且发行量最大的 2021 年 3 年期私募债发行情况来看，AAA 级私募债发行利率同比上升 21.58 个基点，发行利差同比下降 21.86 个基点，可能与 2021 年 AAA 级私募债样本数较少、发行人资质分化、国债到期收益率波动等因素有关；AA+级和 AA 级私募债发行利率和发行利差同比均有所下降，可能是受中国人民银行降低企业综合融资成本的影响。

2021 年，从 3 年期私募公司债发行利率和发行利差情况看，整体呈现如下特征：一是 3 年期私募公司债发行利率均值呈现随债项级别的降低而逐步升高的趋势；二是各级别 3 年期私募公司债平均发行利差同比均明显下降（见表分 6-8）。

表分 6-8　　2020—2021 年 3 年期私募公司债发行利率及利差情况

期限	债项级别	平均发行利率			平均发行利差		
		2020 年（%）	2021 年（%）	同比变化（BP）	2020 年（BP）	2021 年（BP）	同比变化（BP）
3 年期	AAA	4.054 8	4.270 6	21.58	184.49	162.63	-21.86
	AA+	4.778 2	4.641 3	-13.69	233.16	194.83	-38.32
	AA	5.897 0	5.891 5	-0.55	353.06	324.58	-28.48

资料来源：Wind。

（三）证券公司债

2021 年全期限平均发行利率为 3.41%，较 2020 年下降 12 个基点。其中，3 年期平均发行利率 3.49%，较上年下降 9 个基点。

从有评级信息披露的且发行量最大的 2021 年 3 年期证券公司债发行情况来看，AAA 级证券公司债发行利率和发行利差同比均有所下降，分别下降 0.23BP 和 18.18BP；AA+级证券公司债发行利率同比略有上升，发行利差同比有所下降。

2021年,从3年期证券公司债发行利率和发行利差情况看,整体呈现如下特征:一是3年期证券公司债发行利率均值呈现随债项级别的降低而逐步升高的趋势;二是3年期证券公司债发行利差均值呈现随债项级别的降低而逐步扩大的趋势,各级别平均发行利差同比均有所下降(见表分6-9)。

表分6-9　　　　2020—2021年3年期证券公司债发行利率及利差情况

期限	债项级别	平均发行利率			平均发行利差		
		2020年(%)	2021年(%)	同比变化(BP)	2020年(BP)	2021年(BP)	同比变化(BP)
3年期	AAA	3.431 6	3.429 3	-0.23	95.32	77.14	-18.18
	AA+	4.112 2	4.125 5	1.33	171.29	141.93	-29.36

资料来源:Wind。

(四)可转债和可交换债

2021年,沪、深证券交易所共发行335期可转债,其中9期发行利率类型为固定利率,其余均为累进利率,每年付息1次,第一年票面利率主要分布在0.10%—2%。

由于可交换债赋予了持有人标的股票的看涨期权,因此发行利率通常低于信用评级相当的其他固定收益债券。2021年沪、深证券交易所发行的33期可交换债均为私募发行,其中23期利率类型为固定利率,10期利率类型为累进利率。由于发行方式、条款设置、标的股票以及发行人自身信用水平的变化等不同,可交换债发行票面利率区别较大,利率区间为0.01%—7.80%。

三、信用等级迁移分析

(一)主体评级调整情况

2021年一般公司债发行人级别变动(含展望变动)合计67家,调整率为3.64%。其中,信用等级调升3家,评级展望调升1家,调升率分别为0.16%和0.05%,合计调升率0.22%;信用等级调降50家,评级展望调降13家,调降率分别为2.71%和0.71%,合计调降率3.42%。此外,从调升率/调降率指标看,一般公司债发行人信用等级调整和评级展望调整的调升率/调降率分别为6.00%和7.69%,合计调升率/调降率为6.35%(见表分6-10)。

表分6-10　　　　2021年一般公司债发行人主体评级调整情况

发行人主体	信用等级	评级展望	合计
样本数量(家)	1 843	1 843	1 843
维持数量(家)	1 790	1 829	1 776
维持率(%)	97.12	99.24	96.36

续表

发行人主体	信用等级	评级展望	合计
调整数量（家）	53	14	67
其中：调升数量（家）	3	1	4
调降数量（家）	50	13	63
调整率（%）	2.88	0.76	3.64
其中：调升率（%）	0.16	0.05	0.22
调降率（%）	2.71	0.71	3.42
调升率/调降率（%）	6.00	7.69	6.35

注：（1）发行人样本数量为统计期初存续和统计期内新发且具有主体信用级别的发行人主体家数；（2）发行人主体信用等级的有效期限等同于其所发债券的有效期限，以下同；（3）评级展望调升和调降统计不包括信用等级发生调整的评级展望统计；（4）展望调整指统计期内存续、到期或新发债券发行人的主体信用等级在统计期内未调整，但评级展望发生了调整；如果期初或期末无评级展望或为观望的发行人在展望调整样本中显示，但不视为展望发生调整，不列入展望调整统计；（5）由超过一家评级机构对同一发行人进行主体信用评级时，则按不同评级机构分别纳入统计，即同一主体可被计数多次，以下同；（6）评级展望由负面调整为稳定或正面、由稳定调整为正面均视为调升，反之视为调降；（7）调升率 = 年内发生信用等级（或评级展望）调升的数量与样本数量的比；（8）调降率 = 年内发生信用等级（或评级展望）调降的数量与样本数量的比；（9）调升率/调降率 = 调升率与调降率的比。

资料来源：Wind。

从企业性质来看，上调级别（含展望）的一般公司债发行人均为地方国有企业，共计4家。从行业分布来看，上调级别（含展望）的一般公司债发行人共涉及3个行业[①]，含2家综合类行业、1家多元金融服务行业和1家复合型公用事业行业，上调原因主要是外部环境良好和现金流充足。

从企业性质来看，下调级别（含展望）的一般公司债发行人以民营企业为主，共计43家，在下调级别（含展望）的一般公司债发行人家数中的占比为68.25%。从行业分布来看，下调级别（含展望）的一般公司债发行人共涉及20个行业，行业分布总体较为分散。其中房地产管理和开发（19家）、建筑与工程（6家）、综合类（5家）行业发行人下调级别（含展望）的较多，在一般公司债发行人家数中的占比合计为47.62%，下调原因主要是公司经营状况恶化、财务杠杆较高、短债偿还压力大、再融资能力受挫，或者已经发生债务违约等。

（二）主体等级迁移矩阵

为反映一般公司债发行人的信用等级调整变化，本部分采用 Cohort 法对交易所债券市场一般公司债发行人主体信用等级变化进行分析。在信用等级迁移情况方面，2021年一般公司债发行人主体信用等级一年期迁移矩阵显示：从年初至年末，在样本数量较多的 AA - 级及以上级别中，AA - 级别的稳定性最低，其级别迁徙率为53.85%，均向下调整至 BB + 级及以下级别；AA 级别的迁徙率居于第二位，有5.93%的发行人发生调整，均向下调整至 BB + 级及以下级

[①] 此处行业分类标准为 Wind 行业三级分类，下文同。

别;AA+级别的迁徙率为5.75%,为迁徙率第三高的级别,主要是向下调整,有4.98%的发行人向下调整至BB+级及以下级别,0.77%的发行人向上调整至AAA级别;AAA级别的稳定性最好,其迁徙率仅有1.54%,但个别样本向下调整的迁移幅度很大。此外,AA——AAA级均有部分发行人的级别迁移范围超过5个子级,级别迁移幅度较大(见表分6-11)。

表分6-11   2021年一般公司债发行人主体信用等级一年期迁移矩阵

年初＼年末	样本数量（个）	AAA（%）	AA+（%）	AA（%）	AA-（%）	A+（%）	A（%）	A-（%）	BBB+（%）	BBB（%）	BBB-（%）	BB+及以下（%）
AAA	584	98.46	0.51	—	—	—	—	—	—	—	—	1.03
AA+	261	0.77	94.25	1.92	—	0.38	0.38	0.38	0.38	—	0.38	1.15
AA	118	—	—	94.07	2.54	0.85	0.85	0.85	—	—	—	0.85
AA-	13	—	—	—	46.15	15.38	15.38	—	7.69	—	—	15.38
A+	0											
A	0											
A-	0											
BBB+	0											
BBB	1	—	—	—	—	—	—	—	—	100.00	—	—
BBB-	0											
BB+及以下	6	—	—	—	—	—	—	—	—	—	—	100.00

注:(1)发行人样本数量为2020年底前已发行且2021年底存续的各家评级机构所评定的具有主体评级的一般公司债发行人数量;(2)如果发行人在2021年度仅发生评级展望的调整,则不列入本表的调整统计。

资料来源:Wind。

整体来看,2021年交易所债券市场一般公司债发行人主体评级调整依然频繁,信用级别和展望整体呈现调降趋势。同时,级别上调企业均为国有企业,涉及发行人及行业数量较少;级别下调企业以民营企业为主,涉及行业较多;发行人主体信用评级展望调降趋势有所加强,评级机构通过展望调降揭示信用风险的频次有所增加。

四、违约分析[①]

2021年,交易所债券市场新增15家违约发行人,共涉及50期违约债券,违约金额[②]约

[①] 违约金额为债券未偿付本金和利息之和,下文同。当出现下述一个或多个事件时,即可判定债券(主体)发生违约:一是债务人未能按照合同约定(包括在既定的宽限期内)及时支付债券本金和(或)利息。二是债务人不能清偿到期债务,并且资产不足以清偿全部债务或者明显缺乏清偿能力,债务人被人民法院裁定受理破产申请的,或被接管、被停业、关闭。三是债务人进行债务重组且其中债权人作出让步或债务重组具有明显的帮助债务人避免债券违约的意图。债权人作出让步的情形包括债权人减免部分债务本金或利息、降低债务利率、延长债务期限、债转股(根据协议将可转换债券转为资本的情况除外)等情况;但在以下两种情况发生时,不视作债券(主体)违约:一是如果债券具有担保,担保人履行担保协议对债券进行如期偿还,则债券视为未违约;二是合同中未设置宽限期的,单纯由技术原因或管理失误而导致债务未能及时兑付的情况,只要不影响债务人偿还债务的能力和意愿,并能在1—2个工作日内可解决,不包含在违约定义中。交易所债券市场新增违约发行人的统计口径是在交易所债券市场有存续债券的全部债券市场新增违约发行人。

[②] 违约金额为债券未偿付本金和利息之和,下文同。

593.81亿元，违约家数、期数、金额较上年分别减少46.43%、16.67%、4.96%；另有23家此前已经发生违约的发行人继续未能按时偿付其存续债券利息或本金，涉及违约债券47期，违约金额约436.99亿元。总体来看，交易所债券市场违约风险释放趋缓。

2021年，交易所债券市场新增违约发行人主要为民营企业，新增违约民营企业有13家，占全部新增违约发行人数量的86.67%。新增违约发行人涉及航空、房地产管理和开发、多元金融服务、家庭耐用消费品、媒体、制药等11个行业，新增违约发行人分布在海南、河北、北京、重庆、广东、湖北、四川、云南8个省市，违约行业覆盖面及违约主体涉及地区均明显收敛。从新增违约企业地区分布来看，发行人更多集中在东南沿海、环渤海等经济较发达地区以及西南地区。

2021年交易所债市新增违约主体涉及的违约债券品种包含一般公司债、私募债及可交换债。其中，一般公司债发行人主体违约家数最多，共计12家，占比80.00%；其次为私募债发行人，违约家数10家，占比66.67%；可交换债发行人违约家数为2家，占比13.33%（见表分6-12）。此外，2021年交易所债券市场一般公司债发行人主体违约率为1.04%，较2020年明显下降（见表分6-13）。

表分6-12　　2021年交易所债券市场新增违约主体涉及债券品种情况

债券品种	违约主体数量（家）	家数占比（%）	违约债券数量（期）	期数占比（%）
一般公司债	12	80.00	29	58.00
私募债	10	66.67	20	40.00
可交换债	2	13.33	1	2.00
合计	15	100.00	50	100.00

注：因部分违约主体存在发行多品种债券的情况，同一主体可被计数多债券品种发行人。

资料来源：Wind。

表分6-13　　2019—2021年交易所债券市场一般公司债发行人主体违约率情况

发行人主体级别	2021年			2020年			2019年		
	年初样本数（家）①	违约数量（家）	违约率（%）	年初样本数（家）	违约数量（家）	违约率（%）	年初样本数（家）	违约数量（家）	违约率（%）
AAA	561	4	0.71	450	2	0.44	384	3	0.78
AA+	339	1	0.29	315	5	1.59	293	6	2.05
AA	210	2	0.95	304	6	1.97	396	6	1.52
AA-	27	3	11.11	29	4	13.79	36	4	11.11
A+	5	0	0.00	4	0	0.00	6	2	33.33
A	1	0	0.00	1	1	100.00	5	3	60.00

① 发行人样本为当年年初存续且具有主体信用级别的公司债券（不含私募债）发行人主体。

续表

发行人主体级别	2021 年			2020 年			2019 年		
	年初样本数（家）①	违约数量（家）	违约率（%）	年初样本数（家）	违约数量（家）	违约率（%）	年初样本数（家）	违约数量（家）	违约率（%）
A-	0	0	0.00	0	0	0.00	2	0	0.00
BBB+	0	0	0.00	1	0	0.00	1	1	100.00
BBB	1	0	0.00	2	1	50.00	2	1	50.00
BBB-	1	1	100.00	0	0	0.00	1	0	0.00
BB+	0	0	0.00	0	0	0.00	0	0	0.00
BB	1	0	0.00	1	1	100.00	0	1	0.00
BB-	1	0	0.00	0	0	0.00	0	0	0.00
B+	0	0	0.00	0	0	0.00	0	0	0.00
B	0	0	0.00	0	0	0.00	0	0	0.00
B-	0	0	0.00	0	0	0.00	0	0	0.00
CCC	1	1	100.00	0	0	0.00	0	0	0.00
CC	0	0	0.00	0	0	0.00	0	0	0.00
C	0	0	0.00	0	0	0.00	0	0	0.00
NR	8	0	0.00	6	0	0.00	4	0	0.00
总计	1 156	12	1.04	1 113	20	1.80	1 130	27	2.39

注：（1）发行人样本为当年年初存续且具有主体信用级别的一般公司债发行人主体，不包括所发债券年初存续但主体被终止信用评级的发行人；发行人主体信用等级的有效期限视为等同于其所发债券的有效期限，对于所有债券均到期的发行人认为其主体信用等级失效；表中发行人主体级别为当年年初级别；发行人具有不同信用等级的双评级或多评级，则按不同主体信用等级分别纳入统计，即同一主体可被计数多次。（2）发行人主体违约率＝当年发生违约的发行人家数/发行人样本家数。（3）当年违约数量不包括之前已发生违约并在当年再度发生违约的发行人。

资料来源：Wind。

第三章
2021年证券资信评级行业面临的问题与2022年前景展望

第一节 2021年中国证券资信评级行业面临的问题

一、取消强制评级短期内对评级机构的经营造成一定影响

取消强制评级短期内导致我国评级机构的业务量增速明显下滑。从2021年5月开始，随着取消强制评级政策的逐步落实，交易所债券市场中无评级债券占比快速上升。对期限超过1年的一般公司债（以下简称"中长期一般公司债"）而言，无评级发行债券的趋势首先在地方国有企业（主要为市县级城投平台）和大型民营企业中蔓延。2021年下半年，央企、公众公司等各类主体中均有选择无评级发行债券的情况，无评级发行债券比例明显上升。2021年12月，中长期一般公司债中无债项评级债券的占比达到8.73%左右。

随着强制评级的取消，2021年评级机构业务量的增速明显下滑。2021年，我国12家证券资信评级机构全年协议承做评级项目7707个，较上年仅增加4.33%，增速较上年大幅下降。部分评级机构的业务收入和利润下降，可能面临更加严峻的生存危机。

二、违约事件频发继续考验评级机构的公信力

2021年，我国交易所债券市场违约事件频发，特别是高信用等级发行人违约数量明显上升。全年新增违约主体15家，涉及违约债券50期，违约金额约593.81亿元。其中，AAA级违约发行人达到5家，较上年大幅增加66.67%，创历史最高纪录。AAA级发行人的违约直接考验评级机构的评级结果质量，发行人年初级别均为AAA级，意味着发行人的违约风险极低,但在一年内纷纷违约,评级准确性和前瞻性受到质疑。从违约率来看,我国AAA级违约率明显升高,且部分级别违约率存在"倒挂"现象,客观说明我国债券市场信用评级结果质量不理想,评级机构的公信力面临挑战。

整体来看,我国信用评级机构的评级准确性不佳、风险预警功能仍然薄弱,评级质量亟待进一步提高。

三、刑事、行政和民事三维立体追责体系建立,评级机构的合规管理水平亟待进一步加强

2021年3月,《中华人民共和国刑法修正案(十一)》正式施行,大幅提高了欺诈发行、信息披露造假、中介机构提供虚假证明文件和操纵市场四类证券期货犯罪的刑事惩戒力度,从法律角度表明了对证券犯罪"零容忍"的态度。

2021年8月,中国人民银行等五部委发布《关于促进债券市场信用评级行业健康发展的通知》加强评级行业严监管,监管部门将加强对信用评级机构评级质量和全流程作业合规情况的检查;对存在级别竞争、买卖评级、输送或接受不正当利益、蓄意干扰评级独立性等严重违反法律法规的信用评级机构及有关责任人员,依据有关规定予以处罚。同月,中国人民银行等六部委联合发布《关于推动公司信用类债券市场改革开放高质量发展的指导意见》指出,对中介机构存在的尽职调查不充分、受托管理不到位等问题,有关部门应依法严肃问责,自律组织应积极采取自律措施;对违法违规情节严重的,有关部门应依法采取限制业务资格、移送司法机关等措施,强化市场监管和违规处罚。

总体来看,全国人大、最高人民法院和监管部门进一步强化评级机构的事中、事后监管,建立了刑事、行政和民事三维立体的追责体系,全面加大对评级机构违法违规行为的处罚力度。评级机构面临的刑事、行政和民事责任空前加大,诉讼案件迅速增多,评级机构的生存和发展面临着严苛的考验。

2021年,监管部门对证券评级机构开展了现场检查,发现部分评级机构存在违规现象,部分评级机构的合规管理存在漏洞。在刑事、行政和民事三维立体追责体系下,评级机构的法律合规风险空前加大,合规管理水平亟待进一步提升。

四、国际化步伐有待加快,全球评级技术体系有待完善

2021年10月,富时罗素公司(FTSE Russell)正式将中国国债纳入富时世界国债指数(WGBI),至此,全球三大债券指数全部涵盖中国债券,我国债券市场开放迎来里程碑式成果。

目前,我国评级机构的国际化发展程度仍处于初期,虽然有3家评级机构已在中国香港开展评级业务,但市场份额较小,影响力有限。中资信用评级机构在境外声誉不足,评级技

术不完善，数据积累期限短，国际监管机构、发行人和投资者对其认可度不高，面对业务经验丰富、技术人才实力雄厚的国际评级机构，国内评级机构面临严峻的竞争态势，拓展境外业务的压力较大。

为了提高国际竞争力，评级机构需要站在全球视角，加快建立全球评级技术体系，并与国内区域评级技术体系形成对应关系，提高评级技术体系的国际化水平，逐步赢得国际监管机构、发行人和投资人的认可。

五、评级行业竞争秩序有待规范

2021年，虽然监管部门和自律组织不断加大对评级行业竞争秩序的规范，但评级行业恶性竞争现象仍然存在。随着监管部门取消强制评级、行业整体利润空间压缩、市场竞争日趋激烈，部分评级机构为迎合发行人，采取级别竞争的方式去抢夺客户、拓展市场，恶化了评级质量；部分评级机构通过打包收费等方式变相降低评级收费，诱发恶性价格竞争，不利于评级行业的可持续健康发展。

第二节　2022年证券资信评级行业发展前景展望

一、监管日趋严格，评级机构法律合规风险将继续上升

2021年先后有3家评级机构受到监管处罚或自律处分，其中1家评级机构被法院判决承担连带责任，评级机构的法律合规风险显著上升。

2022年，预计监管部门将持续强化评级机构的事中、事后监管，推动评级机构的优胜劣汰，提高评级行业的公信力，促进债券市场的健康稳定发展。合规经营永远是第三方服务机构的生命安全线，评级机构亟须全面提升合规水平。

二、虽然评级行业仍有较大的发展空间，但随着外部强制性评级要求取消，评级机构业务量的增速或将下滑

未来我国债券市场仍将长期存在信息不对称问题。我国债券发行人、投资人等急需信用评级机构提供独立、客观、公正的信用评级。2022年，为了应对需求收缩、供给冲击、预期转弱三重压力，我国在宏观调控上有望继续实施逆周期调节，预计2022年我国债券市场的发行规模将继续呈现稳中有升趋势；此外，创新债券品种的不断推出也为评级机构提供了

源源不断的新业务。因此，未来信用评级行业仍有较大的发展空间。

取消强制评级导致评级业务量的增速下降，部分评级机构的评级业务量和收入也相应下滑。预计2022年取消债项评级的债券或将进一步增加，部分信用评级机构的评级业务量和收入或将继续萎缩。

整体来看，2022年我国信用评级行业仍有较大发展空间，但随着强制评级的取消，评级行业市场规模的增速或将下滑。

三、评级行业竞争进一步加剧，高质量和特色化经营将成为评级机构的核心竞争力

2020年10月21日，标普中国成功完成中国证监会的备案，正式获准进入交易所债券市场开展信用评级业务。标普中国在中国债券市场采用中国区域评级标准，其信用等级带有"SPC"下标，加上其巨大的品牌优势和国际数据优势，吸引了一批优质客户，给国内评级机构带来较大的竞争压力。2020年10月21日和2021年8月23日，安融评级先后完成中国证监会的备案和中国银行间市场交易商协会的注册，正式开展交易所债券市场和银行间债券市场的信用评级业务，成为新《证券法》实施以来首家新进入我国债券市场开展信用评级业务的民营评级机构。2021年11月24日，安泰信用评级有限责任公司在中国证监会完成备案。随着我国评级机构不断扩容，市场竞争加剧，集中度下降。

2022年，新的国际评级机构和民营评级机构或将继续进入我国信用评级市场，导致信用评级行业进一步扩容，评级行业的竞争将更趋激烈。此外，投资者付费模式受到监管鼓励，投资者付费评级机构可能逐步进入评级市场。评级质量高、经营有特色的评级机构才能在日趋激烈的竞争中胜出。

四、债券市场违约风险表现与经济周期同步，评级机构亟待提升评级质量与风险预警能力

2021年我国交易所债券市场违约事件频发，但违约家数、期数、金额较上年同期均有所减少，这和我国2021年经济呈现企稳复苏态势相关。2021年债券违约事件共涉及6家评级机构，我国所有主要的评级机构无一幸免。新增违约发行人中，5家AAA级企业发生违约，对债券市场信用环境造成一定程度冲击。整体来看，评级机构对违约主体的风险预警能力仍显不足，个别评级机构甚至在企业违约前调高信用等级，遭到投资者和市场舆论的广泛质疑，评级行业公信力面临更加严峻的挑战。

2022年，债券市场信用风险仍将持续释放，风险预警能力不足的评级机构不但会受到市场的质疑，丧失公信力，还将面临监管的处罚，尤其是《关于促进债券市场信用评级行业健康发展的通知》《关于推动公司信用类债券市场改革开放高质量发展的指导意见》出台

后，监管部门对跟踪评级滞后、大跨度级别调整等行为的监管约束将进一步加强，此前监管未涉及或未明确规范的部分都将逐步完善。评级行业面临的行政责任、民事责任和刑事责任都将不断增大，评级机构的生存和发展面临着严峻的考验。提高评级区分度和风险预警能力仍将形成评级机构的重大挑战。

五、信息化与数字化发展是决定评级机构未来竞争力的关键

2021年，评级行业金融科技应用增多，行业数字化转型趋势明显。评级机构加快对金融科技应用的探索，加速评级行业的数字化转型进程。2021年8月，联想控股下的拉卡拉支付股份有限公司拟用自有资金5 000万元收购北京中北联信用评估有限公司100%股权，从而获取企业信用评级资质。此外，基于大数据、人工智能、区块链等数字技术的独立投资咨询机构快速发展，已获得部分投资者认可，逐步成为信用评级的补充产品。

2022年，随着国内外评级机构对金融科技投入的不断加大，金融科技将会在提升评级机构的内部管理水平、提高评级质量、提升业务效率、降低运营成本方面发挥巨大作用。信息化和数字化将是决定评级机构竞争力的关键。

六、评级机构将落实《关于促进债券市场信用评级行业健康发展的通知》精神，探索推出有合理区分度的评级体系

根据《关于促进债券市场信用评级行业健康发展的通知》的要求，信用评级机构应当在2022年底前建立并使用能够实现合理区分度的评级方法体系，有效提升评级质量。虽然各家评级机构对合理区分度评级体系的理解和做法不尽相同，如何落地尚存不确定性，但各评级机构均已明确了建设有合理区分度评级体系的最终目标，并进行了初步的探索。部分评级机构研发了高区分度的新评级体系，新评级体系和现有体系的差异较大；部分评级机构对现有体系进行了适当优化，未来会对现有级别体系逐步下调；还有一部分评级机构认为高区分度主要体现在BCA环节（个体信用级别，不考虑外部支持），在评级报告中单独披露除最终评级结果以外的个体信用级别和外部支持提升子级，未来再对最终评级结果逐步下调。

2022年是建立有合理区分度评级体系的最后期限，各评级机构将做好准备和预案，加快建设有合理区分度的评级体系，同时保持与监管的密切沟通，时刻关注债券市场的波动与反应，策略性推进有合理区分度的评级体系的建立。

专题报告

专题报告之一：
2021年中国证券公司合规管理发展综述

第一章
2021年中国证券公司合规管理概况

第一节　2021年证券公司合规管理基本情况

2021年，证券公司全面落实新《证券法》的要求，进一步健全风险防范制度，完善合规管理体系，进一步落实中介机构"看门人"的责任和担当，稳步化解债券违约风险，持续强化投资者保护措施，保护投资者合法权益，为市场平稳运行营造良好环境。

一、证券公司分类监管情况

为有效实施证券公司审慎监管，促进证券公司的业务活动与其治理机构、内部控制、合规管理及风险管理等情况相适应，实现证券行业持续规范发展，中国证监会建立了证券公司分类监管制度。2021年，中国证监会以证券公司风险管理能力、持续合规状况为基础，结合公司业务发展状况，对证券公司进行综合性评价。全行业138家公司中，有35家公司按规定与其母公司合并评价，共计103家单位参与评价。2021年评价结果为A类的公司数量有 50 家，占比为 48.54%，比上年占比增加 0.58%，其中 AA 级公司 15 家、A 级公司 35 家；B 类公司数量有 39 家，占比为 37.86%，比上年占比减少 1.94%，其中 BBB 级、BB 级和 B 级公司分别为 18 家、16 家和 5 家；C 类公司数量有 13 家，占比为 12.62%，比上年占比增加 1.4%，其中 CCC 级公司 11 家、CC 级公司 1 家、C 级公司 1 家；D 类公司 1 家，占比为 0.97%，比 2020 年占比减少 0.05%。2021 年证券公司分类评价结果无 E 类公司。

二、证券公司合规管理组织体系

2021 年底中国证券业协会组织证券公司合规管理问卷调查，调查显示证券公司合规部门设置情况如下：2021 年 95.50% 的证券公司设立了专门的合规部门，较上一年度上升了 1.86%；合规部门与风险管理部门合并设立的公司占比为 4.50%。同时，35.14% 的证券公司合规部门与法律部门分开设立，64.86% 的证券公司将法律部门与合规部门合并设立。

在证券公司合规管理人员配备方面，《证券公司和证券投资基金管理公司合规管理办法》和《证券公司合规管理实施指引》对证券公司的合规部门、业务部门、分支机构和子公司的合规管理人员数量提出了基本标准。截至 2021 年底，证券公司专职合规管理人员（含总部合规部门、业务部门、分支机构和子公司）总人数为 13 373 人，比上一年增加了 411 人，平均每家公司约 120 人；兼职合规管理人员（含业务部门、分支机构、子公司）总人数为 4 211 人，平均每家公司约 37 人。从专职合规管理人员数量每家公司平均分布看，专职管理人员总部合规部门平均为 19 人，业务部门平均为 12 人，分支机构平均为 78 人，子公司平均为 11 人。从兼职合规管理人员数量每家公司平均分布看，兼职管理人员业务部门平均为 7 人，分支机构平均为 23 人，子公司平均为 7 人。截至 2021 年底，证券公司总部合规部门中具备 3 年以上证券、金融、法律、会计、信息技术等有关领域工作经历的专职合规管理人员数量平均为 18 人；具有 IT 背景从事合规工作的专职人员数量平均为 2 人，兼职人员数量平均为 4 人。

从证券公司合规部门人员数量变动情况来看，2021 年 59 家证券公司合规部门人数增加，26 家公司合规部门人数减少，26 家公司合规部门人数保持不变。

第二节　2021 年证券行业监管与自律规则体系的发展情况

一、证券行业监管规则体系发展情况

2021 年，中国证监会系统认真贯彻党中央、国务院决策部署，坚持稳中求进工作总基调，深入贯彻新发展理念，坚持市场化法治化，抓改革、防风险、强监管、促稳定，全面提升系统党的建设质量，资本市场实现"十四五"良好开局，服务构建新发展格局和高质量发展取得新成效。中国证监会按照"分类监管、放管结合"的思路，对公司治理、合规风控有效的证券公司实行"白名单"制度。证券执法司法体制机制进一步健全，坚持"零容忍"要求，依法查处了一批以"康美案"为代表的证券纠纷案件，为资本市场平稳运行创造了良好生态。

（一）全面深化资本市场改革向纵深推进

2021年1月，中国证监会发布《关于修改、废止部分证券期货规章的决定》[1]，落实新《证券法》及国务院"放管服"有关要求；同月，中国证监会发布《首发企业现场检查规定》[2]，规范首发企业现场检查行为，推动各方归位尽责，提高信息披露质量。2月，中国证监会发布《关于上市公司内幕信息知情人登记管理制度的规定》[3]，防范和打击内幕交易等证券违法违规行为；发布《公司债券发行与交易管理办法》[4]，落实公开发行公司债券注册制改革，加强公司债券发行审核及债券业务监管工作的监督检查。3月，中国证监会发布《上市公司信息披露管理办法》[5]，完善信息披露基本要求，大幅提高了信息披露的违法违规成本；发布《关于修改〈行政处罚委员会组成办法〉的决定》[6]，完善各主体职责，进一步厘清责任，提高执法效能。6月，中国证监会修改了部分证券期货规章制度，落实《民法典》、新《证券法》改革有关要求[7]；发布《证券市场禁入规定》[8]，进一步明确市场禁入的类型和规则；发布公开发行证券的公司信息披露内容和格式的规定，细化信息披露要求[9]。7月，中国证监会发布《证券期货违法行为行政处罚办法》[10]，进一步完善稽查处罚程序安排，严格行政执法责任。10月，中国证监会发布《关于依法开展证券期货行业仲裁试点的意见》，建立符合中国实际的证券期货行业仲裁的基本框架，完善证券期货纠纷多元化解机制[11]。11月，中国证监会进一步规范了公开征集上市公司股东权利活动[12]，规制公开征集中

---

[1] 《关于修改、废止部分证券期货规章的决定》（中国证监会令第179号）。
[2] 《首发企业现场检查规定》（中国证监会公告〔2021〕4号）。
[3] 《关于上市公司内幕信息知情人登记管理制度的规定》（中国证监会公告〔2021〕5号）。
[4] 《公司债券发行与交易管理办法》（中国证监会令第180号）。
[5] 《上市公司信息披露管理办法》（中国证监会令第182号）。
[6] 《关于修改〈行政处罚委员会组成办法〉的决定》（中国证监会公告〔2021〕6号）。
[7] 《关于修改部分证券期货规章的决定》（中国证监会令第184号）、《关于修改、废止部分证券期货制度文件的决定》（中国证监会公告〔2021〕13号）。
[8] 《证券市场禁入规定》（中国证监会令第185号）。
[9] 《公开发行证券的公司信息披露内容与格式准则第2号——年度报告的内容与格式（2021年修订）》（中国证监会公告〔2021〕15号）、《公开发行证券的公司信息披露内容与格式准则第3号——半年度报告的内容与格式（2021年修订）》（中国证监会公告〔2021〕16号）。
[10] 《证券期货违法行为行政处罚办法》（中国证监会令第186号）。
[11] 《关于依法开展证券期货行业仲裁试点的意见》（中国证监会公告〔2021〕25号）。
[12] 《公开征集上市公司股东权利管理暂行规定》（中国证监会公告〔2021〕44号）。

的不法行为。12月,中国证监会完善了注册制下公开发行公司债券申请文件的报送要求①。

(二) 规范发展多层次资本市场

伴随科创板的推出、创业板注册制改革和北京证券交易所(简称"北交所")的开市,我国多层次资本市场体系进一步完善。2021年4月,中国证监会发布《关于修改〈科创属性评价指引(试行)〉的决定》②,支持和鼓励硬科技企业在科创板上市。5月,中国证监会发布《关于完善全国中小企业股份转让系统终止挂牌制度的指导意见》③,完善契合新三板市场特点的终止挂牌制度,强化全国中小企业股份转让系统有限责任公司主体责任。9月,中国证监会完善了创业板新股发行定价相关业务规则及监管制度④。10月,中国证监会对证券交易所制度进行修订完善⑤,为北交所的运行提供上位法依据,明确有关监管安排;发布一系列北交所公开发行证券的公司信息披露内容和格式准则⑥,为北交所开市提供一系列配套规则;发布《关于修改〈非上市公众公司信息披露管理办法〉的决定》⑦,规范不同层次挂牌公司信息披露行为,深化差异化监管安排;发布《非上市公众公司信息披露内容与格式准则第18号——定向发行可转换公司债券说明书和发行情况报告书》⑧和《非上市公众公司信息披露内容与格式准则第19号——定向发行可转换公司债券发行申请文件》⑨,规范非上市公众公司向特定对象发行可转债的信息披露行为和申请文件;发布《关于修改〈非上市公众公司监督管理办法〉的决定》⑩,实现与北交所规则有序衔接。

(三) 进一步扩大双向开放

2021年,中国证监会坚定不移地推进资本市场制度型开放,稳步扩大市场、机构和产品高水平双向开放,深化境内外市场互联互通。2021年9月,中国证监会发布《关于扩大红筹企业在境内上市试点范围的公告》⑪,将红筹企业纳入试点并在境内主板、科创板、创业板上市。10月,中国证监会发布《关于合格境外机构投资者和人民币合格境外机构投资

---

① 《公开发行证券的公司信息披露内容与格式准则第24号——公开发行公司债券申请文件(2021年修订)》(中国证监会公告〔2021〕47号)。
② 《关于修改〈科创属性评价指引(试行)〉的决定》(中国证监会公告〔2021〕8号)。
③ 《关于完善全国中小企业股份转让系统终止挂牌制度的指导意见》(中国证监会公告〔2021〕11号)。
④ 《关于修改〈创业板首次公开发行证券发行与承销特别规定〉的决定》(中国证监会公告〔2021〕21号)。
⑤ 《证券交易所管理办法》(中国证监会令第192号)。
⑥ 《公开发行证券的公司信息披露内容与格式准则第46—56号》(中国证监会公告〔2021〕26—36号)。
⑦ 《关于修改〈非上市公众公司信息披露管理办法〉的决定》(中国证监会令第191号)。
⑧ 《非上市公众公司信息披露内容与格式准则第18号——定向发行可转换公司债券说明书和发行情况报告书》(中国证监会公告〔2021〕37号)。
⑨ 《非上市公众公司信息披露内容与格式准则第19号——定向发行可转换公司债券发行申请文件》(中国证监会公告〔2021〕38号)。
⑩ 《关于修改〈非上市公众公司监督管理办法〉的决定》(中国证监会令第190号)。
⑪ 《关于扩大红筹企业在境内上市试点范围的公告》(中国证监会公告〔2021〕20号)。

者参与金融衍生品交易的公告》①，新增允许合格境外投资者交易上市交易的商品期货、商品期权、股指期权合约。

（四）促进中介机构归位尽责

中介机构归位尽责是提高资本市场信息披露质量的重要环节。2021年，中国证监会依法从严打击中介机构违法行为，压实中介机构"看门人"责任，依法立案调查多起中介机构违法案件。2021年3月，中国证监会发布《关于修改〈关于实施《证券公司股权管理规定》有关问题的规定〉的决定》②，完善证券公司股权监管，提升监管效能。5月，中国证监会发布《资产管理产品介绍要素第2部分：证券期货资产管理计划及相关产品》③，规定证券期货资产管理计划及相关产品介绍的通用要求、各级要素及内容要求。7月，中国证监会发布《关于注册制下督促证券公司从事投行业务归位尽责的指导意见》④，强化对注册制下投行业务的监管，督促证券公司认真履职尽责。9月，中国证监会发布《首次公开发行股票并上市辅导监管规定》⑤，进一步规范辅导相关工作，压实中介机构责任。

（五）行业数据治理日益规范

2021年，随着《中华人民共和国数据安全法》的颁布和金融科技的蓬勃发展，数据治理的重要性越发凸显，中国证监会科技监管工作不断深入。2021年6月，中国证监会发布《证券期货业网络安全事件报告与调查处理办法》⑥，进一步规范证券期货业网络安全事件报告和责任追究；发布《〈证券期货业结算参与机构编码〉等五项金融行业标准》⑦，进一步促进行业数据标准化，完善行业数据治理工作。8月，中国证监会发布《证券期货业网络安全等级保护基本要求》等2项金融行业标准⑧，形成适用于证券期货业的网络安全等级保护基本要求标准。11月，中国证监会发布《〈证券期货业数据模型第3部分：证券公司逻辑模型〉等2项金融行业标准》⑨，规范证券期货业信息系统的数据模型和日志管理。

二、证券行业自律规则体系发展情况

2021年，证券交易所配合中国证监会的政策法规，发布多项自律规则。交易所发布

---

① 《关于合格境外机构投资者和人民币合格境外机构投资者参与金融衍生品交易的公告》（中国证监会公告〔2021〕24号）。
② 《关于修改〈关于实施《证券公司股权管理规定》有关问题的规定〉的决定》（中国证监会公告〔2021〕7号）。
③ 《资产管理产品介绍要素第2部分：证券期货资产管理计划及相关产品》（中国证监会公告〔2021〕10号）。
④ 《关于注册制下督促证券公司从事投行业务归位尽责的指导意见》（中国证监会公告〔2021〕17号）。
⑤ 《首次公开发行股票并上市辅导监管规定》（中国证监会公告〔2021〕23号）。
⑥ 《证券期货业网络安全事件报告与调查处理办法》（中国证监会公告〔2021〕12号）。
⑦ 《〈证券期货业结算参与机构编码〉等五项金融行业标准》（中国证监会公告〔2021〕14号）。
⑧ 《证券期货业网络安全等级保护基本要求》等2项金融行业标准（中国证监会公告〔2021〕19号）。
⑨ 《证券期货业数据模型第3部分：证券公司逻辑模型》等2项金融行业标准（中国证监会公告〔2021〕40号）。

多项债券发行上市规则，进一步规范债券市场发展。4月，深圳证券交易所发布自律规则，提高债券审核透明度，强化债券发行准入监管[①]。7月，沪、深证券交易所分别发布公司债券创新品种业务指引，建立健全绿色金融服务体系，助力乡村振兴[②]。8月，沪、深证券交易所分别发布公司债券投资者权益保护参考文本[③]，强化债券市场投资者权益保护相关要求。

2021年，证券交易所积极配合中国证监会，进一步规范主板、创业板、科创板交易规则，建立健全多层次资本市场。1月，上海证券交易所规范科创板投资者风险揭示书[④]。2月，上海证券交易所发布规则，对科创板申报文件中的常见问题进行了梳理[⑤]；进一步明确了科创板上市公司证券发行与承销业务的备案要求[⑥]。4月，深圳证券交易所发布《深圳证券交易所创业板发行上市审核业务指引第1号——保荐业务现场督导》[⑦]，规范创业板现场督导行为。6月，深圳证券交易所发布系列规则，加强创业板上市公司并购重组信息披露监管[⑧]。7月，深圳交易所发布自律规则，规范全国中小企业股份转让系统挂牌公司向创业板转板上市的信息披露行为[⑨]。同月，深圳证券交易所进一步明确了创业板发行上市业务申请与审核的要求[⑩]。7月，上海证券交易所规范了科创板发行上市审核业务咨询沟通[⑪]。9月，上海证券交易所发布系列规则，为科创板股票发行与承销业务提供了更清晰、简明的业务指

[①] 《深圳证券交易所公司债券发行上市审核业务指引第1号——公司债券审核重点关注事项》（深证上〔2021〕430号）。

[②] 《上海证券交易所公司债券发行上市审核规则适用指引第2号——特定品种公司债券（2021年修订）》（上证发〔2021〕52号）；《深圳证券交易所公司债券创新品种业务指引第1号——绿色公司债券（2021年修订）》《深圳证券交易所公司债券创新品种业务指引第3号——乡村振兴专项公司债券（2021年修订）》（深证上〔2021〕684号）。

[③] 《上海证券交易所公司债券发行上市审核业务指南第1号——公开发行公司债券募集说明书编制（参考文本）》（上证函〔2021〕1388号）和《上海证券交易所公司债券发行上市审核业务指南第2号——投资者权益保护（参考文本）》（上证函〔2021〕1389号）；《深圳证券交易所公司债券发行上市审核业务指南第2号——投资者权益保护（参考文本）》（深证上〔2021〕814号）。

[④] 《上海证券交易所投资者风险揭示书必备条款指南第3号——科创板股票》（上证函〔2021〕110号）。

[⑤] 《上海证券交易所科创板发行上市审核业务指南第2号——常见问题的信息披露和核查要求自查表》（上证函〔2021〕230号）。

[⑥] 《上海证券交易所证券发行与承销业务指南第1号——科创板上市公司证券发行与承销备案》（上证函〔2021〕322号）。

[⑦] 《深圳证券交易所创业板发行上市审核业务指引第1号——保荐业务现场督导》（深证上〔2021〕454号）。

[⑧] 《深圳证券交易所创业板上市公司重大资产重组审核规则（2021年修订）》（深证上〔2021〕540号）、《深圳证券交易所创业板上市委员会管理办法（2021年修订）》（深证上〔2021〕541号）、《深圳证券交易所创业板发行上市审核业务指引第2号——上市公司重大资产重组审核标准》（深证上〔2021〕542号）。

[⑨] 《深圳证券交易所创业板发行上市审核业务指引第3号——全国中小企业股份转让系统挂牌公司向创业板转板上市报告书内容与格式》（深证上〔2021〕726号）、《深圳证券交易所创业板发行上市审核业务指引第4号——全国中小企业股份转让系统挂牌公司向创业板转板上市申请文件》（深证上〔2021〕727号）。

[⑩] 《深圳证券交易所创业板上市保荐书内容与格式指引（2021年修订）》（深证上〔2021〕728号）、《深圳证券交易所创业板发行上市申请文件受理指引（2021年修订）》（深证上〔2021〕729号）、《深圳证券交易所创业板发行上市审核业务指引第5号——转板上市股份相关事项》（深证上〔2021〕730号）。

[⑪] 《上海证券交易所科创板发行上市审核业务指南第3号——业务咨询沟通》（上证函〔2021〕1193号）。

南体系[①]。11月，上海证券交易所进一步落实了科创板退市新规[②]。

2021年，中国证券业协会发布多项自律规则，促进中介机构"归位尽责"。5月，中国证券业协会发布投资者保护相关规则[③]，细化证券公司投资者教育工作评估，规范投资者权益保护工作。同月，中国证券业协会进一步规范证券公司合规管理有效性评估[④]。10月，中国证券业协会发布《证券公司声誉风险管理指引》[⑤]，推动证券公司建立行业声誉约束机制。12月，中国证券业协会发布《证券公司收益互换业务管理办法》[⑥]，促进证券公司收益互换业务规范健康发展。

2021年中国证券业协会还发布一系列规则规范债券业务，促进债券市场健康发展。4月，中国证券业协会发布《公司债券承销报价内部约束指引》[⑦]，引导债券业务合理报价。9月，中国证券业协会发布《证券公司公司债券业务执业能力评价办法（试行）》[⑧]，督促证券公司债券承销工作勤勉尽责。

为配合做好建设北交所并试点注册制改革，中国证券业协会配套制定了北交所发行承销以及网下投资者管理相关规则。2021年12月，中国证券业协会发布《北京证券交易所股票向不特定合格投资者公开发行与承销特别条款》[⑨]，规范证券公司开展北交所向不特定合格投资者公开发行股票承销业务；发布《北京证券交易所股票向不特定合格投资者公开发行并上市网下投资者管理特别条款》[⑩]，加强北交所网下投资者管理。

---

① 《上海证券交易所科创板股票公开发行自律委员会促进科创板股票发行承销规则修订实施平稳过渡行业倡导建议》（上证函〔2021〕1599号）、《上海证券交易所证券发行与承销业务指南第5号——科创板首次公开发行股票》（上证函〔2021〕1658号）。
② 《科创板上市公司信息披露业务指南第9号——财务类退市指标：营业收入扣除》（上证函〔2021〕1883号）。
③ 《证券公司投资者教育工作评估指南》（中证协发〔2021〕110号）、《证券公司投资者权益保护工作规范》（中证协发〔2021〕115号）。
④ 《证券公司合规管理有效性评估指引（2021年修订）》（中证协发〔2021〕126号）。
⑤ 《证券公司声誉风险管理指引》（中证协发〔2021〕227号）。
⑥ 《证券公司收益互换业务管理办法》（中证协发〔2021〕276号）。
⑦ 《公司债券承销报价内部约束指引》（中证协发〔2021〕59号）。
⑧ 《证券公司公司债券业务执业能力评价办法（试行）》（中证协发〔2021〕216号）。
⑨ 《北京证券交易所股票向不特定合格投资者公开发行与承销特别条款》（中证协发〔2021〕258号）。
⑩ 《北京证券交易所股票向不特定合格投资者公开发行并上市网下投资者管理特别条款》（中证协发〔2021〕259号）。

第二章
2021年中国证券公司合规管理职能的履行情况

2021年,证券公司积极落实新《证券法》,在《证券公司和证券投资基金管理公司合规管理办法》和《证券公司合规管理实施指引》的指导下,在合规文化建设、廉洁从业、投行执业质量和子公司管理等多个方面履行了合规管理职能。

一、新《证券法》的落实宣导

新《证券法》颁布后,证券公司积极组织开展相关新法规的专项学习宣传活动,活动对象涵盖公司董事、监事、高级管理人员、从业人员和投资者。宣导方式多种多样,通过专题现场培训、在线培训与考试、发放专业书籍、公司网站和公众号宣传、投教基地等方式切实加大学习宣传力度,有力地保障各项与资本市场密切相关的重要法律制度落地落实。2021年,证券公司持续加强新《证券法》及配套法规的贯彻落实,将新变化、新导向、新要求反映到中介机构勤勉尽责义务和对投资者保护等相关合规管理工作目标和具体措施中。在加强投资者保护方面,通过多种渠道培养投资者的法律意识和法制观念,形成知法、懂法、守法的法治环境和良好氛围。同时通过举办投资者教育讲座、沙龙会或户外宣传活动等形式,为投资者讲解新《证券法》修订要点,帮助投资者树立合法意识,知悉市场风险,引导投资者建立合理的市场预期。

二、合规文化建设

2021年,证券公司积极开展合规文化建设工作,建立"合规、诚信、专业、稳健"的证券行业文化,将文化建设贯穿于公司战略、组织以及行动层面。证券公司及时有效宣导监管要求、合规文化,持续跟踪分析合规政策动态、行业监管动向和业务环境变化,研究和制定具体的合规管理制度、规则,增强一线合规管理人员对监管政策的了解和把握,提升合规管理能力。在制度建设方面,明确合规管理要求,将合规理念融入业务管理制度,明确合规性要求及禁止性的业务行为。在合规宣导方面,强化合规培训,加强对员工执业行为的监管力度，发挥警示教育作用。在合规考核方面，优化考核问责机制，强化激励与惩戒，对发生违法违规行为的从业人员严肃问责，并在合规考核中相应扣分，从而保障合规管理职责的落实，促进从业人员牢固树立合规意识。

三、廉洁从业

2021年，证券公司构建廉洁从业风险防控全覆盖机制，在公司业务制度修订过程中增加廉洁从业相关规定，在投行、融资融券、经纪业务等相关业务合同中增设廉洁风险警示条款，明确投资者应承担的廉洁义务，防止利益输送或违反公平公正原则的行为。根据2021年底中国证券业协会组织的行业专项调查，104家证券公司将廉洁从业检查纳入日常合规检查工作中。部分证券公司将工作人员廉洁从业情况纳入人事管理体系，持续对员工行为进行合规监督，使员工行为符合法律法规的要求，并保持较高的道德水准；在遇有人员聘用、晋级、提拔、离职以及考核、审计、稽核等情形时，审查纪检监察部和稽核审计部等相关部门提供工作人员廉洁从业考察评估意见，对其廉洁从业情况予以考察评估。证券公司开展廉洁从业教育培训，加强廉洁从业监督管理，在年度合规管理的有效性评估中包含廉洁从业相关检查内容，对廉洁从业工作的各项内容进行年度评估。

四、投行内控管理

2021年，中国证监会强化了注册制下对投行业务的监管，督促证券公司从事投行业务应归位尽责。证券公司从多个方面强化投行业务的内控管理，包括加强投行从业人员的合规培训，督促保荐业务从业者提升职业素养，树立主动合规的意识。从立项起即按照内部规章制度把控项目质量，注重长期利益和企业品牌名誉。完善"三道防线"的基本架构，构建分工合理、权责明确、相互制衡、有效监督的投行类业务内部控制体系。完善内部问责机制及制度建设，按照穿透式监管、全链条问责的要求进行追责。持续完善各投资银行业务部门对自身经营管理及执业过程中违反法律、法规和准则以及公司合规管理要求的个人责任追究机制。进一步统一投行业务执业标准和要求，加强质量控制部门对业务部门的前置风险管控力度，提升质量控制部门独立履职的能力。

五、子公司合规管理

2021年，证券公司加强了对子公司的合规管理，将子公司合规管理工作纳入统一合规管理体系，要求子公司应当每年向公司合规总监及合规管理总部提交合规报告、反洗钱年度工作报告等，及时报告重大合规风险事项；子公司发生重大合规风险事项的，公司按照有关制度对其主要负责人进行合规问责。多数证券公司将子公司合规考核结果纳入综合绩效考评，直接与薪酬激励方案挂钩。

在境外子公司风险大、监管严的环境下，证券公司对境外子公司采用垂直合规管理模式，为境外子公司配备具备适当经验的合规专职人员，定期组织风险内控培训，不断提高境外从业人员风险合规意识和防范能力。对境外子公司进行定期或不定期的合规检查，通过稽核、内控评价和其他检查方式对其进行管理。证券公司还通过现场检查、调阅资料、关键岗位人员访谈等方式，对子公司的合规管理情况进行检查。2021年，由于地域、疫情原因，证券公司对境外子公司的合规检查多采取非现场检查方式。

六、反洗钱

2021年，证券公司按照反洗钱的法律法规要求，认真开展了反洗钱制度建设、洗钱风险评估、客户身份识别、反洗钱培训宣传、大额和可疑交易报告等反洗钱工作。根据2021年底中国证券业协会组织的行业专项调查，证券公司反洗钱职能部门从事反洗钱合规工作的人员平均为10人，其中，专职从事反洗钱工作的人员平均为6人，兼职从事反洗钱工作的人员平均为5人。分支机构或业务部门反洗钱岗位人数平均为151人。证券公司主要从制度建设、系统建设、风险评估、业务审核、监测分析、案件管理与合规制裁等方面对反洗钱岗位人员进行职责分工。2021年，10家证券公司总部法人机构受到了中国人民银行的反洗钱检查，9家证券公司分支机构受到了中国人民银行的反洗钱检查。

随着2021年中国人民银行《金融机构反洗钱和反恐怖融资监督管理办法》[①] 的发布，证券公司积极开展洗钱和恐怖融资风险自评估工作，并根据风险状况和经营规模完善内控制度，从反洗钱组织机构、人力资源保障、反洗钱信息系统、反洗钱审计机制等方面加强反洗钱和反恐怖融资工作。同时，证券公司还进一步加强了对境外分支机构的管理，防范境外分支机构反洗钱监管风险。

七、合规考核与合规问责

2021年，证券公司普遍落实了合规总监对高级管理人员及下属单位合规性考核占绩效考核结果的比例不低于15%的指标要求。根据2021年底中国证券业协会组织的行业专项调查问卷，5.41%的证券公司的合规性专项考核占绩效考核比例达20%—30%；79.28%的证券公司合规性专项考核占比15%—20%，仅有2.70%的证券公司的合规性专项考核占绩效考核比例不足15%。2021年，除了明确合规考核权重及合规考核覆盖面以外，93.69%的证券公司将重大合规风险作为一票否决事项。

在合规问责方面，证券公司普遍建立了合规问责处理机制，在公司内部制度中明确合规

---

① 《金融机构反洗钱和反恐怖融资监督管理办法》（中国人民银行令〔2021〕第3号）。

问责的情形、程序和具体措施，聚焦证券违规行为的线索核查与问责处理，对涉及违反从业规定的行为依据公司有关问责管理规定进行处理，紧抓证券从业违规"零容忍"底线。注重合规考核与问责结果的执行力，将合规考核、合规问责结果与部门和人员的薪酬体系挂钩，增加合规考核制度的有效性。

八、信息隔离

2021年，证券公司普遍实行了跨墙管理、观察名单和限制名单管理等隔离措施，并对人员、账户、系统等基础性方面进行隔离。证券公司普遍对投资银行、证券自营、客户资产管理、融资融券等业务之间的敏感信息的不当流动进行了管控，有效防范利益冲突和内幕交易。2021年，证券公司进一步落实了《证券公司信息隔离墙制度指引》，将隔离墙系统与投资银行、自营、客户资产管理等业务系统管理对接，提高隔离墙系统运作的准确性。证券公司还注重提高信息隔离墙工作的国际化水平，进一步应对境外日渐严格的信息隔离要求，通过母公司与子公司的协同管理，将防范利益冲突覆盖到境外子公司。

第三章
2021年中国证券公司合规管理面临的问题与2022年展望

第一节 2021年证券公司合规管理面临的问题

随着注册制改革的推进和行业的创新发展，证券公司进一步加强了合规管理机制，提高了合规管理的有效性。但随着市场的持续发展和行业情况的不断变化，证券公司合规管理工作也面临一些困难和挑战。

一、主动合规、全员合规的意识有待加强

随着市场的不断发展，证券公司面临的竞争压力有所加大，特别是在利润等考核指标的压力下，一些证券公司存在合规管理有效性不高、合规管理职能履行不充分等问题，在业务的开展中存在合规观念淡漠、合规意识不足等问题。有的证券公司在展业中不重视合规管理的深入落实，缺乏中介机构勤勉尽责的责任意识，在执业过程中不够审慎，内部控制流于形式。一些证券公司的从业人员主动合规的意识不强，存在重效益、轻合规等问题，主动合规、全员合规的意识有待进一步提高。

二、合规管理体系有待进一步优化

证券公司有待进一步健全合规管理体系，合规管理全覆盖有待深入落实到各部门、分支机构和子公司，覆盖到所有开展的业务。有的证券公司的合规管理流于形式，存在故意规避监管开展交易的行为。有的证券公司信息监控系统建设不完善，业务审批环节存在合规漏洞，合规管理有效性不高。有的证券公司在开展业务时存在故意规避监管的行为，合规管理

重形式、轻实质。有的证券公司存在交易过程管控不到位的问题，对交易对手方的调查和管理流于形式，债券等业务流程留痕监控不到位，中后台部门未能有效发挥监控、核查的作用。

三、合规管理人员的履职保障有待进一步提高

随着《证券公司和证券投资基金管理公司合规管理办法》和《证券公司合规管理实施指引》的不断落实，合规管理人员的数量有所增加，合规管理人员的履职保障机制也不断完善，但仍然与不断增加的业务复杂程度与风险管理难度不相匹配。一些证券公司存在重业务，轻合规的现象，合规管理人员的薪酬待遇水平与业务部门相比普遍偏低。三年以上相关领域工作经验的合规管理人才储备不足，人员流失较大，合规部门人才管理机制有待进一步优化，合规管理人员的专业化程度有待提高，以适应业务发展创新的需要。

以上问题反映了2021年证券公司合规管理情况的一部分问题和困难，全行业还需要不断提高证券公司合规管理水平，提升对合规管理重要性的认识，从"要我合规"转变为"我要合规、主动合规、全员合规"，真正落实合规管理全覆盖的要求。

第二节 2022年证券公司合规管理展望

在监管部门依法从严监管的趋势下，2022年，证券公司应当加强合规文化建设，提高合规管理的有效性，坚持"合规是业务的基石"基本方针，主动适应发展变化的监管要求。

一、积极落实合规文化建设，将合规管理与企业文化相结合

证券公司应当以"合规、诚信、专业、稳健"的行业文化为指引，高度重视合规文化建设，将文化理念深入贯彻，根据行业文化建设要求积极组织落实行业及公司文化理念。制定企业文化建设专项预算及规划，保障文化建设工作顺利开展，在实际工作中将合规工作与企业文化有效结合；围绕证券行业文化要素及公司文化理念从多维度、多视角组织全面落实文化宣贯活动。将证券公司文化建设内容嵌入内部管理制度中，将文化建设纳入证券公司绩效考核范畴，注重建立长期价值、声誉价值。根据中国证券业协会发布的《证券公司声誉风险管理指引》[①]，证券公司应完善声誉风险管理制度，促进形成有效的自律约束、道德约束、诚信约束和声誉约束机制，将廉洁从业责任落实到日常工作中，提升全员合规意识，培育合规文化。

---

① 《证券公司声誉风险管理指引》（中证协发〔2021〕227号）。

二、提高合规管理人员的履职保障和专业化水平

证券公司应当重视合规工作,树立"合规创造价值、合规是公司生存基础"的理念,完善合规管理人员的履职保障条件,提升合规管理人员职业荣誉感和专业化、职业化水平。证券公司合规部门及从业人员应主动了解、研究行业最新监管规则,并重视与监管部门的沟通,积极向相关部门寻求业务开展过程中遇到的合规疑难问题的指导意见;在工作中不断学习新的证券法律法规,增强合规履职专业能力,提高合规管理专业水平。

三、跟踪落实法律法规,提升合规管理有效性

证券公司还需要进一步建立、健全公司合规管理全覆盖的内控制度,优化内部问责和惩处机制,加大对违法违规行为的自查自纠力度。证券公司应对内部各部门、分支机构、各子公司的合规管理形成合力。提高合规管理的执行力,合理运用合规检查、审查、监测、问责等多种手段,将合规管理贯穿到业务开展过程中的各个环节。

证券公司还应积极跟踪、落实最新法律法规,关注行业监管新动态,积极、主动地向监管部门反映行业存在的共性问题。比如,在数据治理和个人信息保护方面,证券公司应结合金融行业的特点,针对证券公司数据治理和客户个人信息保护的特殊性,积极配合监管出台的相关落实办法;也希望监管部门和自律组织对行业出现的共同合规问题给予更多的关注和指导,推动法制环境进一步适应行业发展的需要。

专题报告之二：
2021年中国证券公司风险管理发展综述

2021年在机遇与挑战长期共存的背景下，金融监管始终坚持稳中求进的基调，证券公司注重平衡风险管理与业务发展的关系，在加快构建新发展格局中不断呈现新气象、取得新成效，共同推动证券行业高质量发展。

第一章
2021年中国证券公司风险管理概况

第一节　2021年中国证券公司风险管理基本情况[①]

一、风险管理组织架构与职责

证券公司建立了多层级的风险管理组织架构,并明确了董事会、监事会、经理层、各部门、分支机构及子公司的风险管理职责分工。

(一) 风险管理部门的设置情况

证券公司设立专门部门履行风险管理职责,牵头负责全面风险管理工作。截至2021年末,证券公司风险管理相关部门具备3年以上的证券、金融、会计、信息技术等有关领域工作经历的风险管理人员占公司总部员工平均比例为2.4%。证券行业风险管理部门员工合计约为2 699人,同比增加13.7%。证券公司主要按照专业风险类型(包括但不限于信用风险、市场风险、操作风险、流动性风险、声誉风险)划分职能,同时证券公司的风险管理部门内还设置风险评估与审核、风控指标管理、模型管理、数据系统、子公司管理、政策与报告等岗位。风险管理的分工进一步细化,专业化水平不断提升。

(二) 业务部门或分支机构风险管理

为不断强化业务部门、分支机构的风险管理工作,截至2021年末,93.8%的证券公司在业务部门、分支机构配置了相应风控人员,具体负责其权限范围内的风险管理工作,履行

[①] 本节数据源自2021年中国证券业协会专项调研问卷,有效问卷结果合计114份。

一线风险管理职责。

(三) 子公司风险管理

截至 2021 年末，83.1% 设有子公司的证券公司在母公司风险管理部门中设置了专职的子公司风险管理岗位或团队，负责子公司风险管理工作。证券公司对子公司的风险管理主要包括：子公司风险管理负责人任免、风险限额管理、日常风险监测、风险报告、子公司重大事项审核或审批、风险考核等。

二、风险管理制度与机制建设

制度建设方面，证券公司均已不同程度地建立了多层级的风险管理制度体系，同时通过稽核、检查和考核等手段，保证相应制度的贯彻执行。2021 年，证券公司在现有制度体系的基础上持续完善制度建设工作，尤其是加强投资银行业务风险管理、信用风险管理、声誉风险管理、操作风险管理等方面制度建设和流程管控。

风险限额方面，证券公司均已建立了适合自身业务管理需要的风险偏好，在风险偏好框架下设立了风险容忍度及风险限额体系，并建立了逐级分解机制；同时，证券公司建立了超限预警机制，并明确了异常情况的报告路径和处理办法。

风险计量方面，证券公司选择风险价值、预期信用损失、现金流缺口等方法或模型来计量和评估市场风险、信用风险、流动性风险等主要风险，并采用敏感性分析和压力测试等手段评估极端风险。

风险应对方面，证券公司根据风险评估和预警结果，选择与公司风险偏好相适应的风险回避、降低、转移和承受等应对策略，建立合理、有效的资产减值、风险对冲、资本补充、规模调整、资产负债管理等应对机制。

风险报告方面，主要包括日报、月报、季报、半年报、年报等定期报告，以及各类不定期专项报告。

风险调整绩效考核方面，截至 2021 年末，33.3% 的证券公司已开展风险调整绩效指标[如 EVA（经济增加值）、RAROC（风险调整后资本收益率）]的计量，26.3% 的证券公司已应用于绩效考核、资本配置、风险定价等场景。

三、风险管理文化建设

近两年来，行业文化建设实践成果丰硕，"合规、诚信、专业、稳健"的行业文化理念内化于心、外化于行，行业文化建设的共识持续凝聚。2021 年，中国证券业协会印发《证券行业文化建设十要素》，并首次开展证券公司文化建设实践评估，将证券行业文化建设提到了一个新的高度。行业文化是价值观、风险观、发展观的综合体现，是推动行业健康稳定发展最基本、最深沉、最持久的动力。2021 年，证券公司持续推进文化建设，将防范金融风险作为行业文化建设的重要使命，全面落实风险管理和合规管理要求，持续压实风控合规责任，健全风险预警和合规隐患报告机制，构建分工合理、权责明确、相互制衡、有效监督的风控合规体系，不断提升全覆盖、可监测、能计量、有分析、能应对的风险管理能力，同时持续推进全面风险管理制度体系建设，优化组织架构，完善信息技术系统，确保全面风险管理的有效性。

四、风险管理信息技术应用与数字化转型发展

证券公司建立了与自身业务复杂程度和风险指标体系相适应的风险管理信息技术系统，实现对各类风险的计量、汇总、预警和监控。2021 年，证券公司加大风险管理系统的投入，重点针对风险数据集市、净资本及并表管理、风险监控预警、内部信用评级、同一客户、风险计量引擎、报表展示等系统功能点进行升级完善，并根据深圳证券交易所主板中小板合并、北京证券交易所、公募 REITs 等监管新规进行风控系统改造。

数字化风控方面，2021 年证券公司致力于实时、精确、前瞻的全流程风险管理，主要从以下三个方面赋能风险管理：

（一）风险数据集市和风控系统架构的建设

证券公司依靠云平台，有效扩展数据的计算和储存能力，并通过搭建大数据平台实现海量数据的灵活获取、全面存储、精细归类；构建统一风险数据集市和风控系统，将各个业务条线的风险数据和风险管理系统进行整合。

（二）风控指标的设计和识别预警

针对业务特殊性提取特征数据，提高风控指标精确度；依靠人工智能技术，证券公司从多种类别的数据中深入挖掘出人工无法识别的数据间的逻辑关系和具备潜在风险的行为模式，通过机器学习构建和迭代模型，帮助制定更为精准的风控指标，提高风险识别和预警的准确率。

（三）风险管理的操作与运维

借助大数据和云计算技术，证券公司实时跟踪金融工具高频交易数据，提高风控指标的实时性，满足风险管控的时效性要求；人工智能等技术能够将风险管理流程中重复性、碎片化的工作自动化、智能化，解放更多人力资源，也能使风险管理流程各环节的处理时间大幅缩减。此外，新冠肺炎疫情的暴发催化投行等业务线上化的同时，也实现了风险管理系统的远程操控和运维。

五、并表试点证券公司风险管理实践

近年来,随着资本市场持续发展,部分证券公司逐步出现集团化经营发展态势,有必要将行业风险管控边界从母公司层面扩展至合并报表视角,以利于更全面、及时、有效地评估风险,促使行业持续稳健发展。首批纳入并表监管试点范围的6家证券公司包括中金公司、招商证券、中信证券、华泰证券、中信建投、国泰君安证券。

(一)同一业务、同一客户风险管理

试点证券公司均制定了同一业务、同一客户管理制度,明确同一业务、同一客户的认定标准和识别方法,覆盖公司各部门、各分支机构及各子公司。对跨机构、跨业务的风险信息进行汇总、监测与集中管理,共享风险信息,并实现全流程系统化。

同一业务方面,试点证券公司从业务风险特征、业务开展的市场层级、交易场所、标的所属金融工具类型、资产范畴等多维度考量,形成多层级的业务划分。对于同一层级业务实施基本一致的风险管理标准和措施的原则,在风险管理政策、风险限额、风险识别评估、风险计量、风险报告、风险处置、风险管理信息系统等方面进行集中化统一管理,并不定期进行检查评估。

同一客户方面,试点证券公司根据各自同一客户的识别标准,对各业务线、子公司开展有风险暴露业务的客户进行集中管理,形成跨部门(子公司)、跨业务的统一管理要求。同时,在同一客户的标准认定、统一授信、风险监测、不良信息管理等方面进行规范,并不定期进行检查评估。

(二)风险监测预警

指标监测方面,试点证券公司均制定了集团层面多维度、多层级的风险指标体系,实现 T+1 日指标计量和跟踪监测,并且明确各层级指标范围、审批流程、监控预警机制及超预警处置流程。

试点证券公司积极提升风险动态监测预警能力,以数据为核心驱动、以风险定量为基础,全面整合各类风险预警信号,精准匹配客户与资产数据,力争做到对集团风险水平及变化趋势进行全面感知,实现风险信息的精准呈现、实时预警。此外,个别试点证券公司持续开发集团资产客户一键检索及穿透预警功能,通过整合集团各业务条线资产及客户数据,打造一键搜索功能,实现风险资产、客户的精准定位,快速排查,同时整合内外部评级及风险评价资源,实现风险信息的实时穿透预警。

(三)风险数据治理

数据是各类专业风险计量、集团风险信息集中汇总展示的基础与核心。试点证券公司高

度重视风险数据治理,并将风险数据治理作为公司层级数据治理整体框架下的重要部分不断进行完善。

公司层级数据治理方面,试点证券公司的主要措施包括:一是建立数据治理体系,明确各部门在数据治理架构下的职责要求,以及相关制度和流程;二是制定数据标准管理政策,确保公司范围内数据标准的有效性、一致性、适用性。具体到风险数据治理,证券公司除满足上述公司数据治理要求之外,还采取了以下措施:一是基于公司数据中台,建立了集团风险数据集市,实现母子公司风险数据 T+1 日获取,并建立数据质量监控机制;二是建立数据源管理和数据标准,并实现技术管控平台对元数据管理、数据标准管理、数据质量管理、风险指标溯源及血缘分析等功能。

数据应用方面,个别试点证券公司提出"管控+赋能"相结合的风险数据治理理念,坚持"以用促建"和"问题驱动",通过风险数据的应用场景需求牵引来管理数据资产并挖掘数据价值,从而推动数据中台、数据集市、数据资产管理等平台能力持续提升;同时,在应用中不断发现问题、解决问题,形成风险数据治理的良性循环。

(四)风险管理信息系统

风险管理信息系统是风险管理的重要工具,也是风险管理迈向信息化、智能化的重要载体。试点证券公司持续建设完善与业务复杂程度和自身发展战略相适应的风险管理信息技术系统,整体来说,形成了全面风险管理平台、各类风险管理系统、集团风险数据集市和数据集市数据源四层级系统架构。试点证券公司风控系统自主开发程度较高,其设计目标是实现对集团风险的集中管控,提供对业务线风险情况及各类专业风险集中化管理、监管指标计量和监控、风险限额监控等功能,全面提升风险管理的实效性和自动化水平,并能够依托系统及时准确地进行风险监控和预警,有效地协助公司管控业务发展中的风险点。

整体来看,试点证券公司风险管理信息系统可以覆盖公司各业务条线、各子公司、各类风险计量,实现风险限额管理、风险报告、数据分析、持仓监控、舆情监控、压力测试等功能,支持不同维度风险计量、汇总、预警和监控功能,持续加强应用大数据分析、机器学习等创新科技进行风险识别、防范和管控,保障业务平稳有序开展,同时考虑统一的风险管理信息展示、多元化的登录渠道等提升用户体验效果的工具。

第二节 2021 年中国证券公司风险管理特点

一、业务监管规范持续完善,风险管理要求全面提升

2021 年,在进一步保障并推动注册制改革的背景下,证券公司投资银行业务的监管规

定和自律规范不断健全,进一步规范证券公司投行业务的归位尽责。同时,2021年监管重申加强证券公司全面风险管理,风险管理要求呈现精细化发展,整体趋严。10月,中国证券业协会发布《证券公司声誉风险管理指引》,引导证券公司有效管理声誉风险,完善全面风险管理体系;12月,发布《证券公司收益互换业务管理办法》,明确要求将收益互换业务纳入证券公司全面风险管理体系,对收益互换业务的各类风险进行全程管理。同时,中国证监会也对部分证券公司实施了风险管理方面的专项监管检查,关注各类业务的风险管理机制和效果,督促证券公司积极整改。

二、建立声誉风险管理统一的制度规范

声誉作为证券公司长期培育积累的无形资产,不仅是证券公司核心竞争力的构成要素,也是确保可持续发展能力的重要战略资源。2021年10月15日中国证券业协会发布《证券公司声誉风险管理指引》,指导证券公司加强声誉风险管理,要求证券公司建立并持续完善声誉风险管理制度和机制,在战略规划、公司治理、业务运营、信息披露、工作人员行为管理等经营管理各领域充分考虑声誉风险,从识别、评估、控制、监测、应对、报告等环节实施声誉风险的全流程管控。证券公司积极推动落实。不断加强证券公司声誉风险管理和声誉资本建设,对于推动建立行业声誉约束机制、维护行业形象和市场稳定、实现行业高质量发展具有重要意义。

三、积极响应国家"双碳"目标,探索 ESG 风险管理

2021年,随着中国"30·60""双碳"目标的提出,与之紧密相关的ESG风险管理持续升温。ESG主要涉及环境(E)、社会(S)和治理(G),是证券公司最为关注的三个企业非财务要素。证券公司的ESG风险主要指企业因对自身的ESG管理能力不足而对其财务表现、信用资质及投资回报等带来负面影响,从而转化为展业证券公司的市场风险、信用风险及声誉风险等。2021年,行业内50%的证券公司表示已在业务开展过程中考虑ESG风险因素,19.2%的证券公司制定了ESG风险相关管理制度或体系。针对ESG风险,证券公司通过完善ESG风险管理顶层设计、制定ESG风险管理相关制度、开发ESG风险管理工具等方式将ESG风险管理纳入全面风险管理范畴。同时,证券公司将ESG风险管理与传统风险管理工作相结合,例如将ESG风险管理嵌入尽职调查、内部评级、集中度管理及黑名单管理流程中,保证ESG风险管理行之有效,最终促进证券公司各业务的持续、健康发展。

第二章
2021 年证券公司面临的关键风险与管理

第一节 市场风险管理

2021 年,在新冠肺炎疫情反复、全球通货膨胀加剧、美联储加息预期增强的背景下,证券市场风险事件较往年显著增加,部分上市公司深陷持续亏损、股价低迷、商誉大幅减值等旋涡,全年有 23 家公司通过各种渠道退市。证券市场风险因素出现的阶段性变化,给证券公司的市场风险管理带来了较大的挑战。2021 年证券公司进一步加强了对投资交易类业务的市场风险管控,重点管控措施包括以下几个方面。

一、提升投资交易类业务的风险监控和计量能力

2021 年,证券公司加强了对股票、利率、外汇、商品、衍生品等投资交易类业务的监控力度。对于投资资产的内在属性、投资价值、行业前景及风险来源,证券公司进行充分评估。同时,证券公司也采用投资规模、风险价值(VaR)、集中度、敏感性、压力测试等量化指标,对资产价格波动可能带来的损益情况进行分析。

证券公司主要使用 VaR 进行风险计量,部分证券公司也使用期望损失、压力测试等其他分析方法来计量市场风险。证券公司开发建设市场风险管理系统,基于系统实施各投资组合的 VaR 值计量,实现不同置信水平下的 VaR 指标分析、分解和限额管理,并通过返回检验监测评估 VaR 模型有效性。

二、严格管控投资集中度风险

投资集中度风险管控是证券公司市场风险管理工作中的关键组成部分。证券公司在投资

策略制定和执行上，注重通过分散化投资等手段控制集中度风险。证券公司主要采取以下两方面具体风险管理措施：一是对于公司本部的投资交易类业务，证券公司通过事前业务审批、事中系统化监测和事后风险报告等手段，严格管控各类权益类证券和非权益类证券的市值或规模占比，确保各项业务满足《证券公司风险控制指标计算标准规定》等监管要求和各项公司内部集中度风险限额要求；二是对于子公司的自有资金投资业务，证券公司参照资管新规、私募管理子公司或另类子公司管理办法等监管要求，对子公司设置风险限额指标，通过风险监测、提示、报告、考核等手段，推动子公司切实落实投资集中度的管控要求。

三、强化对债券投资类业务的压力测试

2021年，证券公司持续开展市场风险压力测试，既可以用于新业务的开展、投资规模的决策、风控指标的设定、特定风险事件的评估，也可以测算各压力情形下公司各业务条线的限额，提供有效参考。

由于债券市场波动加剧，证券公司加大了对债券投资类业务的压力测试力度。债券投资类业务压力测试情景分为历史情景压力测试与假设情景压力测试。历史情景压力测试通过模拟历史上重大风险事件或者重大压力情景，从不同视角综合展示证券公司投资组合在多种情景压力水平下的极端损益以及对风险指标的影响；假设情景压力测试则通常为单一因素变动下的压力场景，重点考察单因子变化的作用结果。

基于对债券投资类业务的历史及前瞻性分析，证券公司设定中度、重度和极端压力情景。证券公司加强了特定情景下的压力测试，尤其是模拟新冠肺炎疫情、全球通货膨胀等极端情景，评估各类情景下的市场风险压力损失，预判极端场景对重点持仓的影响，确保在极端市场行情下的市场风险可控。

四、加强对自动赎回式期权业务的风险管理

2020年下半年以来，股票指数类自动赎回式期权产品规模快速增长，尤其是非保本型雪球产品增长十分迅速。2021年，根据监管要求和业务管控需要，证券公司加强了对自动赎回式期权业务的市场风险管理，包括以下四方面：一是限额管理。证券公司审慎设置自动赎回式期权的业务规模、敏感性指标（包括Delta、Gamma、Vega等）、标的投资集中度、交易对手集中度、盈亏、风险价值（VaR）、压力损失等风险限额，将自动赎回式期权纳入场外期权业务统一管理口径。二是标的管理。证券公司结合市场变化、业务发展和风险情况，动态评估调整挂钩标的池，及时更新挂钩标的范围和挂钩标的具体要求。三是交易对手管理。证券公司对自动赎回式期权交易对手实行白名单管理，在准入前需进行充分尽调；同时对交易对手实行分级额度管理，合理评估其授信额度。四是风险监测。证券公司每日监测基础资产价格变动情况，分散各个合约的期限（到期日、敲入/敲出日期）和执行价格，防

范"大头针风险",并对大额交易重点关注。

五、加强对大宗商品类交易业务的风险管控

证券公司通过下属的期货公司和期货公司风险管理子公司开展大宗商品类交易业务,例如基差贸易、仓单服务、商品衍生品等。2021年,证券公司加强了对大宗商品类交易业务的风险管控,主要有以下四方面:一是数据收集与风险监控。证券公司建立了集团风险数据集市系统,涵盖了包括期货子公司的大宗商品类交易业务数据,由证券公司统一进行监控、分析和研究,及时发现业务风险。二是风险计量。证券公司通过采集业务数据,在市场风险管理系统中计算出大宗商品类交易业务的 VaR 值、敏感性指标、压力测试指标,满足集团风险计量管理要求。三是风险限额管理。证券公司对期货子公司设置了大宗商品类风险限额,每年进行统一调整,日常进行限额监控,确保子公司风险限额可控。四是开展现场检查。证券公司对期货子公司和风险管理子公司开展现场检查,深入了解大宗商品类交易业务模式和风险管理情况,发现风险管理中存在的问题,督促其切实落实整改。

六、加强对各类子公司的市场风险限额管理

证券公司对各类子公司开展风险限额管理,加强市场风险管控力度。一是另类子公司,证券公司对其金融产品投资业务设置了投资规模、日 VaR 值、止损额等指标;二是私募投资基金子公司,证券公司参照监管要求对其设置了投资集中度指标;三是期货子公司,证券公司对其设置了投资交易类业务整体规模、止损额,以及大宗商品类持仓净风险敞口等指标;四是私募资管子公司,证券公司对其设置了自有资金整体亏损等指标;五是公募基金子公司,证券公司对其设置了固有资金投资交易类业务止损额等指标。

对于达到限额预警值或已超限的业务,证券公司会及时按照超限流程向子公司发送风险提示,并根据监管政策、内部规章、管理层意见等要求,监督风险处置措施的落实。

第二节 信用风险管理

2021年,在"房住不炒"的政策基调下,中国人民银行坚持推行灵活适度、精准滴灌的货币政策,监管要求日趋严格。权益市场方面,股票指数涨跌互现、呈现结构性行情,市场成交量攀升,股票质押业务规模趋于稳健,整体安全边际有所上升。信用债市场方面,新增违约主体数有所减少,但债券展期和评级下调大幅增多,信用风险管理难度加大。特别在监管趋严、融资收紧的背景下,地产信用违约事件频发,城投债整体避险情绪浓厚,信用债

投资面临的风险上升。2021年，证券公司信用风险管理中面临的关键风险点包括客户集中度风险、特定行业信用债发行人的违约风险、以场外衍生品业务为主的交易对手信用风险。为有效应对以上信用风险关键风险点，证券公司采取的重点管控措施包括以下几个方面。

一、建立健全授信管理机制，强化客户集中度风险管控

2021年，证券公司根据《证券公司信用风险管理指引》要求，积极主动建立健全授信管理机制，根据业务规模、风险实质等因素确定授信管理业务范围，具体包括交易性融资、债券投资、非标准化债权投资、权益类交易、场外衍生品、拆借类等业务，部分证券公司实现了信用类业务授信管理全覆盖。证券公司普遍根据业务发展需求、风险偏好及净资本，结合客户的内部评级等级设置相应的授信额度上限，并通过系统实现对同一客户授信额度使用情况的集中监控以及对同一客户信用风险暴露的统一控制。证券公司遵循"先授信，后用信"的原则明确各类授信业务的审批机制，完整的授信审批流程主要包括董事会、管理层、授信管理部门、业务部门四个层级，并根据业务风险特征、客户资质、授信额度等因素制定不同的分级授权审批权限。除严格控制授信集中度外，证券公司通过担保品、信用保证、净额结算、信用衍生工具、限制资金用途等措施缓释信用风险。证券公司收取的担保品包括但不限于现金、股票、股权、债券等，并通过担保品准入、价值折算、维持担保比率监测、追加保证金、强制平仓等措施保证所收取的担保品能够充分覆盖信用风险敞口。

二、加强重点行业信用债投资业务的风险管控

2021年，证券公司信用债投资业务的风险主要集中于房企债和城投债发行人的违约风险。房地产行业受到"三线四档"约束以及"房住不炒"相关政策影响，再融资压力加剧，叠加销售下滑导致过往的高杠杆模式经营难以维持，新增债券发行人违约集中于房地产企业。城投行业方面，2021年城投行业监管政策频出，城投再融资政策收紧，城投债发行人呈现明显的区域风险分化趋势，部分经济欠发达、债务率偏高地域的发行人信用违约风险加大。针对房企债、城投债投资面临的信用风险，证券公司采取的风险应对措施包括：一是加强重点行业信用风险研究，提升信用风险管控的前瞻性和针对性；二是建立以内部评级为核心的准入机制，仅可以投资内部评级结果达到准入要求的企业所发行的债券；三是收紧单一发行人、单一行业、单一地域的集中度限额，多维度降低集中度风险；四是持续进行风险监测，系统化收集风险信息，对出现重大风险不利变化的发行人、行业、地域开展专项风险排查，定期开展风险检视，深入分析业务风险，定期追踪，及时采取有效的应对措施，实现"早预警、早跟踪、早应对"的风险管控效果。

三、建立场外衍生品业务交易对手信用风险管理机制

2021年,证券公司持续完善场外衍生品交易对手信用风险管理机制和流程。事前,设立交易对手资质评估体系,开展尽职调查、内部评级、授信管理及分级审批等;事中,逐日盯市监控交易对手履约保障品价值、授信占用情况,跟踪交易对手履约情况,及时与交易对手沟通;事后,定期复核交易对手信用评级,监控交易对手限额使用情况,通过风险报告反馈超限等异常情况并进行超限处理。

四、积极开展综合及专项压力测试,拓展压力测试的应用边界

2021年,证券公司针对股票质押业务、信用债投资业务积极开展定期、不定期压力测试,部分证券公司对于房地产、城投行业信用债进行专项压力测试,或在综合压力测试中针对相关行业债券的信用评级做出特别调整假设。压力测试结果广泛应用于公司信用风险管理工作中,主要应用领域包括:一是设置风险限额,确保在压力情景下风险可控、可接受,以保障公司的可持续经营;二是优化业务规模,证券公司根据压力测试结果及风险管理的需要,评估判断业务规模是否在公司的风险偏好范围内;三是识别重点关注主体,对压力下可能出现违约情况的主体,进行提示并定期关注主体变动情况;四是确保净资本及流动性等风险控制指标满足监管要求。

第三节 流动性风险管理

2021年,中国金融市场总体保持平稳,货币政策回归常态,市场流动性水平保持合理充裕。随着监管日益趋严,证券公司资产负债规模逐渐增长,叠加融资融券业务规模波动和其他不确定性因素带来的扰动,对证券公司流动性风险管理提出了更高的要求。同时,证券公司流动性风险管理也面临对境外附属机构的跨境流动性支持渠道和手段均较为缺失的挑战。目前证券行业由于监管规定的限制,除了增资以外,缺乏有效的短期流动性管理工具。一方面,在境内母公司层面,由于资本管制等相关原因,境内外资本进出面临较多审核,证券公司较难在短期流动性方面对境外附属机构进行支持;另一方面,在境外附属机构层面,由于所在各国或地区政治、经济、法律环境的特殊性和区域的分散性,加之可能面临的信息披露和业务经营牌照申请等问题,各境外附属机构间流动性管理工具的使用局限性也非常大。2021年,证券公司针对流动性风险的重点管控措施包括以下几个方面。

一、健全流动性风险管理体系

根据全面风险管理要求，证券公司分别从计量体系和操作体系持续完善流动性风险管控框架，做到全覆盖、可监测、能计量、有分析、能应对。在计量体系中，证券公司建立了一套包含容忍度描述、容忍度量化标准、监管指标、公司指标、内部流动性储备指标、业务部门指标限额拆解的指标体系；同时，构建资金、指标联动体系，定期结合当前负债结构、业务投放节奏、市场近期情况针对未来一个季度的指标、头寸进行前瞻分析和压力测试。在操作体系中，证券公司对日间流动性、优质资产管理以及应急管理均制定了管理流程机制，并发布了相应的制度文件；密切跟踪资本市场变化和公司资产端、负债端变化情况，持续完善科学的动态压力测试和流动性监测体系，制订切实有效的流动性应急预案，并定期开展流动性风险应急演练，保证资金来源渠道和传递途径的畅通性。

二、防范宏观市场环境变化或突发事件对流动性风险的传导

流动性风险作为尾端风险，极易受声誉风险、市场风险、信用风险、操作风险和系统性风险传导，尤其是当市场环境变化和突发事件发生不利冲击时，对于杠杆经营的证券公司来说影响较大，且较难进行事前防范。因此，证券公司密切跟踪宏观经济和市场环境，提高市场敏锐度，加强前瞻研究能力；持续完善压力测试体系，定期开展应急演练，并将应急管理能力贯彻到日常融资管理、投资交易和流动性风险管理工作中；重视并防范自身声誉风险、市场风险、信用风险及操作风险等风险与流动性风险之间的转化传导，并建立健全声誉风险、市场风险、信用风险及操作风险的管控体系。

三、持续推进集团流动性风险管理工作探索

随着证券公司集团化经营水平持续深化，如何保障集团业务安全稳健开展，保证集团化经营风险可控，防范风险在集团内传导，证券公司加快了积极探索集团风险管理的步伐。目前，证券公司集团流动性风险管理已初步形成管控框架，主要以并表管理为抓手，遵循全面性、审慎性和合规性的总体原则，通过下发流动性风险内部指标限额实现集团全面覆盖、差异要求的管控模式，但是受集团内各子公司所处的行业、区域和独立法人资格的约束，建立跨行业、跨地域的资金救助体系仍然面临一定阻滞，未来还需要继续探索和研究集团流动性风险管理。

第四节　操作风险管理

2021年，除常规操作风险管理工作以外，近90%的证券公司从操作风险角度考量，将创新业务纳入风险管理体系。管理手段上，依托风险与控制自我评估（RCSA）、关键风险指标（KRI）、损失数据收集（LDC）构成的操作风险三大管理工具，对创新业务风险的识别、评估、监测、报告等环节进行覆盖。关注要素上，通过对制度、流程、系统、人员等方面的健全与完备性进行把控，形成以操作风险为切入点的创新业务风险管理抓手。

针对创新业务的风险识别与评估是多数证券公司开展新业务之前的必备动作，这项工作在证券公司内的实施主体呈现出一定差异，一些公司由风险管理部门负责开展，也有一些公司由专门的评价小组等进行牵头。

2021年9月北京证券交易所（简称"北交所"）成立，众多证券公司积极筹备开展北交所的新业务。在风险识别评估阶段，证券公司对北交所经纪业务的营销服务、客户准入、客户交易权限管理、投资者教育、业务结算及清算、系统升级等环节的风险点关注较多，并通过完善制度建设、开展人员培训、理顺业务流程、稳抓系统落地、制订应急预案等方式加强风险管控。北交所业务除经纪业务外，还涉及投行、自营、资管等业务条线，因此证券公司展业过程中注意按照监管要求做好不同业务条线之间以及同一业务条线内前后台在岗位、人员、系统权限等维度的隔离，以防范潜在的操作风险。

此外，对于账户管理功能优化试点业务、公募基金证券公司交易结算业务、公募REITs投资业务等其他创新业务，证券公司主要关注相关专业人员配备是否充足、信息系统功能是否完备、制度流程是否完善。

证券公司围绕创新业务的风险识别评估、控制机制建立等工作形成的结果，一般会上报公司经营层，经审批同意后业务正式上线开展。业务正常运转后业务主管部门、内控管理部门、风险管理部门等相关部门对业务进行后续监测、检查等工作。

第五节　信息技术风险管理

随着证券公司更加广泛地运用金融科技手段支持业务开展，对信息技术风险的管理也成为风险管理体系中不可或缺的环节。2021年证券公司关注较多的信息技术风险点主要围绕信息系统升级变更、信息系统故障、网络与数据安全等方面。

信息系统升级变更作为系统建设与优化的重要组成部分，对系统持续平稳地承载、支持证券公司业务具有关键性影响。该环节工作事项多、并行流程密，证券公司对与之相关的信息技术风险管理予以较多关注并建立各类管控措施，通过建立制度规范、相应风险管理职能部门参与升级评估、技术与业务部门协同开展测试验证等方式强化对相关信息技术风险的防范。

为加强系统故障应对与处置能力，证券公司着力建设信息系统的运维管理体系，借助专业的分析工具加强信息系统运行稳定性监测，力求及时发现问题、定位故障，并缩短处理故障的响应时间。例如，利用系统日志大数据分析平台对重要系统运行日志进行实时分析，发现异常时触发预警，可有效提高系统风险的识别效率，提升系统的平稳运行能力。

网络与数据安全方面，近年来颁布的《中华人民共和国网络安全法》《中华人民共和国数据安全法》等法律法规为证券公司相关领域的工作提供了方向指引，证券公司通过完善信息安全体系架构、部署信息安全防护工具等手段（例如建设安全管理平台、态势感知数据中心），实现对公司信息安全的全方位、可视化、持续性监测及预警，从而强化公司网络与数据安全风险防护能力。

面对复杂严峻的信息技术风险，证券公司在管理上应当树立安全发展理念，强化主体责任意识，规范日常工作流程，并通过技术手段形成综合的管控措施，有效防范化解信息技术风险，保障信息系统对业务持续稳定的支持。

第六节　典型业务风险管理

一、投资银行业务风险

注册制改革实施以来，证券市场推出一系列重大改革措施。宏观层面上，我国正坚持市场化、法治化方向，深化金融供给侧结构性改革，加强资本市场基础制度建设和推进；微观层面上，注册制对保荐承销、财务顾问等投资银行业务提出了更高要求，要求证券公司在从业时归位尽责，充分发挥中介机构特别是证券公司的资本市场"看门人"作用，促进资本市场健康有序发展。注册制改革以来，证券公司投行业务的风险管理工作、投行业务的风控体系和运作日益完善和健全，具体表现为以下几个方面。

（一）拓展投资银行类业务风险管理范围和深度

证券公司在投行项目的选择、执行、发行、持续督导等各个环节加强风险管理；同时在投行业务部门的人员配备、专业能力、内控流程及声誉风险管理方面，也全面加强风险管理意识。一是建立与注册制相匹配的审核理念和风险管理模式，"三道防线"各司其职、归位尽责，加强项目遴选，严格核查把关，进一步提高投行项目质量。二是调整投行作业模式，在项目立项、内核、现场检查等各环节加强风险管控，增投人力及资源，提高投行执业质量。三是在制度、具体业务操作模板方面均更加关注项目组尽职调查工作情况，结合尽调获取的资料及核查结论关注项目实质性风险，在形式要件与实质性核查方面拓展核查深度和广度。四是重视投行类业务定价发行环节风险把控，提高对投行类业务估值定价的能力及对项目的发行和承销能力，在发行环节中持续完善定价配售、包销、跟投等机制。

（二）运用信息系统提升投行业务的风险监控和预警能力

证券公司持续强化投行类业务风险管理，借助各类工具加强动态监控力度，不断提升事前预警能力。证券公司投行系统覆盖全面，主要涉及投行业务项目管理系统、电子底稿系统、舆情监测系统，促进投行类业务数据与信息技术应用的深度和广度，投行类业务的风险管理体系将随着注册制的改革不断完善。此外，将投行项目的数据和风险系统对接，进一步促进证券公司同一客户管理。

（三）优化包销风险的管控机制及流程

注册制改革对投资银行类业务的风险管理带来的影响包括但不限于：对投行类业务估值定价的能力要求提高；对项目的发行和承销能力要求提高；一级市场和二级市场联系更加紧密，包销项目、IPO（首次公开募股）跟投项目承担市场波动的风险；对债券类客户信用风险分析要求提高，需进一步细分债券客户信用风险等级。在此背景下，证券公司从包销管理制度、风险限额管理、委员会审议机制、事前风险评估及审核等方面加强了对包销风险的管控。

二、场外衍生品业务风险

2021年12月3日，中国证券业协会发布《证券公司收益互换业务管理办法》，对证券公司收益互换的业务开展和风险管理进行规范性要求。同日，中国人民银行、中国银保监会、中国证监会、国家外汇管理局就《关于促进衍生品业务规范发展的指导意见（征求意见稿）》公开征求意见，拟强化对衍生品业务的统一管控要求。2021年证券公司审慎开展场外衍生品业务，加强对场外衍生品业务的风险管理，建立场外衍生品风险管理体系，完善场外衍生品业务风险限额管控机制。场外衍生品业务风险管理主要从以下几个方面进行管控。

（一）风险限额管理

场外衍生品业务的风险限额主要包括业务规模、止损、敏感性等指标。对于达到限额预警值或已超限的业务，风险管理部门及时给业务部门发送风险提示，及时落实风险处置措施。

（二）集中度管理

证券公司对场外衍生品的单一基础标的设置规模限额；根据交易对手评级授信情况，对单一客户的场外衍生品业务规模设置限额。同时，证券公司严格执行《证券公司场外期权业务管理办法》中"开展场外个股期权挂钩单一股票的全部合约名义本金（场外完全抵销的衍生品合约不纳入计算口径）占其总市值不超过5%"的监管规定。

（三）风险计量与风险监控

通过建设场外衍生品业务系统和市场风险管理系统，证券公司实现了对场外衍生品业务的估值、损益、对冲敞口、希腊字母、风险价值（VaR）等风险指标进行计量及监控。

（四）控制产品期限结构

证券公司计算当前存续场外衍生品合约敲入价的分布情况和规模集中度，有选择性地发行分散度较高的产品，主要有三种方式：一是结构上分散，区分场外衍生品的敲入敲出和收益结构，丰富产品结构类型；二是时间上分散，设立每周起息规模上限，避免过多产品在相近时间起息从而导致期初价格过于接近；三是背对背方式分散，对于风险堆积较大的合约结构，通过背对背交易将部分头寸风险转移出去，分散市场整体冲击。

（五）交易对手信用风险管理

证券公司建立了完善的事前、事中、事后风险控制流程。事前，设立交易对手资质评估体系，开展尽职调查、内部评级、授信管理及分级审批等；事中，逐日盯市监控交易对手履约保障品价值、授信占用情况，跟踪交易对手履约情况，及时与交易对手沟通；事后，定期复核交易对手信用评级，监控交易对手限额使用情况，通过风险报告反馈超限等异常情况并进行处理。

第三章
2022年中国证券公司风险管理展望

一、业务创新程度提升,风险更加多元化、复杂化,需持续提升全面风险管理能力

伴随市场创新业务的不断推出,证券公司及其子公司持续多元化发展,行业科技化转型程度逐步深化,各类风险交织衍生,证券公司需持续提升全面风险管理能力,切实履行中介管理责任,强化内部统筹管理力度,加大对分支机构、子公司全面风险管理。一方面,坚持各类风险统筹管理全覆盖,发挥大类风险协同管理效果,在公司层级搭建框架统一的风险决策机制,实现统一的全面风险信息归集,建立统一的全面风险管理平台;另一方面,纵向加强管理,实现分支机构、子公司风险垂直管理的全覆盖。同时,不断完善内部风险管理机制,深植风险管理意识,强化公司风险文化培育力度。

二、信用基本面修复面临阻力,产品创新节奏加快,对信用风险管理提出更高挑战

在"去杠杆"总基调下,地产、城投融资收紧,高杠杆企业风险暴露加速,市场分化加剧。2021年12月,中央经济工作会议提出中国经济发展面临需求收缩、供给冲击、预期转弱三重压力,不利于企业盈利增长和信用基本面修复;且随着证券公司参与互换、期权、远期合约等场外衍生工具的程度不断深化,新产品新业务层出不穷,信用风险、市场风险等各类风险交织,对证券公司信用风险管理水平提出更多挑战。未来证券公司需不断完善健全与自身发展战略相适应的信用风险管理体系,秉持审慎稳健的风险偏好,筑牢篱笆,形成具备抵御外部风险变化的核心竞争力;重视各类新产品新业务的信用风险研究,加快完善各类业务信用风险识别与计量、风险控制、风险监测及预警、风险处置及报告各环节的管理机制,实现对信用风险管理的全覆盖,对信用风险可测、可控、可承受,促进证券公司持续、稳健、长效发展。

三、警惕超预期变化，市场波动维持高位，需持续夯实交易业务风险管控能力

近年来，受地缘政治及新冠肺炎疫情等因素影响，国际局势快速更迭，全球经济增长乏力，预计 2022 年境内外市场波动仍将维持高位。同时，客户投资需求与监管政策改革共同推动金融机构创新业务快速发展，促使境内投资品种持续丰富、衍生品规模大幅增长，证券公司市场风险呈现多元化、复杂化发展态势。证券公司需要有效汲取境内外市场经验，积极应对市场变化，利用归因分析、压力测试等工具，提升风险管理精细度，进一步加强传统业务尾部风险应对能力及创新业务管控手段有效性。

四、数字化风控转型升级，需提升信息科技风险管控能力

风险管理数字化转型已成为证券公司升级风险管理的必经之路，需运用数字化手段不断增强风险识别监测、分析预警能力。事前，运用大数据、人工智能技术拓展风险信息获取维度，强化同一客户管理，构建以客户为中心的风险全景视图；事中，加强风险计量、模型研发、风险特征提炼等能力建设，理清风险关联关系、研判风险变化趋势，实现对高风险交易、异常可疑交易等的动态捕捉和智能预警；事后，通过科技持续赋能投后监控智能化，提升全量资产风险监测的前瞻性、及时性、有效性；探索对风险画像、归因分析等风险评价、管理工具线上化搭建，为内部风险决策提供及时、有效的支持信息。此外，随着证券行业数字化转型的深入，信息安全将直接影响证券公司的整体业务运行，增加了信息技术风险和操作风险，而建立数据安全标准，则有助于防范风险。未来证券公司需要与信息技术系统服务机构加强数据加密、数据完整性认证、数据标签、数据脱敏与安全审计等数据安全核心技术的研发和运用，推进建立数据安全标准，并强化在证券行业数字化过程中的推广应用，构建数据安全保障体系。

五、声誉风险防范和化解已成为证券公司全面风险管理的重要课题

2008 年金融危机后，声誉风险管理逐渐成为金融机构风险管理体系的重要组成部分。2016 年 12 月，中国证券业协会发布《证券公司全面风险管理规范》，首次将声誉风险纳入全面风险管理体系，从总体框架上对证券公司开展声誉风险管理提出了基本要求。2021 年 10 月 15 日中国证券业协会发布《证券公司声誉风险管理指引》，建立证券行业声誉风险管理方面统一的制度规范。声誉作为证券公司长期培育积累的无形资产，不仅是证券公司核心竞争力的构成要素，也是确保可持续发展能力的重要战略资源。未来证券公司需在战略规划、公司治理、业务运营、信息披露、工作人员行为管理等经营管理的各领域充分考虑声誉风险，并防范声誉风险与其他风险类别的交互影响和转化，同时持续完善声誉风险管理制度

及机制,不断强化声誉风险识别、评估、控制、监测、应对和报告等管理环节。

六、ESG 风险管理重要性提升,有助于证券公司高质量发展

实现"碳达峰碳中和"是党中央、国务院统筹国际国内两个大局作出的重大战略决策,发展绿色循环经济是我国"十四五"时期的一项重点工作。作为资本市场的核心参与主体,证券公司最核心的功能是优化资源配置。证券公司需要进一步增强服务实体经济的能力,提升服务效率、提高服务质量。从服务实体经济角度来说,证券公司应在 IPO、并购重组和再融资等方面帮助传统产业的企业转型发展,支持新经济、新动能、新产业的企业进一步降低融资成本。在"后疫情"时代,疫情让环境、社会和治理(ESG)因素在投资过程中的重要性有所提升,因此,证券公司应重点关注 ESG 风险因素,为证券行业高质量发展作出积极贡献。

专题报告之三：
2021年证券行业助力乡村振兴履行社会责任综述

2021年7月1日，习近平总书记在庆祝中国共产党成立100周年大会上宣告，中国实现了第一个百年奋斗目标，在中华大地上全面建成了小康社会。在决胜脱贫攻坚和接续乡村振兴的伟大实践中，中国证券业协会（以下简称"协会"）严格落实中国证监会党委的统一部署，积极引导证券公司发挥专业特长和优势，持续做好巩固拓展脱贫攻坚成果同乡村振兴有效衔接各项工作，探索实现共同富裕的有效路径，展现了证券行业应有的政治站位和责任担当。2021年2月，协会代表证券行业荣获党中央、国务院授予的"全国脱贫攻坚先进集体"称号，这是党中央、国务院对证券行业践行扶贫济困社会责任、担当脱贫攻坚初心使命的肯定和鼓励。

第一章
担当社会责任新使命，开启助力乡村振兴新征程

2021年以来，在协会引导下，证券公司立足"一司一县"，严格落实"摘帽不摘责任、摘帽不摘政策、摘帽不摘帮扶、摘帽不摘监管"要求，把"守底线、抓发展、促振兴"摆在突出位置，在加快构建解决相对贫困的长效机制方面狠下功夫，真正做好巩固拓展脱贫成果与乡村振兴的有机衔接，为实现共同富裕贡献证券行业力量。

一、持续巩固帮扶成果，接续促进乡村振兴

2021年，在协会第七次会员大会上，协会向全体会员发出《巩固拓展结对帮扶成果 担当推进乡村振兴新使命倡议书》，号召证券行业在服务脱贫攻坚国家战略所取得成绩的基础上，乘势而上，接续奋斗，巩固拓展"一司一县"结对帮扶成果。一年来，证券公司继续深入一线，持续引入金融力量助力乡村振兴，不断借助资本市场扶持产业振兴，发挥专业优势培育产业发展内生动力，打造"输血、造血、活血"全流程。经统计，截至2021年底，102家证券公司结对帮扶323个脱贫县，帮扶县数量占脱贫县总数的39%。其中，54家证券公司结对帮扶70个国家乡村振兴重点帮扶县，占乡村振兴重点县总数的44%。2021年，证券公司服务脱贫县企业IPO（首次公开募股）10家，融资70.45亿元，服务脱贫县企业在新三板挂牌6家，通过股票增发、债券等其他方式服务脱贫县企业直接融资609.07亿元，服务实体企业通过绿色债券及创新创业公司债券融资1 720.44亿元。行业机构通过不断发挥专业优势，科学制订乡村振兴系列方案，扎实做好乡村振兴各项工作，使脱贫基础更加稳固、成效更可持续。

二、凝聚行业公益共识，扎实开展社会公益行动

2021年10月，协会组织发起证券行业促进乡村振兴公益行动。证券公司以巩固"一司一县"脱贫成果为重点，开展专业服务和公益活动，从三个方面助力乡村振兴，促进共同富裕。一是设立规范透明的公益基金会，不断完善公益捐赠机制，保证高效运转。公益基金会严格遵照《慈善法》《基金会管理条例》等规范运作，通过内部审计，监督其合法合规健

康运营,并明确公益用途投入慈善重点领域,助力第三次分配。二是践行志愿服务理念,自发履行公益责任,创新探索志愿服务机制。行业志愿服务团队初具规模,志愿服务项目持续丰富,"人人参与、人人尽力、人人公益"的证券行业公益文化生态正在逐步形成。三是公益服务范围持续推广推深。从精准扶贫到乡村振兴,从疫情防控到抗洪救灾,从金融绿色发展到投资者教育保护等,证券行业立足自身专业优势和人才优势,共建志愿服务机制,发扬公益服务精神,形成公益示范榜样。行业正在构建一套具有证券特色的公益服务模式,不断传播履行社会责任的行业理念。经统计,2021年,证券公司公益性支出共计9.10亿元,其中,公益性支出500万元以上的有41家,千万元以上的达到27家。目前,共有62家证券公司签署协议加入公益行动,承诺投入资金共计3.48亿元。

三、研究发布履行社会责任专项评价办法,促进形成长效激励机制

2017年,在中国证监会的授权和指导下,协会研究制定《证券公司脱贫攻坚等社会责任履行情况专项评价指标》,连续5年开展专项评价,形成了显著的正向激励作用。脱贫攻坚全面收官后,党中央对新时期巩固脱贫攻坚成果、推进乡村振兴、促进共同富裕提出了新的部署要求。为进一步督促行业持续履行社会责任、积极服务国家战略,2021年,协会研究发布了《证券公司履行社会责任专项评价办法》,重新修订了《证券公司履行社会责任专项评价指标》,从服务乡村振兴、践行新发展理念、参与社会公益等方面,明确导向、细化要求,推动形成以体现证券行业社会责任内涵为核心、客观评估履行社会责任投入度和贡献度为标准、督促行业持续加大社会责任投入为导向的激励约束机制,进一步增加证券行业服务人民共享发展成果的社会责任感。证券公司积极响应《证券公司履行社会责任专项评价办法》要求,将"发扬金融力量、履行社会责任"凝聚为思想共识、转化为行动自觉,切实为脱贫地区发展注入新动能。

四、加强典型宣传引导,提高行业凝聚力和影响力

为进一步宣传展示行业工作成效,树立良好行业形象,协会持续跟踪证券公司服务乡村振兴工作进展及动态,挖掘行业服务乡村振兴的先进典型、最佳实践,通过新闻媒体、户外宣传、网络平台、责任报告、教育培训、专题交流等形式,加强优秀案例的宣传推广,以充分发挥示范作用,推动更多证券公司发挥专业优势、人才优势、信息优势,探索可造血、可复制、可持续的帮扶模式,满足乡村振兴多样化、多层次的金融需求,为社会力量参与乡村振兴提供参考。2021年,协会逐步建立起信息统计汇总和定期公示机制,在行业开展公益行动过程中积极总结特色经验和典型案例,通过搭建志愿者服务平台、培训平台、项目交流平台和课题研究平台,持续深化公益行动成效,不断探索行业公益行动生动实践,引导各方力量继续加大公益投入,形成公益投入正向循环新气象。

第二章
凝聚证券行业专业力量，多措并举提升帮扶成效

一、探索长效机制，守住不发生规模性返贫底线

2021年是"十四五"规划开局之年，我国乡村振兴步入新阶段。针对脱贫地区面临的乡村产业基础薄弱、人才缺乏、老龄化严重、文化素养偏低、金融体系不完善、乡村产业融资难融资贵等痛点和难题，各证券公司主动担当作为，通过完善防返贫动态机制、创新开发"防返贫综合险"、派驻县乡村干部等方式，支持定点帮扶地区可持续发展，推进巩固脱贫攻坚与乡村振兴的有机结合，与各方共同努力，守住不发生规模性返贫底线。

一是协助脱贫地区进一步完善防返贫监测帮扶机制。切实做到精准监测、精准帮扶，形成发现响应、核查评估、动态监测、精准帮扶的防返贫监测帮扶体系，做到发现一户、监测一户、帮扶一户、动态清零一户，有效防范定点帮扶县脱贫人口返贫、边缘人口致贫，夯实脱贫攻坚成果，为实现乡村振兴打下坚实基础。证券公司通过发挥金融优势创新开发"防返贫综合险"，针对人身意外事故及自然灾害进行投保，有效防止了定点帮扶地区脱贫户因病、因灾或因意外事故返贫。例如，申万宏源证券推行的"防返贫综合险"覆盖了甘肃省会宁县建档立卡户17.5万人，加大了脱贫基础薄弱、返贫风险突出的"三类户"的赔付比例。截至2021年12月，该项目在全县已受理2240余起，共计赔付863.8多万元，有效防范了当地脱贫群众的返贫风险。

二是加强派出干部队伍建设。证券公司响应协会号召，积极运用各类资源，强化乡村振兴的人才保障，选派优秀干部到结对帮扶地区担任挂职干部、驻村书记，为当地政府和企业出谋划策，落实具体帮扶项目，发挥了作为当地政府与市场之间对接枢纽的作用。自2016年协会发起"一司一县"行动倡议以来，证券行业累计向帮扶地区派驻县工作队、驻村书记等超200名。例如，中国银河证券持续向定点帮扶的甘肃省静宁县选派挂职干部，每位干部在各自岗位上不怕吃苦、甘于奉献、扎实工作、担当尽责，有效发挥了人才、智力帮扶作用，赢得挂职单位和当地群众的充分认可。挂职干部中累计12人次受到省部级以上表彰，原挂职副县长杜晓光荣获"全国脱贫攻坚先进个人"称号。

二、创新金融帮扶措施，助力乡村振兴发展

证券公司通过设立产业基金、拓展营销渠道、发展集体经济等方式，挖掘扶持脱贫地区特色产业，推动产业转型升级，助力脱贫地区产业振兴。同时，证券公司以脱贫县域发展需求为导向，发挥金融专业优势，综合运用承销保荐、并购重组、投资融资、财务顾问等手段，帮助脱贫地区企业开展直接融资。

一是结合乡村振兴阶段的新需要，深挖县域经济发展特色，通过项目组辅导帮助企业规范治理，扩大生产，使其产生持续盈利能力；通过再融资、发行债券和资产支持证券等方式，更好地带动当地经济发展，助力打造农业全产业链。例如，2021年，中金公司发行资管产品为中小微企业提供融资超过340亿元，同比增长126%；通过加强与其他渠道合作等方式，提升对中小微企业、"三农"和偏远地区金融服务的覆盖面，增强金融普惠性。

二是发行乡村振兴专项债，畅通社会资本投入乡村振兴渠道，补齐农业农村发展短板，完善乡村基础设施，盘活各类资产资源，降低"三农"领域融资成本，服务农业农村现代化进程。乡村振兴票据和乡村振兴专项公司债券在2021年实现了从无到有的发展，截至2021年末，乡村振兴票据合计110只，余额823.62亿元，乡村振兴专项公司债券合计13只，余额71亿元。例如，海通证券助力江西省交通投资集团成功发行全国首批、上交所首单乡村振兴专项公司债券，发行规模5亿元，所募资金用于进一步落实2021年《中共中央国务院关于全面推进乡村振兴加快农业农村现代化的意见》"大力实施乡村建设行动，加强乡村公共基础设施建设，实施农村道路畅通工程"等相关领域。

三是充分发挥系统独特的金融优势，通过推广农产品"保险+期货"模式，有效控制农产品价格波动风险，帮助贫困户稳定收入、提高种植积极性，增强脱贫地区特色产业发展的抗风险能力，为更多贫困户提供更有效的收益保障。例如，华西证券累计运作38个"保险+期货"项目，覆盖四川、云南、贵州、西藏等9个省（区）20多个县市。仅2021年，这些项目就为各地的鸡蛋、生猪、苹果等农副产品保障现货价值达3.45亿元。华西证券还协助养殖龙头企业成功申报生猪期货交割仓库，推动四川省成功纳入生猪期货交割区域。

三、加大产业帮扶力度，夯实可持续发展基础

2021年8月，习近平总书记在河北承德考察时强调："产业振兴是乡村振兴的重中之重，要坚持精准发力，立足特色资源，关注市场需求，发展优势产业，促进一二三产业融合发展，更多更好惠及农村农民。"在协会的倡导下，各证券公司切实把发展产业作为推动脱贫地区经济发展、实现乡村振兴的根本出发点和落脚点，为从根本上建立解决相对贫困长效机制打下坚实的经济基础。

一是通过构建产业振兴体系，把产业发展重心转向县域主导产业和优势产业的培育与发

展，将产业振兴作为证券公司投行、投资等条线的目标责任管理重要内容，加强统筹协调、任务分解和责任落实，构建上下联动的产业振兴工作格局。例如，兴业证券融合拓展了宁夏隆德县"电商＋青创"新模式，建设残疾人就业创业示范基地，开发自强创收平台。面向有就业创业需求、自主创业愿望的残疾青年，针对性开展就业政策解读、电商基础知识、网店经营管理、直播带货、传统手工艺品制作教学等课程培训，并为自主创业的残疾人提供场地、技术、产品、资金等一站式服务。目前，该行动直接带动40余名隆德县残疾人就业，实现全县2 000多名重度残疾人分红近200万元。

二是围绕脱贫县主导的产业发展方向，大力扶植特色种养业，通过建设大型集中交易市场，推动实现规模化、标准化生产经营；通过资金扶持、技术改造、企业引进等方式，做强农产品加工业，延长农业产业链、价值链，促进优势产业提质升级。例如，中国银河证券以全产业链理念拓展甘肃省静宁县苹果产业增值增效空间，挖除改造老旧果园共计2 000亩，着力建设中投中国银河矮化密植现代苹果生产基地。此外，引入汉和航空智慧农业，成立静宁县汉和数字苹果研究院有限公司，借助科技力量努力把静宁县打造成全国数字苹果生产第一县。

三是践行"一司一策"精准帮扶，深度对接资本市场。通过引进战略投资者、引入股权和债权投资、引入先进技术等方式，发展一批具备一定规模、带贫效应强的企业；加大投融资力度，与资本市场实现充分对接，帮助当地破局引资引企难题，推动企业不断做大做强。例如，2021年12月，华林证券向西藏堆龙德庆区定向捐赠20万元，用于落实"德庆镇邦村辣椒种植发展建设项目""德庆镇邦村藏式辣椒加工厂升级改造项目"以及"德庆镇邦村农村剩余劳动力再就业培训项目"，通过购买机器设备、加强人员培训等，帮助当地政府发展农产业，提高生产经济水平。

四、多措并举巩固成果，深化持续帮扶成效

围绕巩固脱贫攻坚成果、推进乡村五大振兴，证券公司充分发挥金融资源优势，服务国家乡村振兴战略，创新多种帮扶方式赋能乡村振兴工作，取得明显成效。

一是通过结合"一司一县"帮扶工作，因地制宜深入开展调研，发挥投资银行专业优势，从帮扶地区政策支持、资源禀赋、产业定位、困难挑战等角度，研究分析当地经济的发展难点、潜在机遇以及融资需求，形成县域经济发展研究报告，为帮扶县地方政府打造当地特色产业、巩固脱贫成果、推进乡村振兴提供科学建议。例如，2021年7月，中金研究院联合清华大学开展"数字时代的乡村振兴"调研，赴安徽、山西、河南、湖南、江苏、宁夏的6个县市区，聚焦当地互联网、大数据等数字技术的应用现状与面临的挑战，探求数字技术对于乡村振兴的影响和作用机制，形成深度调研报告。

二是通过引入资金、投入人才、深入农村，不断建立健全义务教育保障成果长效机制，巩固拓展农村家庭经济困难学生教育帮扶工作，做好巩固拓展教育脱贫攻坚成果同乡村振兴

有效衔接，形成乡村教育振兴和教育振兴乡村的良性循环。例如，2021年2月、8月，中天国富证券先后分两次向贵州省赫章县结构乡寄宿制小学、幼儿园和卫生院综合体项目共拨付3 500多万元，用于该教育、医疗综合体项目的收尾结算，目前公司已累计向该项目捐资近1亿元，大力改善当地农村困难家庭学生的就学就医条件。

三是通过健全基础设施与公共服务体系、强化政策支持和要素保障，持续改善农村人居环境，促进农村公共基础设施往村覆盖、农村基本公共服务水平稳步提升、农村精神文明建设不断加强，助力乡村建设取得实质性进展，农民获得感、幸福感、安全感进一步增强。例如，东方证券自2018年下半年起，对口帮扶云南省富宁县谷拉乡平蒙村，共投入资金超过500万元援建多条进村道路、村内道路硬化以及LED路灯亮化等项目，解决村民出行难题，助力改善村容村貌及人居环境。

四是通过支持结对帮扶地区农业农村绿色发展，开展乡村生态保护和乡村环境治理，改善乡村生产生活服务设施，巩固乡村饮水安全成果，服务美丽乡村建设。尤其是多家证券公司探索"生态林""碳汇林"等新型生态帮扶方式，践行"两山"理念，探索生态帮扶高质量发展新路，为"双碳"背景下乡村高质量发展和走向全面振兴贡献了力量。例如，2021年4月，东兴证券在内蒙古鄂尔多斯市库布其沙漠"绿水青山就是金山银山"实践创新基地承办"2021年中国资本市场公益论坛"，并启动"东兴证券库布其生态公益基金"，率先打造证券行业示范效应。该基金在中国证券业协会指导下设立，由东兴证券首期捐资100万元，旨在充分发挥资本市场绿色金融优势，创新推动库布其乡村振兴和"碳中和"贡献水平提升，促进人与自然和谐共生。

第三章
聚力践行新发展理念，积极服务国家发展战略

"十四五"是实现高质量发展的关键时期，努力践行新的发展理念是证券行业高质量发展的必由之路。证券公司通过融入创新驱动发展战略、持续深化金融供给侧结构性改革、服务构建绿色低碳循环发展经济体系、内外联动服务双循环发展格局、增强人民共享发展成果等措施，积极践行创新、协调、开放、绿色、共享的发展理念，推动高质量发展取得积极成效。

一、完善绿色证券金融服务，助力实现"双碳"目标

为推动我国生态文明建设和实现低碳绿色循环经济发展，2021年，证券公司全面践行绿色发展理念，在多个方面取得成果。协会总结证券行业服务实体经济绿色发展、助力实现"双碳"目标的实践，发布《证券行业助力碳达峰碳中和目标行动报告》，引导行业凝聚合力，助力实现"碳达峰碳中和"目标。

一是启动制订"碳达峰碳中和"、绿色金融战略规划，开展"碳中和"经济理论研究，推动碳金融市场体系建设和产品创新。多家证券公司制订了"碳达峰碳中和"的总体目标和行动方案，从明确绿色金融目标和责任部门、制定专项制度规范、开展绿色研究、创新绿色投融资产品、参与碳市场建设等方向发力，并主动接轨国际市场学习领先经验，为国家"碳中和"进程注入金融力量。例如，天风证券联合证券时报社、中央财经大学绿色金融国际研究院，共同发布证券期货行业首份《促进"碳达峰 碳中和"行动倡议书》，并发布《天风证券"碳达峰 碳中和"行动方案》，同时围绕绿色证券业务相关政策研究、绿色企业投行服务、金融产品发行和创新等完善绿色金融服务体系。

二是紧抓绿色发展机遇，积极运用多层次资本市场，有效发挥绿色债券、IPO、再融资、并购重组、新三板挂牌、发行可转债等融资工具的作用，为新能源、环保、清洁能源、清洁交通等领域的绿色企业及绿色项目提供多元融资支持，助力企业通过直接融资实现高质量发展。2021年，作为绿色公司债券主承销商或绿色资产证券化产品管理人的证券公司共50家，承销（或管理）102只债券（或产品），合计金额1 376.46亿元；其中，资产证券化

产品 38 只，合计金额 529.25 亿元。例如，2021 年 7 月，由国开证券联席主承销的海南省农垦投资控股集团有限公司 2021 年绿色乡村振兴公司债券成功发行，债券附有"乡村振兴"和"绿色债"双标识，募集资金拟用于垦区绿色乡村振兴产业项目建设、运营、收购或偿还绿色乡村振兴产业项目贷款等，同步支持农村生态环境治理保护、绿色现代农业发展项目，在污染防治和减排、资源综合利用、绿色食品供给、带动当地农业发展等乡村振兴领域发挥重要作用。

三是完善 ESG 治理架构，构建 ESG 或绿色投资体系，促进绿色价值发现。2021 年，越来越多的证券公司将 ESG 理念融入公司治理或管理运作中，部分证券公司已将 ESG 纳入投资考虑因素或投研体系，促进上市证券公司 ESG 信息披露日益完善。例如，中信证券以国内发展实际为基础，借鉴国际优秀经验，以 ESG 核心内涵为准则，构建了中信证券 ESG 评分体系，面向中证 800 股票池，打造国际视野与中国发展阶段兼顾的 ESG 评分新体系，聚焦 ESG 评价体系的"本土化"方法与投资应用，促进 ESG 理念不断融入我国资本市场投资文化。

二、不断发挥专业优势，积极支持实体经济发展

随着多层次资本市场建设加快推进，证券公司积极发挥连接资本市场与实体经济的关键基础功能，持续深化供给侧结构性改革，为实体经济提供高质量高效率的金融服务。

一是强化责任担当，将服务国家经济高质量发展内化于自身发展战略，在服务区域经济发展战略、深化国资国企改革、支持民营企业改革创新与转型升级等方面找准服务发力点，切实发挥现代投资银行的专业优势，在产品创新、业务创新和服务创新领域加大投入，服务实体经济做优做强。例如，2021 年 4 月，国信证券作为主承销商助力深圳坪山城投非公开发行 5 亿元粤港澳大湾区专项公司债券（第一期），并成功发行全国首单"单 SPV"结构商贸物流产业 CMBS，支持"双区"建设。

二是聚焦解决中小微企业、民营企业"融资难、融资贵"等问题，发挥资本市场配置资源的枢纽作用，引导金融资源流向重点领域和薄弱环节，服务区域经济、中小微企业、民营经济协调发展。同时，通过创新金融工具，助力民营企业纾困。截至 2021 年 6 月末，证券公司管理的支民资管计划及其子计划累计投出超 1 000 亿元，切实纾解了民营企业及其股东的流动性困难。2021 年，华泰证券资管帮助南京江北新区扬子科技融资租赁有限公司发行知识产权资产支持证券，创全国同类型项目优先级证券最低发行利率。新融资模式盘活了企业知识产权的价值，突破性地解决了中小型科技创新企业融资难点、堵点及痛点，为解决中小企业融资难题开辟了新的路径，促进了企业创新成果的运营和转化。

三、坚守资本市场人民性立场，提升投资者服务与保护水平

资本市场的改革发展直接关乎亿万家庭、数亿群众的切身利益。证券经营机构牢牢把握

"以人民为中心"的发展理念,通过完善国民教育体系、创新投教机制、加强投教宣传等方式,促进投资者保护工作迈出新步伐。

一是积极推动投资者教育纳入国民教育体系。协会联合各地证监局推出"一会、一局、一司、一校"(简称"四合一"机制)投教合作机制,形成协会作为牵头单位、证监局作为指导单位、证券公司和高校作为合作主体的校园投教长效合作机制。截至2021年底,已有北京、上海、浙江、内蒙古等13个辖区的16家证券公司、33所高校、1所中学、1所小学加入协会"四合一"机制。各方合作走入校园授课累计超过300课时,为超过50名在校生提供实习就业支持,举办全国性、区域性等不同规模的投教赛事活动8场,超过2.2万名学生报名参加。例如,2021年,天风证券与武汉大学、湖北经济学院合作举办"湖北省首届大学生金融投资创新大赛",通过线上培训、模拟操作、投资策略竞赛等方式,帮助在校学生树立正确的投资理念,加强证券期货知识在校园范围的普及教育。

二是聚焦重大改革,积极开展投资者教育宣传。各证券经营机构根据监管机构和自律组织要求,围绕北交所设立、创业板注册制、公募REITs上市等重大改革内容开展"多举措、广覆盖"的投教活动,及时向投资者传递资本市场的重要资讯与风向,向投资者传达理性投资观念,引导投资者认识投资价值及投资风险。例如,招商证券持续推出北交所专题投教产品,全年累计开展相关活动近200场,制作原创投教产品超100件,发放印制实物类投教产品近5万份,总覆盖投资者超200万人次。

三是创新投资者教育方式方法,提升投资者服务获得感。证券公司不断探索活动方式,丰富活动载体,创新活动内容,线上线下相结合,从单一面授的投教模式向多元化互动投教方式转变,提升了投资者的参与度和获得感。2021年,证券公司坚持疫情防控、投教"两不误",以实体投教基地和互联网投教基地为基础,结合新媒体渠道,延伸服务触角,探索构建多场景、多维度、全覆盖的投资者教育新模式,进一步丰富投教作品与活动资源。经统计,2021年行业内各类投教活动多达11.3万场次,参与投资者近2.4亿人次,真正做到了疫情防控期间投教服务不停歇。

四、坚持人民至上,积极投身公益事业

2021年,全国多地新冠肺炎疫情出现反复,疫情防控形势严峻复杂;同时,河南、山西等地因暴雨引发严重灾情。证券行业强化担当意识,落实主体责任,通过向洪涝受灾地区捐赠资金、物资,参加疫情防控、助学助教、扶老济贫等方式,投身志愿服务工作,不断提升志愿服务的针对性、时效性、专业性,体现了证券行业服务国家大局的责任和担当。

一是严格落实疫情防控主体责任,制订有针对性的业务持续运营计划和应急预案,持续提升服务保障水平;通过筹集公益资金、调配社会防疫资源等方式,全力支持防疫工作,积极服务疫情防控大局。例如,国泰君安证券高度重视上海地区疫情防控工作,积极投身"战疫"一线,充分发挥经济社会发展"压舱石"和保障城市运行"稳定器"的重要作用。

公司一手抓员工安全，一手抓运营稳定，总部按照最低限度配置在岗人员，最大程度降低感染风险，关键部门又确保必要员工在岗，全面保证不发生系统和运营中断风险，公司员工同时积极响应抗疫号召，参与抗疫志愿服务工作。

二是担当社会责任，高度关注国内灾情，面对河南、山西等地陆续遭遇的严重汛情，证券公司以强烈的社会责任感迅速参与防汛救援，切实行动，积极驰援灾后重建工作。例如，中金公司及中金公益基金会向河南省红十字会捐款800万元，用于河南鹤壁浚县、新乡医学院第一附属医院以及卫辉市的紧急救援、灾后消杀、生活救助等项目。同时，中金公益基金会发起"众志成城 驰援河南"募捐活动，共有超过1 100人次参与，募得善款逾73万元。

三是通过整合各类农特产品资源，创新消费帮扶手段，打破农产品销售渠道制约，引导特色产业链转型升级，挖掘行业"输血"新潜能、激发县域"造血"新动能。例如，申万宏源证券聘请专业运营团队，持续推动京东"中投助农专区－会宁助农馆"建设，拓展农产品网销渠道。发挥业务伙伴优势，将甘肃省会宁县农特产品引入电商平台。自2018年11月30日中投会宁助农馆建立至今，已累计销售会宁农特产品5 000余万元，其中2021年帮助销售会宁农产品1 900余万元。

积极履行社会责任、服务国家战略、促进共同富裕是证券行业高质量发展的重要内涵，也是证券行业应有的责任担当。2022年是实施"十四五"规划承上启下之年，也是乡村振兴全面展开的关键之年，协会将全面贯彻党的十九大和十九届历次全会精神，深入贯彻中央经济工作会议精神，坚持稳中求进工作总基调，立足新发展阶段、贯彻新发展理念、构建新发展格局、推动高质量发展，切实履行"自律 服务 传导"三大职能，持续引导证券公司发挥专业力量、深化公益行动成效，为促进共同富裕作出证券行业应有贡献，迎接党的二十大胜利召开！

专题报告之四：
2021年证券公司投资者保护工作发展综述

2022年第一季度，中国证券业协会开展了2021年证券公司投资者保护专项调查工作，具有证券经纪业务的108家证券公司参与了本次专项调查。调查显示，2021年，证券公司进一步加大投资者教育经费投入，重视投资者教育基地（以下简称"投教基地"）建设，充分发挥专业优势助力乡村振兴，将投资者教育与党史教育相结合，弘扬红色精神，持续推进投资者教育纳入国民教育体系，以丰富的投资者教育内容和服务向投资者传递理性投资理念，扩大投资者教育的覆盖面并增强渗透度。

第一章
证券公司投资者教育服务工作情况

2021年,证券公司进一步加大投资者教育经费投入,不断完善投资者教育服务工作组织与制度建设,多形式推进投资者教育纳入国民教育体系,依托投教基地不断深化教育服务,发挥自身专业优势,以投资者教育服务助力乡村振兴。

一、投资者教育经费投入总量、占比双提升

2021年,证券公司持续加大建设运行投教基地、举办投资者教育活动、制作投资者教育产品、开展投资者教育培训等方面的经费支出,进一步强化投资者教育工作经费保障,投资者教育经费投入总量、占比呈现双提升趋势。108家证券公司投资者教育经费投入总计约6.07亿元,比上年增加0.57亿元,同比上升10.36%;平均每家公司投入约为562.04万元,比上年增加38.23万元,同比上升7.3%;投资者教育经费占同期代理买卖证券业务净收入的0.47%,较上年增加0.15%。

从投资者教育经费投入结构来看,证券公司的主要支出多集中于建设运行投教基地上,其中不仅包括运营维护已成立或授牌的公司投教基地,还包括筹备、建设新基地等。2021年,证券公司建设运行投教基地的投入费用约为3亿元,占总投入金额的49.42%;制作投资者教育产品投入费用(除投教基地建设外)约为1.17亿元,占总投入金额的19.28%;举办投资者教育活动(除投教基地建设外)投入费用约为0.99亿元,占总投入金额的16.31%(见图专4-1)。

近10年,证券行业年均投资者教育经费投入约为5.55亿元,平均占年度代理买卖证券业务净收入的0.55%(见图专4-2)。

2021年,证券公司投资者教育经费投入差距与上年相比基本稳定。经费投入在500万(含)至1000万元的有15家公司,在500万元以下的有73家公司,数量均与上年持平(见图专4-3)。

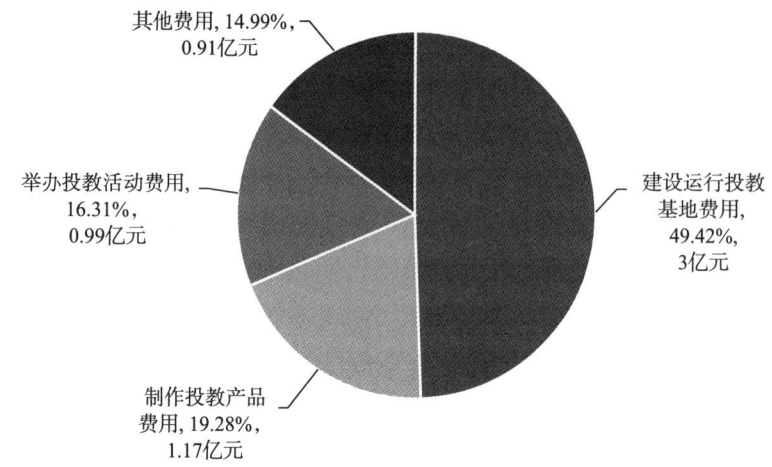

图专 4-1　2021 年证券公司投资者教育经费投入结构占比情况

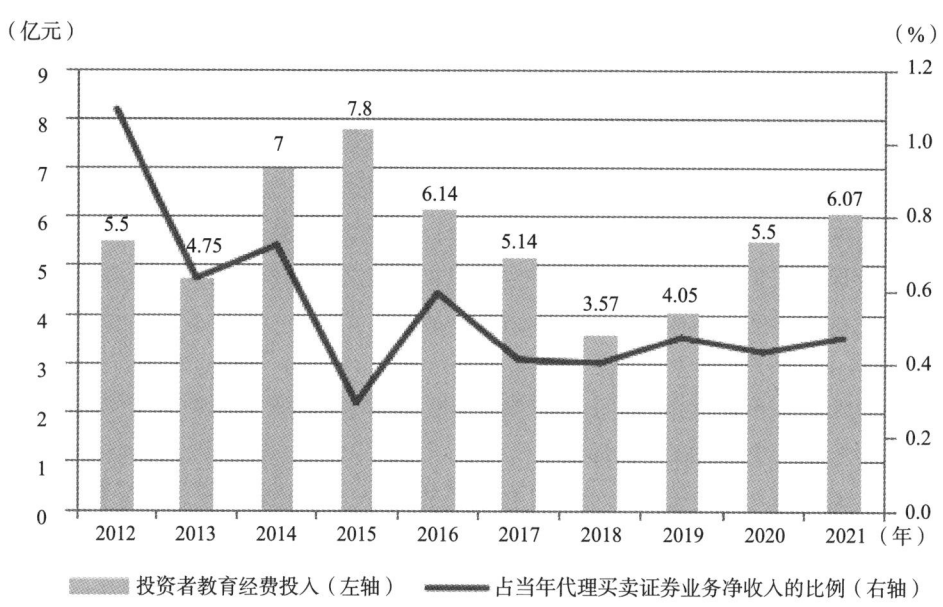

图专 4-2　2012—2021 年证券行业投资者教育经费变化情况

二、持续完善投资者教育组织体系

2021 年，85% 的证券公司建立了由多部门组成的公司层面投资者教育服务工作小组，其余公司则普遍由其经纪业务管理总部、客户服务部或财富管理部等相关部门牵头负责投资者教育相关工作。近年来，各公司组织机制建设及专岗人员保持相对稳定。2021 年，证券公司投资者教育服务岗位工作人员共有 13 671 人，其中，公司总部投资者教育岗位人员共 699 人，平均每家公司总部配备 6 名以上投资者教育工作人员；公司营业部投资者教育岗位人员共 12 972 人，平均每家证券营业部配备一名以上投资者教育岗位工作人员。

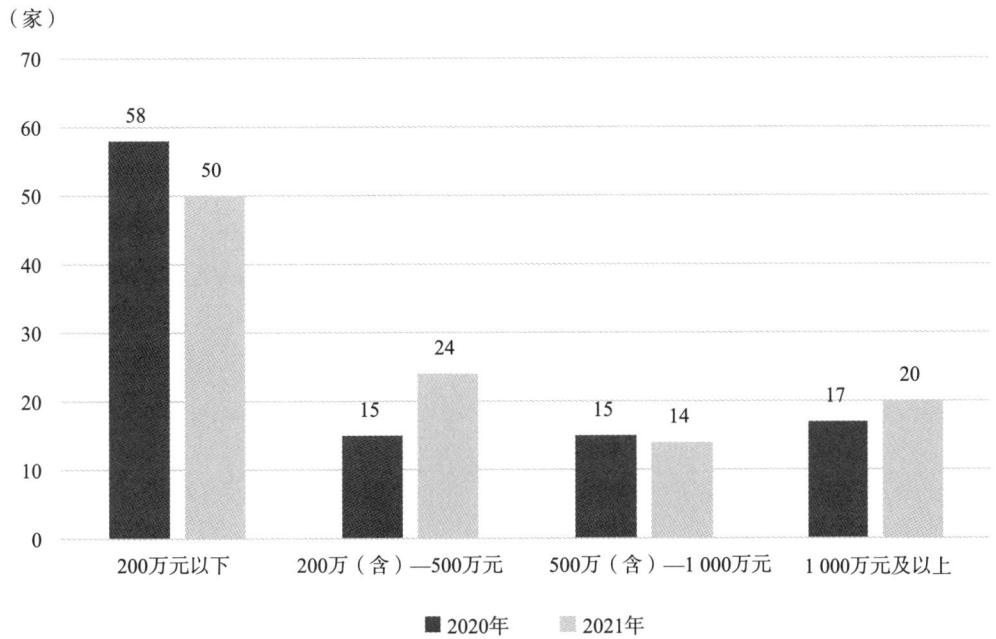

图专4-3 2020年、2021年不同投资者教育经费投入规模的公司数量比较情况

2021年，随着北京证券交易所挂牌成立、深圳证券交易所主板与中小板合并以及首批基础设施公募REITs正式上市等资本市场重大事项的发生，证券公司亦根据业务需要，及时发布或修订公司内部与投资者教育服务相关的各项制度细则，将投资者教育与各项业务环节相融合。调查显示，80%的证券公司制定发布涉及投资者适当性、投教基地、投资者权益保护等工作的相关制度细则196部；69%的公司对原有制度进行了细化或完善，共修订制度233部，其中涉及股票期权、融资融券、港股通、投诉处理等方面。

三、形式多样，持续推进投资者教育纳入国民教育体系

2019年以来，中国证监会进一步加大推进投资者教育全面纳入国民教育体系工作力度，从源头上提升国民金融素养。为贯彻落实中国证监会、教育部《关于加强证券期货知识普及教育的合作备忘录》精神，2019年起，中国证券业协会持续鼓励证券公司开展投资者教育进百校活动，引导行业机构广泛走入大中小学开展各类投资者教育活动。在中国证券业协会号召下，两年来总计70余家证券公司走进1 000余所大中小学。其中，2021年共有32家证券公司结对440所学校，开展了包括主题讲座、课外实践、兴趣培养、现场参观等形式丰富的投资者教育活动。

同时，2021年初，中国证券业协会发起"一会、一局、一司、一校"投资者教育合作机制（以下简称"四合一"机制），即中国证券业协会牵头组织协调，各地证监局指导支持，证券公司和高校发挥各自优势，合作共建投资者教育平台。截至2021年底，已有北京、

上海、浙江、内蒙古等13个辖区的16家证券公司、33所高校、1所中学、1所小学加入中国证券业协会"四合一"机制。各方合作走入校园授课累计超过300课时，为超过50名在校生提供实习就业支持，举办全国性、区域性等不同规模的投资者教育赛事活动8场，超过2.2万名学生报名参加。

2021年，在证券公司开展的进校园活动中，重点从教材、课程与活动开发、高校人才培养、专业合作共建等多个方面探索推动投资者教育知识纳入国民教育，并通过线上线下多种形式开展活动，部分证券公司还将推进投资者教育纳入国民教育体系与助力乡村振兴工作相结合，深化推动证券期货知识的普及与传播。2021年，证券公司在校园内开展了包括"缤纷童年 财商同行""小小理财家 大大财富梦""牵手北交所，共赢新起点""创业英雄会——财商少年成长计划"以及证券投资行业专家系列等在内的投资者教育知识讲座或活动6 916场，覆盖学生达3 352万人次。此外，证券公司还编写或联合高校等相关机构共同编写了包括《大商之道》《睿睿的财商故事》《儿童财商启蒙系列》《投保口袋书》《财商教育绘本》等在内的公益财商教育读本或教材，制作并投放适用在校学生的原创投资者教育产品5 000余种，63家证券公司与在校老师开展了交流座谈等活动（见图专4－4）。

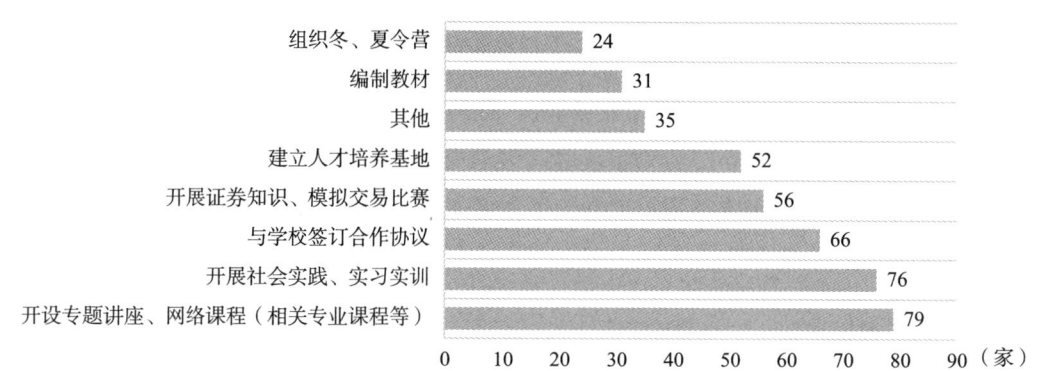

图专4－4 2021年采取不同投资者教育纳入国民教育体系形式的证券公司数量情况

四、线上线下联动开展投资者教育宣传

证券公司积极创新投资者教育内容和形式，在落实防疫要求的基础上，采取线上线下联动的形式为投资者提供投资者教育服务，扩大宣传覆盖面。从创新形式上来看，除了传统的宣传手册、海报、图文等宣传形式外，短视频已新晋成为证券公司投资者教育传播的重要形式。2021年，96家证券公司采用了短视频或视频形式制作投资者教育产品，利用其轻量化、表现力强、直观性等特点，方便投资者利用碎片时间学习投资知识，满足学习需求，具体使用不同投资者教育产品形式的公司数量情况见图专4－5。2021年，证券公司制作原创投资者教育产品超6万种，其中，电子类原创投资者教育产品点击量（播放量）达22.66亿次，是上一年的2.1倍，且随着移动互联网的快速发展，电子投资者教育产品点击量已连续多年

呈快速增长趋势；101家证券公司制作并发放带有投资者教育内容的实物类投资者教育产品1663万件（个），比上一年增加475万件（个）。

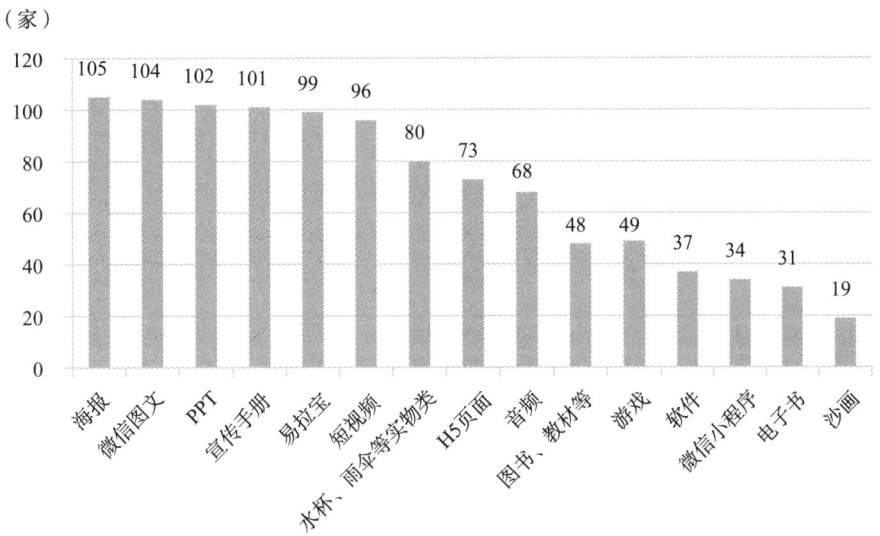

图专4-5　2021年使用不同投资者教育产品形式的证券公司数量情况

在投资者教育活动方面，2021年，为庆祝中国共产党成立100周年，普及红色金融历史，传承红色金融文化，84家证券公司举办了包括"重走百年路，投教红色行""建党100周年红色金融特展""追寻红色记忆，传承红色基因""学习党史知识，提高投保意识"等在内的红色金融宣传主题活动3000余场，活动参与人数达千万人次。通过党史学习教育，引导广大投资者了解学习中国共产党的发展历史，增强投资者的民族自信心和自豪感。

同时，证券公司积极响应监管机构和自律组织的号召，开展"3·15""5·15""基础设施REITs来了""牵手北交所""世界投资者周"等多项投资者教育活动；还根据自身情况，自主策划开展各类主题投资者教育活动超300项，内容涉及投资者适当性管理、防范非法证券、期权知识普及等。2021年，受疫情影响，证券公司持续加强线上投资者教育，利用视频直播、知识竞赛、微视频大赛、线上健步走等多种形式开展线上投资者教育活动4.3万余场，参与投资者达7.8亿人次，约是上一年的2.4倍；其中，开展视频培训讲座、公开课、"云走进"等直播形式的投资者教育活动近20 000场，参与投资者达2.3亿人次，活动场次及参与人次较上年均有显著提高。使用不同线上投资者教育活动形式的证券公司数量情况见图专4-6。

在遵守防疫政策的前提下，证券公司线下投资者教育活动有序开展。2021年，证券公司开展线下投资者教育活动70 000余场，参与人次达2 700万，较上年增加170万人次，活动形式涉及培训讲座、走进社区、走进企业、走进交易所、演讲比赛、展览等。此外，在投资者教育宣传工作中，除新媒体外，证券公司同时积极发挥大众媒体在投资者教育工作中的

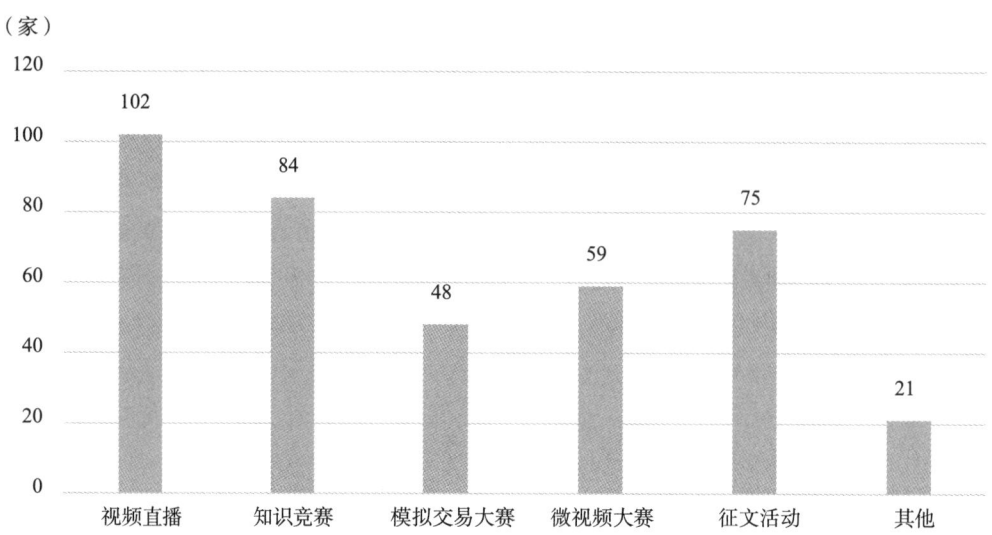

图专 4-6　2021 年使用不同线上投资者教育活动形式的证券公司数量情况

作用，广泛与门户网站、报纸、电视、广播等媒体合作开展投资者教育服务宣传，合作媒体包括人民网、新华网、全景网、新浪网、中央电视台、地方电视台、地方财经广播等相关媒体 1 093 家，联合举办投资者教育活动 21 000 余场，发布投资者教育宣传信息（文章、音视频等）10 000 余篇（部）。使用不同线下投资者教育活动形式的证券公司数量情况见图专 4-7。

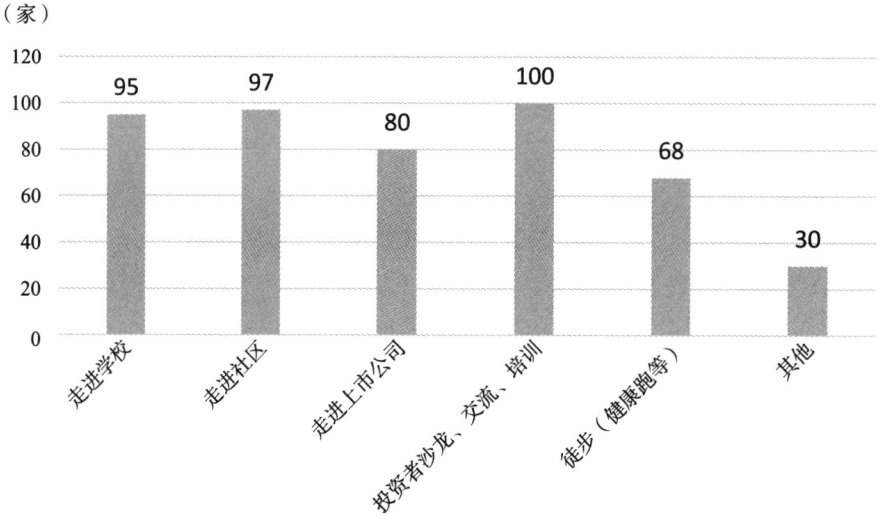

图专 4-7　2021 年使用不同线下投资者教育活动形式的证券公司数量情况

五、依托投教基地，深化投资者教育宣传

投教基地运行 5 年多以来，规模数量稳定增长，功能作用不断延伸，制度机制日趋完

善，在普及证券期货知识、提高投资者风险防范意识、提升国民财经素养等方面发挥了重要作用。2021 年，中国证监会开展了第四批国家级证券期货投资者教育基地命名申报工作，共有 10 家证券公司设立的实体投资者教育基地在申报工作中获得授牌。截至 2021 年底，全国共有国家级投教基地 71 家、省级投教基地 128 家；其中，实体投教基地 126 家、互联网投教基地 73 家。

证券公司投教基地充分发挥窗口作用，立足公益性、专业性、特色性等原则，为投资者提供一站式的教育服务。2021 年，证券公司建设的实体投教基地访问达 1 743 万人次，举办投资者教育活动约 2.5 万余场，活动覆盖受众达 1.65 亿人次；互联网投教基地网站及其衍生的微博、微信、App 等平台访问人次达 5.48 亿，举办投资者教育活动约 2.3 万场，活动覆盖受众达 6 466 万人次，较上年呈上升趋势。在开展投教基地满意度调查方面，2021 年，375 万人次参与了证券公司实体投教基地满意度调查，在参与调查的投资者中，对投资者教育基地表示满意或较为满意的人次占比为 97.96%；54.2 万人次参与了证券公司互联网投教基地满意度调查，在参与调查的投资者中，对投教基地表示满意或较为满意的人次占比为 96.34%。

六、普及金融教育，助力乡村振兴

2021 年是乡村振兴的开局之年。证券公司发挥专业优势，通过在乡村开展投资者教育工作，加强金融知识普及教育，助力巩固脱贫成果，服务乡村振兴。调查显示，73 家证券公司在乡村振兴重点帮扶县等开展"3·15 投资者权益保护""弘扬宪法精神 维护宪法权威""金融知识助力乡村振兴"等各类主题投资者教育活动 1 561 场，服务民众达 252 万人次，制作投放电子、海报、易拉宝、宣传手册及实物类投资者教育产品 24.9 万件（部），产品内容涉及金融基础知识、证券法律法规、投资风险提示、防范非法证券及投资者维权等。同时，部分证券公司还特别面向学生、老年人等特殊群体，根据其受众特点，有针对性地开展财商教育、讲解真实案例、宣传防非防诈等，引导学生树立正确的消费观、财富观和价值观，增强乡村居民的金融诈骗防范意识和能力。

第二章
证券公司投资者适当性管理工作情况

投资者适当性管理是投资者进入资本市场的第一道防线。2021年，证券公司建立健全适当性管理的各项内部制度，配备相应的人员队伍，建设完善信息技术系统，进行客户回访，开展适当性自查及专项培训等，积极履行适当性义务。

一、持续完善投资者适当性制度

按照监管规定，证券公司应当建立健全内部控制，在各项业务中全面执行投资者适当性管理要求。调查显示，2021年，证券公司新增公司层面与投资者适当性相关制度242部。其中，59家证券公司制定发布与北京证券交易所投资者适当性管理相关工作制度66部，24家证券公司发布与公开募集基础设施基金业务投资者适当性管理相关工作制度24部。此外，99家证券公司根据业务需要修订完善了公司层面与投资者适当性管理相关的工作制度727部，其中涉及债券、创业板、新三板、代销金融产品等相关业务。

2021年，108家具有经纪业务的证券公司中，除1家公司因未开展传统经纪业务未设置投资者适当性管理专岗外，其余107家证券公司均设置了投资者适当性专岗，履行投资者评估、适当性复核、自查等适当性相关工作，专岗人员共有18 414人，比上年增加854人。

二、根据业务需要升级完善投资者适当性系统

2021年，随着北京证券交易所设立、创业板注册制、公募REITs上市等业务的改革与出台等，证券公司根据业务需求及时完善适当性管理信息系统，确保落实监管的各项要求。调查显示，90家证券公司对适当性管理系统或相关功能模块进行了升级改造，其内容主要包括完善针对新业务上线的相关系统，优化业务准入，完善系统判断，对最低类别投资者进行强提示，支持风险测评过程CA认证以及客户适当性动态评估等。

三、持续更新客户分类情况

"了解你的客户"是投资者适当性管理工作的核心内容之一。证券公司普遍通过问卷调

查、系统测评、人工沟通以及客户回访等方式了解客户的基本信息与情况，在综合考虑客户收入来源、资产状况、投资知识和经验、风险偏好、诚信状况等多项因素后，确定其风险承受能力，并进行细化分类和管理。根据《证券经营机构投资者适当性管理实施指引（试行）》的相关要求，证券公司可以将普通投资者按其风险承受能力等级由低至高至少划分为5级。调查显示，108家公司中，除1家公司尚未开展传统经纪业务外，88家证券公司均采用了5档客户分类法，19家公司采用了6档客户分类法。同时，为了保证客户信息持续有效，证券公司对分类结果进行定期更新，95家公司每两年对客户分类结果进行一次更新，8家公司每年对客户分类结果进行一次更新（见图专4-8）。

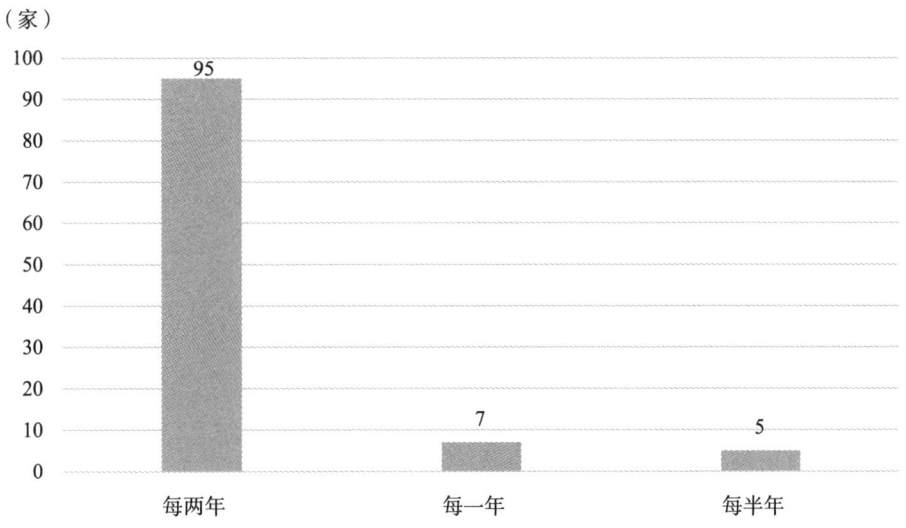

图专4-8 证券公司对客户分类结果更新频率情况

四、普通投资者与专业投资者相互转化情况

根据《证券期货投资者适当性管理办法》的规定，普通投资者与专业投资者在一定条件下可以相互转化。2021年，普通投资者申请转化成为专业投资者的账户数为47 146户，比上年减少28 982户，约占所有普通投资者账户数的0.6%，与上年基本持平；同时，专业投资者转化为普通投资者的账户数为4 707户，约占所有普通投资者账户数的0.06%。

截至2021年底，70家证券公司具有风险承受能力最低类别客户[①]，较上年增加14家，风险承受能力最低类别客户总数约为202万户，占总体客户数量的0.92%，较上年增加0.22%。

---

① 根据《证券经营机构投资者适当性管理实施指引（试行）》规定，将C1级投资者中不具有完全民事行为能力、没有风险容忍度或者不愿承受任何投资损失以及法律法规规定的其他情形的自然人作为风险承受能力最低类别的投资者。

五、开展投资者适当性管理自查与培训情况

根据《证券期货投资者适当性管理办法》相关规定,经营机构应当每半年开展一次投资者适当性管理自查,并形成自查报告。截至 2021 年底,108 家证券公司均已完成第一次投资者适当性管理自查工作,87 家公司已完成第二次自查工作,其余公司拟于 2022 年第一季度或第二季度启动该项工作。调查显示,证券公司投资者适当性管理自查内容基本包括公司制度建设及落实、投资者分类与适当性匹配、各业务条线投资者适当性管理、人员培训及考核、投资者投诉纠纷处理以及发现问题及整改等情况。

2021 年,证券公司开展与适当性管理相关的岗位人员培训 7 700 余场,参加培训员工 120 万余人次,培训内容涉及"双录"、投资者回访、金融产品合格投资者认定以及北京证券交易所、基础设施公募 REITs、场外衍生品等各业务的适当性管理等;受理与适当性管理相关的客户投诉 99 起,较上年相比减少约 50%,已处理完成 97 起,处理率为 98%。

六、开展适当性及金融产品销售培训与检查

2021 年,证券公司全年组织金融产品销售方面的员工培训 5 万余场,参加培训员工达 690 万余人次,员工覆盖率达 81%,与上年基本持平。2021 年,证券公司组织金融产品销售检查 1 981 项(次),对分支机构的检查覆盖率平均为 73.96%,比上年减少 0.28%,其中,71 家公司的分支机构检查覆盖率达 100%(见图专 4-9)。

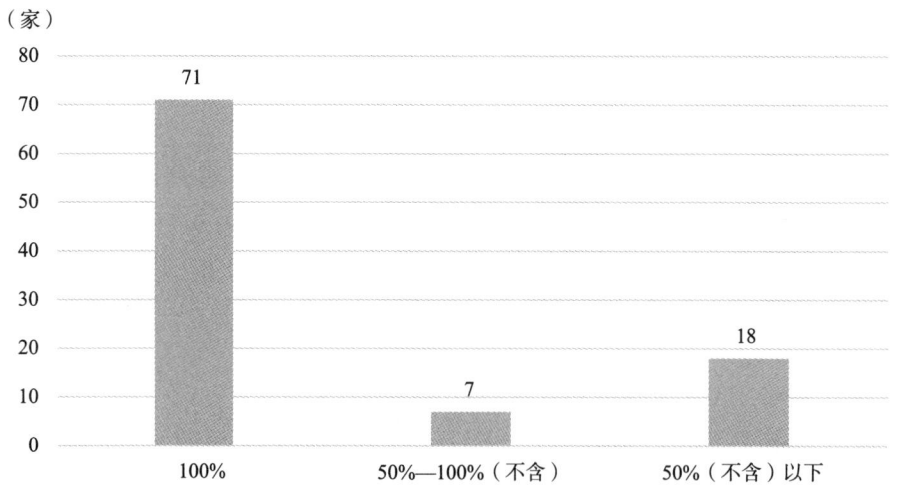

图专 4-9 2021 年证券公司开展金融产品销售检查分支机构覆盖情况

七、对购买金融产品客户履行回访义务

2021年,证券公司针对购买金融产品客户或接受服务客户的平均回访率达31.69%,较上年提升了1.31%,高于《证券期货投资者适当性管理办法》规定的对购买产品或接受服务的投资者每年回访总数不低于10%的标准。其中,12家证券公司购买金融产品的客户回访率达到了100%,4家公司在60%—100%(不含)之间,85家公司在60%(不含)以下(见图专4-10)。

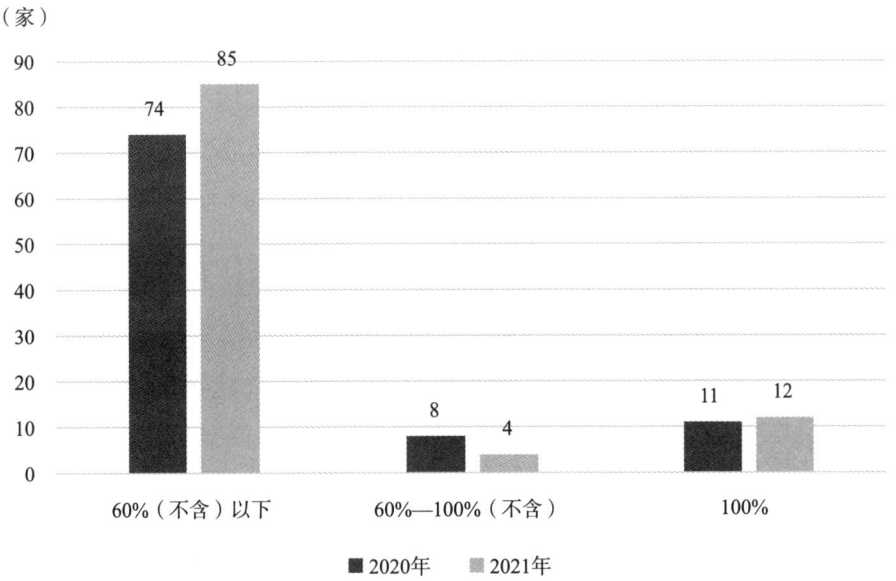

图专4-10 2020年、2021年证券公司销售金融产品回访率比较情况

第三章
维护投资者合法权益情况

2021年,证券公司进一步完善投诉处理机制,积极化解与投资者的矛盾纠纷,更多通过线上方式组织投资者走进上市公司,努力维护投资者知情权、投票权,持续开展防范非法证券宣传活动。

一、完善投诉处理机制,化解矛盾纠纷

2021年5月15日,中国证券业协会联合中国期货业协会、中国证券投资基金业协会共同发布了《证券基金期货经营机构投资者投诉处理工作指引(试行)》(以下简称《投诉指引》),以进一步规范证券基金期货经营机构的投资者投诉处理工作,提高投资者服务水平。调查显示,证券公司按照《投诉指引》要求,进一步明确责任分工、投诉受理及处理流程,完善工作机制,参与本次调查的108家证券公司均建立了投诉处理机制,以妥善处理客户投诉和纠纷等情况。

证券公司主要通过电话、分支机构现场、在线客服、电子邮箱等渠道接收投资者投诉,并公示投诉处理流程。2021年,108家公司共收到客户投诉10 426起,比上年增加929起,平均投诉处理率达98.87%,较上年提高1.99%。其中,87家证券公司客户投诉处理率为100%,比上年增加17家,10家公司投诉处理率在90%—100%(不含)(见图专4-11)。

二、多元化解证券纠纷

2021年,60家证券公司通过调解方式解决证券业务纠纷291起,调解渠道包括人民调解委员会、中国证券业协会及地方协会调解组织、中证中小投资者服务中心、深圳证券期货业纠纷调解中心、地方仲裁委员会等。此外,调查显示,63家证券公司与中证中小投资者服务中心签署了小额速调合作协议,提高小额纠纷处理效率。

2021年,证券公司持续推进投诉处理与行业调解的对接。95家证券公司的官方网站链接了中国证券业协会证券纠纷调解在线申请平台,比上年增加2家;98家证券公司在公司

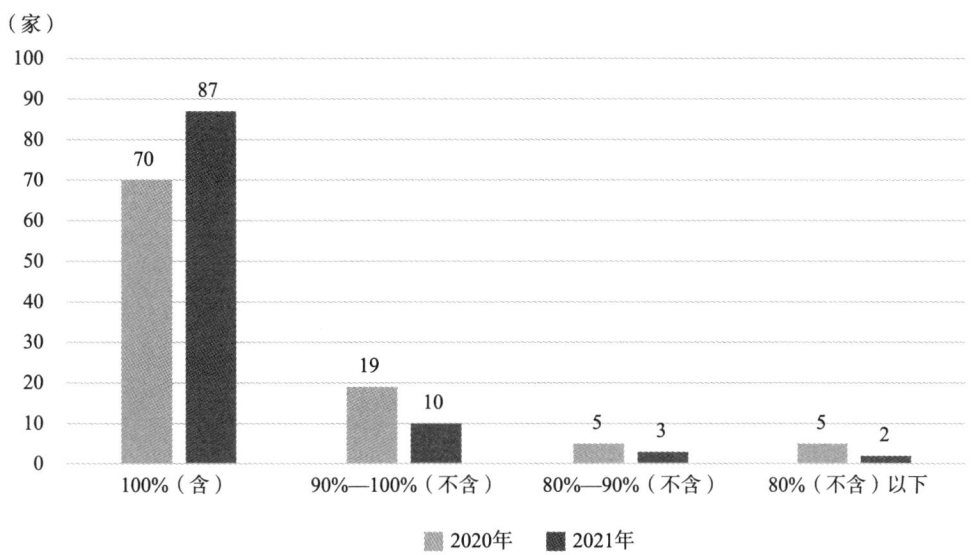

图专 4-11 2020 年、2021 年不同客户投诉处理率的公司数量比较情况

相关业务合同或协议中加入通过证券纠纷行业调解方式解决证券纠纷的争议解决条款,同上年持平。2021 年,中国证券业协会通过书面、在线申请平台等方式受理证券纠纷调解申请 442 件,调解成功 309 件,达成和解金额 784.05 万元。

三、努力维护投资者知情权、投票权

投资者作出正确决策,知情权是基础。2021 年,证券公司继续通过组织投资者走进上市公司等活动方式维护投资者知情权。受疫情影响,证券公司通过线上线下等形式组织投资者走进上市公司,增进投资者与上市公司的互动交流。调查显示,证券公司组织投资者通过线上形式走进上市公司 1 934 次,参与人次为 4 540 万;组织投资者线下走进上市公司 1 677 次,参与人次为 3.7 万。2021 年线上活动参与人次大幅增加,与上年相比,投资者参与总人次约为上年的 10 倍。为支持投资者行使投票权,证券公司组织 72 万余名投资者参与上市公司表决事项投票。

四、持续开展防范非法证券活动

为警示非法证券期货活动风险,保护投资者合法权益,2021 年,证券公司继续配合各监管机构坚决打击非法证券活动,58 家证券公司发现并举报假冒本公司网站 1 032 起,比上年增加 115 起。

2021 年,中国证券业协会组织证券经营机构开展了主题为"勿入非法证券投资圈套,推动行业健康文化建设"的"防非"宣传月活动。活动期间,证券公司通过制作并发布原

创"防非"宣传产品、举办知识竞赛、户外现场活动、健康跑、投教基地走进对口贫困县等多种形式开展"防非"宣传，增强"防非"宣传教育工作的针对性和实效性。在"防非"宣传月期间，证券公司制作并发放原创文章、漫画、音视频及实物类宣传产品6万余个，组织进社区、进学校、讲座、沙龙、广场商圈宣讲等宣传专场活动8 407次，通过报纸杂志、电视、广播、网站、微博等宣传2 818次，微博、官微、小程序、公众号宣传61 955次，短视频和直播平台宣传29 577次，累计发送"防非"短信72 254 018条，活动总覆盖人次达1.7亿，"防非"宣传的覆盖面和实效性进一步提升。

此外，2021年，中国证券业协会探索跨界合作，首次联合中国田径协会，并与"中证协投资者之家"互联网投教基地、地方证券业协会、证券公司于2021年11月启动"中国证券业防范非法证券宣传线上健康跑公益活动"，此项活动旨在保护投资者合法权益，吸引广大公众关注打击非法证券活动，凝聚行业信心，践行社会责任，宣传健康理性的投资理念。截至活动结束，共有超过25万人在App上参与了"防非"宣传活动，发放17 800个公益活动名额。活动吸引了广大投资者、证券从业人员的热情参与，同时有效提高了大众防范非法证券活动的意识。

第四章
加强投资者保护工作建议

为贯彻落实新《证券法》，持续贯彻执行《国务院办公厅关于进一步加强资本市场中小投资者合法权益保护工作的意见》，切实保护中小投资者合法权益，根据专项调查中证券公司提出的有关意见等，建议行业从以下几个方面继续加强投资者保护工作。

一、注册制改革下持续加强投资者保护力度

投资者保护是注册制改革的基础，在全面实行注册制的背景下，更需加强投资者保护力度。把好"入口"和"出口"两道关，着力提升上市公司质量，进一步健全投资者保护的制度机制、监管体系；监管机构、交易所及自律组织应进一步细化或完善投资者保护工作体系及相关制度，督促和指导证券经营机构将投资者权益保护有机地融入各项工作，使投资者保护工作更加匹配注册制要求，积极营造更好的资本市场环境。

二、运用金融科技提升投资者教育效能

在投资者教育服务工作中，进一步发挥金融科技的作用，优化投资者服务的方式和手段，探索运用云计算、大数据、人工智能等先进技术分析投资者交易行为，精准画像，动态把握投资者需求和风险偏好，同时结合不同层次投资者的多样化需求，提供差异化、个性化、精准化的投资者教育内容和服务。

三、加强各类投资者教育主体间的沟通协作

投资者教育是一项长期的系统性工作，做好投资者教育需要市场各方的共同努力，进一步加强监管机构、自律组织、市场经营机构、高校、媒体等各类主体在投资者教育上的沟通协作，多方联动、形成合力，共同构建多元投资者教育体系，提高投资者教育的灵活性和高效性。

专题报告之五：
2021 年证券行业人力资源管理发展综述

证券行业人才是证券公司发挥资本市场中介职能的行为载体，行业人才素质关乎行业服务质量、执业生态和市场健康发展。本部分基于 2021 年证券行业人力资源管理调研问卷信息（以下简称"调研信息"）与中国证券业协会从业人员管理系统信息（以下简称"中证协信息"），对 2021 年证券行业人力资源状况进行分析总结，为行业人力资源发展提供参考。

第一章
2021年证券行业人力资源发展概况

第一节 证券行业人才数量与结构

一、证券从业人员数量情况

截至2021年底,证券行业登记从业人员数量为35.98万人,较2020年末小幅上涨3.75%。其中,正式员工数量增长8.12%,证券经纪人数量减少15.28%。从证券公司调研信息数据来看,2021年与上年趋势基本一致,证券公司总部及分支机构人员增长呈现出结构差异、头部集中的特征,即人员增长主要集中在大型公司及总部(见表专5-1)。

表专5-1　　　　　　　　2019—2021年证券行业人员总体情况

类别	2019年		2020年		2021年	
	人数(人)	增长率(%)	人数(人)	增长率(%)	人数(人)	增长率(%)
行业总人数	353 434	-1.70	358 536	1.44	370 894	3.45
已登记人数	338 730	-1.63	346 848	2.40	359 841	3.75

资料来源:中证协信息,统计范围包括证券公司(含证券经纪人)、证券投资咨询机构、证券市场资信评级机构。

二、证券从业人员结构情况

(一)成熟人才占比有所提升

2019—2021年,证券行业36岁(含)以上从业经验丰富、专业实力强的成熟人才的占比不断提高,占比从 2019 年的 38.35% 提升到 2021 年的 41.68%,其中总部 36 岁(含)以上员工占比从 2019 年的 34.09% 上升至 2021 年的 36.17%,分支机构 36 岁(含)以上员工占比从 40.40% 上升至 2021 年的 44.89%。与之相反,青年员工[①]人数占比持续降低,从 2019 年的 61.75% 逐年下降至 2021 年的 58.92%。行业人员平均年龄从 2019 年的 35.04 岁上升到 35.74 岁(见表专 5-2)。

表专 5-2　　　　2019—2021 年证券公司从业人员各年龄段占比情况

年份	统计范围	25 岁(含)以下(%)	26—35 岁(%)	36—45 岁(%)	46—55 岁(%)	55 岁(不含)以上(%)	平均年龄(岁)
2019	总部	4.71	61.01	23.66	9.35	1.08	34.50
2020		5.30	59.03	24.99	9.62	1.20	34.92
2021		6.10	57.79	25.52	9.39	1.26	35.19
2019	分支机构	8.94	50.32	25.71	13.65	1.04	35.43
2020		8.39	48.79	27.11	14.44	1.13	35.98
2021		8.74	47.36	28.70	14.85	1.34	36.25
2019	公司整体	7.48	54.27	25.10	12.19	1.06	35.04
2020		7.27	52.41	26.32	12.71	1.15	35.39
2021		7.76	51.16	27.52	12.84	1.32	35.74

资料来源:调研信息,不少于 97 家证券公司就员工年龄占比情况进行了有效反馈。

(二)司龄 10 年以上员工趋于稳定

随着资本市场改革持续深化,行业规范性持续提升,司龄 10 年以上的人员趋于稳定,所占比例小幅上升。其中,分支机构司龄 11—19 年人员占比自 2019 年的 16.88% 上升至 2021 年的 20.57%,变化较为显著。

同时,随着证券公司业务结构不断优化升级,各证券公司加大了有经验人才的外部引进力度,队伍结构也持续优化。行业从业人员司龄分布在 1 年(不含)以下占比从 2019 年的 13.61% 上升到 2021 年的 19.08%,行业从业人员司龄分布在 1—5 年、6—10 年的占比分别从 2019 年的 44.04%、19.76% 下降至 2021 年的 38.07%、18.46%。其中总部司龄分布在 1—5 年比例下降最为明显,从 2019 年的 54.02% 下降到 2021 年的 43.74%(见表专 5-3)。

---

① 本文所指青年员工,依据中共中央、国务院印发《中长期青年发展规划(2016—2025 年)》规划的年龄范围为 35 周岁(含)以下。

表专 5-3　　2019—2021 年证券公司从业人员司龄占比情况　　（单位:%）

年份	统计范围	1 年（不含）以下	1—5 年	6—10 年	11—19 年	20 年以上
2019	总部	14.05	54.02	15.20	11.62	4.58
2020	总部	18.08	49.22	16.25	11.22	4.93
2021	总部	21.04	43.74	18.50	11.06	5.40
2019	分支机构	13.37	38.56	22.25	16.88	7.00
2020	分支机构	15.32	37.33	20.37	18.20	8.43
2021	分支机构	17.89	34.95	18.49	20.57	8.92
2019	公司整体	13.61	44.04	19.76	14.92	6.23
2020	公司整体	16.46	42.02	19.03	15.78	7.21
2021	公司整体	19.08	38.07	18.46	17.00	7.60

资料来源:调研信息,不少于 105 家证券公司就员工司龄占比情况进行了有效反馈。

（三）学历结构不断优化

证券行业历来对从业人员的学历背景有较高要求。证券公司从业人员硕士及以上学历占比从 2019 年的 28.90% 上升到 2021 年的 33.43%,大专及以下学历占比从 2019 年的 9.91% 下降至 2021 年的 7.73%,博士学历占比保持在 0.9% 左右的水平。其中近 3 年,分支机构从业人员学历水平显著提升,本科学历占比从 2019 年的 72.80% 上升到 2021 年的 75.40%,硕士学历占比从 2019 年的 11.52% 上升到 2021 年的 14.31%（见表专 5-4）。

表专 5-4　　2019—2021 年证券公司从业人员学历占比情况　　（单位:%）

年份	统计范围	大专及以下	本科	硕士	博士
2019	总部	2.84	35.90	58.80	2.47
2020	总部	2.57	34.27	60.61	2.39
2021	总部	2.19	32.47	62.92	2.24
2019	分支机构	13.72	72.80	11.52	0.12
2020	分支机构	12.85	74.10	12.69	0.12
2021	分支机构	11.05	75.40	14.31	0.13
2019	公司整体	9.91	59.88	27.96	0.94
2020	公司整体	9.14	59.72	30.00	0.94
2021	公司整体	7.73	59.31	32.51	0.92

资料来源:调研信息,不少于 108 家证券公司就员工学历占比情况进行了有效反馈。

（四）专业化水平不断提升

为适应新时代证券行业高质量发展的需求,持续提升服务实体经济和资本市场的能力,建设一支素质过硬、专业化程度高的证券人才队伍显得尤为关键。2019—2021年，具有注册会计师（CPA）、律师、特许金融分析师（CFA 三级）、金融风险管理师（FRM 二级）资质的从业人员占比持续增加。在各类专业资质中，具备注册会计师（CPA）资质的从业人员占比最高，近 3 年稳定在 6% 以上；具备金融风险管理师（FRM 二级）资质的从业人员占比最低，近 3 年均低于 0.9%（见表专 5 - 5）。

表专 5 - 5　　2019—2021 年证券公司从业人员专业资质占比情况　　（单位:%）

年份	统计范围	注册会计师	律师	CFA（三级）	FRM（通过第二阶段）
2019	公司总部	6.22	3.81	1.43	0.77
2020		6.50	3.93	1.53	0.87
2021		6.52	3.94	1.55	0.88

资料来源：调研信息，不少于 100 家证券公司就员工专业资质占比情况进行了有效反馈。

（五）国际化人才持续引入

随着我国对外金融开放力度的不断加大及外资投行的持续入场，证券行业的国际化转型逐渐成为战略性机遇，我国证券公司逐步开始探索和布局走向国际市场。2019—2021 年，证券行业对具备境外工作经验或留学背景的人员引进力度不断加大，总部中具有境外工作经验（2 年及以上）人员占比由 2.04% 提升至 2.65%，具有境外留学背景的人员占比由 21.85% 提升至 28.74%（见表专 5 - 6）。

表专 5 - 6　　2019—2021 年证券公司国际化人员储备情况　　（单位:%）

年份	统计范围	具有境外工作经验人员（2 年及以上）	具有境外留学背景人员
2019	公司总部	2.04	21.85
2020		2.51	26.30
2021		2.65	28.74

资料来源：调研信息，不少于 106 家证券公司就国际化人员储备情况进行了有效反馈。

第二节　证券行业人才引进情况

2019—2021 年证券行业人才引进具有三个特征：一是总部新聘人员占比相对较大；二是招聘需求主要集中于投资银行、信息技术、研究业务等处于业务转型或快速发展的领域；三是社会招聘来源主要集中于证券公司、银行、会计师事务所、信息技术公司、基金公司。

一、新聘人员数量及占比提升显著

2019—2021 年,证券公司新聘员工数量占总人数的比例稳步提升,从 2019 年的 16.79% 上升至 2021 年的 21.56%,持续吸纳新进从业人员,实现行业人才有序流动。其中,总部新聘员工占比提升明显,从 2019 年的 14.24% 提升至 2021 年的 24.33%。近 3 年分支机构新聘员工占比略有波动,从 2019 年的 17.31% 回落至 2020 年的 17.23% 后,2021 年增长到 19.80%(见表专 5-7)。

表专 5-7　　　　2019—2021 年证券公司新招聘员工数量及占比情况

年份	统计范围	新聘员工平均数(人)	新进率(%)
2019	公司总部	131	14.24
2020	公司总部	183	18.16
2021	公司总部	243	24.33
2019	分支机构	270	17.31
2020	分支机构	267	17.23
2021	分支机构	324	19.80
2019	公司整体	398	16.79
2020	公司整体	447	18.34
2021	公司整体	565	21.56

注:新进率=招聘人数/[(年初人数+年末人数)/2]。
资料来源:调研信息,不少于 87 家证券公司就新聘员工数量及占比情况进行了有效反馈。

二、应届毕业生占比稳中有增

从招聘渠道方面来看,证券公司新招聘员工以社会招聘为主、校园招聘为辅。2019—2021 年,应届生占比由 18.93% 提升至 21.85%。其中,总部应届生占总招聘人数比例较分支机构占比高约 4%(见表专 5-8)。

表专 5-8　　　　2019—2021 年证券公司应届生招聘数量及占总招聘人数比例情况

年份	统计范围	应届生招聘平均人数(人)	应届生招聘占总招聘人数百分比(%)
2019	公司总部	28	21.36
2020	公司总部	44	24.04
2021	公司总部	59	24.40
2019	分支机构	48	17.77
2020	分支机构	54	20.11
2021	分支机构	65	20.09

续表

年份	统计范围	应届生招聘平均人数（人）	应届生招聘占总招聘人数百分比（％）
2019	公司整体	75	18.93
2020		97	21.67
2021		123	21.85

资料来源：调研信息，87家证券公司就新聘员工数量及占比情况进行了有效反馈。

三、社会招聘需求分布及主要来源

随着股票发行注册制的全面推进，证券公司对于投行业务人才的需求持续增长。此外，在证券行业大力发展金融科技、推进主动管理转型、提升证券研究专业化水平背景下，信息技术、研究、资产管理、自营等业务部门人才需求也较大。

从社会招聘来源看，2019—2021年证券公司、银行、会计师事务所、信息技术行业、基金公司始终位于人才招聘来源前5位。其中，约107家证券公司认为同行业流动仍是最主要的人才供给方式；会计师事务所作为人才招聘来源的重要性逐渐增加，2021年有45家证券公司的多名人才来自会计师事务所（见表专5–9）。同时，近年来，信息技术正在重塑传统金融服务生态，并持续与业务创新深度耦合，信息技术人才近3年也逐渐成为金融行业重点招聘对象。

表专5–9　　2019—2021年证券公司新增社会招聘来源最多的5个行业　　（单位:%）

年份	证券公司	银行	会计师事务所	信息技术	基金公司
2019	106	70	37	31	30
2020	108	68	41	33	27
2021	107	65	45	35	28

资料来源：调研信息，2019年106家、2020年108家、2021年107家证券公司就新增社会招聘来源最多的5个行业进行了有效反馈。

第三节　证券行业人力资源成本投入情况

2019—2021年，证券行业总人力资源成本投入占营业收入比重稳中有增，人力资源成本在总部业务部门、职能部门以及分支机构的投向与配置趋于稳定，分支机构人力投入占比略有增加。此外，2021年证券公司在人员培训与人力资源系统建设方面的投入持续增加。

一、证券公司总人力成本投入情况

2019—2021 年证券行业人力成本占营业收入的比重基本持平，2021 年行业平均值约为 44%。近年来，由于行业内不同类型、体量的证券公司在业务布局方面走差异化、特色化发展的道路，外资控股证券公司数量不断增加，人才竞争加剧，各家证券公司在人力成本投入方面呈结构性差异，其中 2021 年 75 分位及以上证券公司人力成本投入力度明显提升（见表专 5 – 10）。

表专 5 – 10　　　　2019—2021 年证券公司人力资源成本投入占比　　　　（单位:%）

人力成本投入占比	年份	P25	P50	P75	平均
总人力成本占营业收入的比重	2019	34	40	46	44
	2020	32	38	46	41
	2021	34	41	50	44

资料来源：调研信息，不少于 96 家证券公司就人力成本投入占比及结构进行了有效反馈。

二、证券公司培训投入情况

受疫情影响，年度培训总费用 2020 年较 2019 年有较大降幅，由 39 280 万元降至 27 261 万元，2021 年回升至 33 281 万元。同时，随着证券公司内部培训体系日趋成熟，年度人均培训费用由 2019 年的 1 649 元下降至 2021 年的 1 172 元（见表专 5 – 11）。

表专 5 – 11　　　　2019—2021 年证券公司人才培训费用情况

年份	年度培训总费用（万元）	年度人均费用（元）
2019	39 280	1 649
2020	27 261	1 119
2021	33 281	1 172

资料来源：调研信息，107 家证券公司就培训费用投入进行了有效反馈。

三、证券公司人力资源系统投入情况

从人力资源管理系统投入来看，2021 年，81% 的证券公司投入在 100 万元以内。投入在 100 万—500 万元（不含）的证券公司约占 17%，较 2020 年增加 3%，说明重视人力资源系统优化升级、加大人力资源系统投入的证券公司逐渐增多（见表专 5 – 12）。

表专 5-12　　2020—2021 年证券公司人力资源系统的投入分布

人力资源系统投入	2020 年证券公司家数占比（%）	2021 年证券公司家数占比（%）
100 万元（不含）以内	84	81
100 万—500 万元（不含）	14	17
500 万—1 000 万元（不含）	2	2
1 000 万元以上	0	0

资料来源：调研信息，不少于 110 家证券公司就人力资源系统投入进行了有效反馈。

第二章
2021年证券行业组织架构设置情况

第一节 2021年证券公司组织架构概况

一、证券公司组织架构调整较为频繁

根据调研信息数据统计[①]，2021年有97家证券公司进行了组织架构调整（仅指一级部门，下同），占比87.39%，较2020年略有增加。其中，21.65%的证券公司调整了4次及以上，9.28%的证券公司调整了3次，20.62%的证券公司调整了2次，48.45%的证券公司调整了1次。

从组织架构调整内容来看，2021年58.76%的证券公司对现有部门进行整合；43.3%的证券公司对现有部门进行拆分；64.95%的证券公司针对新业务或职能新设一级部门；11.34%的证券公司将部分业务设立为分公司或子公司等。

二、证券公司组织架构调整以证券经纪、投行、自营投资业务条线为主

2021年，证券经纪、投行和自营投资业务条线依然是证券公司组织架构调整较为频繁的板块。与2020年相比，证券经纪业务条线的组织架构调整数量超过投行业务条线。在进行组织架构调整的97家证券公司中，44.33%对证券经纪业务条线进行了调整，主要包括优化相关部门职责，加强投顾、产品方面的队伍建设等，进一步推进财富管理转型；40.21%对投行业务条线进行了调整，主要包括增设投行业务部门、布局中小企业融资业务等；

[①] 共有111家证券公司对该部分进行了有效反馈。

26.8%对自营投资业务条线进行了调整，主要包括拆分或新设相关业务部门、优化部门职责等；此外，19.59%对机构销售业务条线进行了调整，各有16.49%对资产管理业务条线、互联网金融领域进行了调整，各有15.46%对研究业务条线、合规风控领域进行了调整。

第二节 2021年证券公司总部组织设置情况

一、投资银行业务组织设置

投行业务按业务种类设置为主，但细分程度存在差异。根据调研信息数据统计[①]，2021年证券公司投行业务组织架构中，"股、债、新三板均分设部门"的占比达36.79%，"股、新三板在一个部门，债分设部门"的占比为26.42%，"股、债、新三板均在一个部门"的占比为16.04%；此外，7.55%的证券公司设立了投行分公司或子公司。

2021年部分投行相关业务组织设置如下：105家证券公司涉及并购融资业务，其中75.24%将其隶属大投行业务部门，19.05%设立了相应的公司一级部门；54家证券公司组建部门开展资产证券化业务，其中37.04%隶属大投行业务部门，其他隶属资管业务条线或者作为公司一级部门存在；103家证券公司涉及资本市场业务（股债的发行销售等），其中48.54%将其整体隶属大投行业务部门，27.18%设立了相应的公司一级部门，20.39%将其分别隶属股权、债券团队。

针对投行内核部门的组织设置[②]，41.12%的证券公司将其设立为公司一级部门，40.19%的证券公司将其隶属合规风控部门，18.69%的证券公司通过设置内核委员会等非常设机构履行相应职能。

针对投行质量控制职能的组织设置[③]，46.23%的证券公司设立了相应的公司一级部门，40.56%的证券公司将其整体隶属大投行业务部门，7.55%的证券公司将其分别隶属股、债、新三板团队，5.66%的证券公司将其隶属投行子公司。

二、自营业务组织设置

针对新三板做市业务的组织设置[④]，2021年39%的证券公司将其隶属自营部门，23%

---

① 共有106家证券公司对该部分进行了有效反馈。
② 共有107家证券公司对该部分进行了有效反馈。
③ 共有106家证券公司对该部分进行了有效反馈。
④ 共有100家证券公司对该部分进行了有效反馈。

的证券公司设立了相应的公司一级部门，15%的证券公司将其隶属场外业务部门，23%的证券公司将其隶属投行业务条线或无此业务资格。

针对衍生品业务的组织设置[①]，2021年44.12%的证券公司将其隶属自营部门，36.27%的证券公司设立了相应的公司一级部门，19.61%的证券公司将其划分在多个部门或未开展此业务。

三、资产管理业务组织设置

针对资产管理业务的组织设置[②]，2021年设立公司一级部门、全资子公司、分公司的证券公司占比分别为60.19%、20.39%、11.65%，其他7.77%的证券公司设立控股子公司或未开展此业务。

四、机构业务组织设置

2021年90.83%的证券公司以公司一级部门的形式开展研究服务[③]。对于研究所的定位[④]，45.28%的证券公司将其定位为综合研究机构，32.08%的证券公司将其定位为卖方研究机构，15.09%的证券公司将其定位为买方研究机构；其他大部分证券公司表示将研究所定位为内部服务机构，另有个别证券公司未开展该业务。

针对机构销售业务的组织设置[⑤]，2021年45.79%的证券公司设立了相应的公司一级部门，26.17%的证券公司将其隶属研究部门，28.04%的证券公司未单独设置团队或将其隶属经纪业务等条线。

在资产托管业务方面，2021年45家证券公司设立了公司一级部门，其中定位为业务部门、业务管理部门、职能部门的占比分别为42.22%、42.22%、15.56%。

五、互联网金融业务组织设置、定位与管理模式

2021年证券公司重视互联网金融业务，但组织设置、定位、管理模式具有明显差异。在组织设置方面[⑥]，39.25%的证券公司设立单独的公司一级部门，34.58%的证券公司设为经纪业务内设部门或团队，6.54%的证券公司设为信息技术内设部门或团队，个别证券公司

---

① 共有102家证券公司对该部分进行了有效反馈。
② 共有103家证券公司对该部分进行了有效反馈。
③ 共有109家证券公司对该部分进行了有效反馈。
④ 共有106家证券公司对该部分进行了有效反馈。
⑤ 共有107家证券公司对该部分进行了有效反馈。
⑥ 共有107家证券公司对该部分进行了有效反馈。

未开展该业务。在定位方面①，48.39%的证券公司定位为业务管理部门，36.56%的证券公司定位为业务部门，15.05%的证券公司定位为职能部门。在管理模式方面②，97.83%的证券公司与公司现有部门管理模式相同，仅有2.17%的证券公司参照互联网公司的管理模式。

六、信息技术部门组织设置与系统产品开发方式

2021年数字技术不断发展深刻改变着证券公司展业和运营模式，数字化转型逐渐成为行业共识，证券公司不断加大信息技术投入。针对信息技术部门的组织形式③，79.82%的证券公司设立了单独一级部门，14.68%的证券公司按研发、运维分设两个一级部门，5.5%的证券公司成立更多的一级部门或者以不同的依据进行部门划分。针对信息技术系统与产品的开发方式④，56.88%的证券公司以外包开发为主，31.19%的证券公司以自主开发为主，11.93%的证券公司采用外包开发与自主开发相结合的方式。

七、公司战略协同组织设置

2021年证券公司逐步加强公司战略客户管理，并重视集团业务协同、绿色证券金融业务。在战略客户管理方面⑤，已有33.03%的证券公司设立了战略客户部门。在集团业务协同方面⑥，46.79%的证券公司确立了牵头一级部门，牵头部门主要为战略规划、办公室、投行业务或机构业务等部门。在绿色证券金融业务方面⑦，27.52%的证券公司确立了牵头一级部门，牵头部门主要为投行业务、办公室等部门。

八、党建与纪检工作组织设置

2021年证券行业进一步加强党建、纪检工作，贯彻落实扶贫工作要求，社会责任意识不断强化。根据调研信息数据统计⑧，63.11%的证券公司设立了党委办公室，52.43%的证券公司设立了纪检办公室，37.86%的证券公司设立了党委组织部，20.39%的证券公司设立了党委宣传部，另有部分证券公司设立了党群工作部、党委巡察办等党建相关部门。公司发

---

① 共有93家证券公司对该部分进行了有效反馈。
② 共有92家证券公司对该部分进行了有效反馈。
③ 共有109家证券公司对该部分进行了有效反馈。
④ 共有109家证券公司对该部分进行了有效反馈。
⑤ 共有109家证券公司对该部分进行了有效反馈。
⑥ 共有109家证券公司对该部分进行了有效反馈。
⑦ 共有109家证券公司对该部分进行了有效反馈。
⑧ 共有103家证券公司对该部分进行了有效反馈。

展党员的职责主要由党委办公室、党群工作部等承担；扶贫职责主要落实在党群工作部、党委办公室、综合管理部、工会等部门，部分证券公司还单独设立了扶贫办公室。

第三节 2021年证券公司分支机构组织设置情况

一、证券公司分公司数量情况

根据调研信息数据统计①，截至2021年底，93.58%的证券公司成立了分公司，情况较为普遍，分公司数量在1—10家、11—20家、21—30家、31—40家、41家及以上的证券公司占比分别为32.11%、25.69%、19.27%、10.09%、6.42%；证券公司分公司总数量为1 905家，其中2021年新设121家、撤销24家。

在证券公司分公司类型方面②，区域分公司（经纪业务为主）占比为93.84%，专业分公司（如承销保荐、资管、自营、互联网证券分公司等）占比为6.16%。

二、证券公司营业部数量

根据调研信息数据统计③，截至2021年底，94.18%的证券公司成立了营业部，情况较为普遍，营业部数量在1—50家、51—100家、101—200家、201家及以上的证券公司占比分别为31.07%、30.10%、19.42%、13.59%；证券公司营业部总数量为9 880家，其中2021年新设171家、撤销208家。

在证券公司营业部类型方面④，A类营业部占比为8.54%，B类营业部占比为22.66%，C类营业部占比为68.80%，营业部轻型化趋势较为明显。

三、证券公司分公司与营业部管理情况

在区域分公司分类管理方面⑤，截至2021年底，62.24%的证券公司进行分类管理，其中37.7%采用地区作为分类标准，34.43%采用规模作为分类标准，其他则综合考虑地区、规模、业务类型等因素作为分类标准。在区域分公司与营业部的业务范围方面⑥，19.15%

---

① 共有109家证券公司对该部分进行了有效反馈。
② 共有87家证券公司对该部分进行了有效反馈。
③ 共有103家证券公司对该部分进行了有效反馈。
④ 共有87家证券公司对该部分进行了有效反馈。
⑤ 共有98家证券公司对该部分进行了有效反馈。
⑥ 共有94家证券公司对该部分进行了有效反馈。

的证券公司有所区分，分公司聚焦机构类业务，营业部则开展零售类业务。

为提升管理效率并节约成本，2021 年证券公司推进分支机构后台职能集中化。在职能类型方面①，财务、IT、运营、合规风控、人力资源等领域，已实现集中化的比例由高到低，分别为 90.57%、66.04%、60.38%、48.11%、45.28%。在集中模式方面②，总部集中、分公司集中、区域集中的占比分别为 60.75%、11.21%、9.35%，其他 18.69% 的证券公司综合采用多种集中模式。

伴随分公司数量增加，证券公司尝试优化总部、分公司、营业部三者之间的管理关系。在总部与分公司的管理关系方面③，分公司由总部经纪业务部门管理和由公司直接管理的占比分别为 55.34% 和 30.1%，其他 14.56% 的证券公司由公司和总部经纪业务部门共同管理分公司。在分公司与辖区营业部的管理关系方面④，44.90% 的证券公司授权分公司直接管理辖区营业部，32.65% 的证券公司的分公司对辖区营业部的管理权限较小，辖区营业部主要接受公司总部经纪业务部门的指导与管理，22.45% 的证券公司由公司直接管理营业部或对营业部具有较大的管理职能。

第四节 2021 年证券公司子公司组织设置情况

一、证券公司子公司数量情况

根据调研信息数据统计⑤，截至 2021 年底，84.48% 的证券公司成立了子公司，情况较为普遍，子公司数量在 1—2 家、3—4 家、5—8 家、9 家以上的证券公司占比分别为 21.36%、28.16%、28.16%、6.80%。子公司数量前 8 位分别是另类投资子公司（77 家）、私募投资子公司（68 家）、期货子公司（66 家）、基金子公司（44 家）、国际子公司（32 家）、资管子公司（21 家）、投行子公司（10 家）、区域股交中心（10 家）。

二、证券公司子公司业务收入

2021 年在境内子公司业务收入占集团公司业务收入的比重方面⑥，46.92% 的证券公司

---

① 共有 106 家证券公司对该部分进行了有效反馈。
② 共有 107 家证券公司对该部分进行了有效反馈。
③ 共有 103 家证券公司对该部分进行了有效反馈。
④ 共有 98 家证券公司对该部分进行了有效反馈。
⑤ 共有 103 家证券公司对该部分进行了有效反馈。
⑥ 共有 81 家证券公司对该部分进行了有效反馈。

在 10% 以下，28.4% 的证券公司在 10%—30%，20.98% 的证券公司在 30%—50%，3.7% 的证券公司在 50% 以上。2021 年在境外子公司业务收入占集团公司业务收入的比重方面[①]，仅有 1 家证券公司达到 20%—30%，2 家证券公司为 10%—20%，其他证券公司均在 10% 以下。

三、证券公司子公司管理情况

在子公司管理方面[②]，2021 年 59.55% 的证券公司设置了总部牵头部门，牵头职责主要由董事会办公室、战略规划部门、公司办公室等承担。

---

① 共有 32 家证券公司对该部分进行了有效反馈。
② 共有 89 家证券公司对该部分进行了有效反馈。

第三章
2021 年证券公司人员构成情况

第一节 2021 年证券公司总部人员情况

2021 年是全面建设社会主义现代化国家新征程的开启之年，也是"十四五"规划开局之年，证券行业业绩稳健增长，证券公司总部各项业务持续发展，业务人员及职能人员数量均较 2020 年显著增长，业务人数与职能人数比约为 2∶1（见表专 5-13）。

表专 5-13　　2021 年证券公司总部业务人员与职能人员构成与变动情况　　（单位：%）

年份	业务整体		职能整体	
	人员占比	增幅	人员占比	增幅
2019	66.07	—	33.93	—
2020	66.16	8.39	33.84	7.96
2021	66.51	12.87	33.49	11.11

资料来源：调研信息，共有 111 家证券公司有效反馈了总部业务人员和职能人员构成情况，业务人员含经纪、投行、自营、研究、机构销售、财富管理、资管、托管、互联网金融、柜台、国际业务等，职能人员含内控、人力、计财、IT、运营、存管、清算、战略、董监办、行政等。

从人员占比来看，2021 年证券公司总部投行业务、信息技术及经纪业务是人力投放的主要方向，人员占比均超过 10%，三者合计占比超过半数，其中投行业务人数最多，占比近 30%；国际业务、董监事会办公室、战略发展、柜台业务、党建群团等人员占比相对较少，不足 1%。

从人员增长来看，各业务线 2021 年人员均有所增长，平均增幅近 12%，财富管理及自营业务增长最快，2021 年增幅均超过 20%；信息技术、互联网金融、托管业务、研究及机构销售人员持续增长，增幅超过 15%；战略发展、投资银行、党建群团、人力资源管理、行政管理人员 2021 年增幅超过 10%。国际业务、行政人员管理数量较 2020 年恢复增长

(见表专 5-14)。

表专 5-14 2021 年证券公司总部各业务线人员构成与变动情况

业务线	2021 年平均人数（人）	2021 年人员构成占比（%）	2021 年人员增长率（%）	2020 年人员增长率（%）
总部经纪业务	131	11.59	7.08	4.79
财富管理业务	49	2.75	28.92	9.39
互联网金融	39	2.28	18.33	8.70
投资银行业务	325	29.50	13.40	10.80
自营投资业务	69	6.10	24.03	19.49
研究及机构销售业务	83	7.48	15.73	8.51
资产管理业务	80	6.43	4.41	5.61
资产托管业务	52	1.84	16.97	9.27
柜台业务	26	0.62	2.24	5.79
国际业务	12	0.20	3.06%	-8.76
信息技术	128	11.82	19.66	15.05
内控	60	5.60	8.79	7.72
运营、存管、清算	39	3.53	5.91	7.51
战略发展	9	0.46	14.29	11.63
人力资源	17	1.57	12.67	9.71
财务、资金管理	42	3.82	4.58	0.69
办公室	17	1.52	3.96	4.35
董监事会办公室	6	0.44	7.09	0.21
党群、工会、团委、纪检	10	0.80	13.44	9.79
行政管理	26	1.65	12.10	-1.09

资料来源：调研信息，各业务条线有效反馈问卷数根据公司实际业务开展情况略有差异。

第二节 2021 年证券公司各业务线人员构成情况

一、证券经纪及财富管理业务线人员情况

作为证券公司传统的收入来源，2021 年，证券公司经纪业务持续发展，证券公司总部经纪业务人员增幅约 12%，较 2020 年有较大提升，且人员占比较高。2021 年平均人数 131 人，5 家证券公司总部经纪业务管理人员配置超过 300 人，7 家证券公司为 200—300 人

（含），26 家证券公司为 100—200 人（含），30 家证券公司为 50—100 人（含），35 家证券公司在 50 人（含）以下。

从人员构成来看，2021 年经纪业务管理及信用业务人员规模均呈正增长，经纪业务管理人员增长更快（见表专 5-15）。同时，随着证券公司财富管理转型不断深入及互联网金融发展，相关人员投入不断提升，财富管理及互联网金融业务近 3 年人员持续增长，且 2021 年增幅有显著提升，涨幅分别为 28.92% 和 18.33%，财富管理业务条线人员增长更是位居各业务条线首位。

表专 5-15　　　　2021 年证券公司总部经纪业务人员构成与增长率　　　　（单位:%）

统计项目	经纪业务管理	信用业务
人员构成占比	86.98	13.02
人员增长率	7.72	3.88

资料来源：调研信息，共有 101 家证券公司有效反馈了相关人员构成情况。

二、投行业务线人员情况

2021 年，证券行业投资银行业务不断深化改革，拓展发展空间，服务实体经济取得新成效。在此背景下，2021 年投行业务人员规模增长约 13%，平均人数为 325 人。7 家证券公司投行业务人员配置超过 1 000 人，13 家证券公司为 500—1 000 人（含），18 家证券公司为 300—500 人（含），36 家证券公司为 100—300 人（含），32 家证券公司少于 100 人（含）。

从人员构成来看，2021 年股权融资和债券融资两项业务人员合计占比超过投资银行人员总数的 70%，且人员规模增长显著，增幅均超过 15%，其中股权融资人数最多，占比约 47.34%；客户及项目管理、内核人数占比相对较少，不足 2%。投行业务质控、内核、存续期管理等内控人员均有一定增幅，其中质控人员增幅达 17.35%。新三板融资、客户及项目管理、并购、资产证券化、综合管理等人员数量呈负增长（见表专 5-16）。

表专 5-16　　　　2021 年证券公司投资银行业务人员构成与增长率　　　　（单位:%）

业务模块	人员构成占比	人员增长率
股权融资	47.34	15.88
债券融资	23.95	15.42
新三板融资	5.12	-5.26
并购重组财务顾问	2.72	-1.84
资产证券化	2.00	-1.42
资本市场	5.14	4.69
质量控制	5.34	17.35

续表

业务模块	人员构成占比	人员增长率
内核	1.49	6.38
存续期管理、合规风控	2.18	11.24
客户及项目管理	1.52	-4.81
综合管理（运营、人事、财务、行政等）	3.20	-0.99

资料来源：调研信息，共有92家证券公司有效反馈了相关人员构成情况。

三、自营业务线人员情况

近年来，证券公司自营业务收入在证券公司收入构成中保持较大占比，自营投资能力也成为衡量证券公司竞争力的重要指标，证券公司持续加大自营业务人员配置。2021年证券公司自营条线人员同比增长约24%，在各条线人员增幅中排名前列。自营业务平均人数69人，15家证券公司自营业务人员配置超过100人，33家证券公司为50—100人（含），27家证券公司为20—50人（含），28家证券公司在20人（含）以下。

从人员构成来看，债券投资人员占比最高，接近50%；权益投资人员占比约21%；量化投资及新三板做市人员占比相对较少，不足10%。2021年，场外衍生品业务规模持续扩大，证券公司也加大相关人员配置，衍生品投资人员占比提升至18%，人员增长率近40%。新三板做市人员较2020年有恢复性增长（见表专5-17）。

表专5-17　　　　2021年证券公司自营投资业务人员构成与增长率　　　　（单位：%）

统计项目	权益投资	债券投资	量化投资	衍生品投资	新三板做市
人员构成占比	20.95	47.77	7.44	17.97	5.87
人员增长率	18.56	20.01	2.76	37.82	1.94

资料来源：调研信息，共有92家证券公司有效反馈了相关人员构成情况。

四、研究及机构销售业务线人员情况

作为核心竞争力之一，证券公司一直以来重视研究服务能力的提升，不断加强相关人员的队伍建设。2021年，研究及机构销售人员同比增长超过15%，平均人数为83人，15家证券公司研究及机构销售业务人员配置超过200人，17家证券公司为100—200人（含），12家证券公司为50—100人（含），30家证券公司为20—50人（含），31家证券公司在20人（含）以下。从人员构成来看，研究员与机构销售人员占比约7:3，人员规模均快速增长，增幅约13%—15%（见表专5-18）。

表专 5-18　　　　2021 年证券公司研究及机构销售业务人员构成与增长率　　　　（单位：%）

统计项目	研究	机构销售
人员构成占比	72.87	27.13
人员增长率	13.85	14.72

资料来源：调研信息，共有 102 家证券公司有效反馈了相关人员构成情况。

五、资产管理业务线人员情况

2021 年是资管新规过渡期的最后一年，资管业务的转型对证券公司而言十分迫切，证券公司需要顺应行业新生态，打造核心竞争力，不断提升专业水平，其中专业人才队伍建设尤为重要。2021 年，证券公司资产管理业务人员规模持续增长，增幅约 4%，平均人数为 80 人。7 家证券公司资管业务人员配置超过 200 人，16 家证券公司为 100—200 人（含），26 家证券公司为 50—100 人（含），31 家证券公司为 20—50 人（含），14 家证券公司在 10 人（含）以下。

六、资产托管业务线人员情况

随着资本市场日益成熟发展，机构客户数量和规模呈现增长态势，作为服务机构客户、打造机构客户综合服务生态圈的重要环节，近年来，资产托管及外包服务业务被越来越多的证券公司加码布局，加大资源投入。2021 年，证券公司资产托管业务人员增幅近 17%，较 2020 年增幅显著提升，平均人数为 52 人。4 家证券公司资产托管业务人员配置超过 100 人，7 家证券公司为 50—100 人（含），9 家证券公司为 20—50 人（含），21 家证券公司在 20 人（含）以下。

七、内控条线人员情况

近年来，证券公司高度重视合规风控工作，强化合规风控意识，全面提升合规风控能力，内控人员规模持续增长。2021 年，内控人员同比增长近 9%，平均人数为 60 人。8 家证券公司内控条线人员配置超过 150 人，8 家证券公司为 100—150 人（含），30 家证券公司为 50—100 人（含），45 家证券公司为 20—50 人（含），18 家证券公司在 20 人（含）以下。

从人员构成来看，内控条线中合规与风控人员配置占比最高，均超过 30%，合计占比超过 70%，其中合规部门中具备 3 年以上证券、金融、法律、会计、信息技术等相关领域工作经历的合规管理人员数量占公司总部工作人员比例为 2.25%；风险管理部门具备 3 年以上证券、金融、会计、信息技术等相关领域工作经历的人员占公司总部员工比例为

2.4%。法务人员占比相对较少，但 2021 年人员增幅最高，约 17%，审计人员增幅约 11%，合规、风控增幅均在 8% 左右（见表专 5-19、表专 5-20）。

表专 5-19　　　　2021 年证券公司内控人员构成与增长率　　　　（单位：%）

统计项目	合规	风控	法务	审计	其他内控人员
人员构成占比	33.84	36.63	6.43	21.47	1.63
人员增长率	7.50	8.52	17.23	11.10	6.00

资料来源：调研信息，共有 109 家证券公司有效反馈了相关人员构成情况。

表专 5-20　　　2019—2021 年证券公司 3 年以上合规风控人员配置情况　　　（单位：%）

年　份	合规人员占比	风控人员占比
2019	2.23	2.24
2020	2.25	2.36
2021	2.25	2.40

资料来源：调研信息，2019 年、2020 年、2021 年分别有 85 家、87 家、86 家证券公司有效反馈了满足一定条件合规人员占比，分别有 80 家、82 家、83 家证券公司有效反馈了满足一定条件风控人员占比。

八、信息技术人员情况

数字化浪潮下，金融科技正从服务业务向引领业务和赋能业务转变，很多证券公司将金融科技视作核心竞争力之一，并持续加大投入，在金融科技人才队伍建设方面不断发力。近两年，证券公司信息技术人员规模持续增长，均保持 15% 以上增幅，2021 年增幅近 20%，平均人数达 128 人。9 家证券公司信息技术人员配置超过 400 人，11 家证券公司为 200—400 人（含），19 家证券公司为 100—200 人（含），22 家证券公司为 50—100 人（含），47 家证券公司在 50 人（含）以下。从人员构成来看，研发人员和运维人员接近 6:4，研发人员增长速度远高于运维人员（见表专 5-21）。

表专 5-21　　　　2021 年证券公司信息技术人员构成与增长率　　　　（单位：%）

统计项目	研发	运维
人员构成占比	57.39	42.61
人员增长率	27.10	6.71

资料来源：调研信息，共有 96 家证券公司有效反馈了相关人员构成情况。

九、人力资源管理人员情况

证券行业属于人才密集型产业，人才方面的竞争颇为激烈，行业的快速发展以及从业人员的持续增长也对证券公司人力资源管理提出了更高要求,需要切实有效发挥人力资源管理在公司顶层战略中的重要作用,加强专业人才队伍建设,做好员工的正向激励引导和反向惩戒约束,从而更好地助力行业高质量发展。近3年,行业人力资源管理队伍不断壮大,2021年,人力资源管理人员规模同比增长近13%,平均人数为17人。12家证券公司人力资源管理人员配置超过30人,11家证券公司为20—30人(含),43家证券公司为10—20人(含),42家证券公司在10人(含)以下。

从人员构成来看,人力资源管理各主要模块人员配置相对较为均衡。薪酬福利模块人员占比最高,达到16%,但人数略有下降;招聘、培训、人事及员工关系、HRBP人员占比均超过10%;组织发展、干部管理、绩效考核模块人员占比在8%—10%,其中干部管理人员增长迅速,增幅达25%。人员增长方面,干部管理、招聘、人事及员工关系、HRBP、共享中心人员增幅均超过10%(见表专5–22)。

表专5–22　　　　2021年证券公司人力资源管理人员构成与增长率　　　　(单位:%)

职能模块	人员构成占比	人员增长率
组织发展	8.47	7.05
招聘	14.35	12.34
干部管理	9.93	25.30
薪酬福利	16.13	-1.36
绩效考核	9.97	3.81
培训	13.99	9.74
人事及员工关系	12.29	12.70
HRBP①	12.16	12.35
共享服务中心②	2.71	41.67

注:①HRBP:人力资源业务伙伴,是企业派驻到各个业务或事业部的人力资源管理者,主要协助各业务单元的员工发展、人才发掘、能力培养等方面工作。

②共享服务中心:是企业将各业务单元所有与人力资源管理有关的行政事务性工作集中起来,通过对人员、技术和流程的有效整合,为企业所有的业务单元提供标准化和精简化的人力资源管理服务。

资料来源:调研信息,共有95家证券公司有效反馈了相关人员构成情况。

十、党务、工会、团委、纪检人员情况

近年来,证券行业践行新发展理念,高度重视党建和纪检工作,坚持党建引领高质量发展,推动党建与业务发展深度融合,党建群团及纪检人员配置逐步加强。2021年,党务、工会、团委、纪检相关人员增幅达13%,平均配置人数为10人,11家证券公司相关人员配置超过20人。

第三节 2021年证券公司分支机构人员情况

2019—2021年，证券公司分支机构人员规模稳定增长，2021年增幅约5%，平均人数达1 707人。6家证券公司分支机构人数超过6 000人，8家证券公司为4 000—6 000人（含），13家证券公司为2 000—4 000人（含），49家证券公司为500—2 000人（含），30家证券公司在500人（含）以下。

从人员构成来看，零售业务人员占比最高，超过50%，增长较稳定。机构业务人员占比较少，不足5%，且人员规模呈负增长。财富管理业务人员涨幅最快，近29%。分支机构中后台人员占比略有下降。

随着经纪业务向财富管理转型，2019—2021年行业证券经纪人数量持续下降，经纪人数量与分支机构正式人员比例约2:8（见表专5-23）。

表专5-23　　　　　2021年证券公司分支机构人员构成与增长率　　　　　（单位:%）

统计项目	零售业务	机构业务	财富管理业务	中后台
人员构成占比	54.96	4.52	2.87	37.65
人员增长率	5.25	-6.02	28.92	-3.83

资料来源：调研信息，共有88家证券公司有效反馈了分支机构相关人员构成情况。

第四章
2021年证券行业人力资源管理建议

证券从业人员提供的服务涉及广大投资者的切身利益，关系着经济发展与金融安全，具有较强的公共属性，有较高的道德水准和社会责任要求。随着资本市场全面深化改革的推进，证券行业经营发展环境面临深刻变化，只有突出专业能力、专业特色、专业优势，注重培养具备专业主义精神的高素质人才队伍，加强执业声誉建设，才能在高质量发展的道路上行稳致远。

一、完善证券行业人才队伍建设顶层设计，建立人才引进机制

市场化的选拔任用是打造高素质人才队伍、激发人才创新动力和活力的有效途径。坚持正确的选人用人导向，充分挖掘人才潜力，注重创造成就人才的环境和机制，释放人才红利，才能促进证券行业健康可持续发展。

一是建立以改善人才队伍结构、提升人才层次为导向的人才管理机制。加大政策性引导和制度性支持，完善人才发展制度建设，建立各类专业人才标准。加大对人才的投入力度，增加从业人员专业能力水平评价测试工作举办经费，加大水平评价测试工作举办规模和频次，保障人才对水平评价测试的实际需求，提升人才的专业能力水平和职业素养，为行业培育高素质人才。

二是推进建立市场化、专业化的人才引进机制。创新人才引进方式，积极与境内外知名高校、金融社团、人才服务机构开展合作，建立稳定的境内外引才渠道；与境内外知名高校建立联系，采取建设专门学科、开设专门课程、联合委托培养等方式，提前布局重点发展领域，为行业发展储备高素质人才。

三是完善人才引进的配套政策和保障机制。建立高层次、智能化人才服务绿色通道，为行业高端人才提供便捷服务，优化人才发展环境，促进人才有序流动，夯实高素质人才发展之基。

四是发挥监管部门和自律组织的资源优势，搭建良好的交流平台，推动跨行业人才交流学习。在一定范围内协调组织跨行业、跨机构的人才学习交流，提升人才专业能力、拓宽视野。

二、加快证券行业人才结构性调整,完善国际化人才、金融科技人才等的储备与培养机制

随着资本市场全面深化改革的不断深入,证券行业发展环境发生重大变化,行业发展格局进行了结构性重塑,其中客户需求的多元化、综合化和专业化趋势日益明显,客户结构中机构投资者的占比显著提升。与以上变化相适应,行业人才队伍结构方面还需要进一步优化。

一是推动建立以直接面对客户的"首席客户经理"体制建设。调整以客户为中心的组织架构,推进和完善业务流程重组再造,加快各类专业化人才布局进程,加强专业化的中高端和核心人才队伍配置。实现以客户为中心提供全周期全链条服务,加强不同业务间的高效协同,培养、挖掘能够整合多类金融服务资源、推动客户需求落地的核心型人才。施行更精细化的人才选拔机制,从简单的规模化选人用人,向行业专家、复合型人才等方面进行更精准的布局。

二是建立国际化人才储备机制,完善国际化人才培养体系。把国际化人才的储备与培养纳入发展战略,优化行业自身人力资源管理机制,创新国际化人才培养模式。通过筹建国际化高端人才库、搭建国际化高端人才成长平台、建立适应国际化高端人才成长发展的制度等,提供更多的行业内或跨行业、与境内外先进标杆学习和交流的机会,帮助人才拓宽视野、突破自我、提升领导力,营造良好的跨文化工作环境,实现国际化高端人才培养工作的常态化。

三是建立"高精尖缺"人才发展机制,聚焦专业素质能力提升,做好领军人才的培养。以培养"高精尖缺"人才为关键,加强领军人才队伍建设,为高质量发展提供高匹配度、高精准度的人才支撑。聚焦"高精尖缺"人才,打造科技创新主力军,大力培养引进战略科学家、科技领军人才、高水平创新团队和青年科技人才后备军。加强业务和流程中信息技术的应用,推动数字化转型,把握技术发展趋势,形成利于"高精尖缺"科技领军人才引进与发展的业务环境。结合技术需求,较大规模地吸纳目标科技领军人才,提升科技对业务的支撑能力。建立健全适宜"高精尖缺"人才管理与发展的人力资源管理机制,在薪酬体系、激励约束、晋升通道等方面满足人才发展需求。进一步完善"高精尖缺"人才流动机制,增加人才在证券行业内的横向发展机会。

三、丰富证券行业人才培养体系,构建科学的人才发展机制

证券行业人才流动性大,对经验丰富的专业人才尤其是高管人才需求缺口较大,系统的、有针对性的人才梯队建设体系亟待完善。而伴随着资本市场的开放,行业发展呈现国际化趋势,人才队伍建设的国际化进程也需要同步推进。

一是构建科学的人才发展体制机制。关注专业人才的成长路径规划、知识和能力评估体系搭建、非知识类技能的历练辅导,实现因材施教。加强管理者领导力提升与后备人才梯队建设,甄选高潜人才,分层次、体系化培养后备梯队。

二是搭建完善的人才培训体系,打造专业人才培养平台。针对不同领域、不同层次人才,结合证券行业最新发展趋势与业务前沿领域,构建全面、系统、多元的培训体系,促进行业整体人才专业能力提升。加强中高端人才培训,有针对性地开展综合能力、业务技能、管理提升等方面专项培养。探索建立"请进来""走出去"国际班培训模式,与世界知名商学院开展稳定合作,联合主办证券基金期货行业人才管理培训班,结合线上线下培训模式,邀请国际知名机构进行线上授课,组织行业人才赴境外参加培训,为国际化人才培养提供有力的支持保障。

四、有效拓展激励约束模式,健全人才激励约束机制

证券行业应当通过建立健全人才激励约束机制,夯实行业高质量发展的治理基础、风控基础、合规基础、文化基础和人才基础,提升服务实体经济与国家战略的能力。

一是构建激励与约束并重、利益共享、风险共担的中长期激励机制。强化长效、良性发展的行业激励文化导向,在借鉴境外成熟资本市场做法的基础上,充分考虑境内实际情况,在法律制度框架下,参照股权激励、员工持股、业绩期权等多种方式,设计人才激励解决方案,强化人才与公司、股东长期利益之间的紧密联系。将职级制度科学合理地应用到人才晋升、激励等方面,进一步完善人才业绩标准,推动人才能上能下,能进能出。

二是健全人才执业声誉激励与约束机制。进一步完善人才自律管理体系,根据执业声誉、从业经历、专业测试、职业道德等情况,建立分类分层管理名单,引导人才树立和坚持正确的价值观,形成诚实守信、勤勉尽责的内生动力和自我约束力,不断提高道德水平和专业能力;建设行业人才执业信息库,实现人才执业信息多维度的集中、查询、统计、分析,实现人才执业声誉市场化的积累、监测、评价、评估,推动形成对人才的诚信约束、道德约束、声誉约束、市场约束;将行业机构及其从业人员违反廉洁自律规定、职业道德、业务规范、行规公序等相关行为形成的声誉风险纳入自律管理范畴,持续完善执业声誉积累与评价机制,加强执业声誉建设和声誉风险管理,健全人才执业声誉激励与约束机制。

五、加强证券行业人力资源管理队伍建设,建立数字化人力资源管理机制

证券行业从事人力资源管理的人才数量较少,专业队伍建设有待加强,人力资源管理人员的专业素质有待提升。

一是建立完善的人力资源管理基础体制机制,优化人力资源管理模式。将人力资源管理提升到战略规划高度,促进人力资源管理更加贴近业务需求,保障人才供给。在有限的人力

资源管理专业队伍基础上进一步提升管理效能，推动人力资源管理人才深入了解经营发展战略，了解行业发展趋势与发展方向，实现人力资源管理与行业经营发展相连相通，将人力资源管理的重心由事务性工作转型为人力资源规划等战略性工作。

二是推进建立数字化人力资源管理机制。加大对人力资源管理系统的投入，实现人力资源管理的数字化转型，提升人力资源管理信息化、精细化水平。借助科技力量和专业数据手段，基于现有人才大数据进行全面摸底和准确"画像"，构建行业人才队伍核心素质能力人才画像，通过人才画像与业务需求、能力素质匹配，以绩效管理和评估为根本，打通人才画像与人才引进、培训发展、职级晋升闭环，绘制人才全生命周期培养管理路径图，打造高效能的智慧型、创新型人才队伍。

六、加强文化建设，凝聚高素质证券人才队伍建设的正能量

健康良好的行业文化是证券行业软实力和核心竞争力的重要体现，是行稳致远的立身之本，是全面深化资本市场改革的重要保障，也是防范金融风险的有力抓手。建设良好的证券行业文化对于传承和弘扬行业精神、积淀和凝聚行业价值观、指导和引领行业高质量发展具有十分重要的意义。我国证券行业还比较年轻，长期处于市场经济最前沿，有必要通过文化建设，教育引导从业人员树立正确的价值观、利益观，强基固本、基业长青，谨守底线、远离乱象。

一是以制度建设"强基"。将合规、诚信、专业、稳健的行业文化作为基本要求嵌入业务流程、内部控制、合规管理之中，成为人才执业管理的基石，以制度承载道德理念、固化良好品行、强化价值引领；健全诚信体系、声誉管理体系、社会责任评价体系，督促人才珍惜执业声誉。

二是以生态培养"固本"。通过推广"文化建设十要素"，从行为、组织、观念层面增进文化认同，促进人才的全面发展；让文化建设为人才发展提供价值引领和精神支撑，培育人才的工匠精神、专业精神、投资者服务意识及良好的职业操守，增强人才敬畏市场、敬畏法治、敬畏专业、敬畏风险的意识。

三是以文化"致远"。持续开展文化建设实践评估、示范工作，促使人才树立正确的价值观、义利观、发展观，使精神追求、价值引领、文化认同成为内心觉醒和行动自觉的源头活水，成为行业人才队伍的鲜明标识和共同气质，锻造行业人才坚守初心使命服务人民，心怀"国之大者"为国解难、为国分忧、为国尽责的共性品格。

专题报告之六：
2021年中国证券业信息技术与服务发展综述

第一章
2021年中国证券业信息技术与服务发展情况

第一节　2021年中国证券业信息技术与服务发展特点[①]

一、《证券期货业科技发展"十四五"规划》发布，明确行业发展新方向

2021年10月中国证监会发布《证券期货业科技发展"十四五"规划》，阐明"十四五"时期行业的数字化转型和科技监管工作的指导思想、工作原则以及相关重点事项。在数字化发展上，围绕"推进行业数字化转型发展"与"数据让监管更加智慧"两大主题，具体地提出打造一体化行业基础设施、推进科技赋能与金融科技创新、完善行业科技治理体

---

① 本节中的统计数据如无特殊说明，均来自2021年中国证券业协会专项调查，数据未经审计。

制、塑造领先的安全可控体系、提高科技标准化水平、提升金融科技研究水平六方面内容，明确行业发展的新方向，为证券期货业数字化转型发展提供了纲领性指南。纵观行业近几年科技监管情况，在始终坚守"不发生系统性金融风险"的底线上，科技监管工作更加全面，各板块划分更为细致，各方面要求更为严格，各细分领域更为专业。而在"稳"字当头、稳中求进的原则下，监管也积极探索创新驱动、科技引领的发展思路，根据中国证监会有关工作要求，首批资本市场金融科技创新试点项目也于2021年正式启动。

二、数字化转型持续升温，业务与技术融合更为紧密

数字化转型与金融科技引领下的创新已成为时下最重要的趋势之一，近些年数字化转型在证券行业持续升温，根据2021年中国证券业协会专项调查结果，71%的证券公司将数字化转型列为公司战略任务，围绕现有业务转型、新业务模式探索和数字化基础能力三大维度持续发力。各证券公司积极探索证券行业数字化转型路线，大力推进财富管理、机构交易、自营投资、投资银行、资产管理、风险管理等各方面的数字化转型工作。

在组织保障上，多家证券公司设立专门组织负责数字化战略统筹和推进；在人才体系建设上，部分证券公司开展科技文化节、科技竞赛等创新活动，同时更加注重复合型数字化人才体系建设；在科技创新上，部分证券公司通过专项数字化创新基金、科技创新实验室等方式，建立内部数字化创新孵化机制。同时，行业更加重视业务与技术的融合，覆盖领域不断拓宽，敏捷组织逐渐形成，部分证券公司开始探索"部落制"运作方式，更好地促进业务与科技高效协作，形成最强合力。此外，多家证券公司更加强调生态化体系建设、开放与合作共赢，更加重视公司级数据、云计算、AI（人工智能）能力以及开放技术架构建设等多方面内容。

三、金融科技水平提升，全面支持业务发展

多层次资本市场发展的过程，也正是证券行业信息技术与业务紧密结合的过程，证券公司的信息化先后经历了电子化阶段、互联网化阶段、金融科技以及数字化阶段。信息技术一方面有力保障了多层次资本市场的建设和各项新业务的开展，另一方面随着人工智能、云计算与大数据的蓬勃发展，信息技术与证券业务深度融合，开始催生出新的业务模式、服务模式，为行业的发展提供了源源不断的创新活力。

2021年证券行业IT（信息技术）投入持续保持逐年增长态势，IT人员总数同比增长19.7%，IT总投入同比增长26.51%。各证券公司通过内部协作、外部联合逐渐打造金融科技生态。一方面，金融科技服务商提供了更好的技术能力与产品服务，与行业业务场景融合更为紧密；另一方面，证券公司研发能力进一步增强，证券公司自主研发或合作研发的系统数量进一步增多。金融科技全面支持了证券公司各方面业务发展，根据2021年中国证券业协会专项调查结果，其典型应用场景涵盖了证券经纪业务、机构服务、资产管理、自营投

资、投资银行、信用业务、合规风控、经营决策、企业协同、IT 运营等多个方面。

四、信息技术治理更加完善，数据治理能力进一步提升

行业机构持续健全信息技术治理机制，改进并优化治理模式，完善 IT 治理组织架构与信息技术制度体系，保持信息技术管理制度持续有效，提升应急管理能力与重要信息系统保障能力，同时更加重视信息技术层面的合规风险管理。

数据治理方面，近百家行业经营机构在公司层面设置了数据治理组织，将数据治理纳入企业级战略范畴，并与业务场景充分融合，提升业务和 IT 专业能力，部分经营机构还设置了跨部门的专门工作组或类似组织来负责数据治理工作的推进；同时推进数据治理工作线上化、自动化与智能化，建设数据资产管理、数据自助查询等系统，并通过强化数据治理文化宣贯的方式进一步促进数据治理工作的推广。数据治理工作的有效开展，促进了数据资产的不断发展壮大，为数据的应用提供了基础支撑。根据 2021 年中国证券业协会专项调查结果，共 90 家证券公司开展了大数据应用，涉及案例 304 个，其中 2021 年投产或在建的案例有 292 个，较上年增长 147.46%。

五、基础设施建设加强，平台与技术建设更加深入

证券行业大力建设公共服务基础设施，行业云建设平稳有序推进，为金融机构提供技术领先、稳定可靠、安全合规的云计算服务，同时证券公司私有云建设也取得一定成效，云原生技术即在行业云、私有云等新型动态环境中构建和运行可弹性扩展的应用，各大证券公司进一步推动应用上云，同时持续夯实基础设施，在机房建设、数据中心搭建等方面均有持续投入。

在平台与技术方面，随着投资者结构进一步机构化以及机构交易技术进一步深化，分布式、高性能、低延时等技术已在多家证券公司得到应用。同时各家证券公司也重点开展微服务、容器化、DevOps 等以云原生为基础的技术平台能力和基础设施建设，开展开源技术和开放的技术生态平台探索。随着自研能力的进一步增强，证券公司大数据平台与 AI 能力平台也在打造与持续完善中。在信息技术应用创新方面，证券公司积极响应国家号召，实现从基础软硬件到上层应用的全技术领域的安全可控、自主创新，提升公司关键基础设施的自主掌控能力，挑选多套系统进行信创改造，对芯片、操作系统、中间件、数据库、网络设备、虚拟化云、终端等技术栈进行全面充分的验证。

六、网络安全体系持续完善，数据安全和隐私保护受到高度重视

证券行业信息系统是国家要求重点保障的重要信息系统，关系到国家金融安全、社会稳

定和广大投资者的权益。证券行业应促进本行业信息安全建设，增强防护能力，提高业务的运营保障水平。同时随着新一代信息技术与证券业务的深度融合，行业机构内信息系统 IT 基础设施与外部网络环境日趋复杂，面临的网络攻击行为越来越多样化，新的安全威胁随之而来，目前网络安全范围已经从原来的基础架构安全扩展到应用、数据、用户、证券业务、对抗外部欺诈行为、内容安全等多个领域，信息安全保障的内涵不断丰富。监管部门进一步加强信息安全管理体系建设，结合国家金融标准化工作，深入开展信息安全技术标准化应用工作，同时加强宣传信息安全法律知识，推动投资者教育工作。行业机构持续保持较高的信息安全投入，进一步加强用户安全管理，完善网络安全基础架构，突出应用安全管理，加强数据安全管理，同时通过整合组织与人员、管理体系与流程、技术手段三方面要素，设计整体的安全架构并持续完善改进。

2021年《中华人民共和国数据安全法》《中华人民共和国个人信息保护法》相继出台。《中华人民共和国数据安全法》旨在规范数据处理活动，保障数据安全，促进数据开发利用，保护个人、组织的合法权益，维护国家主权、安全和发展利益。《中华人民共和国个人信息保护法》进一步细化、完善个人信息保护应遵循的原则和个人信息处理规则，明确个人信息处理活动中的权利义务边界，健全个人信息保护工作体制机制。证券行业数据安全和个人信息保护也受到高度重视，证券公司需要持续建立数据分级分类管理制度，明确保护策略，落实技术和管理措施：一是强化对数据的安全访问控制，建立数据全生命周期的安全闭环管理机制；二是加强第三方数据合作安全评估，交由第三方处理数据的，应依据"最小、必要"原则进行脱敏处理。同时，证券公司需要关注外部数据源合规风险，明确数据权属关系，加强数据安全技术保护，加强对外发布信息安全管理。部分证券公司积极探索基于联邦学习、差分隐私、多方安全计算、区块链构建的隐私计算方案，以解决数据共享问题。

第二节 2021年中国证券业信息技术投入情况[①]

2021年底，中国证券业协会对证券公司2021年信息技术（IT）投入及人员情况进行了专项调查，收到有效调研反馈共计109份。调查结果显示，2021年证券公司IT人员总数同比增长19.7%，IT投入总额同比增长26.51%，与2020年相比，人员和投入均出现较大增长。IT人力投入方面，总部IT人员数量同比增长21.38%，常驻外包人员数量同比增长35.39%，分支机构IT人员数量同比减少9.71%；IT资金投入方面，资本性支出同比增长25.65%，费用性支出同比增长21.46%，薪酬福利支出同比增长35.36%。

---

① 本节中的统计数据如无特殊说明，均来自2021年中国证券业协会专项调查，数据未经审计。

一、IT 人力投入情况

2021 年证券公司 IT 人员总数为 30 952 人,同比增长 19.7%。总部 IT 员工和常驻外包 IT 人员增长较快,反映出随着证券公司数字化转型的持续推进,证券行业对信息技术人才的需求持续增长。随着金融科技与证券业务不断深化融合,各家证券公司不断加大对金融科技领域的投入和布局,特别是对信息技术人才的招聘力度,持续加强总部 IT 人员的投入,2021 年证券公司总部 IT 员工为 14 862 人,同比增长 21.38%,常驻外包 IT 人员为 11 404 人,同比增长 35.39%。随着分支机构转型的推进,分支机构 IT 人员持续减少,2021 年分支机构 IT 员工为 4 686 人,同比减少 9.71%,分支机构人数连续三年减少。具体情况见表专 6－1。

表专 6－1　　　　　　　　2019—2021 年证券行业 IT 人员情况

类别	2019 年		2020 年			2021 年		
	人数（人）	占比（%）	人数（人）	占比（%）	增长（%）	人数（人）	占比（%）	增长（%）
总部 IT 员工	10 776	47.09	12 244	47.36	13.62	14 862	48.02	21.38
常驻外包 IT 人员	6 514	28.47	8 423	32.58	29.20	11 404	36.84	35.39
分支机构 IT 员工	5 594	24.45	5 190	20.07	-7.22	4 686	15.14	-9.71
合计	22 884	100.00	25 857	100.00	12.99	30 952	100.00	19.70

从证券行业 IT 人员构成方面看,正式员工数量持续增长,2021 年同比增长 12.13%,外包人员大幅增长,2021 年同比增长 35.39%。2021 年,正式员工为 19 548 人,占比为 63.16%,占比连续三年减少,外包人员为 11 404 人,占比为 35.39%,占比连续三年增长,显示证券公司对外部科技人才的巨大需求。2019—2021 年证券行业外包员工与正式员工的比例分别为 0.40、0.48、0.58,呈较快上升趋势,显示对外部技术人力资源的依赖有所提升。具体情况见表专 6－2。

表专 6－2　　　　2019—2021 年证券行业正式员工和外包人员分布情况

类别	2019 年		2020 年			2021 年		
	人数（人）	占比（%）	人数（人）	占比（%）	增长（%）	人数（人）	占比（%）	增长（%）
正式员工	16 370	71.53	17 434	67.42	6.50	19 548	63.16	12.13
外包人员	6 514	28.47	8 423	32.58	29.31	11 404	36.84	35.39
合计	22 884	100.00	25 857	100.00	12.99	30 952	100.00	19.70

从证券行业 IT 人员各分项占比来看,总部员工主要分布在开发和运维岗位,常驻外包主要分布在开发岗位,分支机构员工主要分布在运维岗位。总部 IT 各分项中,2021 年总部专职开发占比超过 20%,总部专职运维人员增幅和占比逐步减少,常驻外包的专职开发占比逐步提高。分支机构 IT 分项中,分支机构员工的专职运维占比较高,但人员数量在逐步减少,人员呈现向总部集中的趋势。具体情况见表专 6－3。

专题报告之六
2021 年中国证券业信息技术与服务发展综述

表专 6-3 2019—2021 年证券行业总部员工、常驻外包、分支机构专职 IT 人员各分项情况

类别		2019 年		2020 年			2021 年		
		人数（人）	占比（%）	人数（人）	占比（%）	增长（%）	人数（人）	占比（%）	增长（%）
总部	专职开发	4 974	21.74	5 972	23.11	20.06	7 619	24.62	27.58
	专职测试	521	2.28	596	2.31	14.40	762	2.46	27.85
	专职运维	3 458	15.11	3 759	14.54	8.70	4 056	13.10	7.90
	其他员工	1 823	7.97	1 917	7.42	5.16	2 425	7.83	26.50
外包	专职开发	3 728	16.29	4 720	18.26	26.61	6 076	19.63	28.73
	专职测试	1 658	7.25	2 166	8.38	30.64	2 992	9.67	38.13
	专职运维	738	3.22	963	3.73	30.49	1 267	4.09	31.57
	其他员工	379	1.66	553	2.14	45.91	1 069	3.45	93.31
分支机构	专职开发	66	0.29	67	0.26	1.52	98	0.32	46.27
	专职测试	3	0.01	4	0.02	33.33	8	0.03	100.00
	专职运维	3 540	15.47	3 256	12.60	-8.02	3 068	9.91	-5.77
	其他员工	1 996	8.72	1 874	7.25	-6.11	1 512	4.88	-19.32

2021 年，各家证券公司总部 IT 员工人数分化明显，总部 IT 员工人数超过 100 人的共 45 家，100 人以下的有 64 家，较上年同比减少 8 家。其中，5 家证券公司总部 IT 员工人数超过 500 人，8 家证券公司总部 IT 员工人数超过 400 人。总部 IT 员工人数排名前 10 位的证券公司总部 IT 员工共 5 435 人，占行业总人数的 36.57%，总部 IT 员工人数排名前 20 位的证券公司总部 IT 员工共 8 555 人，占行业总人数的 57.56%，总部 IT 员工人数排名前 30 位的证券公司共 10 331 人，占行业总人数的 69.51%，头部券商总部 IT 人员集中度越来越高。具体情况见图专 6-1。

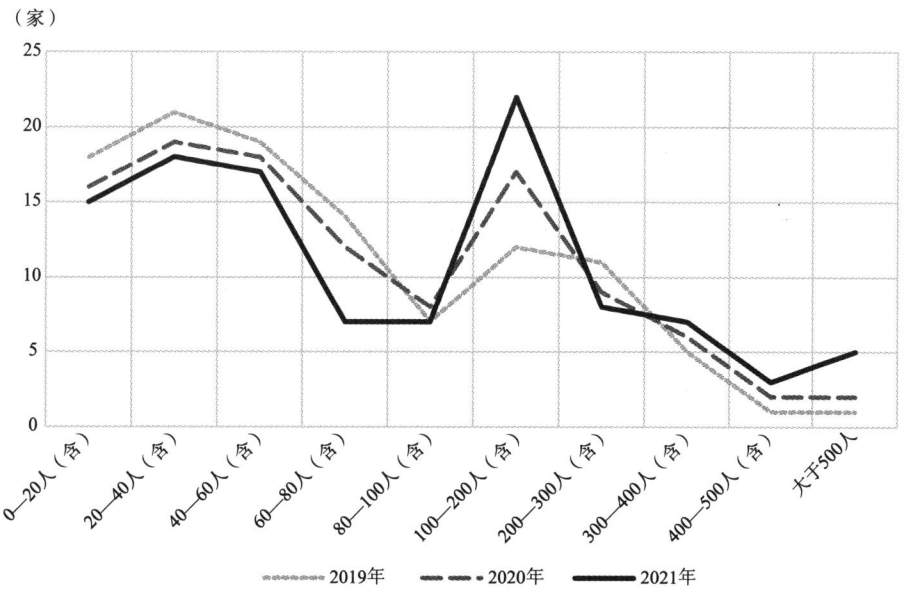

图专 6-1 2019—2021 年证券公司总部 IT 人员分布

从业务种类来看，2021 年支持各业务条线的 IT 人员人数①分布如下：证券经纪业务 8 402 人，占比为 43.06%；投行业务 636 人，占比为 3.26%；资管业务 786 人，占比为 4.03%；信用业务 875 人，占比为 4.48%；自营业务 1 189 人，占比为 6.09%；中后台业务 5 573 人，占比为 28.56%；信息安全 323 人，占比为 1.66%；其他人员 1 727 人，占比 8.85%。其中，证券经纪业务投入人数最多，由于受佣金率的下降、行业同质化竞争以及金融科技赋能等复杂因素的影响较大，证券公司为保持自身竞争力持续加大科技研发投入。中后台业务人员投入排列第二位，多数证券公司启动了中台战略，进一步加大中台建设投入，成立专门团队负责数据中台、业务中台和技术中台落地，投入了较多的 IT 人力。具体情况见表专 6-4。

表专 6-4　2019—2021 年证券行业总部员工、常驻外包专职 IT 人员各业务线占比情况

年 份	类 别	经纪	投行	资管	信用	自营	中后台	信息安全	其他
2019	投入人员（人）	6 096	353	629	480	695	3 146	242	1 293
	人员占比（%）	47.13	2.73	4.86	3.71	5.37	24.32	1.87	10.00
2020	投入人员（人）	7 166	420	757	575	1 115	4 099	296	1 217
	人员占比（%）	45.80	2.68	4.84	3.68	7.13	26.20	1.89	7.78
	增长（%）	17.55	18.98	20.35	19.79	60.43	30.29	22.31	-5.88
2021	投入人员（人）	8 402	636	786	875	1 189	5 573	323	1 727
	人员占比（%）	43.06	3.26	4.03	4.48	6.09	28.56	1.66	8.85
	增长（%）	17.25	51.43	3.83	52.17	6.64	35.96	9.12	41.91

受疫情影响，远程办公成为常态，而异地研发中心具有成本较低、员工招聘较一线城市更为容易等各项优势。2021 年证券行业新增 9 个异地研发中心，共有 25 家证券公司设立了异地研发中心。在人员方面，2021 年异地研发中心人员占总部 IT 人员比例为 10.97%，较 2020 年相比增长 35.49%。从 2019 年起，异地研发中心人员数量保持了较高的增长，从人员分布占比来看，异地研发中心员工主要为专职开发人员，且人数增长较快，具体情况见表专 6-5 和表专 6-6。

表专 6-5　　2019—2021 年证券行业异地研发中心 IT 人员情况

年 份	异地研发中心总人数（人）	占总部 IT 人数比例（%）	增长（%）
2019	922	8.56	—
2020	1 203	9.83	30.48
2021	1 630	10.97	35.49

① 部分问卷的总部员工、常驻外包未全部计入分项，故此处总人数低于表专 6-1 的统计人数。

表专 6-6   2019—2021 年证券行业异地研发中心专职 IT 人员各分项情况

年 份	类 别	专职开发人员	专职测试人数	专职运维人数	其他 IT 员工人数
2019	投入人员（人）	600	110	94	118
	人员占比（%）	65.08	11.93	10.20	12.80
2020	投入人员（人）	797	155	126	125
	人员占比（%）	66.25	12.88	10.47	10.39
	增长（%）	32.83	40.91	34.04	5.93
2021	投入人员（人）	1 137	201	114	178
	人员占比（%）	69.75	12.33	6.99	10.92
	增长（%）	42.66	29.68	-9.52	42.40

二、IT 资金投入情况

2021 年证券行业 IT 总投入为 303.55 亿元，同比增长 26.51%，资本性支出和费用性支出的占比均超过 36%，薪酬福利支出占比超过 25%。资本性支出较上年同比增长 25.65%，占 2021 年总投入的 36.74%；费用性支出占比略有下降，2021 年占比为 36.27%，同比增长 21.46%；薪酬福利支出占比呈增长趋势，2021 年占比为 26.99%，同比增长 35.36%。具体情况见表专 6-7。

表专 6-7   2019—2021 年证券行业 IT 投入情况

类 别	2019 年 投入金额（万元）	2019 年 占比（%）	2020 年 投入金额（万元）	2020 年 占比（%）	2020 年 增长（%）	2021 年 投入金额（万元）	2021 年 占比（%）	2021 年 增长（%）
资本性支出	730 929	35.05	887 478	36.99%	21.42	1 115 118	36.74	25.65
费用性支出	800 191	38.37	906 585	37.78%	13.30	1 101 133	36.27	21.46
薪酬福利支出	554 328	26.58	605 276	25.23%	9.19	819 272	26.99	35.36
合计	2 085 448	100.00	2 399 339	100.00%	15.05	3 035 523	100	26.51

从 2021 年证券行业 IT 投入各分项占比来看，薪酬福利支出占比超过 20%，软件投入占比接近 20%，硬件投入、运维费用和通讯费用占比超过 10%。资本性支出方面，硬件投入增长 22.92%，增速较快；软件投入增长 20.02%，相比 2020 年占比略有下降，增速放缓。费用性支出方面，运维费用和常驻外包费用增长均超过 20%，同时因行业云等平台的持续完善，采用 SAAS 化或租赁方式的软件越来越多，部分原有资本性的支出也将逐步费用化。随着证券行业数字化转型和金融科技应用的持续深入，证券公司进一步加大 IT 建设性投资及自主研发投入：一方面通过采购市场上较为成熟的产品、技术或服务，来快速实现业务落地；另一方面通过借助外部人力资源，快速弥补自主研发资源的不足。同时，随着证券市场

快速发展，行业监管规范不断完善，证券公司在全面数字化转型、运维保障工作、信息安全工作、信息技术应用创新工作等方面也不断加大投入。具体情况见表专6-8。

表专6-8　　　　2019—2021年证券行业IT投入各分项情况

年份	类别	资本性支出		费用性支出				薪酬福利支出
		硬件投入	软件投入	运维费用	通讯费用	常驻外包费用	其他费用	
2019	投入金额（万元）	341 377	389 552	363 467	251 407	120 489	64 828	554 328
	投入占比（%）	16.37	18.68	17.43	12.06	5.78	3.11	26.57
2020	投入金额（万元）	389 221	498 257	403 879	290 419	134 319	77 968	605 276
	投入占比（%）	16.22	20.77	16.83	12.10	5.60	3.25	25.23
	增长（%）	14.02	27.91	11.12	15.52	11.48	20.27	9.19
2021	投入金额（万元）	478 428	598 002	533 362	326 101	165 478	76 192	819 272
	投入占比（%）	15.96	19.95	17.80	10.88	5.52	2.54	27.34
	增长（%）	22.92	20.02	32.06	12.29	23.20	-2.28	35.36

2021年，各家证券公司的IT总投入持续增加，IT总投入达到亿元的有72家，较上年增加13家，其中11家总投入超过8亿元，21家总投入超过4亿元。投入排名前10位的证券公司共投入124.86亿元，占行业总投入的41.13%；投入排名前20位的证券公司共投入184.66亿元，占行业总投入的60.83%；投入排名前30位的证券公司共投入217.73亿元，占行业总投入的71.73%。头部证券公司投入集中度越来越高。具体情况见图专6-2。

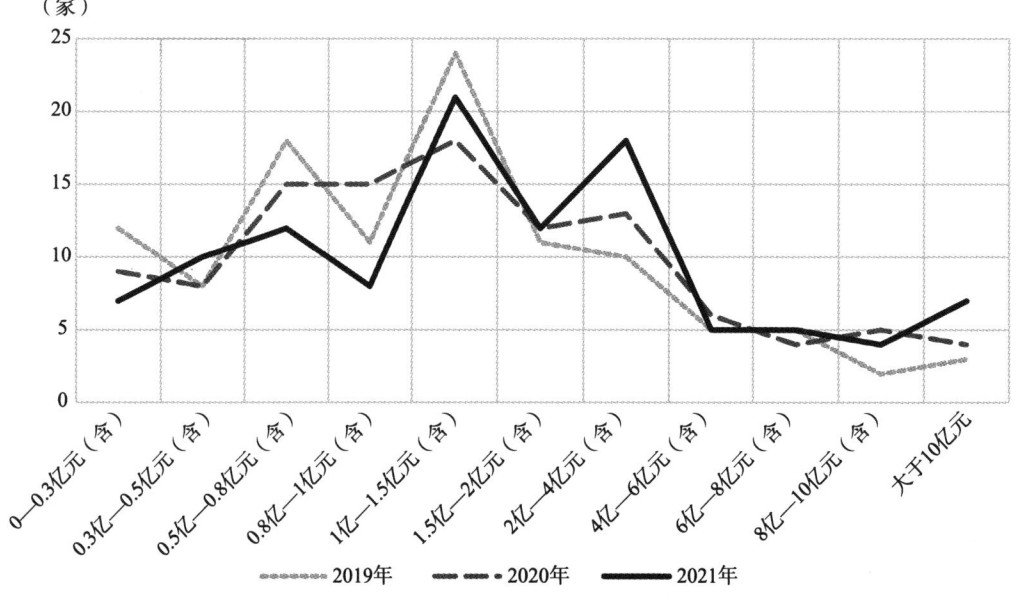

图专6-2　2019—2021年证券公司IT投入分布

从业务种类来看，2021年109家证券公司的资本性支出（包括硬件投入和软件投入）为999 229万元[1]，证券经纪业务和中后台占比78.98%，中后台业务占比增长较快。具体来看，证券经纪业务投入382 125万元，占比为38.24%；投行业务投入18 367万元，占比为1.84%；资管业务投入48 565万元，占比为4.86%；融资业务投入19 013万元，占比为1.9%；投资业务投入50 007万元，占比为5%；中后台投入407 064万元，占比为40.74%；其他业务投入74 088万元，占比为7.41%。中后台IT投入占比最大，投入增长较快，证券公司在中后台建设上持续保持较高投入，主要集中在数据中台、业务中台和技术中台等领域。具体情况见表专6-9。

表专6-9　2019—2021年证券行业资本性支出各业务占比情况

年份	类别	证券经纪业务	投行业务	资管业务	融资业务	投资业务	中后台	其他业务
2019	投入金额（万元）	253 220	12 232	35 335	16 506	32 178	246 753	57 787
	投入占比（%）	38.72	1.87	5.40	2.52	4.92	37.73	8.84
2020	投入金额（万元）	314 192	17 114	35 225	17 770	37 702	303 491	72 883
	投入占比（%）	39.35	2.14	4.41	2.23	4.72	38.01	9.14
	增长（%）	24.08	39.91	-0.31	7.66	17.17	22.99	26.12
2021	投入金额（万元）	382 125	18 367	48 565	19 013	50 007	407 064	74 088
	投入占比（%）	38.24	1.84	4.86	1.90	5.00	40.74	7.41
	增长（%）	21.62	7.32	37.87	7.00	32.64	34.13	1.65

从网络安全领域看，2021年证券公司在网络安全相关的投入为95 484万元，占当年IT资本性支出和费用性支出总和的4.31%，同比增长22.75%。随着网络安全形势日趋严峻，网络安全投入已成为证券公司一项重要支出，证券公司通过加强网络安全手段和平台建设、创新网络安全人才培养机制、开展网络安全知识技能普及工作等方式，全方位提升网络安全水平。具体情况见表专6-10。

表专6-10　2019—2021年证券行业信息安全相关投入情况

年份	投入金额（万元）	占总投入比例（%）	增长（%）
2019	53 700	3.51	—
2020	77 791	4.34	44.86
2021	95 484	4.31	22.75

---

[1] 部分问卷的资本性支出未全部计入分项，故此处资本性支出低于表专6-7的资本性支出。

第二章
2021年金融科技在证券业信息技术中的应用发展情况

第一节 2021年证券公司数字化转型、数据治理与基础设施建设情况[①]

根据2021年中国证券业协会专项调查结果，证券行业数字化转型进入持续升温阶段，行业数据治理工作快速推进，并在配套敏捷研发体系建设等方面不断加大投入。

一、数字化转型开展情况

根据本次调查反馈，共77家证券公司将数字化转型列为公司发展战略，占本次调查样本数量的71%；其中，数字化转型在2021年启动的有21家，计划于2022年启动的有3家，累计新增37.5%。与此同时，数字化转型的"主战场"逐步由零售经纪业务扩展到机构业务、资产管理、投资银行、自营投资、中后台等多个领域，数字化转型覆盖多业务领域的证券公司有69家，占比高达89.61%。证券行业数字化转型已进入全面加速阶段，广度和深度不断加大。

从调查数据来看，绝大多数证券公司对数字化转型统筹推进的组织职能进行了明确，54家证券公司设立专门组织负责数字化转型的统筹和推进，但做法各有不同，典型做法有如下三种：一种是由现有的IT（治理）委员会或信息技术部门牵头，这也是当前较多证券公司采用的做法；另一种则是在相关的业务部门或业务委员会下设立专门的数字化推进组；另外也有一些证券公司设立一级的横向组织或实体部门来专门统筹和推进数字化转型。可见，在数字化转型的治理机制方面，行业正在探索和摸索之中，具体采用何种方式以及效果如何，

[①] 本节中的统计数据如无特殊说明，均来自2021年中国证券业协会专项调查，数据未经审计。

还需结合公司自身情况，在实践中去检验并不断改进。

在公司数字化转型规划的制定方式上，55.05%的证券公司通过公司统一组织，IT部门和业务部门联合制定，且占比较上年进一步提升，由此可以看出公司战略方向与业务发展方向是数字化转型的必要前提；同时，仍有少部分证券公司采用IT部门起草并征求业务部门意见后修订的方式制定规划。在考评机制上，有35家证券公司建立了数字化转型推进的考核评价机制；有37家证券公司建立了内部数字化创新孵化机制，在数字化转型创新上迈出了探索性的步伐。

总体而言，数字化转型涉及商业模式、业务价值、数字化产品、IT建设，以及企业战略、组织保障、文化建设、专业人才、高效协同、流程再造等方面，需要企业具有强大的数字化变革力和战略执行力，这对于众多传统金融企业来说是一个巨大挑战。证券公司如何选择数字化转型的治理模式和推进策略，是采取由点到面逐步推进，还是全面推进，应结合公司自身的数字化能力现状，在充分平衡投入与产出、短期与长期的基础上，做出最适合自己的选择。

二、数据治理开展情况

数据是企业的重要资产，数据驱动和数智化是数字化转型的重要基础，随着行业数字化转型持续深入，证券公司实施数据驱动、开展数据治理的内在驱动力逐渐增强。根据本次调查反馈，109家证券公司均在不同程度开展数据治理工作，总体来看整体资金与人员投入较上年均有小幅度的提升，但行业整体数据治理水平仍有所欠缺，除极少数证券公司有较为成熟的经验外，各家证券公司均在持续的摸索与实践过程中。

在数据治理组织保障上，主要有三种模式：一是由现有IT治理委员会统筹管理；二是成立数据治理小组统筹管理；三是由多个委员会或组织联合管理，如IT治理委员会或数据治理小组联合风险管理委员会等方式。2021年，有92家证券公司在数据治理方面进行投入（包括数据治理相关的咨询/培训、专项项目、平台建设），投入总金额约23 383万元，约占2021年证券公司IT总投入扣除薪酬福利投入后（2 216 251万元）的1.06%，较上年占比略有提升。92家证券公司中，投入金额在200万元以下的有57家，约占61.96%，向上依次递减。具体情况见表专6-11。

表专6-11　　　　　2021年证券公司数据治理资金投入情况

数据治理投入金额	200万元以下	200万（含）—400万元	400万（含）—600万元	600万元（含）以上
证券公司家数（家）	57	19	9	7
占比（%）	61.96	20.65	9.78	7.61

105家证券公司反馈已设立专职IT数据团队，总体人数比上年有显著提升，IT数据团队人员数量（含自有人员、常驻外包）在15人以下的证券公司有49家，约占46.67%，向

上依次递减。具体情况见表专 6-12。

表专 6-12　　　　　　2021 年证券公司 IT 数据团队人员数量情况

IT 数据团队人员数量	15 人以下	15（含）—30 人	30（含）—45 人	45 人（含）以上
证券公司家数（家）	49	33	15	8
占比（%）	46.67	31.43	14.29	7.62

共 94 家证券公司反馈在数据治理实施中存在困难：一是数据治理范围广、投入大、见效慢，公司投入不足；二是业务方对数据治理认知不足，重视度和参与度参差不齐，数据认责难；三是缺乏专业的数据治理人才，缺乏数据治理方法和工具。或针对行业数据治理工作提出建议：一是建议行业制定数据标准和数据治理指引，统筹推进数据治理工作；二是建议行业加强数据生态建设，统一数据分类标准、定义标准、接口标准，促进行业内（包括信息技术服务机构）数据开放和共享。

综上来看，行业数据治理资金及人员投入尚处于较低水平，证券公司在数据治理具体推进中仍然普遍存在困难，仍需行业出台配套的数据治理实施细则和相关指引，统筹制定行业数据标准，改善行业数据生态等；同时，需要进一步提高证券公司重视程度、投入程度以及业务关联方配合程度。

三、配套研发体系建设情况

随着信息技术的快速发展，行业的金融科技战略持续落地，技术与业务架构不断演变，客户的需求也日益复杂和多变。在此背景下，证券公司的业务和技术的协同创新能力、自主研发能力愈发重要，谁在行业中拥有更自主可控的研发能力，谁就更好地在激烈的行业竞争中获得研发驱动创新带来的机会优势，形成技术领域的核心竞争优势，以更高效的研发流程、更高质量的研发交付实现快速响应业务和市场需求，支持业务创新。为此，证券公司纷纷加大在研发体系的建设投入，以自研和合作开发为重点的研发管理体系建设仍然是关键推进内容，根据业务和技术能力情况持续优化信息系统的自主研发、合作开发、外购的结构比例，并重点开展微服务、容器化、DevOps 等以云原生为基础的技术平台能力和基础设施建设，开展开源技术和开放的技术生态平台探索，夯实数字化研发技术底座，高效支撑业务发展与创新。

根据 2021 年中国证券业协会专项调查结果，证券公司的研发体系建设情况主要从研发模式、技术实践、工具平台和持续改进管理机制四个方面进行投入建设。

在研发模式方面，敏捷研发模式已经成为主流的研发模式，共 67 家证券公司采用敏捷研发模式，约占 61.4%，较上年同比提升 9.84%，其中有 33 家证券公司采用规模化的敏捷框架进行全局的敏捷研发组织和协同，约占 33.2%，较上年同比大幅提升 57.14%。行业内从传统的瀑布研发模式向更规模化的敏捷迭代研发模式迈进，并呈现明显的提升趋势。共

82 家证券公司采用产品管理机制，并设置产品经理岗位，约占 75.23%，较上年同比提升 10.81%。整体上，业内主流的研发模式、产品管理模式相对一致，覆盖率稳定增长。

在技术实践上，证券公司采取的主流技术实践包括微服务、DevOps 持续交付、容器、自动化测试等，其中有 63 家证券公司采用微服务技术实践并开展相应的系统改造，约占 57.8%；57 家证券公司采用 DevOps 技术实践并开展相应的系统改造，约占 52.3%；53 家证券公司采用容器技术实践并开展相应的系统改造，约占 48.62%。

在工具平台方面，证券公司的工具应用和平台建设主要集中在项目管理、需求管理、代码管理、开发集成、质量管理、部署管理、运行管理和知识共享等方面。此外，工具平台以及相关技术中台的整合形成趋势，有 23 家证券公司已开展统一研发工具平台和门户的建设，约占 21.1%；另外有 25 家证券公司将相关规划提上日程，约占 22.94%。工具平台的发展从标准化、统一化逐渐走向一体化，以提升研发团队的协作效率并进一步规范研发管理过程。

在研发持续改进管理机制方面，共 25 家证券公司设立专门的过程改进团队或效能团队，约占 22.94%，通过持续制定和完善研发过程相关标准、流程及效能平台，并开展研发过程度量和审计等工作，持续落地研发最佳实践。结合人员规模和研发体系建设情况来看，总部专职研发人员人数排名前 10 位的证券公司总部专职研发人员人数合计占行业专职研发人员的 51.33%，总部专职研发人员排名前 10 位的证券公司平均数达到 391 人，而全行业总部专职研发人员的平均数仅为 69 人。不同证券公司研发人员规模差距较大，头部证券公司可以充分利用研发人员的规模优势，持续开展研发管理体系的建设，提高研发效率和质量，并通过研发规模化进一步压缩边际成本，在金融科技战略落地、数字化转型过程中更好地把握先发优势，同时也能为行业在研发模式转型上积累更多的实战经验。而中小型证券公司受限于研发资源和人才投入，需进一步优化研发资源配置，建立高效灵活的研发组织机制和模式，以在信息化发展和金融科技赋能过程中建立相对优势。

第二节 2021 年金融科技在证券业信息技术中的应用概况[①]

根据中国证券业协会专项调查结果，2021 年人工智能、大数据、区块链、云计算、分布式低延时等金融科技在证券行业发展和应用进一步深化，其中人工智能、大数据和区块链应用得到较快发展。

---

① 本节中的统计数据如无特殊说明，均来自 2021 年中国证券业协会专项调查，数据未经审计。

一、人工智能

2021 年共 90 家证券公司反馈开展了人工智能应用,较上年增加 23 家,涉及案例 336 个,案例数量较上年增长 77.78%,其中 2021 年投产或在建的案例有 324 个,较上年增长 214.56%。人工智能应用范围覆盖七大业务领域,主要集中在证券经纪业务(约占 44.64%)和中后台(约占 31.85%)。从建设模式来看,合作研发占 35.71%,全部外购占 38.39%,自主研发占 25.89%。目前市场上人工智能相关技术和产品已相对较为成熟,在满足场景需要的情况下,证券公司首选合作研发或外购建设,以便能够尽快投入使用。具体情况见表专 6–13。

表专 6–13　　　2021 年人工智能在证券公司各业务领域的应用案例分布

业务领域	全部外购(个)	合作研发(个)	自主研发(个)	总计(个)	占比(%)
证券经纪业务	76	42	32	150	44.64
资产管理	1	8	9	18	5.36
自营投资	1	8	11	20	5.95
投资银行	15	8	5	28	8.33
信用业务	0	1	4	5	1.49
中后台	32	50	25	107	31.85
IT 运营	4	3	1	8	2.38
总计	129	120	87	336	100.00
占比	38.39%	35.71%	25.89%	100%	—

人工智能应用呈现多种 AI 技术组合运用特点,使用 2 个及以上 AI 技术的应用案例 208 个,约占案例总数的 61.9%,说明人工智能应用场景逐步复杂,应用逐步深化。有 178 个案例使用到机器学习(深度学习)技术,主要集中在证券经纪业务(约占 40.45%)、中后台(约占 29.21%)、投资银行(约占 11.8%)领域;有 155 个案例使用到自然语言处理技术,主要集中在证券经纪业务(约占 42.58%)、中后台(约占 30.97%)、投资银行(约占 13.55%);有 101 个案例使用到图像(视频)智能技术,主要集中在证券经纪业务(约占 52.48%)、中后台(约占 27.72%);有 86 个案例使用到语音智能技术,基本集中在证券经纪业务(约占 75.58%)。具体情况见表专 6–14。

表专 6–14　　　2021 年几种主要 AI 技术在证券公司各业务领域的应用案例分布　　　(单位:%)

业务领域	机器学习/深度学习	自然语言处理	语音智能	图像/视频智能	RPA	生物特征识别	推荐引擎	知识图谱
证券经纪业务	40.45	42.58	75.58	52.48	14.52	79.31	63.16	34.48
资产管理	6.74	6.45	2.33	6.93	4.84	—	10.53	6.90

续表

业务领域	机器学习/深度学习	自然语言处理	语音智能	图像/视频智能	RPA	生物特征识别	推荐引擎	知识图谱
自营投资	8.43	4.52	—	0.99	3.23	—	2.63	10.34
投资银行	11.80	13.55	—	11.88	4.84	—	—	8.62
信用业务	2.81	1.29	—	—	—	—	—	1.72
中后台	29.21	30.97	22.09	27.72	61.29	20.69	23.68	37.93
IT 运营	0.56	0.65	—	—	11.29	—	—	—
总计	100.00	100.00	100.00	100.00	100.00	100.00	100.00	100.00

二、大数据

2021 年共 90 家证券公司反馈开展了大数据应用，涉及案例 304 个，其中 2021 年投产或在建的案例有 292 个，较上年增长 147.46%。大数据应用范围覆盖七大业务领域，主要集中在证券经纪业务（约占 47.7%）、中后台（33.22%）。从建设模式来看，自主研发占 45.07%，合作研发占 36.51%，全部外购仅占 18.42%。在数据应用开发领域，证券公司首选自研或合作研发方式，这一方面反映了证券公司对数据价值和数据能力的重视并投入较多自有开发资源，另一方面也因为数据领域本身的复杂性以及出于数据安全的考虑，大部分数据仓库模型建设、数据应用加工整合、数据服务开发均以自研或合作开发为主。具体情况见表专 6-15。

表专 6-15　　　　2021 年大数据在证券公司各业务领域的应用案例分布

业务领域	全部外购（个）	合作研发（个）	自主研发（个）	总计（个）	占比（%）
证券经纪业务	21	50	74	145	47.70
资产管理	—	1	9	10	3.29
自营投资	—	2	5	7	2.30
投资银行	—	2	4	6	1.97
信用业务	2	3	4	9	2.96
中后台	28	43	30	101	33.22
IT 运营	5	10	11	26	8.55
总计	56	111	137	304	100.00
占比	18.42%	36.51%	45.07%	100%	—

三、区块链

随着中国证券期货业区块链联盟的成立，以及"上证链""中证链"等区块链基础设施的持续推广,行业区块链应用发展速度进一步加快。2021 年共 45 家证券公司反馈开展了区块链应用,较上年增加 17 家,涉及案例 79 个,案例数量同比增长 163.33%,其中 2021 年投产或在建的案例有 67 个。应用领域主要集中在证券经纪业务(约占 37.97%)、投资银行(约占 26.58%)、中后台(约占 15.19%)、IT 运营(约占 10.13%)。从建设模式来看,合作研发占 49.37%、自主研发占 12.66%、全部外购占 37.97%。可以看出,证券公司正逐步加大在区块链应用领域的投入。一方面,随着行业区块链的不断推广,越来越多的证券公司参与到行业区块链的建设;另一方面,部分公司在业务领域积极推动区块链应用,旨在形成差异化竞争能力。具体情况见表专 6 – 16。

表专 6 – 16　　　　2021 年区块链在证券公司各业务领域的应用案例分布

业务领域	全部外购(个)	合作研发(个)	自主研发(个)	总计(个)	占比(%)
证券经纪业务	4	22	4	30	37.97
资产管理	0	0	1	1	1.27
自营投资	0	0	1	1	1.27
投资银行	12	6	3	21	26.58
信用业务	5	1	0	6	7.59
中后台	4	7	1	12	15.19
IT 运营	5	3	0	8	10.13
总计	30	39	10	79	100.00
占比	37.97%	49.37%	12.66%	100%	—

四、云计算

2021 年共 89 家证券公司反馈开展了云计算应用,涉及案例 182 个,其中 2021 年投产或在建的案例有 177 个。云计算应用范围覆盖七大业务领域,主要集中在 IT 运营(约占 37.91%)、证券经纪业务(约占 30.22%)、中后台(约占 22.53%)。从建设模式来看,全部外购占 75.27%,合作研发占 14.29%,自主研发占 10.44%。在云计算应用领域,证券公司首选外购方式。具体情况见表专 6 – 17。

表专 6 – 17　　　　2021 年云计算在证券公司各业务领域的应用案例分布

业务领域	全部外购(个)	合作研发(个)	自主研发(个)	总计(个)	占比(%)
证券经纪业务	42	8	5	55	30.22
资产管理	7	0	0	7	3.85
自营投资	4	0	0	4	2.20
投资银行	3	1	0	4	2.20
信用业务	2	0	0	2	1.10

续表

业务领域	全部外购（个）	合作研发（个）	自主研发（个）	总计（个）	占比（%）
中后台	31	6	4	41	22.53
IT 运营	48	11	10	69	37.91
总计	137	26	19	182	100.00
占比	75.27%	14.29%	10.44%	100%	—

从调查结果来看，证券公司正在加快 IaaS 和 PaaS 平台和服务的建设，以超融合架构、虚拟化、容器化、微服务为代表的云原生平台发展迅速，并在 IT 运营、中后台和业务领域进行了广泛的应用，一方面反映了证券公司希望通过云平台的建设来优化 IT 架构和 IT 运营体系，另一方面反映了数字化转型对证券公司敏捷交付能力的迫切需要。

五、分布式与前沿技术

2021 年共 72 家证券公司反馈开展了分布式、高性能、低延时等前沿技术应用，涉及案例 209 个，其中 2021 年投产或在建的案例有 191 个。分布式与前沿技术应用范围覆盖七大业务领域，主要集中在证券经纪业务（约占 63.64%）、中后台（约占 12.44%）、自营投资（约占 10.53%）、IT 运营（约占 10.05%）。从建设模式来看，全部外购占 44.98%，合作研发占 29.19%，自主研发占 25.84%，在分布式与前沿技术应用领域，证券公司首选外购方式。分布式与前沿技术应用主要涉及新一代核心交易系统、极速交易系统、量化交易系统、实时风控系统的建设。具体情况见表专 6–18。

表专 6–18　　2021 年分布式与前沿技术在证券公司各业务领域的应用案例分布

业务领域	全部外购（个）	合作研发（个）	自主研发（个）	总计（个）	占比（%）
证券经纪业务	77	31	25	133	63.64
资产管理	1	3	0	4	1.91
自营投资	4	9	9	22	10.53
投资银行	1	1	0	2	0.96
信用业务	1	0	0	1	0.48
中后台	9	10	7	26	12.44
IT 运营	1	7	13	21	10.05
总计	94	61	54	209	100.00
占比	44.98%	29.19%	25.84%	100%	—

第三节 2021年金融科技在证券业的典型应用场景[①]

一、金融科技在证券公司经纪业务的典型应用场景

(一) 智能服务

随着智能客服近些年的进一步完善,证券公司纷纷借助数字化方式持续优化服务,以专业化、智能化、场景化为建设目标,基于机器学习、知识图谱、标签体系,打造深入证券专业领域、兼容丰富功能的专业型智能助手。有效解决行业智能客服专业领域弱、服务功能单一、语义理解冲突等问题,做到多系统模块间的精准分发与精准回答,以自然语言人机对话形式实现各种功能,为客户提供智能专业、贴心高效的 7×24 小时专属服务。

(二) 智能账单

证券公司基于大数据平台,结合集中交易数据,对客户账户进行分析。通过区分统计时间范围、交易证券品种、叠加大盘指数等方式,对客户生成投资账单,帮助客户精准分析账户的收益情况。同时基于大数据建模,针对客户进行投资基因分析,并通过多维度数据对客户进行标签化处理,整体对客户进行 360 度画像,帮助投资顾问更好地服务客户。

(三) 智能交易辅助组件

证券公司通过提供投前的智能决策工具帮助客户选股(条件选股+策略选股+形态选股),用户可以基于基本面、技术面、K线形态、行情指标和特色指标进行选股;通过提供投中量化分析工具帮助客户诊股(智能诊股+筹码分布),用户可以通过不同维度查看个股的综合评分等。智能交易辅助组件满足了客户需要。

(四) 私募电子签约

按照证券公司原有业务流程,客户购买私募产品前的签约过程均在线下进行,周期长、步骤多,且客户的纸质资料来回邮寄,流程低效易出错。转为线上签约后,将签约过程中产生的数据上链(区块链),利用区块链的不可篡改和可追溯的特性,不仅可以确保签约过程的合规性,同时也大幅提升了签约效率。

[①] 本节中的统计数据如无特殊说明,均来自 2021 年中国证券业协会专项调查,数据未经审计。

（五）智能审核

构建智能审核平台，通过提供人脸识别、活体检测、OCR 文字识别等 AI 能力，依据不同的前台业务场景，在应用系统内提前设计好需要智能化介入的流程节点，实时获取业务的数据流，自动触发智能化辅助的请求，并实时将处理结果返回给业务平台，从而实现自动录入、校验和控制。减少人工识别、审核、质检等环节的工作量，实现业务简单化、标准化、自动化，同时提高审核人员的审核效率和人员利用率。

（六）智能投顾

随着金融科技的发展，越来越多的证券公司也进一步布局与持续完善智能投顾工具。在智能投顾工具方面，打造客户投资智能工具闭环，构建智能投顾体系，持续提升客户理性投资能力，并形成与诊断结果相匹配的、个性化的投资组合。智能投顾主要采用智能组合策略、动态调整策略，同时配合策略审核机制，确保投顾产品平稳。在工具层面上，通过 NLP 模型群，深入分析财经新闻、公告、研报等文本数据，抽取关键事件，实现自然语言选股、选基金；通过投资分析模型群，对基金、股票和企业财务风险进行评分，并自动生成分析报告，辅助投资者分析决策。

（七）智能外呼

随着投资者保护要求以及证券公司客户数与回访业务量逐年增加，证券行业也在积极推进智能化语音外呼平台的建设。智能外呼实现智能化服务管理，可以提高人员工作效率，并将部分客服中心日常外呼通知服务事项由人工服务转为机器语音自动外呼自助完成。将客服中心日常服务的标准化梳理与智能化外呼功能的有效结合，解放一线人员对于标准化通知服务的工作量，转为开展更加有价值的工作，从而减少低价值的重复性劳动，进一步完善和优化客户服务体系，提高客户服务水准及提升服务效率。

（八）财富管理条线经营报表

有的证券公司财富管理条线报表手工较多、耗时较长，通过建设大数据平台，根据财富部门业务人员的需求收集各部门日常固定报表，在大数据平台上实现报表的定时化发送，并及时为财富管理经营决策提供支持，同时也节省了柜台系统的查询数据压力，做到大数据平台统一口径。

二、金融科技在证券公司机构服务领域的典型应用场景

（一）智能投研

充分利用人工智能、大数据、知识图谱等技术，通过数据挖掘算法模型从各信息源挖掘

提取有价值信息，找出其中规律并为金融投研活动提供决策依据，解放大量基础的投研信息搜集类工作，优化前期信息收集的全面性、高效性，有效辅助研究所进行投资研究与决策，提高投研效率，提升分析的精准性。

（二）算法交易

算法交易在证券公司机构服务领域适用面较广。如某证券公司通过实现并优化常见交易执行算法，为策略交易的量化交易投资人、具有大单交易需求的机构投资人以及具有较强隐蔽性需求的回购及减持投资人提供算法拆单所需的一系列配套的平台和工具。

（三）机构交易相关系统延时分析

有的证券公司针对现有的行情及交易应用，通过消息订阅、流式协议解析、组播解析、日志抓取等方式，模拟客户交易或运维监控场景，收集及计算行情与交易延时数据，用于系统性能分析及优化、客户经营分析等场景，进行延时数据采集、行情数据丢包监控与统计。

（四）交易实时风控

以往证券公司交易风险管理以事前、事后为主，随着交易的快速发展以及监管逐渐放开第三方交易接入业务，证券公司交易中风险不断加大。部分证券公司基于内存计算、大数据流式计算等技术建设交易实时风控系统，实现事中风险识别和控制，从而提升主动风险防控能力。部分证券公司在交易实时风控系统中使用机器学习（深度学习）、GPU硬件加速等技术，以进一步提升智能化风险识别能力及算法执行速度。

（五）精准营销与运营

近些年证券公司已初步建立起客户画像、产品标签以及配套的渠道精准营销、推荐引擎等服务和内部运营体系。在前期的基础上，目前部分证券公司正在不同维度地扩充客户的标签画像，如基于账户规范的标签、机构客户标签和全景视图等。在机构客户层面上，基于机构客户数据的归集整合与质量提升，全面分析机构客户行为和风险偏好等数据，同时借助大数据能力建立机构客户画像和标签体系，打造面向机构的综合化智能服务体系。同时基于"场景+数据+算法"的精准营销服务体系，实现更加个性化机构服务，更高效、高质量地服务机构客户投资、研究咨询、托管外包、金融产品配置等多元化的综合金融需求。

三、金融科技在证券公司资产管理业务的典型应用场景

（一）知识图谱

知识图谱提供了一种从海量非结构化数据中提取结构化知识，并利用图形分析进行关联

挖掘的重要技术手段，通过辅助投研体系的知识图谱模型搭建，深度解析企业股权关系、产业链关系和热点事件的关联推理。有的证券公司资产管理业务针对研究所分析师投研知识数字化的需求开发了专用型图谱平台，平台可通过图形化绘制的方式快速落地研究员脑海中的投研知识，并形成数字化的知识图谱；同时结合基于深度学习的 NLP 模型，可以基于已有的图谱节点进行图谱的自动化生长和传导分析等功能。由于金融知识具有较高的复杂性、层次性、动态性，目前知识图谱技术在证券公司内的应用尚处于探索阶段，金融知识图谱作为专业领域知识图谱，除了在资产管理业务领域可投产使用外，在合规、风控、客服等领域都有着重要的应用价值。

（二）债券投标归档

针对固收债券投标的结果进行电子归档操作，通过计算机视觉和相关技术对查询客户端进行定位识别，从投标信息查询客户端中自动操作导出当天的投标记录，并整合上传至相关系统进行保存。相对以往需要通过人工操作进行纸质打印，电子归档操作极大地节省了人工操作的时间和节省大量纸质归档时的纸张和耗材，实现更为绿色环保和更加安全保险的归档方式。

（三）资管综合运营

证券公司通过 OCR 技术获取代销机构、基金公司等外部机构的清算数据、成交数据、用户数据、估值数据等，为后期用户画像、估值清算以及基金绩效分析提供数据支撑；通过流程自动化机器人（RPA）获取中国债券信息网、上海清算所等网站发布的结算数据，用以进行自动交收、指令复核等。

（四）智能资讯

证券行业资讯服务越发重要，提供及时、精准、有效的资讯服务已成为证券公司服务能力的一个重要方面。建设资讯的集中加工处理平台，实现资讯采集、处理和输出的全流程；实现资讯的结构化分解，形成完整的资讯画像；实现资讯实体、事件抽取和情感、观点识别等深度处理。通过 NLP 平台，完善词库、实体库、事件库、计算框架等基础设施，实现文本的基础处理和深度处理功能。构建资讯处理服务能力、资讯处理服务接口，实现资讯处理内容和资讯处理能力的输出，为下游系统提供服务。

（五）信用评级

依托证券公司的研究能力，依靠人工智能、自然语言处理、大数据挖掘建模、机器学习等技术研发手段，结合外部评级数据，推出以研究员分析框架为基础，让机器模仿研究员的思维能力、自动处理海量信息，并形成可视化、产品化的方式展示信用评级。如某证券公司拥有较强的策略研究能力，针对信用评级的量化策略研究已有一定规模，且对算法模型的数据准确性做过评估，通过自研方式建设债券量化评级平台，逐步丰富平台能力，辅助债券投资经理进行投资决策。

四、金融科技在证券公司自营投资业务的典型应用场景

（一）行业景气预警与轮动

通过探究宏观经济与行业景气周期规律波动的本质，构建宏观与行业景气智能预警系统，运用理论分析方法、经验分析方法、数理统计方法等对景气循环波动现象进行一整套检测、评价的体系，利用人工智能模型对宏观或行业的未来走势进行概率预测，同时结合宏观、资金情绪、机构观点、估值以及产业生命周期等维度给出行业横向比较投资建议。人工智能算法可以从行情及相关数据中挖掘出隐含的关系，在对数据的处理泛化能力和预测准确度上优于传统算法。通过人工智能和数据挖掘算法，寻找影响市场表现的各类因子，实现对行业的关联指标进行挖掘并对核心指标进行预测，辅助决策投资和风险控制。

（二）ESG 智能投研一体化平台

某证券公司建立了完整的、拥有自主知识产权的 ESG 投资评价体系，涵盖六大维度总计 300 余个子指标，除了环境、社会责任、治理等维度之外，还结合传统的财务、估值与商业模式定性分析，集成一个综合全面的投资评价体系。在子指标的选取方面，除借鉴国内外较成熟 ESG 评估关键指标之外，还广泛运用大数据技术，从高频舆情的维度上采集上市公司相关的 ESG 信息，对其环境处罚、社会争议事件、产品评价、雇员关系等进行更为全面且具时效性的评估。对低频和高频指标分别运用半监督和监督机器学习方法建模，计算投资标的各子维度的评分并最终汇总成 ESG 综合评分，并在时间序列和行业截面上进行纵向和横向对比，对其 ESG 表现进行评价，在第一时间给投资团队提供投资决策支持。

（三）做市交易

从市场数据、量化分析、实时定价决策、做市报价、风险管理、交易管理、安全熔断机制和交易后清算、结算的角度搭建一体化的做市平台，提升市场定价能力、市场交易处理能力、交易实时风控能力，保障交易效率和准确性。

五、金融科技在证券公司投资银行业务的典型应用场景

（一）询证函识别

利用 OCR 技术识别投行业务中的回函信息，既包含函证本身的信息（编号、是否盖章、

回函的文字内容），又包含函证快递单信息（快递单的时间、快递单的编号等）。利用 OCR 技术自动识别辅以人工抽取到表格，支持导出，该应用极大减少了人工时间，提升了作业效率，并与流程作业相结合，快速展现发函与收函数的对比。

（二）银行流水核查

投行业务中的企业尽职调查环节，需要对发行人及相关公司的企业流水及自然人流水进行电子转化并进行数据分析。银行流水核查系统一方面可以将扫描件、照片等格式的流水转化为电子流水，另一方面将对转化的数据进行分析，包含账户完整性核查、资金流向追踪、异常交易分析、日记账核对、尽职调查报告等功能，极大方便人员的核查效率。

（三）招股书智能审核

招股书动辄几百页，人工审核耗时耗力，并且容易出错。智能审核系统利用程序自动对招股书进行审核，将审核时间大大缩减，极大提升了招股书的审核效率。对文档审核的要点包含财务勾稽、财务指标计算、上下文一致、错别字等，同时还包括招股书、法律意见书、上市保荐书等多文件的一致性检查，对存在于不同文件中的相同表述进行一致性校验。

（四）报送文件智能审核

通过报送文件智能审核实现主承核查意见与内核反馈意见文件比对功能，并且与 OA 流程无缝对接，同时新增红头文件号日期、印发日期、报告期、签署日期的校验功能；通过股权资金流水辅助核查系统，实现银行流水、转账凭证、序时账的 OCR 识别，辅助业务人员审核发行人账目问题。

（五）工作底稿结构化

利用自然语言处理技术与图像处理技术已实现征信报告、借款合同、土地证、银行流水单和转账凭证等工作底稿扫描件的结构化抽取，实现持久化存储，同时与工作底稿系统打通，打破交互壁垒与数据壁垒，提升数据丰富程度和数据质量，为审核系统与撰写系统提供数据支撑，也为建设投行数据中心奠定基础。

（六）投行看板

某证券公司通过企业办公 App 移动端，为投行部门决策层提供收入利润、规模次数、行业排名、项目阶段、部门统计、项目类型、地域分布等维度的综合数据分析和展现。通过梳理形成投行业务量化指标体系，实时反映投行业务开展状况，帮助管理层及时掌握整体管理状况。投行看板为投行业务的开展情况提供 IPO 和债券融资项目各个维度的统计分析和明细分析，可有效支撑业务部门的经营分析决策。

六、金融科技在信用业务的典型应用场景

（一）信用交易账户风险评估

某证券公司定时从多个数据源自动获取股票指标数据，根据风险模型对股票指标进行打分，形成每日风险个股列表及风险评分，通过风险评分可以关联到持有个股的客户，从而进行风险分析；根据客户持有风险个股的集中度等信息综合判断客户风险状况，并进行预警，从而根据预警信息及时作出决策；提供风险个股和风险客户的动态分析图表，为信用业务风控提供参考。

（二）信用业务担保券折算率管理

某证券公司通过构建多个自然语言模型，为公司不同部门提供个性化的舆情监控定制服务，并支持邮箱、微信等多渠道推送。传统信用业务担保券折算率管理依赖简单工具，效率较差，存在一定的风险，为更好地应对风险事件、舆情冲击，需及时获取、准确判断并处置风险。某证券公司基于内外部数据，构建担保券折算率计算模型实现折算率自动计算，通过智能舆情监控提高客户、账户、合约监控预警，降低信用操作风险，扩展数据源，并依托企业图谱，建设智能舆情监控模型与预警机制，实现担保券折算率自动计算、客户风险画像、账户与合约风险监控等功能，降低信用业务风险。

（三）融券平台

某证券公司融券平台联通券源供给方和券源需求方，在监管框架内打造场内外、境内外互联互通的融券一体化平台，为参与者提供全方位的一站式服务，融合市场上各类终端，通过智能撮合、券池管理、AI 定价、算法拟合、因子预测、风险监控六大核心模块，确保信息流、数据流和证券流在融券通平台与各个终端之间的稳定传输和实时交互。

七、金融科技在合规和风控领域的典型应用场景

（一）企业智能分析

企业智能分析平台整合公司内部和外部数据，对客户的身份及关联关系进行深度穿透识别，对业务部门提供企业的 360 度全景信息，实现客户风险实时监控预警。平台可以监控工商信息、法院信息、企业公告、社会舆情信息等内容，自动预警相关风险信息，快速传递并汇总全市场披露的动态信息，以减少信息不对称性并加强证券市场的透明度。借助知识图谱体系，用户可以"由点知面"，既关注目标企业，也可以获得与其相关的企业信息，提高风

险感知程度。

(二) 舆情监测

某证券公司针对公司内舆情监控的通用需求，提供所需模型及相关服务，其中包含对实体的识别、实体的正负面情感、文章级别的正负面情感、文章涉及事件、文章对应关键词和自动摘要等多个自然语言模型，为不同部门提供个性化的舆情信息监控定制和消息推送，为多个部门的通用类舆情需求提供支持。

(三) 上市公司财务异常分析

运用大数据处理技术，结合机器学习算法，形成上市公司运营情况模块化分析模型，对上市公司运行状况进行分析。具体内容包括：基于公司的文本采集与解析引擎对上市公司原始数据，如财务报表、公告、舆情数据进行统一搜集与处理，对数据预处理完成数据积累与构建；对公司关系数据集形成企业知识图谱，提供关联关系、上下游关系、股权穿透发现功能；针对不同公司业务特点，基于采集到的不同公司与其所在行业的数据，利用大数据处理方法将不同业务数据和传统分析经验与机器学习算法结合形成公司运营模块化分析模型，根据公司与行业特点采用不同模块组合分析，生成专有运营指标数据与对应公司标签数据；对模块化模型生成数据结果进行封装提供服务，输出公司异常指标分析结果与违约概率。

(四) 场外配资监控

以业务场景为导向，结合海量历史数据进行统计学分析，从数据挖掘角度识别数据特征，基于客户的交易频率、投资习惯、设备使用、资金活跃度等多维指标，对配资行为表现出的持仓异常、设备异常、投资策略矛盾等专项指标进行立体分析，总结出场外配资监控体系，可以极大程度提升监控效率，精准锁定疑似配资的账户。

(五) 异常交易监控

采用数据驱动和无监督学习相结合的 AI 技术，建立市场交易行为的量化评价体系，核心是对市场价格形成机制进行探索，获得市场操作行为对市场价格的冲击模型。模型基于对市场竞争度、市场有序度、市场运行机制的灵活度和证券市场操作成本进行完整的刻画，对市场操作行为带来的冲击进行量化并给出冲击强度排序，从而可以精准、快速、全面地识别各类市场操作行为。

(六) 基于区块链和隐私保护技术的行业风险数据共享平台

某证券公司基于区块链、多方安全计算算法等技术，在保护信息安全的前提下，建设符合证券行业的风险数据共享体系，对融资融券业务风险数据进行合规共享，对风险数据共享的应用场景提供真实性验证、风险数据查询、隐私计算、算法节点管理、积分激励管理、统计管理等功能，提供行业间个人风险的评判、评级、业务风险提醒等服务的补充服务。

（七）基于机器学习的反洗钱应用场景

某证券公司为探索解决证券行业可疑交易报告工作现行痛点难点问题，在系统监测、分析核查环节创新应用大数据、机器学习等技术，推动反洗钱可疑交易监测工作水平提升。一是探索运用机器学习技术构建可疑监测预警模型，丰富现有的反洗钱特征来源，并纳入负面信息、证券信息等第三方数据，有效扩展监测的时间、空间范围，总结行业典型犯罪监测场景，针对客户关联关系可视化建模，提升证券行业可疑交易监测模型的有效性。二是模拟人工分析思路，搭建可视化监测分析辅助工具，使用知识图谱建立客户直接的各类关系网络图谱，挖掘客户关联关系、刻画客户全貌，有效提高人工分析核查效率及效果。

八、金融科技在企业管理领域的典型应用场景

（一）合同要素信息智能提取

随着证券公司各项业务规模量不断提升，各类业务合同、协议文本的审核数量日渐增加。针对非格式化的数据录入复杂且困难导致合同审核的压力增加、合同的关键信息难检索、合同模板部分条款内容不成熟等问题，构建合同要素智能识别提取应用，可以节省运营成本并沉淀合同类文件的通用解析能力，提高工作效率。

（二）企业对外发布内容审核

基于大数据、人工智能等技术辅助人工对证券公司对外发布的信息（如资讯、研报、短信、通知、公告等）和用户在公司平台上发布的信息（如留言、咨询等）进行严格审核，保障内容的合法合规，对文字、图片、音视频等内容进行核查，检测敏感信息，标识敏感类型，实现内容的自动核查，可有效提升审核效率和质量，减少内容违规的问题，有利于满足监管要求，维护公司品牌和公众形象。

（三）基于股权关系的集团图谱

某证券公司通过引入 Hadoop 生态体系，利用 Neo4j 知识图谱技术，并自研加权股权比例最大路径算法、自上而下和自下而上相结合的并行遍历算法等集团发现算法，持续降低算法复杂度，实现了 O（n）的线性算法复杂度，解决了集团客户分散在投行、经纪、资管、固收、托管等多个业务条线的内部经营数据整合问题，改变了以往多部门协同手工汇总的工作模式，实现"一图知天下"。

（四）集团一体化运营

某证券公司通过建立集监控、流程、数据为一体的集团运营管理中枢平台，打造横跨多专业领域的核心运营业务指标，建立贯穿集团上下高效协同的一体化运营流程中心，实现业务流程化、流程数字化、管理精细化的全流程高效运作。

（五）超自动化平台

证券公司通过整合 RPA、低代码、自助 BI 工具的能力，集成公司大数据、AI、运维等横向能力，向下建成可伸缩的平台开发层能力，中间提供低代码（零代码）级门槛的业务开发层能力，向上提供集约而可视的运营、运维能力，以实现证券公司各个业务条线的运营操作线上化、自动化，丰富管理工具，提高管理效率，为决策增加数据支撑，提高决策的准确度和自动化效率。

九、金融科技在 IT 运维及基础平台领域的典型应用场景

（一）开发、安全和运营（DevSecOps）

DevSecOps 是一种全新的安全理念与模式，即"每个人都对安全负责"，其核心理念安全是整个 IT 团队（包括开发、运维及安全团队）每个人的责任，需要贯穿从开发到运营整个业务生命周期的每一个环节才能提供有效保障，通过加强内部安全测试，主动搜寻安全漏洞，及时修复漏洞、控制风险，实现与业务流程的良好整合。

（二）智能运维（AIOps）

智能运维，是将人工智能应用于运维领域，基于已有的运维数据（日志、监控信息、应用信息等），通过机器学习的方式来进一步解决自动化运维无法解决的问题。AIOps 不依赖于人为指定规则，主张由机器学习算法自动地从海量运维数据（包括事件本身以及运维人员的人工处理日志）中不断学习，不断提炼并总结规则。AIOps 在自动化运维的基础上，增加了一个基于机器学习的大脑，指挥监测系统采集大脑决策所需的数据，进行分析、决策，并通过自动化脚本去执行大脑的决策，从而达到整体的运维目标。综上来看，"数据+平台+场景"是智能运维的核心框架，自动化运维水平是开展智能运维的基本前提条件，AIOps 以运维数据为重要基石，以平台分析能力为关键依托，以实际运维场景为构建导向，将 AI 和运维很好地结合起来。

（三）微服务开发平台

多家证券公司基于 docker 容器化技术，使用 rancher 搭建 k8s 集群，兼容云原生 spring

cloud 微服务框架，具有自动装箱、自修复、水平扩展、自发现、版本回退等功能，另外无须代码开发可在页面上开发简单的表单，大大提升了代码开发效率。全部操作可在界面上一键执行，大大简化了容器管理的复杂度。同时集成了监控，可以对应用、网络、主机等状态进行实时监控。支持流水线的开发、部署，提升开发和运维效率。

（四）服务网格

服务网格是指用于微服务应用的可配置基础架构层。它使每个 service 实例之间的通信更加流畅、可靠和迅速。服务网格提供了诸如服务发现、负载均衡、加密、身份鉴定、授权、支持熔断器模式以及其他一系列功能。服务网格的实现通常是提供一个代理实例，即"sidecar"。sidecar 包含在每一个 service 之中。sidecar 主要处理 service 间的通信、监控以及一些与安全相关的考量——任何可以从服务本体中抽象出来的安全方面的部分。通过这种方式，开发者可以在服务中专注于开发、支持以及维护；运维人员可以维护服务网格并运行 App。

（五）分布式

近几年证券行业在分布式架构领域（包括分布式核心交易系统）已有很多收获，分布式架构的发展与应用部署未来仍是证券行业的发力点。传统集中式架构的最大痛点是"牵一发而动全身"，分布式架构相比集中式架构的明显优势是其具备的灵活、易扩展、低成本等特性。这些特性决定了在业务品种和业务量爆炸式增长的过程中分布式架构会成为新型业务架构的选择。与此同时，分布式架构能够更好地满足和实现国家在"安全可靠、自主创新"方面的要求，是加快证券行业关键基础设施建设、稳步推进行业关键信息基础设施国产化、防范系统性金融风险的关键一步。分布式架构是信息化发展的重要方向，证券公司将在分布式架构转型涉及的应用系统、消息总线、技术平台、基础设施与资源上持续发力。

（六）高性能

随着传统证券经纪业务的转型发展步伐在不断加快，为满足客户，尤其是机构客户多元化的交易需求，各证券公司均在实现交易服务的全面升级，探索极速订单系统和策略交易的整合，以策略交易平台为中心，打造极速行情与金融大数据中心，实现算法设计、定制服务、策略交易、风险控制、极速通道等一站式的交易服务体系。根据 2021 年中国证券业协会专项调查数据，目前绝大部分证券公司在高性能交易上均有投入并且仍在持续，主要支撑证券经纪业务的开展，占比高达 83.7%；高性能交易也在合规风险管理以及支持公司自身的资管与自营业务开展上有所体现。而高性能行情主要为对行情速度有要求的相关机构提供服务，其能为投资交易系统或各类金融终端提供准确、快速、稳定、统一的国内外市场行情数据、衍生行情数据和市场参考数据的系统，帮助交易员、策略分析师、研究员等用户用于市场研究、市场投资决策，也为量化平台提供行情数据。

（七）低延时

随着资本市场的快速发展和算法交易技术（尤其是高频交易）在全世界范围内的应用，证券行业在交易与行情低延时领域面临着巨大的技术挑战。高精度、低延时的交易能力是证券公司的核心竞争力之一，高速的行情数据获取和策略计算能力是各种高频交易算法的核心。现场可编程门阵列（FPGA）技术作为一种用于突破软件延迟瓶颈的解决方案，在证券行业的应用场景逐步扩大，也是证券市场近些年发展得比较快、研究得比较热的技术之一。如某证券公司以 FPGA 硬件技术处理交易所原始行情数据及行情发布，系统为用户提供纳秒级超低延迟的同时又保证了高并发及稳定的处理性能，成就专业量化投资者最稳定、最极速的行情体验。软硬件架构设计，支持 FPGA 高速行情服务、软件灾备服务；支持沪、深两市 Level 2 股票、指数等行情处理；采用高性能 UDP 组播行情发布，降低机房带宽消耗；支持基于逐笔委托、逐笔成交实时合成全息深度行情；多数据类型多通路并行发布；具备完善的数据恢复及数据回补机制。

第三章
2022年中国证券业信息技术与服务展望

一、多层次资本市场进一步完善，信息系统能力持续加强

2021年9月，北京证券交易所正式成立，以现有新三板精选层作为基础，总体上平移新三板精选层上市、交易、转板、退市等基础制度，匹配对应的投资者适当性要求，形成契合中小企业特点的差异化安排。同时在科创板、创业板、新三板制度持续改革和创新的背景下，财富管理、机构服务、投资管理等相关业务得到进一步发展，证券公司的竞争格局持续分化，证券公司需要持续提升业务运营能力、管理能力以及信息技术应用能力。在信息技术方面，持续开展以金融科技赋能业务为主的信息技术"新基建"建设，在多层次的资本市场中，积极响应资本市场制度改革与业务创新试点，持续建设和完善科创板、新三板和OTC、基金投顾等相关业务系统和产品平台，配套移动终端App、证券商城、账户管理系统、风控管理系统等相关前、中、后台一系列系统的持续完善，及时完成信息技术、基础设施的建设更新和完善，助力业务产品和服务的多元化和层次化布局，为客户提供高效、便捷和安全的产品服务和用户体验，助力进一步提升投研、投资交易与风险管理等核心业务能力。

未来，随着资本市场改革的不断深化，试点创新和存量改革并存，全面注册制的推行时机和条件也日渐成熟，证券公司将锚定业务发展目标，有的放矢，持续打造数字化产品，加强IT架构建设，完善金融科技"新基建"，进一步提升研发水平，打通各系统平台之间的壁垒，提升各业务条线和业务平台之间的对接效率，更好地迎接业务持续创新、产品服务多元化和复杂化的机会与挑战。

二、数字化战略布局纵深发展，金融科技与业务融合应用继续深化

金融科技从技术变革的角度深刻改变了证券公司的业务展业模式、业务架构以及运营管理体系，证券公司纷纷顺势而为，持续加深在数字化转型方面的布局，以数字化顶层战略作为驱动，持续落实全面数字化转型举措，以不断提升证券公司的业务创新能力和专业服务能

力、提升IT治理水平，在竞争中快速占据数字化转型的优势位置。证券行业对数字化转型需求仍然持续增加，数字化转型从企业的个别场景业务迈向全面业务、办公的数字化转型阶段，并从企业级战略提升到行业级战略，数字化转型作为公司战略已经成为当前的深刻共识，金融科技与业务的融合愈演愈烈。当前证券公司的数字化转型主要集中在财富管理、机构服务、风控合规、内部办公以及系统研发、运维等方面。在业务方面，如在财富管理、投资管理、融资融券、主经纪商等业务领域积极推动建设一站式一体化的业务平台，持续放大业务系统平台化的资源配置效率和在线协同价值；在中后台运营管理方面，如通过数字化风险管控平台建设，搭建和落地全面风险管理体系建设，通过人工智能、大数据的运用不断提升公司风险识别、计量监测等方面的能力和效率；在IT研发运维过程中，广泛运用自动化技术、大数据技术，形成数字化的IT研发能力，为业务提供基于敏捷交付的IT服务供应链。大型综合类证券公司在数字化转型中，更多从前台业务、中后台运营管理等各方面开展全面的转型，数字化转型的投入领域全面，投入力度大。中小型证券公司更侧重于以财富管理领域作为数字化转型的突破口，依托该业务领域原有相对丰富的互联网技术基础和数字化技术储备，进行业务数字化的经营和尝试。金融科技和数字化转型大力推动了证券业的产品与服务模型的革新，其中数据治理是证券公司数字化转型的核心基石。相比银行业，证券业数据治理总体还处于起步阶段，需要充分借鉴银行业和互联网行业在推动数据治理方面的实践，结合证券业务特有的业务流程标准化建模，围绕交易、监管和公共等方面梳理和建设范围完整、高质量的数据模型，充分发挥信息的价值，不断积累业务知识，并通过开展建章立制方式进一步强化各业务单位的主体责任，促使业务数据生产和使用部门主动梳理优化业务流程和管理制度，切实提升监管与业务数据质量。

证券公司在数字化转型过程中，以金融科技为工具，以系统平台化为手段，牵引业务体系的重塑和运营管理流程的优化，打造业务IT融合的新治理体系。未来，数字化转型以及金融科技将成为证券行业进一步发展的重要驱动力，推行全面数字化转型将成为行业商业模式创新和价值释放的关键。证券公司需要进一步深度研究和有效运用大数据、云计算、人工智能、区块链、分布式等新技术，不断优化基于数字化经营的金融科技新基建建设和布局，进一步开展数据治理，沉淀优质数据资产，为客户提供清晰便捷的、贯通全业务链条的业务服务模式，并不断提供优质、专业、高效的产品和服务。在数字化时代，证券行业内各类参与者将进一步开放，共同构建数字业务、数字技术的生态，行业发展逻辑和竞合关系也将从单纯的业务竞争逐渐向合作共生演进。

三、监管科技更为全面，行业金融科技创新能力更上台阶

监管机构持续开展相应的监管制度和监管科技的建设工作。2021年3月，北京率先试点资本市场"监管沙盒"。试点为行业提供资本市场试验和创新的"沙盒"，试点范围从原来的银行类机构进一步扩展到保险和证券公司等机构，通过循序渐进的创新试点，不断发挥

试点地区、试点企业单位的积极性和创造力，以推动监管科技创新。未来，监管科技将继续围绕《证券期货业科技发展"十四五"规划》的"数据让监管更加智慧"主题，持续加大金融科技新技术的投入，通过机器学习、语音识别、身份识别、自然语言处理、大数据、与计算等技术的应用，更全面更高效覆盖监管制度的相关要求，重点提升智慧监管的能力，从完善监管的角度，支持资本市场深化改革的持续落地，促进行业相关业务的健康发展、可持续发展。

在满足监管的要求下，稳步创新、积极实践也是行业金融科技发展的重要思路，一方面，行业持续加大对基础设施能力的投入，在大数据中心、机房、网络等各个方面完善行业基础能力，并积极探索国产化的应用；另一方面，在自身研发能力上，持续完善业务中台、数据中台、技术中台，结合微服务、容器化、DevOps 等以云原生为基础的技术平台能力为业务更好地赋能，为行业金融科技发展更好地助力。同时仍需持续完善证券行业相关技术标准的制定，推动统一行业标准，保障金融科技标准化适配数字化转型要求，并持续推进行业级金融科技基础设施建设工作，积极开展信息技术应用创新工作，逐步提升金融科技关键技术的研发与管控能力，更好地服务互联、资源共享，为证券行业服务转型升级提供统一底层支持等方面的行业级金融科技应用。

四、行业文化建设愈加重要，科技文化建设进一步加强

近年来，证券行业文化建设工作如火如荼地开展，证券公司在业务经营和规模发展壮大的过程中深刻体会到企业文化建设的重要性。2021 年 6 月，中国证券业协会启动了关于"2020 年度证券公司文化建设实践评估"工作。此外，业内共 116 家证券公司公布了文化建设配套制度的建设和完善计划，行业机构通过不断提升公司文化的"软实力"，展示出行业文化建设的新风貌。当下在证券行业数字化转型的浪潮下，随着金融科技和数字化转型的共识进一步凝聚，证券公司陆续配套相关的文化建设工作，开展以数字化、金融科技等专题对应的文化活动，持续涌现科技文化节、科技博览会、创新大赛等文化推广活动，并逐渐成为常态。证券行业文化在不断建设培育和发展的过程中，科技文化得到进一步的加强，优秀的文化也将持续不断地吸纳优秀的数字化科技人才，并为数字化科技人才提供孕育和成长的新环境。数字化的人才主要强调复合型人才、数字化思维的业务人才、专项技术和横向架构人才的培养，包括具有科技背景的业务人员、懂业务的科技人才、横向赋能的组织人才和针对业务的专项技术人才，他们是企业数字化转型的核心力量。行业科技文化建设和数字化人才培养方面需要进一步结合和促进，探索构建专业化的科技与业务融合的考核与激励体系，为企业文化建设和人才发展之间的促进提供机制保障。此外，行业将持续探索在满足合规、保持创新下的科技伦理，坚持"科技向善"的方向，后续随着科技与业务的持续融合，科技文化的建设和推广将进一步加强。文化理念的灌输与加强以及数字化人才队伍的搭建完善，将有力保障数字化经营转型的意识、方向和步调的一致。

五、网络安全管控持续加强,安全保障能力进一步提升

在行业数字化转型的浪潮中,互联网信息技术快速发展,证券公司持续引入和深度应用相关创新技术,以获取金融科技发展过程中的技术红利。由于新技术不断演化更替,其对应的安全性、稳定性以及合规性需要持续跟踪和验证,以保障证券市场的有序开展和安全稳定运行。此外,随着证券业务产品和服务进一步线上化、数字化,投资者对信息数据、资金、交易的安全诉求不断提高,行业面临安全管控能力持续提升和加强的需求,网络安全的工作范畴已经囊括对抗入侵破坏和勒索、对抗业务欺诈、保障系统和服务稳定运行、数据合规和数据安全、内容安全等多方面需求。

随着《中华人民共和国数据安全法》《中华人民共和国个人信息保护法》的实施,证券行业网络安全防护体系建设有法可依、标准有效。证券公司需进一步加大信息安全的投入,提升安全保障能力。一是持续夯实安全基础设施和技术能力,通过 RPA 自动化、安全编排和自动化响应、安全数据分析和运用智能化的方式持续构建立体化的安全防护体系;二是建立基于预防、保护、检测、响应和恢复等方面的有效安全管控机制,保障安全防护体系有效稳定运行;三是结合行业信息技术发展变化和证券公司自身情况,对齐业务保障、网络安全需求发展和演进方向,有效落实网络安全等级保护制度,持续加强客户信息安全、投资交易安全,主动开展、纵深防御,共同保障资本市场持续创新、持续规范和稳定运行。

专题报告之七：
2021年中国证券公司国际业务发展综述与展望

第一章
2021年中国证券公司国际业务发展环境与特点

第一节 2021年中国证券公司国际业务发展面临的宏观环境

一、全球经济复苏，宽松金融政策多点收紧

2021年，世界主要经济体央行资产负债表大举扩张，短期维稳增长，年末美联储总资产占GDP比重达到35%，欧洲央行达到67%，日本央行大幅提升至近125%。各经济体增长刺激计划逐渐见效，全球经济呈现复苏，主要指标回升。根据国际货币基金组织（IMF）统计，2021年全球GDP增速为5.90%，全球贸易增长9.73%。全年美国标普500指数、日本日经平均指数分别实现26.89%、4.91%的增幅。大规模财政刺激与宽松货币政策落地，叠加疫情下供应链承压和劳动力短缺，全球大宗商品价格上涨，带来通胀预期。2021年内，

主要新兴经济体中,有超过10家央行启动加息操作,其中累计加息幅度最高为巴西与俄罗斯,达425基点与325基点,其他加息国家主要是南美洲、中亚、南亚的部分国家。全球利率体系下,各国利率走势仍取决于其央行相对于美联储的货币政策宽松程度。

二、中国经济稳健恢复,出口景气度较高

2021年,中国经济稳健恢复,成为支撑全球经济增长的中坚力量。全年中国国内生产总值达114.4万亿元,同比增长8.1%,两年平均增长5.1%,稳居全球第二大经济体地位。年内经济呈现出口高景气,2021年全年以美元计价出口同比增长29.9%,进口同比增长30.1%。高增长受益于宽松货币政策及财政刺激强化,海外需求增长拉动我国出口。此外,新冠肺炎疫情使得东南亚生产恢复节奏阶段性放缓,强化了我国对海外出口的供给替代效应。2021年前三季度中国出口国际市场份额达14.9%,同比提升0.6个百分点;进口国际市场份额为12.1%,同比提升0.5个百分点。

2021年末中央经济工作会议进一步明确"稳增长",宏观政策要稳健有效,继续实施积极的财政政策和稳健的货币政策,保持流动性合理充裕,引导金融机构加大对实体经济的支持。

三、直接投资与证券投资呈净流入,投资需求活跃

根据国家外汇管理局统计数据,2021年我国国际收支口径的直接投资净流入2 059亿美元,净流入规模超过2020年全年;对外直接投资1 280亿美元,同比下降17%,其中金融部门对外直接投资370亿美元,同比增长56%,对境外子公司的注资和利润再投资均有增长。来华直接投资呈现较大净流入,2021年,来华直接投资3 340亿美元,同比增长32%;其中金融部门吸收来华直接投资235亿美元,同比增长37%,主要为吸收资本金投资增加。

2021年,对外证券投资偏好股票渠道,外资投资境内证券、债券占比仍较高。2021年我国对外证券投资净流出1 259亿美元,同比下降17%。其中,股权投资856亿美元,同比下降35%;债券投资403亿美元,增长约1倍。对外投资主要渠道包括:第一,国内居民通过"港股通"与"基金互认"等渠道购买境外股票587亿美元;第二,境内银行等金融机构投资境外股票和债券442亿美元;第三,合格境内机构投资者(QDII及RQDII)投资非居民发行的股票和债券128亿美元。

2021年境外对我国证券投资净流入为1 769亿美元,同比下降28%,其中,境外股权投资净流入831亿美元,债券投资净流入938亿美元。境外对我国证券投资的主要渠道为:第一,境外机构通过"债券通"和银行间债券市场投资及我国机构境外发行的债券合共744亿美元;第二,通过"沪股通"和"深股通"渠道流入资金671亿美元;第三,通过合格境外机构投资者(QFII及RQFII等)渠道净流入265亿美元。截至2021年末,境外投资和

对我国境内证券市场持仓市值达 12 984 亿美元，股票持仓量占 A 股总市值 5.2%，债券持仓量占境内债券托管总量 3.1%，分别较 2020 年末下降 0.1 个百分点与提升 0.1 个百分点。

2021 年 10 月，中国国债正式被纳入富时罗素世界债券国债指数，至此，国际主流证券指数中均已涵盖人民币债券。

中国香港持续为中国对外投资的第一大区域。根据国家外汇管理局披露的数据，截至 2021 年末，中国对外证券投资资产规模 9 797 亿美元，近两年平均年复合增速约为 23%，占年化 GDP 比重基本保持在 5%。截至 2021 末，投向中国香港的金额为 4 342.5 亿美元，较年初增长 6.1%，占比约 44%。自有数据记录以来，投向中国香港市场的金额从 2015 年上半年的 495 亿美元持续提升，至 2021 年平均年复合增长率约为 48.4%。截至 2021 年末投向美国的金额为 2 044.6 亿美元，占比约 21%，与投向中国香港的金额占比差距持续扩大（见表专 7-1）。

表专 7-1　　　　　　　　　　中国对外证券投资资产

项　目	2015 年	2016 年	2017 年	2018 年	2019 年	2020 年	2021 年
总额（亿美元）	2 808.3	3 596.5	4 977.4	4 979.6	6 459.8	8 998.5	9 796.8
中国香港地区（亿美元）	585.0	922.1	1 543.9	1 542.1	2 264.3	4 091.0	4 342.5
占比（%）	21	26	31	31	35	45	44
排名（位）	2	2	1	1	1	1	1
美国（亿美元）	1 111.4	1 259.6	1 452.5	1 320.2	1 628.3	1 784.4	2 044.6
占比（%）	40	35	29	27	25	20	21

资料来源：国家外汇管理局。

沪深港通开通以来，功能作用日益彰显，日均成交额保持高增长，年成交总额再创新高。根据香港交易所披露，2021 年沪股通日均成交金额达 551 亿元，同比增长 41%；深股通日均成交金额达 650 亿元，同比增长 25%；港股通（沪港通下的港股通与深港通下的港股通合计）日均成交金额达 417 亿元，同比增长 71%。债券通自 2017 年 7 月开通以来日均成交金额快速上升，基础设施不断完善。根据债券通公司披露数据，2021 年债券通交投活跃，累计成交 72 929 笔、6.4 万亿元人民币，较 2020 年增长 33%。截至 2021 年 12 月底，通过债券通入市的境外投资者（含产品）共计 3 233 家，较 2020 年底增长 37.5%。其中，在 2021 年 12 月 16 日，债券通单日交易量创历史新高，达 510 亿元人民币。

四、境外融资活动放缓，赴港 IPO 数量规模双降

根据 Wind 数据，2021 年共有 39 家中概股在美国挂牌上市，首发募资总额约 140.39 亿美元，较 2020 年增长约 18 亿美元。根据港交所披露，2021 年在中国香港新挂牌上市的中资股共 57 家，首发募资总额约 2 237.99 亿港元，较 2020 年分别减少 16 家和 680 亿港元。

一定程度上反映了受市场大波动、政策不确定性及港股市场低估值影响，企业阶段性对赴港IPO持谨慎态度。

第二节 2021年中国证券公司国际业务发展面临的政策环境

一、互联互通深化推进有利于证券公司跨境业务发展

2021年，互联互通机制实现多项优化，涵盖新交易机制落地、互联互通标的扩容、新产品上市等。年内推进的重要优化措施包括：

一是扩大沪深港通股票范围。2021年1月22日，沪、深证券交易所分别发布新修订的《上海证券交易所沪港通业务实施办法》和《深圳证券交易所深港通业务实施办法》，自2021年2月1日起，将属于上证180、上证380指数成分股及A+H股公司的A股科创板股票正式纳入沪股通股票范围；科创板上市A+H股公司的H股及深交所上市A+H股公司的H股正式纳入港股通股票范围。

二是粤港澳大湾区"跨境理财通"业务正式落地实施。2021年10月19日"跨境理财通"业务正式落地，截至2021年末，参与投资者达2.2万人，其中北向通业务3 802笔，金额1.96亿元；南向通业务2 053笔，金额2.9亿元。北向通累计购买境内投资产品1.6亿元，南向通累计购买港澳投资产品1.2亿元，产品范围涵盖银行理财子公司发行的产品、存款类产品、基金类产品、债券类产品等。

三是丰富跨境产品种类。2021年1月，首批上海证券交易所跨沪港深ETF产品发行，该ETF产品可同时投资上海证券交易所、深圳证券交易所、香港交易所三个市场的上市股票，并采用跨市场股票ETF交易结算模式，可实现T+0申购赎回。2021年10月，香港交易所正式推出其A股指数期货——MSCI中国A50互联互通指数期货。2021年11月，华夏基金、易方达基金、南方基金、汇添富基金旗下四只首批中国A50互联互通ETF在沪、深证券交易所分别上市，首日成交量破百亿元。2021年12月，三只全新的MSCI中国A50互联互通ETF在香港交易所上市。

四是优化沪深港通结算平台。2021年5月，香港交易所推出沪深港通结算加速平台Synapse试用计划，旨在解决沪深港通结算流程时间紧迫且需要特设处理方案、人手处理造成营运风险、流程繁复且透明度低等问题。全新的综合结算平台利用现有互联互通机制，引进标准划一的结算流程，降低营运风险，同时提高扩容能力、提高透明度，帮助补充现行沪股通及深股通的交易后基建。

五是债券通实施多项优化措施，包括第三个北向通平台（MarketAxess）及推出债券通

"南向通"。2021年9月,中国外汇交易中心宣布,新增接入MarketAxess作为境外第三方交易平台,同时支持直投模式和"债券通"两个渠道。2021年9月24日,债券通"南向通"上线,内地机构投资者可通过"南向通"投资境外发行并在香港市场交易流通的债券,合资格内地投资者包括央行2020年度公开市场业务一级交易商中的41家银行类金融机构(不含非银行类金融机构与农村金融机构)、合格境内机构投资者(QDII)和人民币合格境内机构投资者(RQDII)。

六是沪伦两地持续推进资本市场合作,沪伦通机制进一步优化。2021年12月,中国证监会就对沪伦通相关规定进行修订向社会公开征求意见。修订方向主要包括:拓宽适用范围,境内方面将深圳证券交易所符合条件的上市公司纳入,境外方面拓展到瑞士、德国;允许境外发行人融资,并采用市场化询价机制定价;优化持续监管安排,对年报披露内容、权益变动披露义务等持续监管方面作出更为优化和灵活的制度安排。

二、香港交易所保持改革与创新活力,持续带来市场扩容与交易参与热情

2021年,香港交易所持续推进机制完善与改革,主要包括以下方面:

一是引入SPAC(Special Purpose Acquisition Company,特殊目的收购公司)上市制度。2021年12月,香港交易所宣布拟引入特殊目的收购公司的上市制度。香港交易所对SPAC发起及投资均更为谨慎,包括对SPAC发起人及投资者限定资格要求,限定集资规模及SPAC发起人最低持股比例等,更加注重保护投资者利益。此举利于香港交易所吸引亚太乃至世界各地公司来港上市。

二是优化及简化海外发行人上市制度,降低回港"第二上市"的标准。2021年11月19日,香港交易所发布《联交所就优化海外发行人上市制度的改革刊发咨询总结》,提出同股同权的大中华发行人可作第二上市,无须"创新产业公司"证明且上市时市值下限将下调;而符合条件的以既有的WVR架构及(或)VIE架构的"获豁免的大中华发行人"和"非大中华发行人"作第二上市,可保留现有的架构,选择作双重主要上市。这有助于吸引优质大型企业来港作主要上市或二次上市。

三是丰富衍生品市场。2021年,除推出MSCI中国A50互联互通指数外,香港交易所还推出多项新衍生品种,包括小型美元兑人民币(香港)期货、恒生科技指数期权、实物交收的恒生指数期货期权合约及恒生中国企业指数期货期权合约、6只新的LME现金结算期货。2021年11月,香港交易所刊发有关非港元计价期货及期权的衍生产品假期交易安排咨询文件,提出分别向买卖所有类型产品与专注中国香港市场产品的两类参与者提供不同选项,为假期参与者提供假期交易与结算服务,以进一步与国际交易所接轨,为全球投资者有效管理投资组合风险创造便利。2021年5月,香港交易所提出进一步优化ETF市场,包括推出新的庄家交易费豁免分层结构,并推出香港上市固定收益及货币市场ETF的费用豁免,以拓宽ETF市场的产品种类,减少交易成本,提高市场流动性。2021年6月1日,香港与

内地 ETF 互挂计划下的产品首次在香港和上海两地同时上市。

四是积极探索绿色金融新机遇。香港证券交易所可持续及绿色交易所（STAGE）自 2020 年 12 月成立以来一直广受支持。截至 2021 年 12 月 31 日，STAGE 已载有来自领先的发行人的 87 个产品信息，重点关注可持续性，其中包括不同行业的绿色、社会、可持续发展或类似债券，以及与环境、社会和治理（ESG）相关的 ETP。2021 年，共计 95 只新型绿色（ESG）相关债券上市，融资总额达 2 826 亿港元。在"双碳"方面，香港交易所同样有所建设。香港 2021 年施政报告提出，支持港交所与广州期货交易所就碳交易等相关产品展开合作。港交所 2021 年正式加入格拉斯哥净零金融联盟及净零金融服务提供者联盟，实践对推动全球金融市场可持续发展的承诺，并协助投资者及发行人向低碳转型。

三、"一带一路"建设稳步推进

2021 年，新冠肺炎疫情导致人员流动和海外出行受限，但"一带一路"合作稳步推进。

交易所层面，沪、深证券交易所均持续深化"一带一路"合作。2021 年 3 月，上海证券交易所表示正推动和组织"一带一路"沿线资本市场合作，拓宽"一带一路"建设直接融资渠道，包括探索开展"一带一路"股权融资，积极开拓与境外交易所股权投资及其他合作，进一步研究完善"一带一路"熊猫债融资机制，支持境内和"一带一路"沿线国家相关机构和优质企业及国际金融机构在上海证券交易所发行人民币债券。深圳证券交易所不断拓展跨境资本市场服务链条，服务中国与东盟国家产业和经贸合作对接需求，截至 2021 年，深圳证券交易所已与东盟 8 个国家的证券交易所签署了合作谅解备忘录。

2021 年 8 月，上海市人民政府发布《上海市人民政府关于印发〈上海国际金融中心建设"十四五"规划〉的通知》，强调加强"一带一路"金融合作，深化"一带一路"沿线国家和地区金融市场间的股权和业务合作，推动金融基础设施跨境互联互通，支持"一带一路"沿线国家和地区的政府、企业、金融机构来沪发行债券等金融产品，吸引"一带一路"沿线国家和地区金融机构来沪设立法人或分支机构。2021 年 12 月，北京市发展改革委发布《北京市推进"一带一路"高质量发展行动计划（2021—2025 年）》，提出"十四五"期间北京服务和融入共建"一带一路"的总体目标和主要任务，并形成六方面 89 项任务清单等。

随着国际对绿色低碳转型的日益重视、国内"碳达峰"目标的提出和政策落实，"绿色丝绸之路"成为热点。2021 年 5 月 25 日，"一带一路"绿色发展国际联盟与中金公司中金研究院联合主办"共话绿色丝绸之路——'一带一路'绿色金融与低碳发展"论坛，探讨绿色金融与低碳发展协同支持绿色丝绸之路建设的前景与路径。

四、海南自由贸易港、上海国际金融中心建设为证券公司跨境业务发展带来机遇

2021 年 3 月，国家外汇管理局、中国人民银行、中国银保监会、中国证监会发布《关

于金融支持海南全面深化改革开放的意见》，提出允许海南自由贸易港内合格境外有限合伙人（QFLP）按照余额管理模式自由汇出、汇入资金，简化外汇登记手续；纳入合格境内有限合伙人（QDLP）试点；探索开展跨境资产管理业务试点；支持符合资格的非银行金融机构满足一定条件后可参与到银行间外汇市场，依法合规开展人民币对外汇即期业务和相关衍生品交易；允许海南市场主体在境外发行人民币计价的债券等产品引入境外人民币资金。

2021年7月，上海市政府发布《上海国际金融中心建设"十四五"规划》，提出要扩大金融高水平开放、提升金融科技全球竞争力、发展绿色金融、构建与金融开放创新相适应的风险管理体系、优化金融营商环境等任务措施。

第三节 2021年中国证券公司国际业务发展特点

一、境外子公司设立条件有所放宽，多家中资证券公司增设或增资境外分支机构

2021年1月，证券公司在境外设立、收购子公司或者参股经营机构的管理方式由行政许可改为备案管理，取消证券基金经营机构设立、收购或参股海外子公司必须满足"净资产不低于60亿元"的限制条件。同时，在海外子公司的设立条件上也有所放宽，仅规定了三种限制情形。根据中国证监会数据披露，截至2021年末，共有35家证券经营机构在境外设立子公司，其中34家机构在中国香港设立子公司。

根据中国证券业协会2021年证券公司国际业务专项调查问卷，有31家中资证券公司反馈截至2021年末已设有境外子公司并开展境外业务。其中，有7家反馈在2021年新设境外分支机构，职能包括开展资产管理业务、期货经纪业务或作为境外融资主体，设立地点主要为中国香港、澳门及新加坡；有12家反馈在2021年完成对境外子公司的增资，以补充资本金及展业需求。

从经营情况看，31家设有境外子公司的中资证券公司中，23家反馈境外子公司在2021年实现盈利，占比约为74.19%。2021年证券公司境外子公司前三大业务收入来源分别为经纪业务（含孖展业务、利息收入），自营及投资业务，投行业务，相较2020年，自营及投资类业务收入排名有所下降。

二、外资参（控）股证券公司积极布局与展业

自2020年4月证券公司外资股比限制取消以来，外资参（控）股设立证券公司积极、

活跃。截至 2021 年末,我国外资参(控)股证券公司共 17 家,其中 9 家为外资控股。根据中国证券业协会 2021 年证券公司国际业务专项调查问卷,共获得 13 家外资参(控)股证券公司反馈 2021 年在境内业务开展情况,其中 1 家反馈在 2021 年完成资本金补充。

此外,外资参(控)股证券公司积极展业,2021 年有 4 家外资参(控)股证券公司申请新业务资格或设立子公司(见表专 7-2)。本次问卷调查结果显示,9 家外资参(控)股证券公司反馈在 2021 年实现盈利,占比为 69.23%。收入来源前三位集中在投资银行、自营投资、经纪业务。

表专 7-2 2021 年外资参(控)股证券公司申请新业务资格或设立子公司情况

申请公司名称	申请主要内容
高盛高华证券有限责任公司	申请设立另类子公司,申请增加证券经纪、证券投资咨询、证券自营、代销金融产品业务
东亚前海证券有限责任公司	申请设立另类子公司,申请融资融券业务资格
申港证券有限公司	申请融资融券业务资格
摩根士丹利证券(中国)有限公司	申请设立另类子公司

资料来源:中国证监会。

第二章
2021 年中国证券公司国际业务开展情况

第一节 投资银行业务

一、股票发行与 IPO 业务

从总额上看,2021 年全球股市延续了 2020 年后期的上行趋势,2021 年全球股票承销总额同比增长 31.37%。国内证券公司在世界排名中整体份额与名次均有所提升,头部优势更为显著,具有较强的竞争力。2021 年全球股票发行市场承销商承销金额前 50 位中共有 10 家国内证券公司上榜,与 2020 年持平;合计承销金额为 1 409.35 亿美元,同比增长 33.08%,与全球股票承销总额增幅基本持平;合计占总承销份额的 11.37%,比 2020 年同期增加 0.37 个百分点。2021 年全球股票发行市场承销金额前 10 位承销商及进入前 50 位的国内证券公司见表专 7 - 3。

表专 7 - 3　2021 年全球股票发行市场承销金额前 10 位承销商及进入前 50 位的国内证券公司

承销商	排行	金额(百万美元)	发行数(家)	排行榜份额(%)
高盛公司	1	112 522	593	9.09
摩根士丹利	2	101 073	583	8.16
摩根大通	3	82 176	564	6.64
花旗集团	4	75 292	469	6.08
美国银行	5	74 947	507	6.05
中信证券	6	37 569	174	3.03
瑞士信贷集团	7	37 240	300	3.01

续表

承销商	排行	金额（百万美元）	发行数（家）	排行榜份额（%）
巴克莱	8	36 904	274	2.98
瑞士银行	9	34 990	265	2.83
杰富瑞	10	29 243	325	2.36
中金公司	11	27 285	117	2.20
华泰证券	13	16 086	77	1.30
中信建投证券	15	15 630	80	1.26
海通证券	16	13 589	101	1.10
国泰君安证券	23	10 285	66	0.83
招商证券	28	7 691	46	0.62
中泰证券	44	4 515	33	0.36
国信证券	46	4 240	32	0.34
东方证券	50	4 045	25	0.33

资料来源：Bloomberg。

2021年中国香港股票承销总额同比增长23.03%。2021年中国香港市场股票发行承销金额排名中，承销金额前50位中有13家中国内地证券公司，数量较2020年减少3家；合计发行金额246.53亿美元，较2020年同比增加15.23%；13家证券公司占全部市场份额的21.97%，同比减少0.71个百分点。2021年中国香港市场股票发行承销金额前10位承销商及进入前50位的中国内地证券公司见表专7-4。

表专7-4　　2021年中国香港市场股票发行承销金额前10位承销商及进入前50位的中国内地证券公司

承销商	排行	金额（百万美元）	发行数（家）	排行榜份额（%）
摩根士丹利	1	19 225	67	17.12
高盛公司	2	14 938	38	13.31
花旗集团	3	9 825	24	8.75
中金公司	4	8 702	32	7.75
瑞士银行	5	8 689	58	7.74
中信证券	6	6 181	35	5.51
美国银行	7	5 656	18	5.04
摩根大通	8	4 402	22	3.93
海通证券	9	3 764	44	3.35
招商银行	10	3 428	37	3.05
国泰君安证券	18	1 495	16	1.33
华兴资本	19	1 429	6	1.27
华泰证券	21	1 207	16	1.08

续表

承销商	排行	金额（百万美元）	发行数（家）	排行榜份额（%）
招商证券	23	758	14	0.68
兴业证券	26	354	10	0.32
平安证券	32	195	5	0.17
光大证券	36	164	7	0.15
安信证券	38	158	6	0.14
中信建投证券	41	135	5	0.12
中泰证券	43	111	8	0.10

资料来源：Bloomberg。

2021 年中国香港 IPO 市场承销金额前 50 位承销商中，有 17 家为中国内地证券公司，较 2020 年增加 3 家；合计占总市场份额的 32.61%，同比增加 3.59 个百分点；发行金额 140.23 亿美元，较 2020 年同比减少 6.39%。中金公司仍位居第一。2021 年中国香港市场 IPO 承销金额前 10 位承销商及进入前 50 位的中国内地证券公司见表专 7-5。

表专 7-5　　　　2021 年中国香港市场 IPO 承销金额前 10 位承销商及
进入前 50 位的中国内地证券公司

承销商	排行	金额（百万美元）	发行数（家）	排行榜份额（%）
中金公司	1	4 021	41	9.36
海通证券	2	2 880	39	6.70
高盛公司	3	2 724	21	6.34
招商银行	4	2 543	31	5.91
中信证券	5	2 294	22	5.33
中国银行	6	2 220	18	5.17
美国银行	7	1 920	10	4.47
工商银行	8	1 904	18	4.43
富途控股	9	1 832	20	4.26
摩根士丹利	10	1 803	13	4.20
华兴资本	13	1 429	6	3.33
招商证券	20	758	14	1.76
国泰君安证券	21	747	10	1.74
华泰证券	22	723	14	1.68
兴业证券	27	232	9	0.54
平安证券	29	195	5	0.45
光大证券	33	164	7	0.38
中信建投证券	37	135	5	0.31
安信证券	40	105	5	0.24

续表

承销商	排行	金额（百万美元）	发行数（家）	排行榜份额（%）
中泰证券	41	102	7	0.24
申万宏源证券	45	67	8	0.16
东方证券	46	61	2	0.14
中国银河证券	47	57	5	0.13
广发证券	49	53	3	0.12

资料来源：Bloomberg。

二、债券发行情况

（一）海外债券发行情况

2021年亚洲（日本除外）G3货币债券市场承销商按金额前50位中，有7家为中资证券公司，较2020年减少3家，合计占总市场份额的7.71%，同比减少1.91个百分点。2021年亚洲（日本除外）G3货币债券市场承销金额前10位承销商及进入前50位的中资证券公司见表专7-6。

表专7-6 2021年亚洲（日本除外）G3货币债券市场承销金额前10位承销商及进入前50位的中资证券公司

承销商	排行	金额（百万美元）	发行数（家）	排行榜份额（%）
汇丰银行	1	25 056	304	7.40
花旗集团	2	21 158	220	6.25
摩根大通	3	18 454	177	5.45
渣打银行	4	17 318	258	5.11
美国银行	5	13 004	151	3.84
中国银行	6	11 595	241	3.42
法国巴黎银行	7	11 111	154	3.28
东方汇理	8	10 708	139	3.16
瑞士银行	9	9 757	133	2.88
德意志银行	10	9 718	115	2.87
中金公司	11	8 711	198	2.57
中信证券	25	4 784	137	1.41
国泰君安证券	26	4 777	170	1.41
海通证券	29	4 468	154	1.32
华泰证券	47	1 202	50	0.35
兴业证券	48	1 200	55	0.34
申万宏源证券	50	1 138	45	0.31

资料来源：Bloomberg。

2021年中国离岸债券市场承销金额前50位承销商中，有10家为中资证券公司，较2020年减少2家，合计占总市场份额的14.15%，同比增加2.80个百分点。2021年中国离岸债券市场承销金额前10位承销商及进入前50位中资证券公司见表专7-7。

表专7-7 2021年中国离岸债券市场承销金额前10位承销商及进入前50位中资证券公司

承销商	排行	金额（百万美元）	发行数（家）	排行榜份额（%）
中国银行	1	9 290	222	5.55
中金公司	2	7 904	179	4.72
工商银行	3	7 491	162	4.47
汇丰银行	4	6 250	138	3.73
摩根大通	5	5 933	78	3.54
交通银行	6	5 910	168	3.53
渣打银行	7	5 362	142	3.20
花旗集团	8	5 293	92	3.16
民生银行	9	5 267	169	3.14
中信银行	10	5 085	169	3.04
国泰君安证券	15	4 373	154	2.61
中信证券	16	4 175	127	2.49
海通证券	19	4 015	138	2.40
中信建投证券	29	2 269	75	1.35
华泰证券	34	1 130	46	0.67
兴业证券	36	1 077	49	0.64
申万宏源证券	37	1 062	42	0.63
中泰证券	40	1 002	40	0.60
招商证券	45	712	26	0.43
东方证券	46	694	24	0.41

资料来源：Bloomberg。

（二）熊猫债券

2021年我国共发行熊猫债73期，较2020年的43期大幅跃升，2021年成为历来发行熊猫债最多的年份；发行总额1 065.16亿元，较2020年的586.5亿元增加478.66亿元，同比激增81.61%。

2020年12月，中国银行间市场交易商协会发布了《外国政府类机构和国际开发机构债券业务指引（试行）》和《境外非金融企业债务融资工具业务指引（2020版）》，对熊猫债发行流程进一步规范化，有利于外国机构在中国境内发行债券。2021年，美联储仍保持较宽松的利率水平，通胀率与市场通胀预期持续上升，从而持续推高美债收益率；与此同时，中国经济逐渐回到正轨，国债收益率回落。政策利好与中美利差收窄均带动熊猫债在2021

年上半年交易火热。

2021 年 8 月 6 日,中国人民银行等五部门发布《关于促进债券市场信用评级行业健康发展的通知》,提出降低监管对外部评级的要求,择机适时调整监管政策关于各类资金可投资债券的级别门槛,弱化债券质押式回购对外部评级的依赖,将评级需求的主导权交还市场;2021 年 8 月 11 日,中国人民银行发布公告降低监管对外部评级的门槛要求,强调推动信用评级行业市场化改革。在新规的影响下,2021 年第三季度熊猫债发行持续活跃,熊猫债中未评级债券明显增多。

境外参与我国债券交易市场也越发活跃,境外投资者数量与投资规模均呈良好增长态势。2021 年,境外机构持有各类债券总计 3.68 万亿元,增加了 0.8 万亿元,主要持有券种和增持券种均为国债和政策性金融债,占其持有总量的 88.6%。

三、并购业务

2021 年中国香港并购市场中,有 5 家中国内地证券公司进入总交易价值排名前 50 位,较 2020 年减少 1 家;合计占总市场份额的 4.49%,较 2020 年同期减少 7.15 个百分点。2021 年中国香港市场并购业务总交易价值前 10 位及进入前 50 位中国内地证券公司见表专 7-8。

表专 7-8　　2021 年中国香港市场并购业务总交易价值前 10 位及进入前 50 位中国内地证券公司

承销商	排行	金额(百万美元)	交易数目(笔)	排行榜份额(%)
摩根大通	1	22 740	6	32.13
摩根士丹利	2	21 971	6	31.05
汇丰银行	3	19 998	5	28.26
高盛集团	4	19 763	11	27.93
Moelis & Co	5	11 800	1	16.67
德意志银行	6	11 800	2	16.67
Simon Robertson Associates	7	5 487	1	7.75
Evercore Partners Inc	8	5 487	1	7.75
UBS	9	3957	4	5.59
Ballas Capital Ltd	10	3 818	1	5.40
中金公司	12	2 440	4	3.45
中信证券	23	414	2	0.58
海通证券	27	218	2	0.31
招商证券	36	80	2	0.11
申万宏源证券	46	29	1	0.04

资料来源:Bloomberg。

第二节 资产管理业务

一、合格境内机构投资者（QDII）业务

截至 2021 年底，共计 21 家中国内地证券公司获得 QDII 业务资格，总计 QDII 业务额度达 150.9 亿美元。与 2020 年底相比获批资格证券公司数量增加 1 家，华鑫证券有限责任公司新获批额度（见表专 7-9）。

表专 7-9   证券公司获批 QDII 业务额度

机构名称	累计批准额度（亿美元）	最新批准日期
中国国际金融股份有限公司	27.00	2021 年 5 月 18 日
招商证券资产管理有限公司	6.00	2020 年 9 月 22 日
华泰证券（上海）资产管理有限公司	8.00	2021 年 6 月 1 日
上海国泰君安证券资产管理有限公司	11.50	2021 年 3 月 18 日
上海光大证券资产管理有限公司	5.00	2021 年 3 月 18 日
国信证券股份有限公司	10.00	2015 年 1 月 30 日
广发证券资产管理（广东）有限公司	17.00	2018 年 5 月 30 日
中信证券股份有限公司	12.80	2020 年 9 月 22 日
安信证券资产管理有限公司	6.50	2020 年 8 月 31 日
申万宏源证券有限公司	4.80	2020 年 11 月 30 日
中银国际证券有限责任公司	6.00	2021 年 5 月 18 日
银河金汇证券资产管理有限公司	4.00	2013 年 1 月 24 日
上海海通证券资产管理有限公司	8.00	2015 年 1 月 30 日
太平洋证券股份有限公司	2.00	2014 年 4 月 30 日
兴证证券资产管理有限公司	2.20	2018 年 4 月 24 日
中信建投证券股份有限公司	3.60	2020 年 11 月 4 日
国金证券股份有限公司	1.00	2018 年 6 月 28 日
上海东方证券资产管理有限公司	2.00	2020 年 9 月 22 日
德邦证券股份有限公司	0.50	2020 年 9 月 22 日
平安证券股份有限公司	1.00	2020 年 11 月 4 日
华鑫证券有限责任公司	1.50	2021 年 6 月 1 日
合计家数：21	合计金额：150.9	

资料来源：国家外汇管理局。

二、人民币合格境外机构投资者（RQFII）业务与合格境外机构投资者（QFII）投资顾问业务

2021年10月15日，中国证监会公布合格境外投资者可参与金融衍生品交易品种，新增开放商品期货、商品期权、股指期权三类品种，参与股指期权的交易目的限于套期保值交易，自2021年11月1日施行。此举是进一步扩大境内证券期货市场开放的重要举措，为境外投资者提供更多避险产品和配置工具，有助于吸引更多境外资金，提高境内资本市场国际影响力。

2021年，QFII审批明显提速，共有91家QFII获得A股"入场券"，远超过2020年获得资格的58家。根据Wind数据，截至2021年末，外资共持有A股数量1 003亿股，持股市值达2.74万亿元。其中QFII、RQFII持股市值约2 878.43亿元，占流通A股的39.48%，其余为通过陆股通参与，部分为外资私募持股。

第三节　证券经纪业务

香港子公司是中资证券公司开展国际化业务的重要通道，但中国香港市场经纪业务持续呈现"僧多粥少"、竞争激烈的行业格局，且头部效应明显。2021年12月，A组证券公司（交易所参与者市场占有率排名第1—14名）交易量市场占有率约为59.07%，B组证券公司（排名第15—65名）市场占有率约为33.77%，而C组证券公司（排名第65名以后）市场占有率约为7.16%，三者比例基本与上年持平。中资证券公司在中国香港开展经纪业务，受进入香港时间晚、自身资本实力弱、业务线单一等多项自身条件约束，同时需要适应与内地差别较大的经纪人模式，并与国际大型投行（银行）竞争，挑战重重，因此在经纪业务中占的市场份额不高。

受益于近年互联互通机制快速发展，中资证券公司在香港经纪业务份额有所提升，目前已有海通国际证券和中银国际证券跻身A组证券公司。此外，参与衍生品业务的证券公司数量亦在增加。根据香港交易所披露，截至2021年12月，共有16家衍生权证发行商，其中中银国际证券、海通国际证券及国泰君安证券（香港）为入选的三家中资证券公司（见表专7-10）。随着2021年1月证券公司"出海"条件松绑，中资证券公司在香港本土经纪业务市场的竞争力有望进一步提升。

表专 7-10　　　　　　　　　　个股衍生品发行商一览

序号	发行商	中文名
1	Bank Vontobel AG	瑞通银行
2	BNP Paribas Issuance B. V.	法国巴黎银行
3	Citigroup Global Markets Europe AG	花旗集团
4	Credit Suisse AG	瑞信
5	Goldman Sachs Structured Products（Asia）Limited	高盛
6	The Hong Kong and Shanghai Banking Corporation Limited	汇丰
7	J. P. Morgan Structured Products B. V.	摩根大通
8	Macquarie Bank Limited	麦银
9	Morgan Stanley Asia Products Limited	摩根士丹利
10	SG Issuer	法兴
11	UBS AG	瑞银
12	The Bank of East Asia, Limited	东亚银行
13	BOCI Asia Limited	中银国际证券
14	Haitong International Securities	海通国际证券
15	Guotai Junan Securities（Hong Kong）Limited	国泰君安证券（香港）
16	DBS Bank Ltd.	星展银行

资料来源：中国香港交易所官网。

第三章
2021年中国证券公司国际业务面临的问题与2022年发展展望

第一节 2021年中国证券公司国际业务面临的问题

一、新冠肺炎疫情带来境外展业障碍

根据中国证券业协会2021年证券公司国际业务专项调查问卷，31家反馈已在境外展业的中资证券公司中，超过半数反馈新冠肺炎疫情仍为2021年境外子公司展业的主要障碍。影响包括两个方面：一是新冠肺炎疫情使跨境公务出行受限，尤以中国香港地区影响最为明显。2021年新冠肺炎疫情反复背景下，中国香港地区仍未能与内地通关，限制了其业务人员两地往来，业务人员拜访内地客户或赴内地调研展业难度加大，集团境内外联动展业受制约，境外员工健康安全保障受挑战。二是新冠肺炎疫情影响地区经济及企业经营情况，恢复仍需时间。新冠肺炎疫情反复带来较大不确定性，使得部分客户进行跨境财富管理、跨境融资的意愿下降。投行业务收入是证券公司境外子公司的重要业务之一，新冠肺炎疫情影响部分客户取消或延迟海外上市计划，东南亚国家如老挝，已两年未有新股IPO上市，影响境外投行项目储备与实施。

二、多因素导致市场大幅波动，影响证券公司海外展业

多家中资证券公司反馈2021年境外子公司经营受市场波动、新冠肺炎疫情、政策变化等多因素影响。2021年境外股市、债市均大幅波动。一方面，中资美元债市场持续下行，房企债务违约频发，客户投资热情下降，中资美元债整体价格与交易量大跌，对境外子公司

债券自营、做市及私募股权投资等业务的信用风险管理、市场风险管理提出高要求；另一方面，受美联储加息预期及行业政策影响，中国香港股市表现不佳，恒生指数全年下跌14.08%，恒生科技指数全年下跌32.70%。2021年第二季度以来市场成交量与IPO规模均呈萎缩，反映市场参与意愿疲弱。

三、资本金不足，业务单一

国内证券公司资本金不足的问题普遍存在，与国际一流投行差距明显。在开展境外业务方面，无论是后期设立的中资证券公司所属境外子公司，还是早期设立的合资证券公司，目前与国际一流投行在资本金规模和服务水平上还是存在明显差距。高盛、摩根士丹利等国际投行资产总额已超万亿美元，与中国证券行业总资产规模相近。此外，国际投行全球网络布局完整，高盛、摩根士丹利等国际投行平均已布局超40个国家和地区，覆盖传统金融中心和主要新兴市场国家，相较之下，中资证券公司多集中在中国香港，少数在英美及东南亚国家设有分支机构，中资证券公司在中国香港以外的国际市场影响力和竞争力明显不足。

境内新设证券公司展业受业务资格和牌照约束。多家外资参（控）股证券公司成立时间短，资本实力与盈利能力较弱，短期在证券公司分类评价结果中评级结果不高，分类评价结果与盈利年限要求等影响这些新设证券公司的业务牌照与资格的获取，在创新业务试点机会争取中呈劣势。此外，从反馈问卷情况看，投行业务是大部分外资参（控）股证券公司的核心收入来源，仅有少数外资参（控）股证券公司已具备发布研究报告等业务资质获准设立另类子公司，但缺乏业务资质直接限制其参与科创板IPO保荐等。发力财富管理业务的外资参（控）股证券公司，仍在陆续争取金融产品代销、公募基金销售、融资融券业务等资格，仍需成长时间。

四、与母公司的协作有局限性

目前中资证券公司的国际业务模式仍较多为境内外联动，通过与母公司业务协同，帮助境内客户赴港或境外进行股权融资、债券融资、跨境并购等，境外子公司独立在境外获取业务的能力相对较弱。

对外资参（控）股证券公司而言，境内展业受制于客户基础较为薄弱，母公司业务优势需要一定本土化的建立和适应时间。此外，随着2021年《中华人民共和国数据安全法》《中华人民共和国个人信息保护法》出台，外资参（控）股证券公司仍需探索如何在遵守相关网络安全与数据跨境传输法律法规下，合法依规与境外母公司在跨境客户、资金、信息等方面实现业务联通，发挥外资企业系统化管理与风险控制的优势。

第二节　2022 年中国证券公司国际业务发展展望

尽管市场波动、资本局限、政策约束等仍对证券公司国际业务发展有持续影响，但从反馈问卷中可以看出，证券公司对 2022 年跨境业务布局积极，发挥各自资源禀赋优势，差异化展业。

一、境内外直接融资市场均迎来发展东风

2021 年 12 月中央经济工作会议明确"全面实行股票发行注册制"的要求，展望 2022 年，继科创板设立并试点注册制、创业板注册制改革、设立北交所后，全面注册制已近在眼前。部分外资参（控）股证券公司正积极申请设立另类投资子公司，发力注册制下跟投及保荐业务。

中国香港市场有望进一步承接中资企业赴港上市。2021 年 12 月，美国证券交易委员会通过了修正案，最终确定《外国公司问责法》的实施规则。与之前的征求意见稿对比，最终修正案明确规定，美国公众公司会计监督委员会（PCAOB）无法有效开展审计检查工作 3 年的时间起算点从 2021 年财年开始，且增加要求公司需披露自己是否采用 VIE 架构，连续 3 年未能提交 PCAOB 要求报告，允许美国证券交易委员会将其从交易所摘牌。新规下在美上市中概股及潜在境外上市企业对上市地选择与信息披露风险均会再作评估，中国香港市场仍是当前境外上市地的最优选择之一。截至 2021 年末，34 家在港设立子公司的证券经营机构均持有香港证监会发放的证券经纪、承销保荐等牌照，具备担任内资企业境外上市主办行、机构投资者境外主经纪和托管商的相关资质。证券公司在中资企业赴港上市的持续需求中将有更多的展业机会。

二、财富管理与资产管理市场成为蓝海

随着房住不炒、资本市场持续深化改革等因素影响，中国正处于财富管理与资产管理的大时代，产品配置正经历从非标向标准化、从保本向净值型转变。中资证券公司在满足机构及居民跨境投资、跨境理财的需求上大有可为：一是发力境外资管业务，在境外申请资产管理牌照，做优资管产品业绩，并通过财富管理转型吸引高净值客户，做大资管规模；二是把握资金北上投资的热度，通过债券通、RQFII 等渠道和定制化产品服务，加强服务北上投资客户；三是发展跨境业务，继续加强场外互换业务、PB 业务等服务。

外资参（控）股证券公司的外资股东，多为国际领先的金融服务机构，具备较强的资

产管理与财富管理经验与优势。多家外资参（控）股证券公司均在积极申请新业务牌照，包括金融产品代销、融资融券、投资咨询、自营投资、场外期权交易商资格等，待逐步获批相关业务资质后，外资参（控）股证券公司有望发挥其母公司的能力优势，特色化服务境内机构与个人投资者。

三、粤港澳大湾区建设持续推进，便利证券公司发展国际业务

2022年，粤港澳大湾区建设将持续推进。根据《粤港澳大湾区发展规划纲要》，2022年是粤港澳大湾区实现综合实力显著增强、基本形成国际一流湾区和世界级城市群框架目标的关键一年。以此为基础，到2035年，大湾区目标形成以创新为主要支撑的经济体系和发展模式，经济实力、科技实力大幅跃升，国际竞争力、影响力进一步增强；大湾区内市场高水平互联互通基本实现，各类资源要素高效便捷流动。未来，我国政府还将制定落实系列利好大湾区发展的政策措施，促进大湾区互联互通水平不断提高，机构互认、产品互认成为新的常态，金融制度将陆续开放或统一，与国际高标准对接。

一是丰富跨境资产配置渠道。下一步，"跨境理财通"规模将继续扩大，如丰富双向投资品种，推动"征信通""保险通"落地等，助力三地政府探索建设大湾区跨境理财和资管中心，更好地满足个人和机构差异化资产配置需求，有利于建立金融一体化市场。

二是深化绿色金融改革。广州期货交易所作为以碳排放为首个品种的创新型期货交易所，正在与港交所、德交所等深入合作，共同探索绿色金融领域国际合作。

三是持续提高人民币国际化水平。广深离岸人民币地方债的发行，填补了离岸发债主体的空白，加快中国地方政府债券与国际市场接轨。广深率先启动本外币合一银行结算账户试点，极大便利了境内外投资者资产管理、提高资金运作效率，并将推进人民币可自由使用和资本项目可兑换先行先试，利用数字人民币等工具提高人民币跨境结算等服务的便利化水平，加快人民币国际化进程。

四、持续高质量共建"一带一路"为证券公司带来业务发展机会

2021年，新增7个国家同中国签署共建"一带一路"合作文件，共建"一带一路"大家庭成员增至145个国家和32个国际组织。多家证券公司在2021年持续深入布局，包括设立专门办公室，建立长效工作机制；协助相关区域展业的企业完成IPO、并购融资、债券发行的服务；发起设立相关战略主题基金；发布主题指数；与沿线国家中央银行或主权类机构进行债券交易等。展望2022年，证券公司将在"一带一路"建设中进一步发挥投融资职能，在国际金融服务中与合作机构、政府相互赋能，推动建设更高水平开放型经济新体制。

专题报告之八：
2021年中国区域性股权市场和证券公司柜台市场业务发展综述与展望

第一章
2021年中国区域性股权市场发展综述与展望

第一节　2021年中国区域性股权市场发展情况

一、区域性股权市场发展概况

（一）区域性股权市场功能作用初步发挥

2021年是"十四五"规划开局之年，各地区域性股权市场聚焦高质量发展，从追求数量增长向调整结构和提高质量转变，不断提升服务能力和活力，与高层次资本市场关系更为密切，改革发展稳定各项工作取得积极进展，市场功能作用不断增强。各级地方政府积极采取措施，发挥区域性股权市场作为扶持中小微企业政策措施综合运用平台的重要作用，服务企业方式更加灵活多样,与地方经济发展、科技创新结合得更加紧密。截至 2021 年底,全市场累计服务企业 186 759 家,实现各类融资 16 648 亿元,产品实现转让成交 3 672.27 亿元,发展投资者 584 891 户、中介机构 8 248 家。服务企业中累计转沪、深证券交易所上市 69 家,转全国中小企业股份转让系统(以下简称"新三板"或"全国股转系统")挂牌 737 家,被上市公司或新三板公司收购 58 家,改制为股份公司 5 390 家。

(二) 区域性股权市场创新试点工作深入推进

区域性股权市场制度和业务创新试点工作在浙江顺利启动,地方政府和监管部门推出 10 多项创新措施,完善市场生态,激发市场活力,探索可复制可推广的改革经验。北京股权交易中心和上海股权托管交易中心开展的股权投资和创业投资份额转让试点,广东股权交易中心、江西联合股权交易中心和湖南股权交易所开展的有限合伙企业财产份额出质登记业务,均已落地实施。北京、上海、深圳、江苏、浙江 5 地区域性股权市场运营机构的区块链建设试点工作取得阶段性成果,地方业务链与中国证监会监管链成功联通,完成业务数据标准化、明细数据进入监管大数据仓库等工作。随着第二批 12 家区域性股权市场区块链建设试点工作启动,区块链建设由点及面逐渐扩展至全市场,应用场景不断扩容,区域性股权市场数字转型未来可期。地方金融企业国有产权交易资格为区域性股权市场开辟了新的想象空间。

(三) 区域性股权市场风险总体可控

35 家区域性股权市场运营机构经中国证监会备案公示,成为地方重要的金融基础设施。私募债存量规模有序化解。可转债业务规范进一步细化,各地基本回归服务中小微企业发展的业务本质,并进一步严格可转债审核,控制违规增量,稳妥消化存量,防范处置过程中造成新的风险。2021 年,各地运营机构财务状况持续向好,抗风险能力稳步增强:35 家运营机构共实现营业收入 11.92 亿元,较上年增加 0.19 亿元;净利润 3.97 亿元,较上年增加 0.67 亿元;总资产 88.67 亿元,净资产 66.15 亿元,资产负债率 74.60%,处在合理水平。31 家证券公司直接或通过子公司入股 19 家区域性股权市场运营机构,其中 10 家区域性股权市场运营机构第一大股东为证券公司。总体而言,各地区域性股权市场机构运行平稳,市场风险可防可控。

(四) 积极开展区域性股权市场功能定位的探索与思考

根据中共中央办公厅信息调研工作安排,中国证券业协会广泛征求区域性股权市场运营机构、挂牌企业和证券行业意见建议,深入思考区域性股权市场功能定位和业务逻辑,起草了《关于我国区域性股权市场服务中小微企业现状、问题及建议的报告》,在全面总结区域性股权市场发展现状、存在问题及原因的基础上,明确区域性股权市场应坚持服务导向和区域性、私募性的基本定位,且具有一定公益性。提出围绕三个功能、聚集三类企业、打造三个平台,即区域性股权市场要围绕"为企业提供综合服务、支持企业创新发展、培育企业规范上市"三个功能,聚集省内战略性新兴等产业的中小微企业、私募股权投资机构投后企业、拟上市企业,打造省内科创型中小微企业培育孵化综合服务平台、场外私募股权投融资生态服务平台、多层次资本市场体系下的拟上市企业规范辅导平台,为区域性股权市场未来发展指明了方向。

二、区域性股权市场业务开展情况[①]

(一) 服务企业情况

截至 2021 年底,区域性股权市场累计服务企业 186 759 家,其中挂牌公司 37 955 家,展示企业 137 893 家,纯托管公司 10 911 家。2021 年全市场新增服务企业 17 387 家,其中挂牌公司 4 561 家,展示企业 12 220 家,纯托管公司 606 家。

1. 挂牌公司情况

截至 2021 年底,区域性股权市场累计挂牌公司 37 955 家,其中,股份公司 15 085 家,占比 39.74%;有限责任公司 22 870 家,占比 60.26%。2021 年,受地方奖补政策退潮和局部新冠肺炎疫情反复影响,全市场新增挂牌公司 4 561 家,摘牌 1 272 家,净增 3 289 家,分别较上年减少 2 681 家、134 家、2 547 家(见表专 8-1)。

表专 8-1　　　　2020—2021 年区域性股权市场挂牌公司情况　　　　(单位:家)

项　目	2020 年		2021 年	
	本年净增	历史累计	本年净增	历史累计
挂牌公司数量	5 835	34 666	3 289	37 955
其中:股份公司	2 511	13 633	1 452	15 085
有限责任公司	3 324	21 033	1 837	22 870
改制为股份公司数量	985	4 954	470	5 390

2. 托管公司情况

截至 2021 年底,区域性股权市场累计登记托管公司 56 321 家,托管总股本 3.32 万亿元,其中挂牌公司 37 931 家,展示企业 7 479 家,纯托管公司 10 911 家。托管公司中,股份公司 22 498 家,有限责任公司 33 823 家(见图专 8-1)。

3. 展示企业情况

截至 2021 年底,区域性股权市场累计展示企业 137 893 家。2021 年全市场新增展示企业 12 220 家,结束展示 3 619 家,净增 8 601 家。

---

① 资料来源:中国证监会。

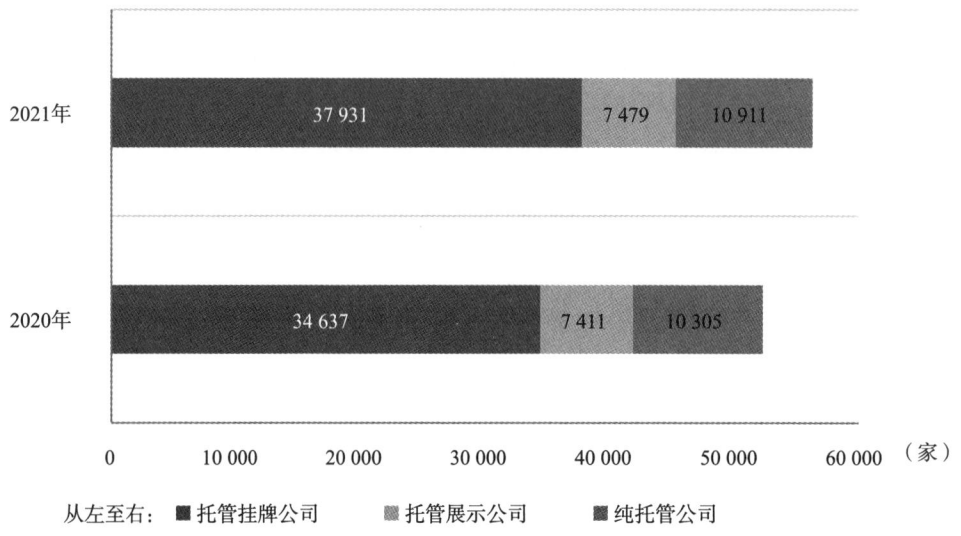

图专 8-1 2020—2021 年区域性股权市场托管公司情况

（二）融资情况

截至 2021 年底，区域性股权市场历年累计实现各类融资 16 648.10 亿元，其中股权融资 3 716.24 亿元，可转债 2 744.09 亿元，私募债 1 671.23 亿元，股权质押 5 941.72 亿元，其他融资 2 574.82 亿元。

2021 年，区域性股权市场新增各类融资 2 448.13 亿元，较上年减少 435.51 亿元。其中，股权融资 776.21 亿元，占比 31.71%，较上年提升 0.75 个百分点；可转债融资 356.80 亿元，占比 14.57%；股权质押融资 964.57 亿元，占比 39.40%；其他融资 350.55 亿元，占比 14.32%（见表专 8-2）。

表专 8-2　　　　2020—2021 年区域性股权市场融资情况　　　　（单位：亿元）

项目	2020 年		2021 年		存量
	本年新增	历史累计	本年新增	历史累计	
股权融资	892.64	2 936.41	776.21	3 716.24	—
可转债	757.82	2 387.32	356.80	2 744.09	997.09
私募债	—	1 671.23	—	1 671.23	27.81
股权质押	1 017.63	4 977.15	964.57	5 941.72	—
其他融资	215.54	2 224.27	350.55	2 574.82	—
合计	2 883.64	14 196.37	2 448.13	16 648.10	—

1. 股权融资情况

截至 2021 年底，区域性股权市场累计实现股权融资 3 716.24 亿元。2021 年全市场新增股权融资 776.21 亿元，其中挂牌公司 77.77 亿元，展示企业 126.44 亿元，纯托管公司 572

亿元。对比上年，挂牌公司、展示企业股权融资有所下降，纯托管公司股权融资有所增长（见图专 8-2）。

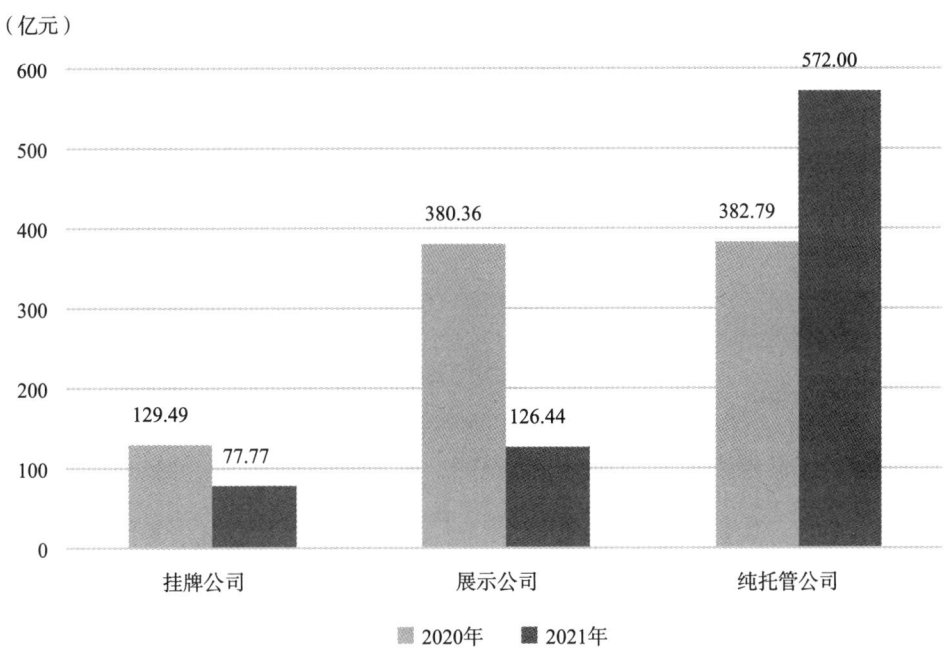

图专 8-2 2020—2021 年区域性股权市场股权融资分布情况

2. 债券融资情况

截至 2021 年底，区域性股权市场累计发行可转债 2 744.09 亿元，存量 997.07 亿元，较上年减少 281.58 亿元。2021 年区域性股权市场新增可转债 356.80 亿元，较上年减少 401.02 亿元，可转债规模得到有效控制。

3. 股权质押融资情况

截至 2021 年底，区域性股权市场累计实现股权质押融资 5 941.72 亿元。2021 年区域性股权市场新增股权质押融资 964.57 亿元，较上年减少 53.06 亿元，增速有所放缓。

4. 其他融资情况

截至 2021 年底，区域性股权市场累计实现其他融资 2 574.82 亿元。2021 年区域性股权市场新增其他融资 350.55 亿元，较上年增加 135.01 亿元，其中介绍贷款 306.24 亿元，有限合伙企业质押融资 32.41 亿元，知识产权质押融资 11.90 亿元。

（三）转让情况

截至 2021 年底，区域性股权市场产品累计转让成交 3 672.27 亿元，其中线上的股权转让 393.52 亿元、可转债转让 151.34 亿元，线下（含挂牌公司、展示企业、纯托管公司，下同）过户 3 127.41 亿元。2021 年，区域性股权市场新增转让成交 869.56 亿元，其中线上的股权转让 33.53 亿元、可转债转让 49.65 亿元，线下过户 786.38 亿元，同比分别增长

29.32%、98.17%、22.53%、27.87%，市场活跃度有所提升（见图专8-3）。

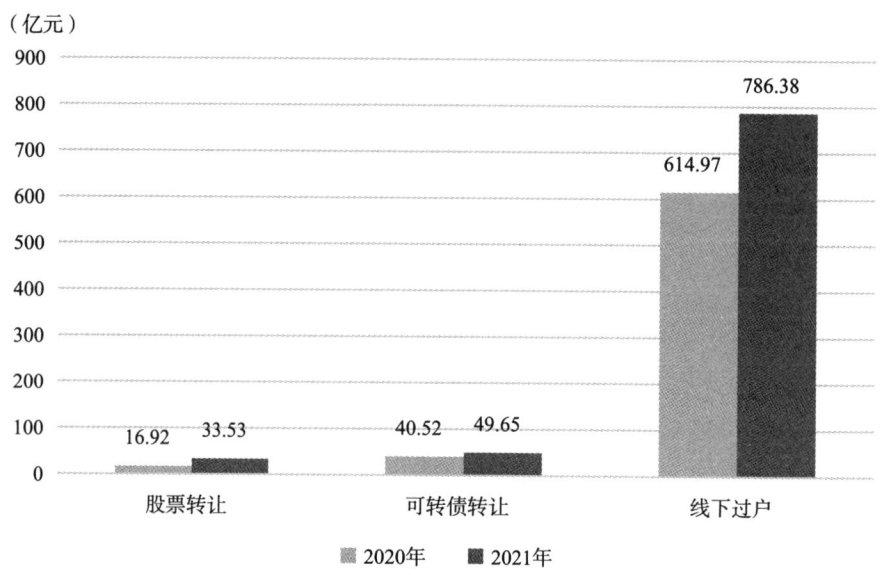

图专8-3 2020—2021年区域性股权市场转让情况

（四）投资者情况

截至2021年底，区域性股权市场共有投资者584 891户，其中合格投资者125 355户、豁免投资者459 536户。市场投资者仍以个人为主，合计551 828户，占比94.38%；机构投资者合计33 063户，其中在中国证券投资基金业协会备案的私募基金及管理机构570户、基金管理公司及子公司171户、商业银行466户、证券公司及子公司76户、其他法人或组织23 467户。2021年全市场新增合格投资者19 193户，豁免投资者172 448户（见表专8-3）。

表专8-3　　　　　2020—2021年区域性股权市场投资者情况　　　　　（单位：户）

投资者类型	2020年增加		2021年增加		2021年现有	
	合格	豁免	合格	豁免	合格	豁免
个人	15 722	102 996	9 934	122 062	108 500	443 328
机构	3 176	43 590	9 259	50 386	16 855	16 208
合计	18 898	146 586	19 193	172 448	125 355	459 536

（五）中介机构情况

截至2021年底，区域性股权市场共有中介机构8 248家。其中，证券公司（包括分支机构）231家，律师事务所1 558家，会计师事务所1 618家，资产评估机构238家，其余包括证券投资咨询机构、财务顾问机构、商业银行等4 603家。上述机构中属于推荐机构的有3 287家。2021年全市场新增中介机构376家（见图专8-4）。

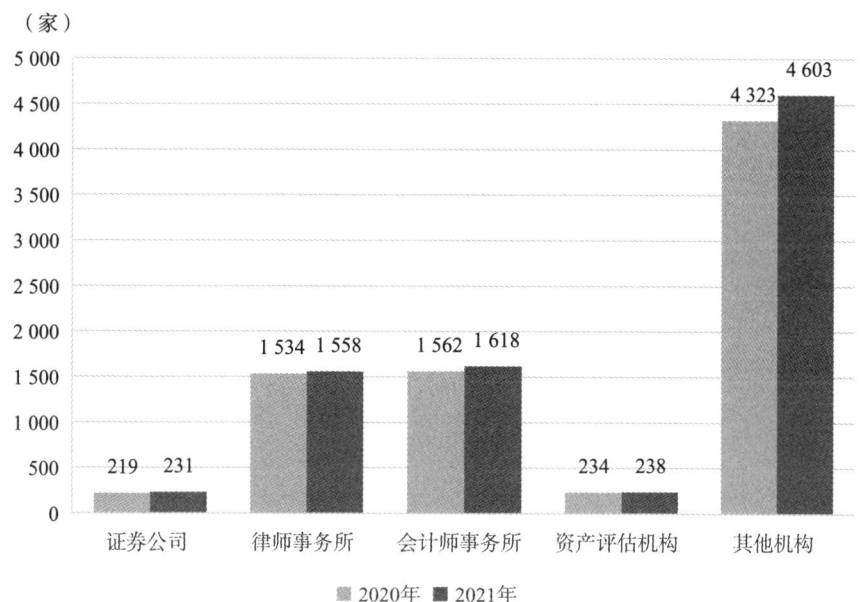

图专 8－4　2020—2021 年区域性股权市场中介机构情况

（六）孵化培育情况

截至 2021 年底，区域性股权市场累计培育 864 家企业上市（挂牌）、5 390 家企业改制为股份公司。2021 年，区域性股权市场培育 37 家企业上市（挂牌）、470 家企业改制为股份公司，其中转沪、深证券交易所上市 12 家，转新三板挂牌 17 家，被上市公司或新三板公司收购 8 家。

第二节　2021 年中国区域性股权市场发展特点

一、聚焦吸引优质企业，从追求数量向注重质量转变

近年来，随着服务企业数量的快速增长，各地区域性股权市场开始转变经营思路，聚焦优质企业培育，夯实市场长远健康发展基础。

（一）"专精特新"专板建设方兴未艾

随着区域性股权市场服务能力的不断提高，以及各地对区域性股权市场重视程度不断提升，纷纷建设"专精特新"专板，推动辖区内高质量企业进场孵化培育的力度不断增加，

区域性股权市场高质量企业数量稳步增长。2021年，2 379家科技企业进入区域性股权市场规范培育，占本年新增企业的31.42%，比例较往年有较大幅度提升。截至2021年11月底，20家区域性股权市场被纳入各级中小企业公共服务示范平台，其中7家被评为国家级，11家被评为省级，2家被评为市级。进入区域性股权市场规范培育的国家级专精特新"小巨人"企业603家（占全国的12.1%），省级专精特新企业3 003家，高新技术企业28 660家。7 153家专精特新、高新技术企业通过区域性股权市场实现各类融资1 448亿元，融资覆盖率22.2%，平均每家2 024万元。

（二）分类分层管理发轫起步

快速增长的服务企业数量对区域性股权市场的服务能力形成了极大的考验。部分区域性股权市场开始探索建立分类分层管理体系，匹配差异化的制度安排和服务。典型的如广东股权交易中心，按照企业规模、所处行业、科技属性、规范意识、股权投资、上市规划、配合程度等指标，将企业分成重点、一般、沉淀、淘汰四大类基本类别，就各类企业的重点服务内容和业务方向予以标注，尝试为企业提供全面精准的服务。

（三）股权登记托管向纵深发展

市场交易的前提是产权的清晰界定，股权托管是区域性股权市场开展股权投融资业务的逻辑起点。2021年，各地区域性股权市场积极拓展登记托管范围，探索和推进地方金融机构、非上市非公众股份公司、国有产权及私募基金份额进场托管。《浙江省地方金融组织股权托管暂行办法》规定，自2021年12月15日起，浙江省内依法设立的未上市地方金融组织需按要求进行股权托管。这是继中国银保监会发布《商业银行股权托管办法》后，首个由省级监管部门制定的股权规范管理办法。安徽省股权托管交易中心深化托管后续服务，在提供传统的股权转让过户、质押登记、司法冻结服务基础上，还提供分红派息、定向增资、转让见证等服务。部分区域性股权市场运营机构在挂牌、托管公司层面与当地工商信息系统实现数据交换，如江西联合股权交易中心可将登记托管和质押信息上传到国家企业信用信息公示系统（江西）地方特色信息栏目。

二、聚焦融资创新，服务产业转型升级

围绕中小微企业多样化融资需求，区域性股权市场在股权融资、可转债融资、科技金融等方面进行了有益尝试。

（一）发起四板基金激活直接融资

发展直接融资是资本市场的重要使命，设立四板基金则是提高区域性股权市场直接融资比重的关键。海峡股权交易中心（福建）旗下海岚基金受托管理两只基金规模达6.2亿元，

已有 1 个投资项目上市，3 个投资项目提交 IPO 辅导备案。厦门两岸股权交易中心与厦门市产业投资基金等共同出资成立"双百人才基金"，已过会项目 4 个。浙江省股权交易中心通过母公司旗下私募基金，结合"一县一平台"战略，在长兴、嘉善地区筹建四板基金。齐鲁股权交易中心、中原股权交易中心旗下基金前期投资项目已有上市案例，宁波股权交易中心设立的四板基金已在中国证券投资基金业协会完成私募基金产品备案。

（二）创设专属产品服务"专精特新"企业

服务"专精特新"企业发展成为区域性股权市场信贷创新的新方向。齐鲁股权交易中心与山东省新动能基金等 7 家单位签订"专精特新"中小企业资本服务战略合作协议，重点培育企业融资发展。宁波股权交易中心联合会员银行推出"专精特新"中小企业专项融资产品，首期提供 40 亿元信贷支持，撮合融资超 3 亿元。深圳前海股权交易中心联合会员银行推出定制服务产品，为未来有潜力发展为"专精特新"的企业提供专项优惠融资服务。甘肃股权交易中心、安徽省股权托管交易中心联合商业银行为"专精特新"及"小巨人"企业开发"专精特新贷"等专属信贷产品。

（三）构建中小企业服务平台提升融资效能

在地方政府支持下，区域性股权市场纷纷建设运营中小企业普惠金融综合服务平台，融资服务效果初显。天津滨海柜台交易市场不断强化市场融资功能，与金融机构共建债权产品库，运营融资对接平台"津心融"。海峡股权交易中心（福建）建设基金云平台，支持各类私募股权基金、产业基金上云。广东股权交易中心运营广东省中小企业融资平台，运用人工智能、云计算、区块链等技术为企业开展商业信用评价，破解信息不对称难题。中原股权交易中心联合该省大数据局，运用河南省金融服务共享平台数据资源，在企业和金融机构之间建立更加便捷的线上融资对接渠道。

（四）规范可转债支持科创企业发展

区域性股权市场可转债回归服务中小微企业的基本定位，服务模式转型创新稳步推进。部分区域性股权市场通过"可转债+担保""可转债+担保+基金""可转债+基金"模式，支持科创小微企业、专精特新企业、绿色产业发展，支持企业抗疫及复工复产。青岛蓝海股权交易中心推出股债结合的"中小企业创新创业扶持计划"，浙江省股权交易中心与银行合作推出投资科技型、创新型小微企业的"浙股小微企业普惠可转债"，广东股权交易中心通过"担保募集""内部激励""机构直投"等多种发行模式支持科创小微企业发展。安徽省股权托管交易中心、广东股权交易中心推出"抗疫可转债"，宁夏股权托管交易中心落地"复产复工专项可转债"，支持应对新冠肺炎疫情，助推企业复产复工。

（五）发展绿色金融推进绿色发展

部分区域性股权市场探索绿色金融，助力地方产业绿色转型升级。海峡股权交易中心

（福建）发挥旗下资源环境交易中心功能，"创设绿色生态板"，探索开发排污权抵押、碳排放配额抵押、用能权质押、绿色收益权项目质押、碳资产管理及约定回购等绿色金融产品。广东股权交易中心与开发区共建"绿色金融服务基地"，打造挂牌上市、绿色信贷、绿色债券、股权融资、绿色认证、绿色人才培训六维一体的服务体系。

三、聚焦规范培育，助推企业转板上市

区域性股权市场充分发挥孵化器功能，打造全流程孵化培育体系，引导企业规范发展，助推企业转板上市。

（一）创新培育培训促进企业规范发展

区域性股权市场通过创新培育培训方式和内容，帮助企业提升管理水平、规范优化治理结构。齐鲁股权交易中心、江苏股权交易中心等5家区域性股权市场设立资本市场学院，形成"线上+线下"培训体系，开展从政策、财税、法务到企业管理、品牌建设的多维度培训。安徽省股权托管交易中心积极参与全省万家企业资本市场业务培训。部分区域性股权市场结合分层管理机制，实施差异化信息披露机制，引导企业规范发展。天津滨海柜台交易市场根据企业特点编制多套信息披露模板，山西股权交易中心引入第三方数据公司为挂牌公司出具信息披露报告，提升信息披露率。宁波股权交易中心建立资本市场联络员队伍，持续举办"寻找宁波最具投资价值企业"大赛，挖掘优质成长型企业。

（二）探索转板机制助力企业转板上市

为抢抓注册制改革机遇，区域性股权市场积极探索与高层次资本市场构建转板对接机制。齐鲁股权交易中心、天津滨海柜台交易市场、中原股权交易中心等与交易所共建地方资本市场基地，协助地方政府深挖地方上市后备资源，开展企业培育孵化工作。浙江省股权交易中心与上海证券交易所共建浙江科创助力板，与新三板建立"审查绿色通道"，专人对接、提前辅导、分道审查。河北股权交易所与新三板建立对接机制。武汉股权托管交易中心、安徽省股权托管交易中心、宁波股权交易中心与北京证券交易所及新三板建立审查绿色通道及审查信息共享机制。上海股权托管交易中心在市场服务、监管等方面尝试与上海证券交易所深度协同，为科创板输送上市后备资源。

（三）完善政策措施，综合运用平台，提升服务质效

在地方政府支持下，各地区域性股权市场持续推进集政策引导和政企信息互联互通于一体的平台建设，为企业提供融资、转板上市、项目申报等综合服务。深圳前海股权交易中心持续完善"政策通"服务及数据平台，为企业提供查询、定位、匹配、在线申请的全过程服务，并为政府后续制定政策提供数据参考。广东股权交易中心运营的广东省中小企业融资

平台植根于"数字政府"建设规划，实现数据归集与共享方式创新，接入不动产登记、纳税信用、高新技术企业认定等政务数据，实现对全省1 300多万家企业信息全面核验。江苏股权交易中心研发"证券江苏"App、江西联合股权交易中心建立"映山红"行动信息资源库并设计手机App，尝试破除横亘在上市企业后备资源、政府机关单位、中介机构之间的壁垒。

四、聚焦业务创新，打造发展新动能

各地区域性股权市场聚焦制度和业务创新，推出系列创新举措，为区域性股权市场发展储备新动能。

（一）区块链建设由点及面扩展至全市场

区域性股权市场在区块链应用方面走在证券市场前列，17家参与区块链建设试点工作的区域性股权市场初步建成"证监会监管链＋地方业务链"的双层架构，其中10家被纳入中央网信办牵头组织的"国家区块链创新应用试点"范围。通过"证监会监管链＋地方业务链"的联通对接，区域性股权市场推动相关部门、金融机构或服务平台、大数据服务机构、征信机构等各类主体参与试点，形成数据共享、资源互通的生态体系，提高了区域性股权市场的行为规范性和信息透明度，降低了资本市场信任成本，为融合发展提供了条件。部分区域性股权市场从应用场景着手，探索建立基于"区块链＋大数据"的企业上市、股权估值评价分析系统，强化大数据应用，提高信用画像的精准度和金融服务的便利度，为中小微企业提供一站式融资服务，成为区域性股权市场数字化转型的重要支点。

（二）区域性股权市场创新试点进展顺利

2021年初，中国证监会批准浙江开展区域性股权市场业务和制度创新试点。经过一年的探索与实践，浙江两家区域性股权市场集聚和服务优质企业的能力有效提升，地方资源整合和融资服务能力明显增强，上市培育成效显著。一是地方政府政策支持体系进一步完善。浙江省政府和宁波市政府均出台政策，加强优质企业股改规范、普惠服务、数据共享、财政支持、政府投资基金和政策性担保机构参与等方面的支持力度，保障创新试点各项工作有序开展。二是以制度创新增进互联互通。浙江省股权交易中心、宁波股权交易中心与全国股转公司建立挂牌公司转新三板挂牌专人对接、提前辅导、分道审查的绿色通道，与中国结算公司建立《区域性股权市场账户对接规范》，强化区域性股权市场登记效力。三是通过分层培育落实普惠服务。浙江省股权交易中心搭建省、市、县三级企业规范培育体系、资本市场普惠服务体系、创新上市培育数字化支撑体系，为不同规模和发展阶段的企业提供相匹配的融资上市服务。截至2021年底，浙江两家区域性股权市场累计推动29家企业转沪、深、港交易所上市，128家企业转新三板挂牌。

（三）基金份额转让试点及出质业务落地生根

北京股权交易中心、上海股权托管交易中心先后获批开展股权投资和创业投资份额转让试点，截至2021年底，已完成15单共计17.1亿元份额转让。广东股权交易中心、江西联合股权交易中心、湖南股权交易所试点开展有限合伙企业财产份额出质登记业务，均取得实质性突破。2021年全市场实现有限合伙企业质押融资32.41亿元，截至2021年底累计实现90.27亿元。广东股权交易中心累计托管有限合伙企业52家，托管财产份额666.51亿份，质押登记份额69.9亿份，对应融资74.16亿元，为17家有限合伙企业办理份额出质登记28笔、7.69亿份，质押融资额15.41亿元。江苏股权交易中心、安徽省股权托管交易中心、武汉股权托管交易中心、山西股权交易中心、深圳前海股权交易中心等也在探索开展相关业务。

（四）知识产权质押融资初露锋芒

近年来，针对科技中小微企业的科技特性和融资需求，多地探索开展知识产权质押融资，2021年全市场新增知识产权质押融资11.90亿元，截至2021年底累计实现40.20亿元。广东股权交易中心早在2016年就助推佛山市设立知识产权质押融资风险补偿资金并担任管理人，牵头主导政策宣传、银行入库、投融对接、业务受理、风险补偿等全业务环节，并将"佛山模式"复制至其他地市，同时将知识产权服务工作与广东股权交易中心自身业务有机联动，超过95%的知识产权质押融资企业在广东股权交易中心挂牌展示。上海股权托管交易中心落地一笔1 000万元的商标质押业务。内蒙古股权交易中心首只知识产权质押可转债即将落地。

（五）多地金融企业国有股权交易职责回归区域性股权市场

随着地方金融机构股权托管的有序推进，区域性股权市场在办理地方金融企业国有股权交易方面具有独特的优势。结合财政部《规范产权交易机构开展金融企业国有产权交易管理暂行规定》，多个省级政府出台文件，确定将区域性股权市场作为辖区内承办地方金融企业国有产权交易业务的机构，进一步拓宽了区域性股权市场服务范围。截至2021年底，已有新疆股权交易中心、内蒙古股权交易中心、吉林股权交易所、河北股权交易所、甘肃股权交易中心、海峡股权交易中心（福建）、贵州股权交易中心7家运营机构被授予承办地方金融企业国有产权交易业务的资质，甘肃股权交易中心完成15亿元产权转让，海峡股权交易中心（福建）完成3笔产权转让。

五、聚焦乡村振兴，助力共同富裕

区域性股权市场切实履行社会责任，推动普惠金融服务向基层延伸，推动县域经济发展和乡村振兴，助力共同富裕。

(一) 持续推进县域金融工程，服务地方经济转型升级

通过实施县域金融工程，区域性股权市场持续推进挂牌融资等综合服务向县域经济延伸，助推县域经济转型升级。武汉股权托管交易中心持续推进县域金融工程，挂牌公司实现全省 17 个市、州、林区全覆盖，县域覆盖率达到 100%。齐鲁股权交易中心扎实推进县域资本市场工程，服务覆盖全省 12 个地市 20 个区县。山西股权交易中心实施"县域企业资本振兴战略"，试点县域从 19 个扩大到 57 个。

(二) 创设特色专板，助力产业振兴

武汉股权托管交易中心、齐鲁股权交易中心、河北股权交易所、厦门两岸股权交易中心、青岛蓝海股权交易中心等推出"乡村振兴板"，逐渐将服务触角延伸到县、镇、村最基层，尝试打通金融活水流向实体经济的"最后一公里"，引导和推动更多来自基层的中小微企业到区域性股权市场挂牌、规范培育并为其提供综合金融服务。多地设立农业板支持农业企业发展，安徽省股权托管交易中心农业板累计挂牌公司 1 968 家，构建"政府+基金+银行+保险+担保"金融支农联盟协作机制。中原股权交易中心设立"扶贫板"，河北股权交易所设立"金融扶贫板"，集中服务贫困县挂牌企业，并减免相关服务费用。陕西股权交易中心探索推进农村集体经济组织股权登记托管工作。

(三) 开展对接帮扶，推动金融支农

宁夏股权交易托管中心推动股东南京证券与宁夏海原县（国家乡村振兴重点帮扶县）结对帮扶，宣传、推广乡村特色产品，加大消费帮扶力度；派驻挂职干部，组织金融知识培训、技术指导、创业服务；加大对当地的产业扶持和公共服务投入，支持中小微企业和民营企业融资，助力乡村振兴。天津滨海柜台交易市场设立专项全职驻村工作小组服务精准扶贫，帮助制订帮扶工作计划，落实扶贫政策保障，确保扶贫资金安全。山西股权交易中心组织扶贫干部驻村帮扶。

第三节 2022 年中国区域性股权市场发展展望

一、区域性股权市场面临的发展瓶颈

(一) 体制机制有待进一步完善

区域性股权市场是多层次资本市场体系的重要组成部分，但在具体业务层面，其法律地

位仍存在模糊之处,发展空间受到限制。一是区域性股权市场股权登记效力不足,影响市场交易和股权质押融资功能发挥。二是区域性股权市场参与者难以享受资本市场统一税收优惠,影响投资者参与投资和交易的意愿。三是区域性股权市场至今仍未列入持牌金融机构名单,影响正常业务开展。此外,区域性股权市场具有一定的社会公益性质,但作为国有资本面临较大的保值增值压力。

(二) 市场功能有待进一步发挥

融资功能发挥不足,融资结构有待改善。区域性股权市场融资仍以间接融资为主,挂牌公司股权融资进场意愿不强。截至2021年底,全市场累计实现股权融资3 716.24亿元,占比较上年有所提升,但以托管企业居多,挂牌公司股权融资仅709.28亿元,占比较上年下降0.19个百分点。截至2021年底,全市场服务企业超过18万家,累计转沪、深证券交易所上市69家,转新三板挂牌737家,被上市公司或新三板公司收购58家,转板上市效果不彰,市场孵化培育能力有待提升。此外,政策综合运用功能未能充分体现,各地扶持中小企业政策分散在各条块部门,难以产生聚合效应。

(三) 市场发展思路有待转变

区域性股权市场是典型的场外市场,但其监管办法、业务规则和业务流程都具有较为明显的交易所、新三板等场内市场色彩,尚未形成适合场外市场的发展模式。市场发展初期普遍追求服务企业数量,相对忽视服务企业质量和市场基础建设,高质量企业聚集不够,运营机构和中介机构专业服务能力不足,私募股权投资、创业投资等专业机构参与较少,市场活力不足。市场发展仍高度依赖地方政府支持,商业模式和商业逻辑没有形成,持续经营和发展能力不足。

二、区域性股权市场发展方向

区域性股权市场应积极贯彻落实《中共中央 国务院关于加快建设全国统一大市场的意见》《国务院办公厅关于印发要素市场化配置综合改革试点总体方案的通知》战略部署,围绕三个功能、聚集三类企业、打造三个平台,健全监管规则,深化创新试点,推进监管协同,完善商业模式,以综合性的基础服务和金融服务驱动功能发挥,形成持续服务、培育、发现和扶持优质企业的良性机制。

(一) 健全完善市场制度体系

一是修改完善监管规则。及时总结创新试点经验,推动完善区域性股权市场相关监管规则,形成适合场外私募市场特点的制度安排。二是借鉴证券公司和期货公司分类监管经验,形成区域性股权市场分类监管制度,建立以企业登记托管为基础的分类分层管理体系,促进运营机构的业务活动与其资本实力、服务能力、治理结构、合规管理、风险管理等相适应。三是出台中介机构管理办法或自律管理规则，根据服务层次和服务内容不同，明确差异化的准入门槛、执业规范、监管要求等，特别是要鼓励支持证券公司通过区域性股权市场加强普惠金融服务。四是制定转板上市规则，推动区域性股权市场和全国性证券市场板块间的合作衔接，建立自下而上和自上而下相结合的双向联系机制。

（二）深化制度和业务创新试点

一是逐步增加试点地区。在总结行之有效且可复制可推广的经验基础上，在符合条件的地区逐步扩大试点，丰富试点样本，为全面推进区域性股权市场改革奠定坚实基础。二是推动单项业务试点。借鉴区块链建设试点工作经验，进一步推动在基础服务、财务顾问、投贷联动等领域有较为深入探索并形成一定经验的地区，进行单项业务试点，鼓励有特色的区域性股权市场在该方面做大做强，促进区域性股权市场差异化发展。三是探索建立包容审慎的"监管沙盒"制度。鼓励区域性股权市场在坚持功能定位的前提下，进行服务和产品探索，建立并依托核心业务场景吸引企业进场以及整合资源。

（三）健全完善监管协同机制

区域性股权市场的健康稳定发展需要争取相关部委的支持，发挥地方政府的积极性，推进监管协同机制，防止监管空白和监管套利。一是加强同相关部委的沟通协调，破除体制机制性障碍，进一步激发市场活力。二是推动地方政府进一步提高对区域性股权市场规范培育功能的认识，充分发挥区域性股权市场贴近当地和扶持政策聚集效应的优势，着力提高其基础服务能力、私募股权投融资对接能力、拟上市企业规范治理能力。三是推动地方政府发挥主导作用，积极落实规范发展的各项要求，加大省内部门协调、数据共享、政策资源整合和财政支持力度。四是督促地方加强日常监管，建立地方主要党政领导负责的风险处置机制，切实落实监管和风险处置责任，审慎组织实施试点工作。

（四）健全完善市场商业模式

各地区域性股权市场要在坚持服务、培育和规范企业定位的基础上，根据当地经济发展、产业布局、企业成长、私募生态等情况，因地制宜确定功能定位的实现路径，结合场外市场的特点优化制度规则设计，探索完善可持续的商业模式。可从降低企业进入成本、分类分层管理企业、建立完善企业画像、提升登记托管能力、提供综合金融服务、严格投资者适当性管理、整合中介服务资源、对接全国性证券市场、探索数字化转型等方面着手，不断丰富服务功能，提高资源整合能力和持续经营能力，更好地服务当地中小微企业，助力地方产业转型优化升级。

第二章
2021年中国证券公司柜台市场业务发展综述与展望

第一节 2021年中国证券公司柜台市场业务开展情况[①]

一、2021年证券公司柜台市场业务发展概况

基于证券公司柜台市场业务试点资格，证券公司可以自建柜台。根据中国证券业协会2021年专项调查问卷（以下简称"调查问卷"）统计，42家柜台市场业务试点证券公司均开展了柜台市场业务，其中，有34家证券公司部署了自建柜台。

（一）证券公司自建柜台功能

证券公司柜台市场提供的平台功能包括发行、销售、转让和登记结算等。平台功能的实现依赖相关系统的部署建设，包括交易系统、撮合系统、账户系统、做市系统、登记结算系统、产品管理系统等，分别提供柜台市场产品交易、账户开户、登记结算、产品管理等服务。根据调查问卷，证券公司自建柜台平台功能建设的完善度与开展业务类型的全面性、产品类型的丰富性呈一定的正相关。

（二）证券公司内部协同情况

证券公司柜台市场业务的开展与公司其他业务部门紧密配合，证券公司产品销售部门、自营部门、资金管理部门等均可作为柜台市场业务参与者参与其中。柜台市场业务试点资格

---

① 资料来源：中证机构间报价系统股份有限公司。

与各类牌照业务紧密结合，共同促进证券公司业务整体发展。

（三）产品发行人（管理人）情况

证券公司柜台市场产品发行人（管理人）主要有证券公司及其子公司、私募基金公司、基金公司及其子公司、信托公司、银行、期货公司及其子公司、保险公司及其子公司等。一方面，证券公司自身作为产品发行人或管理人参与柜台市场，根据调查问卷，42 家试点证券公司均销售本公司作为发行人或管理人的产品；另一方面，外部产品发行人或管理人参与柜台市场，根据调查问卷，在 42 家试点证券公司中，大部分证券公司柜台市场代销外部管理人或发行人的产品。

（四）投资者账户情况

2021 年，证券公司柜台市场投资者账户数稳定增长，新增投资者账户数 603.29 万户，同比上升 11.69%；截至 2021 年底，累计存续账户数 3 214.32 万户，相较于 2020 年底存量增长 6.90%。证券公司柜台市场投资者主要为个人投资者，其占比高达 99.84%（见表专 8-4）。

表专 8-4　　　　2020—2021 年证券公司柜台市场投资者账户情况　　　　（单位：万户）

项目	2020 年		2021 年	
	个人	机构	个人	机构
年度累计新增	539.16	0.98	601.79	1.50
年底存续户数	3 002.49	4.43	3 209.09	5.23

注：(1) 新增指各年内（1月1日—12月31日）新增数；(2) 年底存续户数指截至各年12月31日存续的账户数。

证券公司柜台市场账户数呈现高集中度特性。截至 2021 年底，存量账户和新增账户前 5 位的证券公司的合计占比分别达 78.67%、67.76%，存续账户和新增账户前 10 位证券公司的合计占比分别为 89.72%、88.81%（见表专 8-5）。

表专 8-5　　　　2021 年证券公司柜台市场账户集中度情况　　　　（单位：万户）

排名	存续账户	新增账户
前 5 位	2 528.83	408.76
前 10 位	2 883.92	535.76
总数	3 214.32	603.29

二、2021 年证券公司柜台市场业务开展情况

目前证券公司柜台市场业务主要围绕场外衍生品交易、收益凭证发行、资管产品销售、做市转让四个方面开展。

（一）场外衍生品交易

2021 年有 1 家证券公司成为场外期权业务一级交易商，此外新增 6 家场外期权业务二级交易商。截至 2021 年末，全市场共有 8 家场外期权业务一级交易商及 35 家场外期权业务二级交易商。

场外衍生品连接了多个业务场景，能够根据客户需求提供定制化服务。具体来看，证券公司已探索出多种成熟业务模式，包括服务实体企业进行套期保值、服务专业机构投资者进行投资组合风险管理、服务金融机构发行财富管理产品、服务财富管理客户实现全球化资产配置等。

2021 年证券公司场外衍生品业务累计新增名义本金、年末存续名义本金等指标均大幅增长；其中全年累计新增名义本金 84 038.01 亿元，同比增长 76.56%；年末存续名义本金 20 167.17 亿元，同比增长 57.80%（见表专 8－6）。

表专 8－6　　　　　　　　2021 年证券公司场外衍生品交易情况

年 份	本年累计新增名义本金（亿元）			年末存续名义本金（亿元）		
	收益互换	场外期权	合计	收益互换	场外期权	合计
2020	21 551.07	26 045.99	47 597.06	5 210.83	7 569.67	12 780.50
2021	47 727.35	36 310.66	84 038.01	10 260.67	9 906.50	20 167.17
同比增长	121.46%	39.41%	76.56%	96.91%	30.87%	57.80%

同时，证券公司场外衍生品新增交易集中度（指全年新增交易中名义本金排名前 5 位的证券公司交易量之和在全市场中的占比）依然维持在较高水平（见表专 8－7）。头部证券公司在资本、人才、交易、产品创设、销售渠道、技术系统、合规风控等多方面具有优势，并不断巩固市场地位。

表专 8－7　　　　　　证券公司场外衍生品新增交易集中度

业务类型	2020 年集中度（%）	2021 年集中度（%）
收益互换	92.58	87.24
场外期权	73.58	78.92
合计	79.25	75.51

（二）收益凭证发行

收益凭证发行业务依然是证券公司柜台市场的主要业务，2021 年证券公司柜台市场发行收益凭证规模总计 6 012.45 亿元，与 2020 年基本持平；产品发行销售总数 33 530 只，同比增加 21.83%（见表专 8－8）。

表专 8-8　　　　　　　　　　2021 年证券公司收益凭证发行情况

发行场所	期初存量		本期新增发行规模		期末存量规模	
	数量（只）	本金（亿元）	数量（只）	本金（亿元）	数量（只）	本金（亿元）
柜台市场	8 878	2 090.59	33 530	6 012.45	11 257	2 016.18

收益类型方面，2021 年收益凭证仍以固定收益型为主。浮动收益型收益凭证主要挂钩标的有股指类、商品类、个股类等，主要结构有二元结构、价差结构、鲨鱼鳍结构、雪球结构等。

产品结构方面，浮动收益凭证（尤其是 12 个月以上长期限结构）发行规模同比大增。经分析，这与雪球、指数增强等结构受到市场认可有关。证券公司通过发行各类符合市场需求的浮动收益凭证为市场上各类资管产品提供底层资产。根据调查问卷，42 家试点证券公司中有 22 家反馈发行了相关产品。

（三）资管产品销售

根据中国证券业协会发布的《证券公司柜台市场管理办法（试行）》，证券公司可以通过柜台市场销售或者转让《证券公司代销金融产品管理规定》允许代销的产品。据中证机构间报价系统股份有限公司（以下简称"中证报价"）数据统计，通过证券公司柜台市场销售的产品以资管产品为主，2021 年证券公司柜台市场资管产品销售呈现良好态势，规模总计 4 063.37 亿元（见表专 8-9），同比增长 41.56%。其中，资管计划、私募基金、信托计划为主要产品品种，规模占比约 98%。经分析，私募基金及信托计划销售产品规模取得显著增长的原因为 2021 年量化、雪球、多头等产品受到财富管理客户的欢迎。证券公司通过柜台市场销售此类私募基金及信托计划，从而满足高净值客户财富管理需求。根据调查问卷，42 家试点证券公司中有 21 家反馈开展了相关业务。

表专 8-9　　　2020—2021 年证券公司柜台市场资管产品销售情况　　　　（单位：亿元）

产品类型	2020 年	2021 年
资管计划	1 604.83	1 915.56
基金专户	69.35	70.14
私募基金	966.87	1 563.77
银行理财产品	3.71	3.65
信托计划	225.72	510.25
总计	2 870.49	4 063.37

（四）做市转让

证券公司柜台市场交易业务主要包括柜台市场产品转让业务以及做市业务，主要品种为在柜台市场发行的收益凭证或资管产品（包括资管计划、私募基金、基金专户以及信托计划等），主要功能在于满足客户的流动性需求。根据调查问卷，42 家试点证券公司中共有 20 家证券公司开展转让业务，占比 47.62%；共有 5 家证券公司开展做市业务，占比 11.90%。分析近两年柜台市场转让数据可以看出：

证券公司柜台市场 2021 年累计转让规模 105.8 亿元，同比减少 54.92%；转让产品数量 7 495 只，同比减少 43.57%。资管计划转让规模从 2020 年的 220.4 亿元降至 2021 年的 88.74 亿元，占比从 93.91% 降至 83.88%，对整个柜台市场转让规模下降产生较为显著的影响。收益凭证转让规模从 2020 年的 9.14 亿元升至 2021 年的 14.60 亿元，占比从 3.89% 升至 13.80%，收益凭证交易规模活跃度逐渐提升（见表专 8 - 10）。

表专 8 - 10　　　　2020—2021 年证券公司柜台市场产品转让情况

产品类型	2020 年累计		2021 年累计	
	数量（只）	金额（亿元）	数量（只）	金额（亿元）
资管计划	11 599	220.40	3 949	88.74
收益凭证	1 643	9.14	3 499	14.60
基金专户	0	0.00	1	0.01
私募基金	15	4.55	17	0.42
银行理财产品	0	0.00	0	0.00
信托计划	26	0.61	29	2.05
资产支持证券	0	0.00	0	0.00
总计	13 283	234.70	7 495	105.80

2021 年证券公司柜台市场交易排名前 3 位的证券公司转让交易规模占比达到 93.26%，排名前 5 位的证券公司转让交易规模占比达到 97.03%，柜台市场转让交易量集中于少部分证券公司，整个市场覆盖面不足（见表专 8 - 11）。根据调查问卷，多数证券公司希望可以进一步发挥柜台市场交易功能，以满足财富管理产品线的流动性需求，提供增值服务。

表专 8 - 11　　　　2021 年证券公司柜台市场转让交易量排名　　　　（单位：亿元）

排　名	转让金额
前 3 位	98.67
前 5 位	102.66
前 10 位	105.08
合计	105.80

第二节　2021年中国证券公司柜台市场业务发展特点与2022年发展展望

一、2021年证券公司柜台市场业务发展特点

（一）发展总体平稳，场外衍生品业务有所突破

2021年，站在"十四五"规划开局的历史起点，全面深化资本市场改革向纵深推进，作为多层次资本市场的重要组成部分，证券公司柜台市场业务总体上仍以平稳为主基调。

政策法规和监管上，证券公司柜台市场的法律地位、业务范畴以及发行交易等相关制度安排仍尚待明确及完善，但在场外衍生品方面，制度建设取得较大进展。2021年12月3日，中国证券业协会发布《证券公司收益互换业务管理办法》，通过规范收益互换业务，旨在推动证券公司提升专业服务能力和合规风控水平，促进证券公司收益互换业务健康发展。2021年4月，《中华人民共和国期货法（草案）》提请十三届全国人大常委会第二十八次会议初次审议；2021年10月，《中华人民共和国期货法（草案）》提请十三届全国人大常委会第三十一次会议第二次审议，并将法律名称修改为《中华人民共和国期货和衍生品法》。

业务类型上，目前证券公司柜台市场业务聚焦于收益凭证发行、场外衍生品交易、柜台市场金融产品销售以及柜台产品做市转让等主流业务。虽然其他创新业务发展较缓，例如境外柜台市场已经较为成熟的证券借贷（SBL）、回购（Repo）等业务目前尚未开展，质押、私募股权、非公开发行公司债、银行理财代销、资产支持证券、公募产品转让等业务陆续暂停或开展缓慢，但主流业务的业务和产品模式持续拓展。浮动收益凭证业务模式越发成熟，发行规模增加迅速；场外衍生品的交易结构、产品模式依然不断保持创新，在机构化及国际化的发展趋势下，场外衍生品业务成为证券公司重点资本中介业务和支持资本市场健康发展的重要助力，发挥了价格发现、风险管理、资源配置的重要作用。

（二）融资功能不断夯实，交易功能未有效发挥

收益凭证作为证券公司融资工具的重要组成部分，拓宽了证券公司的融资渠道，成为标准化债务融资工具的有效补充，并且通过证券公司柜台市场私募发行，程序相对简单快捷，发行成本较低，增强了证券公司开展资本中介业务的能力，提升了证券公司竞争力。但根据调查问卷，多数证券公司也反映，收益凭证目前缺乏相关业务规范，鉴于其整体规模已经较

大，对于证券公司的融资功能日趋重要，建议尽快完善相关建章立制工作，将收益凭证纳入规范运行轨道。

从行业数据来看，虽然收益凭证交易规模增长较快，但其他品种交易并不活跃，证券公司柜台市场交易功能未能得到有效发挥。一是产品品种局限。根据调查问卷，柜台市场转让标的主要集中在私募类产品上，资管大集合产品按照资管新规要求逐步清理或公募化改造，但目前公募基金尚未有在证券公司柜台市场进行转让的实践；证券公司柜台市场做市标的以收益凭证为主，受限于证券公司自身的定价能力以及系统建设的短板，净值型产品做市业务还不成熟。二是政策支持不足。除中证报价发布的《机构间私募产品报价与服务系统做市业务指引（试行）》外，行业内缺乏其他专门的场外产品转让或做市制度；目前场外做市业务需参照中国证监会发布的《证券公司风险控制指标计算标准规定》中的"自营非权益类证券及其衍生品"的风险控制指标进行管理，持有比例受集中度不超过16%的限制，无法有效满足客户交易量的需求，做市商功能未能得到充分发挥。三是参与度有待进一步提升。根据调查问卷，行业内开展场外做市业务的证券公司只有5家，整个行业在系统建设、制度建设以及专业团队培养方面的投入比较小，同时各证券公司在产品的定价能力和风控能力方面仍有进一步提升的空间。

（三）助力财富管理转型，证券公司柜台市场功能凸显

资管产品代销在证券公司财富管理转型中发挥着重要作用，而证券公司柜台市场的发行、销售与转让功能在一定程度上又助力财富管理转型。

一是通过证券公司柜台市场开展资管产品代销业务已成为柜台市场业务的重要服务模式。根据调查问卷，42家试点证券公司中，大部分证券公司通过柜台市场开展代销资管产品业务。借助柜台市场发行登记功能，为投资者提供全方位、可定制的产品销售服务（目前主要以私募产品为主）。未通过柜台市场开展代销资管产品业务的部分证券公司则表示未来将根据业务需求规划开展代销业务。

二是销售方式数字化程度较高。根据调查问卷，通过柜台市场开展代销资管产品业务的证券公司，均已不同程度实现电子化签约，有的证券公司App端销售产品数量占比达100%。此外，已有半数证券公司实现"双录"智能化（非人工），部分证券公司实现审核智能化（非人工）。销售方式数字化是金融科技应用的重要体现，产品销售实现了从线下"点对点"到线上"面对面"的突破，从而为客户提供了更方便、快捷、智能的金融服务，促进客户体验的提升。

三是证券公司柜台市场具备的转让与做市等功能可为资管产品提供流动性支持，或将进一步巩固通过柜台市场开展资管产品代销业务的优势。

二、2022 年证券公司柜台市场业务发展展望

（一）贯彻落实《中华人民共和国期货和衍生品法》

《中华人民共和国期货和衍生品法》的颁布实施，将对健全我国金融法律体系、完善期货和衍生品法律制度、推进期货和衍生品市场法治建设起到举足轻重的作用。随着上位法的推出，后续配套业务规则将逐步推出或更新，衍生品市场的法治体系也将逐步完善。

本次立法将包括场外衍生品在内的衍生品交易纳入法律调整范围，充分吸收二十国集团（G20）在全球金融危机后达成的加强衍生品监管的共识，借鉴国际成熟市场经验，确立了单一主协议、终止净额结算、交易报告库等衍生品交易基础制度，并授权国务院制定具体管理办法，使衍生品市场的发展"有法可依"。

（二）进一步升级现有产品和服务体系

随着居民财富总量的增长，客户的资产配置需求升级，产品类型愈加多元，对于证券公司来说，或需进一步升级现有产品和服务体系。

一方面，证券公司柜台市场产品广度或将进一步拓宽。证券公司通过自主研发以及引入代销，加强布局和建立产品体系，以满足不同客户的资产配置需求，并进一步依托柜台市场为更多元化的资管产品提供柜台服务。根据调查问卷，在通过柜台市场开展代销业务的证券公司中，超半数证券公司已通过柜台市场代销收益凭证、证券公司资管计划及基金专户、公募基金、私募基金、信托计划等，更有证券公司表示将积极进行业务创新、不断丰富产品线，以更好地满足客户需求。

另一方面，服务体系将进一步升级。在证券公司不断深化财富管理转型发展的背景下，如何建立覆盖所有资管产品的全生命周期管理流程，是着重优化目前产品管理和客户服务工作的重要途径。证券公司或将结合内部职责划分，进一步加强覆盖所有产品的全生命周期管理能力，包括产品供给、产品准入、产品上柜、产品营销、业务支持以及合规风控等环节。在此过程中，证券公司或将进一步打造柜台市场业务管理平台，支持业务能力标准化和效能提升，实现精细化管理，提高服务效率。

（三）以数字化转型实现高质量发展

在数字化浪潮下，证券公司柜台市场将持续强化金融科技赋能，加快数字化转型，实现高质量发展。

一方面，依托数字化产品销售，提升客户体验。在销售业务中，推进客户 App 端 7×24 小时认申购交易、线上产品转让、电子签名、智能见证视频、智能审核等金融科技运用，进一步提升客户体验。

另一方面,建立行业标准化数据监控监测体系,构筑行业数据生态。监控监测部门以场外金融产品统一管理为基点,结合业内数据治理标准以及各业务环节的实际需求,梳理标准化的金融产品数据结构,明确数据源管理要求,建立起行业标准化数据监控监测体系,这将进一步提升监控监测数据的完整性、准确性以及及时性。在此基础上,积极推动行业数据生态建设,推进在信息技术与数据应用层面的同业合作,加快数据价值对行业发展的放大、叠加、倍增作用,这也将助力证券公司构建全客户、全周期、全场景的综合数字化金融服务体系。

专题报告之九：
2021年场外业务监测监控发展综述

2021年，中证机构间报价系统股份有限公司（以下简称"中证报价"）积极适应新形势，回归本源，优化结构，聚焦主业，理顺管理，围绕服务场外市场建设的初心使命，持续加强场外证券业务监测监控体系建设，为证券行业流动性管理、资产配置、风险管理、业务创新、互联互通等提供服务，坚定做实行业基础设施和公共平台服务功能。积极稳妥推进公司转型发展，确立"一体两翼"发展战略，即以监测监控为主业主责，构建一体化数据生态，实施一体化数据治理；同时做强场外衍生品市场综合服务，做实在雄安新区拓展区块链行业应用场景，努力打造场外监测权威机构、监管自律信任机构、市场服务信赖机构、行业数据共信机构。

监测监控方面，中证报价以场外证券业务分类分层为基础，参照国际标准，构建并不断完善场外证券业务交易报告库；2021年12月3日，中证报价被金融稳定理事会（FSB）认证为正式交易报告库（TR），成为我国境内第二家获得FSB认可的正式交易报告库。同时，中证报价立足于国情实际，建立以交易报告库为核心的监测监控体系，目前已覆盖证券公司柜台市场、收益凭证、场外衍生品、非公开发行公司债券、场外债券投资交易、跨境等业务领域；依托场外交易报告库的数据积累，中证报价积极探索场外证券业务数据标准化，及时监测各项业务风险状况，并向自律组织及监管机构履行报告义务，为行政监管决策提供精准的信息支持和技术保障，致力打造场外市场监测"天眼"。

行业服务与支持雄安建设方面，中证报价切实保障机构间私募产品与服务系统报价系统业务平稳运行，各项业务均未发生重大风险。优化完善电子签约公共服务，充分发挥中证易签平台数字化、在线化优势，拓宽电子签约新业务场景，为证券行业数字化转型、高质量发展做出了有益尝试。依托机构间市场投资者教育基地，以场外业务为特色，赋能投资者教育数字化转型，实现金融科技与投资者教育服务的相互促进、良性循环，发挥机构间市场互联互通作用，整合各市场参与主体的投资者教育资源，深化各方沟通合作，促进建立证券行业投资者教育长效机制。运用区块链技术构建场外市场联盟链公共服务平台，积极推进场外联盟链接入中国证监会中央监管链和证券业联盟链；在雄安新区探索基于区块链技术驱动的资本市场发展新模式，通过区块链技术重塑场外市场数据互联与信息互通的报价体系，有效激发证券行业创新动力，切实提升资本市场服务于雄安新区实体经济发展的效能。

第一章
2021年证券公司场外证券业务发展情况

第一节 场外衍生品

近年来，证券公司场外衍生品业务飞速发展，市场规模快速增长，与场内市场形成有效互补，有效满足市场投资者风险管理、财富管理需求，在推动金融服务实体经济、防范金融风险等方面亦发挥了重要作用。证券公司场外衍生品业务采用交易商管理机制，截至2021年底，共8家证券公司具备场外期权业务一级交易商资质，35家证券公司具备场外期权业务二级交易商资质。2021年12月，中国证券业协会发布《证券公司收益互换业务管理办法》，明确场外期权交易商可以开展收益互换业务。

一、业务规模持续增长

2021年全年共新增场外衍生品交易合计名义本金84 038.31亿元，同比增长76.56%。其中新增收益互换交易合计名义本金47 727.35亿元；新增场外期权交易合计名义本金36 310.66亿元。截至2021年末，未了结的场外衍生品交易合计共存续名义本金20 167.17亿元，同比增长57.80%。其中，收益互换交易存续名义本金10 260.67亿元，场外期权交易存续名义本金9 906.5亿元（见表专9-1）。

2021年上半年，场外衍生品月度新增规模较为平稳，7—9月增长速度较快，月度增长规模超过8 000亿元（见图专9-1）。

专题报告之九
2021年场外业务监测监控发展综述

表专 9-1　　2019—2021年证券公司场外衍生品交易情况

年份	全年累计新增（名义本金）				年末存续规模（名义本金）			
	场外期权（亿元）	收益互换（亿元）	合计（亿元）	同比增长（%）	场外期权（亿元）	收益互换（亿元）	合计（亿元）	同比增长（%）
2019	12 822.82	5 582.16	18 404.98	—	4 642.92	1 583.62	6 226.54	—
2020	26 045.99	21 551.07	47 597.06	158.61	7 569.67	5 210.83	12 780.50	105.26
2021	36 310.66	47 727.35	84 038.31	76.56	9 906.50	10 260.67	20 167.17	57.80

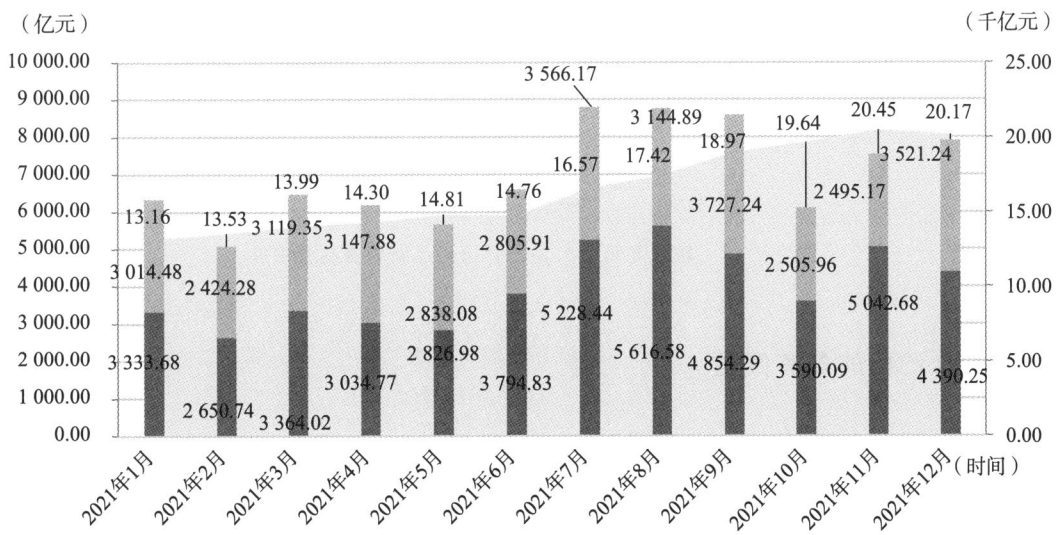

图专 9-1　2021年证券公司场外衍生品月度新增交易情况

二、交易集中度稳中有降

在交易集中度方面，2021年证券公司场外衍生品新增交易集中度（指每月新增交易中名义本金排名前5位的证券公司交易量之和在全市场中的占比）依然维持在较高水平，但相较于2020年整体走势有所降低，且全年月度趋势稳中有降。其中，收益互换业务新增交易集中度月度变化较为平稳，基本维持在85%—90%区间，1月达到91.01%的峰值，11月数值降至全年最低点85.51%。场外期权业务新增交易集中度除5月数值达到78.72%峰值之外，全年基本维持在75%以下，并在10月以后降至65%以下（见图专9-2）。

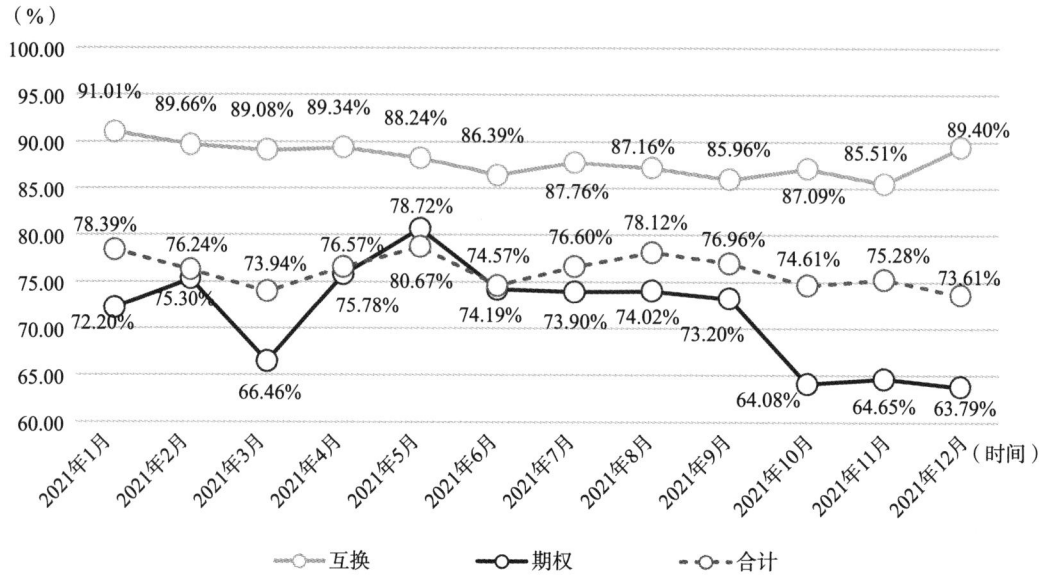

图专 9－2　2021 年证券公司场外衍生品新增交易集中度

三、合约标的各有侧重

在合约标的分布上，主要有 A 股股指、A 股个股、大宗商品和其他标的（包括基金及基金专户、境外股票、境外股指、股指期货、债券、汇率等）。以名义金额计算，截至 2021 年末，场外期权业务中 A 股股指占比最高，约为 57.33%；收益互换业务中其他标的占比最高，约为 57.23%（见表专 9－2）。

表专 9－2　　　　2021 年末证券公司场外衍生品存续交易标的情况

标的类型	存续交易业务类型			
	场外期权		收益互换	
	名义本金（亿元）	占比（%）	名义本金（亿元）	占比（%）
股指类	5 679.09	57.33	2 298.57	22.40
商品类	804.52	8.12	367.14	3.58
个股类	1 125.18	11.36	1 722.62	16.79
其他类	2 297.72	23.19	5 872.34	57.23
合计	9 906.50	100.00	10 260.67	100.00

四、交易对手方特点不一

从证券公司场外衍生品合约的交易对手方情况看，商业银行、私募基金、证券公司及其子公司是场外衍生品市场的主要买方机构。以名义金额统计，截至 2021 年末，场外期权业务的交易对手方中商业银行、证券公司及子公司占比较高，分别为 54.00%、13.72%；收益互换业务的交易对手方中私募基金、证券公司及子公司占比较高，分别为 55.86%、20.08%（见表专 9 - 3）。

表专 9 - 3　　　　2021 年证券公司场外衍生品存续交易对手方情况

交易对手方类型	存量业务交易对手方情况			
	场外期权		收益互换	
	名义本金（亿元）	占比（%）	名义本金（亿元）	占比（%）
商业银行	5 349.16	54.00	169.77	1.65
证券公司	1 287.28	12.99	1 985.17	19.35
私募基金	1 214.34	12.26	5 731.20	55.86
期货公司风险管理公司	613.80	6.20	356.67	3.48
基金公司子公司	257.13	2.60	468.29	4.56
证券公司子公司	72.02	0.73	75.28	0.73
其他（包括境外机构、一般工商企业等）	1 112.78	11.23	1 474.30	14.37
合　计	9 906.50	100.00	10 260.67	100.00

第二节　非公开发行公司债券

根据中国证监会《公司债券发行与交易管理办法》以及中国证券业协会《非公开发行公司债券备案管理办法》相关规定，承销机构或自行销售的发行人应当在每次发行完成后 5 个工作日内向中国证券业协会备案。截至 2021 年末，累计 91 家证券公司报送备案非公开发行公司债券 10 732 只，备案总规模 10.67 万亿元。

一、非公开发行公司债券备案总体情况

2021 年非公开发行公司债券共新增备案数量 2 770 只，同比上升 20.96%，新增备案规模 20 820.42 亿元，同比上升 8.51%。年度及月度备案情况见表专 9 - 4 及图专 9 - 3。

表专 9 - 4　　　　非公开发行公司债券年度备案数量及规模统计

年　份	2021	2020	2019	2018	2017	2016	历史总计
备案数量（只）	2 770	2 290	1 556	920	1 023	2 173	10 732
备案规模（亿元）	20 820.42	19 187.09	15 924.94	10 478.45	12 411.98	27 852.57	106 675.45

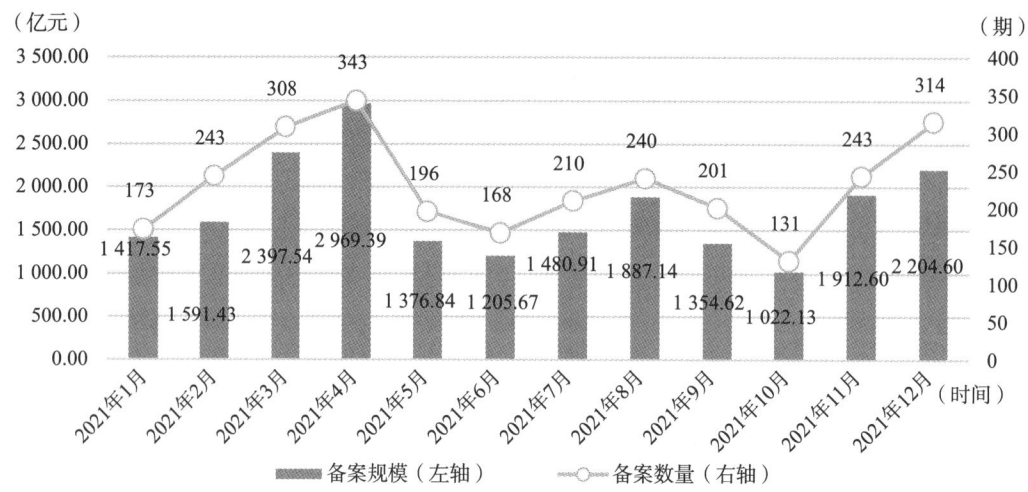

图专 9-3 非公开发行公司债券 2021 年月度备案规模及数量变化趋势

二、非公开发行公司债券发行人行业分布情况

2021 年度非公开发行公司债券发行人共涉及 17 个行业，主要分布于建筑业、综合业和金融业等领域，集中度相对较高。其中，建筑业及综合行业备案规模分别同比增长 23.01%、15.84%；制造业、房地产、金融业备案规模分别同比下降 18.12%、27.66%、29.61%（见表专 9-5）。

表专 9-5　　　　2021 年度非公开发行公司债券发行人行业分布统计

发行人所处行业	备案数量（只）	备案规模（亿元）	备案规模同比变化（%）
建筑业	1 410	9 426.77	23.01
综合	655	4 869.22	15.84
金融业	130	2 271.25	-29.61
租赁和商务服务业	244	1 594.04	3.08
交通运输、仓储和邮政业	60	555.84	100.30
制造业	49	482.27	-18.12
电力、热力、燃气及水生产和供应业	53	431.20	21.06
批发和零售业	53	367.23	22.40
水利、环境和公共设施管理业	39	282.21	-5.19
房地产业	36	274.32	-27.66
采矿业	14	98.30	-57.37
居民服务、修理和其他服务业	10	65.58	908.92
信息传输、软件和信息技术服务业	3	37.00	—
文化、体育和娱乐业	6	33.20	79.06

续表

发行人所处行业	备案数量（只）	备案规模（亿元）	备案规模同比变化（%）
农、林、牧、渔业	6	17.00	-54.19
科学研究和技术服务业	1	10.00	100.00
住宿和餐饮业	1	5.00	-90.01
总计	2 770	20 820.42	8.51

三、非公开发行公司债券期限分布情况

2021年度3年期以内债券备案规模同比上升，其中1年期以内债券同比增长36.02%；5年以上债券备案规模同比下降22.22%（见表专9-6）。

表专9-6　　　　　　2021年度非公开发行公司债券期限分布统计

债券期限	备案数量（只）	备案规模		
		规模（亿元）	占比（%）	同比变化（%）
1年及以下	312	2 644.57	12.70	36.02
1—3年（含）	1 135	7 785.04	37.39	26.09
3—5年（含）	1 209	9 601.12	46.11	-4.02
5年以上	114	789.69	3.79	-22.22
总计	2 770	20 820.42	100.00	

四、非公开发行公司债券主承销商备案规模情况

2021年，债券备案规模前5位的证券公司分别为中信建投证券、海通证券、浙商证券、华泰证券、国泰君安证券，规模分别为1 701.7亿元、1 114.76亿元、1 024.98亿元、1 009.8亿元、998.3亿元，合计占比28.10%；备案规模前10位的主承销商备案规模共计9 382.73亿元，共占比45.07%（见表专9-7）。

表专9-7　　　　　2021年度非公开发行公司债券前10位主承销商备案规模

序号	主承销商	备案规模（亿元）	同比（%）
1	中信建投证券	1 701.70	62.54
2	海通证券	1 114.76	113.25
3	浙商证券	1 024.98	45.26
4	华泰证券	1 009.80	225.53
5	国泰君安证券	998.30	8.24

续表

序　号	主承销商	备案规模（亿元）	同比（%）
6	国金证券	903.47	9.74
7	招商证券	725.80	-2.10
8	中泰证券	712.67	34.84
9	东吴证券	606.07	10.46
10	天风证券	585.19	-2.45

五、非公开发行公司债券备案发行人（持有人）类型分布情况

2021 年，非公开发行公司债券持有人类型包括银行理财产品、商业银行（含农信社）、券商资管计划、证券公司及信托计划等。其中，银行理财产品持有金额占比最大，为24.04%（见表专 9-8、图专 9-4）。

表专 9-8　　　　　　　　2021 年非公开发行公司债券持有人类型统计

持有人类型	持有金额（亿元）	占比（%）	同比变化
银行理财产品	5 005.31	24.04	↓
商业银行（含农信社）	4 528.37	21.75	↑
券商资管计划	2 874.75	13.81	↑
证券公司	2 734.99	13.14	↑
信托计划	1 337.67	6.42	↑
其他类	4 339.33	20.84	↑

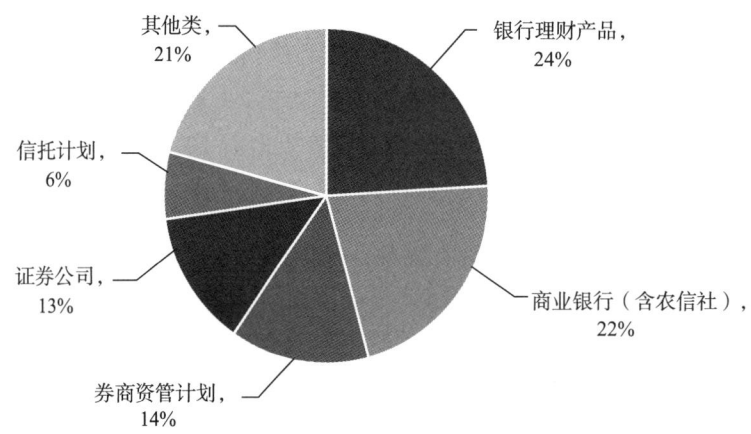

图专 9-4　2021 年非公开发行公司债券持有人类型分布情况

第三节 收益凭证

2021年全年,报告库已持续接受113家证券公司备案收益凭证产品,日均备案产品数量约188只。

一、收益凭证业务总体情况

2021年全年,证券公司全年累计发行收益凭证44 091只,发行规模10 226.49亿元;截至2021年底,存续收益凭证数量为15 951只,合计金额4 142.24亿元。与2020年相比,发行规模及存续规模均略有下降,分别减少9.18%和8.81%。在发行场所方面,在报价系统和证券公司柜台发行的收益凭证分别占发行总量的41.21%和58.79%。具体发行情况见表专9-9及图专9-5。

表专9-9　　　　　　　　　2021年全市场收益凭证发行兑付情况

发行场所	期初存量规模		新增发行规模		兑付规模		期末存量规模	
	数量（只）	本金（亿元）	数量（只）	本金（亿元）	数量（只）	本金（亿元）	数量（只）	本金（亿元）
报价系统	3 218	2 451.93	10 561	4 214.04	9 085	4 539.91	4 694	2 126.06
柜台市场	8 878	2 090.59	33 530	6 012.45	31 151	6 086.87	11 257	2 016.18
合计	12 096	4 542.52	44 091	10 226.49	40 236	10 626.77	15 951	4 142.24

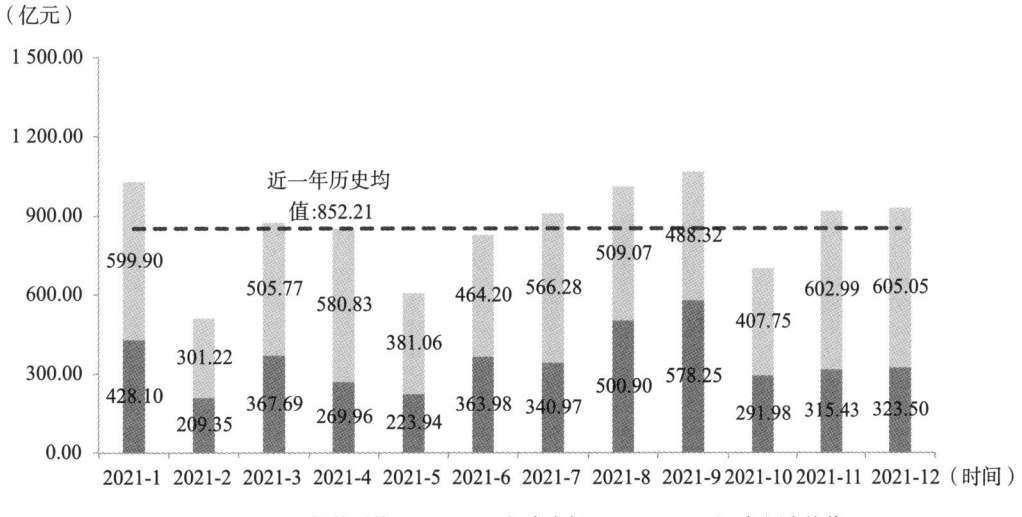

图专9-5　2021年收益凭证月度发行情况统计

二、收益凭证收益结构

从收益结构情况来看,2021年市场新发行收益凭证中,固定收益型产品规模6 539.53亿元,占比为63.95%;浮动收益型产品规模3 686.97亿元,占比为36.05%。截至2021年12月末,存续收益凭证主要集中于固定收益型产品,金额为2 605.12亿元,占比为62.89%;浮动收益型产品规模1 537.12亿元,占比为37.11%。与2020年相比,浮动收益型产品的发行规模占比及存续规模占比均有所升高。具体收益结构情况统计见图专9-6和图专9-7。

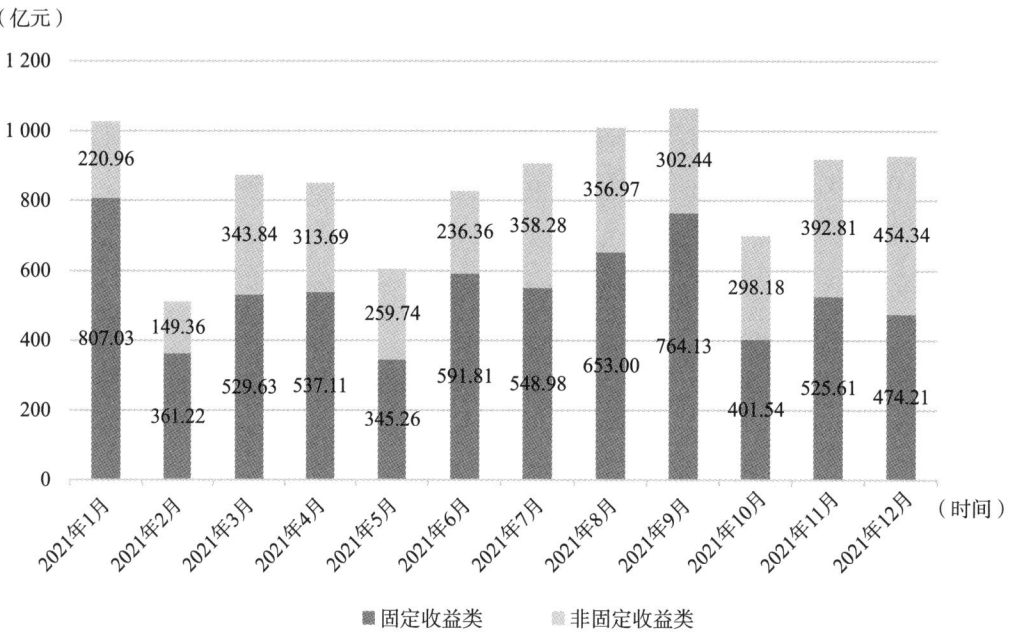

图专9-6 2021年收益凭证发行收益结构情况统计

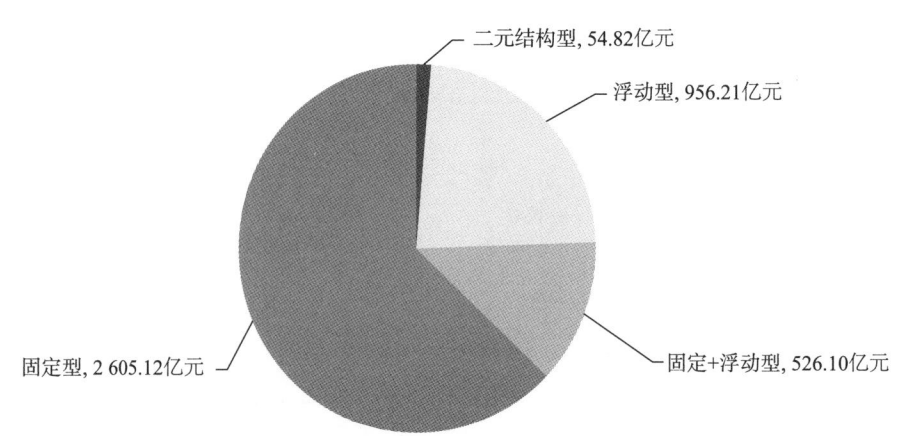

图专9-7 2021年存续收益凭证收益类型统计

三、收益凭证期限结构

从发行期限结构情况来看，2021 年收益凭证全年新发行的产品期限主要集中在 1 年以内，合计金额为 7 039.51 亿元，占全年新发行总规模的 68.84%；期限一年以上产品金额为 3 186.97 亿元，占全年新发行总规模的 31.16%。具体情况见图专 9-8。

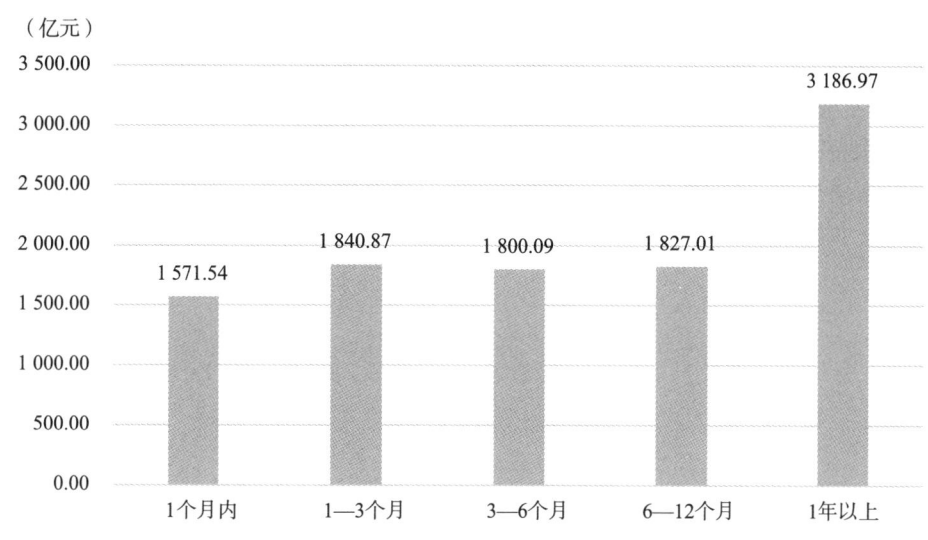

图专 9-8 2021 年收益凭证发行期限结构分布

四、收益凭证业务投资者持仓情况

截至 2021 年末，全市场存续的 15 951 只产品共涉及 375 343 个投资者，投资者数量集中在个人投资者，持有规模集中在机构投资者。其中，个人投资者为 370 006 人，数量占比为 98.58%，持有规模共 705.71 亿元，占总存续规模 17.04%；机构投资者 5 337 家，持有规模共 3 436.53 亿元，规模占比为 82.96%。

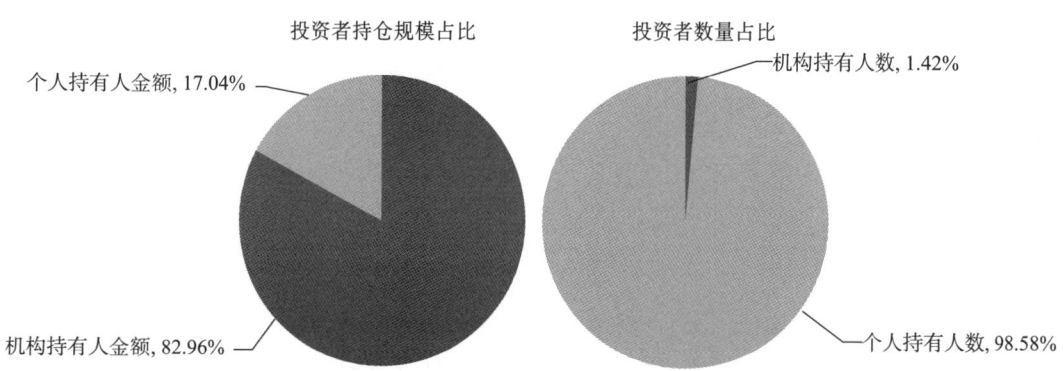

图专 9-9 2021 年末存量收益凭证投资者持仓情况

五、浮动收益型收益凭证情况

截至 2021 年末,全市场共计 37 家证券公司有存量收益浮动型收益凭证[①],共 4 896 只,存量规模 1 537.12 亿元,占存续收益凭证总额约 37.11%。从挂钩标的看,主要挂钩标的的类别及存量金额占比分别为沪、深证券交易所和新三板挂牌交易证券及其指数 70.18%、贵金属及其指数 10.02%、大宗商品及其指数 3.93%、利率及其指数 1.58%、其他类 13.39%。

从发行期限看,存续的收益浮动型收益凭证期限在 1 年以内(含 1 年)的规模为 694.62 亿元,占比 45.19%;期限在 1 年以上的规模为 842.51 亿元,占比 54.81%。从业务主体看,收益浮动型收益凭证存续规模排名前 10 名证券公司存量共计 1 295.97 亿元,主要集中在中信证券、申万宏源证券、国泰君安证券、华泰证券及中国银河证券,与场外衍生品交易能力基本匹配。

第四节　场外债券投资交易业务

一、2021 年场外债券投资交易业务交易情况

证券基金经营机构场外债券投资交易业务涉及债券的现券交易、回购交易、远期交易和借贷交易四大类别。2021 年,证券基金经营机构场外债券交易现券买入合计 111 万亿元,卖出合计 101 万亿元;新增正回购规模合计 430 万亿元,新增逆回购规模合计 106 万亿元;远期交易新增买入 465 亿元,卖出 40 亿元;借贷交易新增借入 4 159 亿元,融出 180 亿元(见表专 9-10)。

表专 9-10　　2021 年证券基金经营机构场外债券交易情况　　(单位:亿元)

业务类型	现券交易		回购交易		远期交易		借贷交易	
	买入	卖出	正回购	逆回购	买入	卖出	借入	融出
证券基金经营机构自营	705 204	742 319	1 443 579	51 383	465	401	41 254	175
证券公司资管业务	56 646	35 029	181 667	130 217	0	0	177	1
基金类业务	344 638	231 996	2 676 419	879 382	0	0	163	4
合计	1 106 488	1 009 344	4 301 665	1 060 982	465	401	41 594	180

[①]　收益凭证可分为本金保障型和非本金保障型收益凭证。本金保障型收益凭证按照收益是否固定又分为本金保障收益固定型和本金保障收益浮动型收益凭证。本报告中的收益浮动型收益凭证是指本金保障收益浮动型收益凭证和非本金保障型收益凭证。

二、场外债券投资交易业务持仓规模

(一) 持仓规模总体呈上升趋势

截至 2021 年末,证券基金经营机构债券持仓券面金额 26.30 万亿元,公允价值 26.30 万亿元,同比增长 19.08%。其中,资管(基金)产品持仓规模是机构自营(自有)资金投资的 8 倍左右(见图专 9-10)。

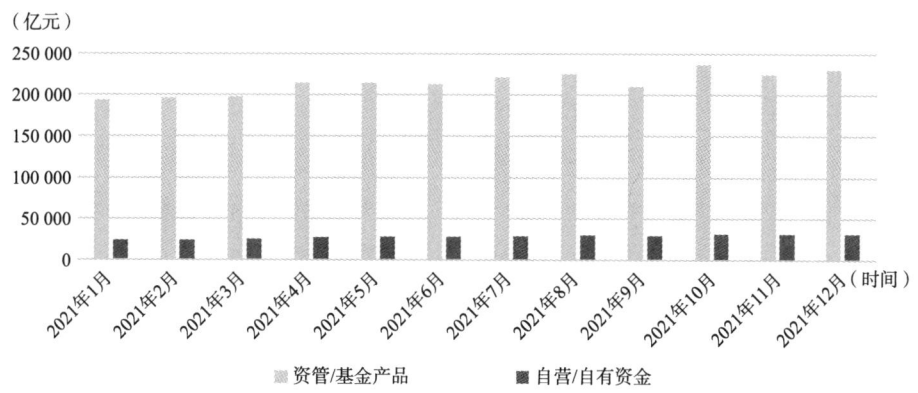

图专 9-10 2021 年证券基金经营机构各业务持仓情况

(二) 持仓券种以信用债为主

2021 年,从持仓债券的品种结构看,证券基金经营机构持仓信用债占比约 2/3,利率债、同业存单、资产支持证券合计占比约 1/3。其中,信用债、资产支持证券持仓占比略呈下降趋势,利率债、同业存单持仓占比略呈上升趋势(见图专 9-11)。

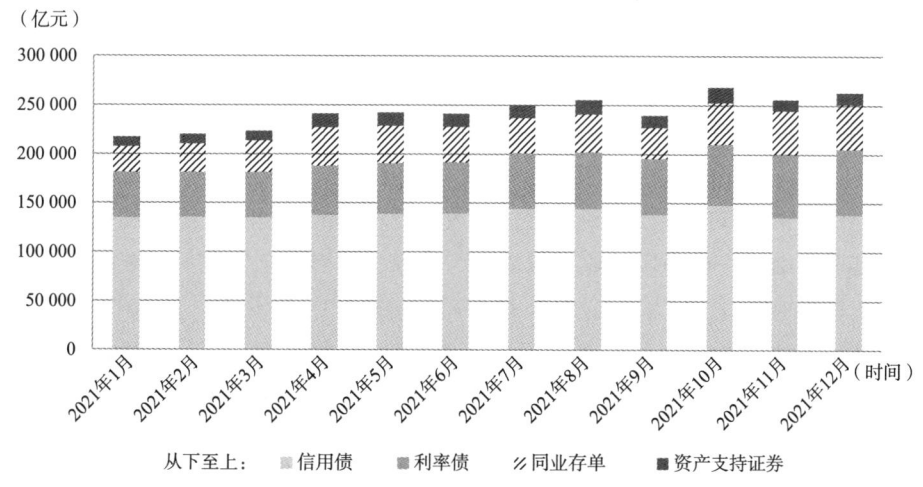

图专 9-11 2021 年证券基金经营机构各业务持仓品种结构

(三) 持仓债券以银行间市场债券为主

2021年全年，从持仓债券发行场所来看，证券基金经营机构主要持有银行间债券市场发行债券，占比近3/4，总体呈上升趋势；持有交易所市场债券约占1/4，总体呈下降趋势。2021年末，自营/自有资金持仓银行间市场债券比例约为64%，资管/基金产品持仓银行间市场交易债券比例约为75%（见图专9-12）。

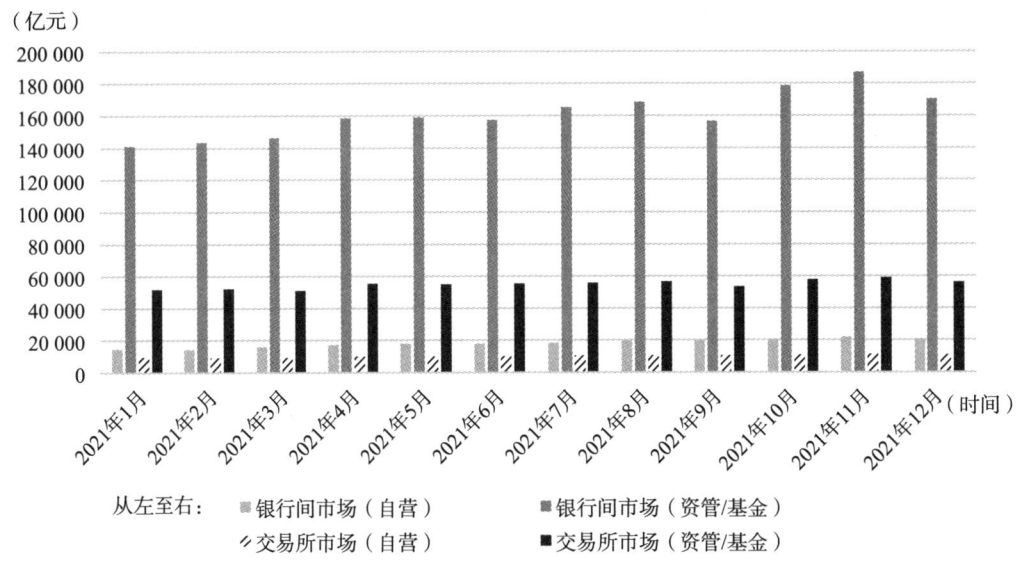

图专9-12 2021年证券基金经营机构各业务持有债券场所

第五节　跨境业务

一、证券公司跨境业务概览

随着我国资本市场双向开放不断深化，境内外投资者的跨境资产配置和风险管理需求日益上升，丰富业务结构、布局境外业务板块成为证券公司多元化发展的重要路径之一。为进一步推动资本市场对外开放，满足证券公司多元化创新发展的需要，自2014年起，中国证监会陆续批准有条件的证券公司试点开展跨境业务，支持境内证券公司走出去。通过"走出去"与"引进来"双向促进，有助于证券公司进一步深化跨境服务能力，提高核心竞争力，提升国际化水平，实现高质量发展。

截至2021年12月底，取得跨境业务试点资质的证券公司有10家，分别为中信证券、海通证券、华泰证券、中金公司、国泰君安证券、招商证券、广发证券、中信建投证券、中国银河证券、申万宏源证券。此外，东方证券获国家外汇管理局批准取得结售汇业务资质。

根据中国证监会的部署安排，在中国证券业协会的指导下，2021年8月起，由中证报价统一进行证券公司跨境业务数据统计分析与监测监控工作。

二、2021年下半年证券公司跨境业务开展情况

2021年下半年以来，试点证券公司积极开展跨境业务，整体业务运行平稳，跨境自营投资规模不断增加，跨境衍生品业务稳步开展，跨境收益凭证、ETF做市和结售汇业务稳中有升。

（一）业务整体情况

截至2021年末，证券公司跨境自营业务存续规模约908.73亿元，跨境场外衍生品业务存续名义本金约4 194.28亿元，跨境收益凭证业务存续规模约52.04亿元，跨境ETF做市业务存续规模5.15亿元。结售汇业务本期交易规模1 914.12亿美元。

（二）跨境自营业务规模呈稳定上升态势

2021年下半年，跨境自营业务规模逐月增加，呈稳定上升趋势；投资标的主要集中于固定收益类资产，约占自营业务投资总规模的98%（见图专9-13）。

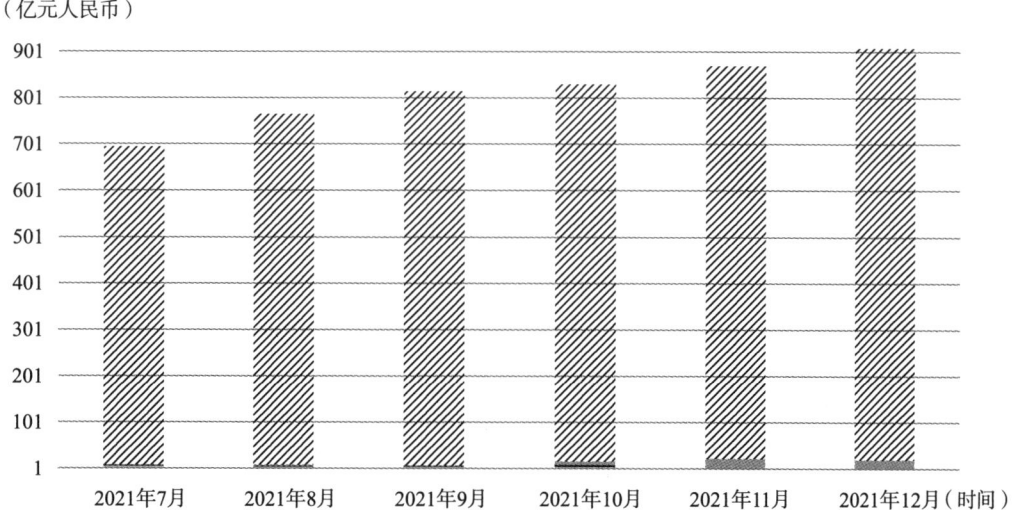

图专9-13 2021年证券公司跨境自营业务交易标的类型分布情况

（三）跨境衍生品业务平稳开展

2021年下半年，跨境衍生品业务整体以收益互换交易为主，南向交易规模占比相对较大。从资金流向趋势来看，南向交易规模整体呈现下降趋势，北向交易规模平稳增长，一定程度上反映出境内资产对境外投资者的吸引力不断提升。交易对手以境内私募基金、境外机构、境内商业银行等为主，境外机构业务规模增幅较为显著。从交易标的来看，挂钩权益类标的的业务规模占比最高，且呈现上升趋势，平均月末存量规模占比超过40%（见图专9－14）。

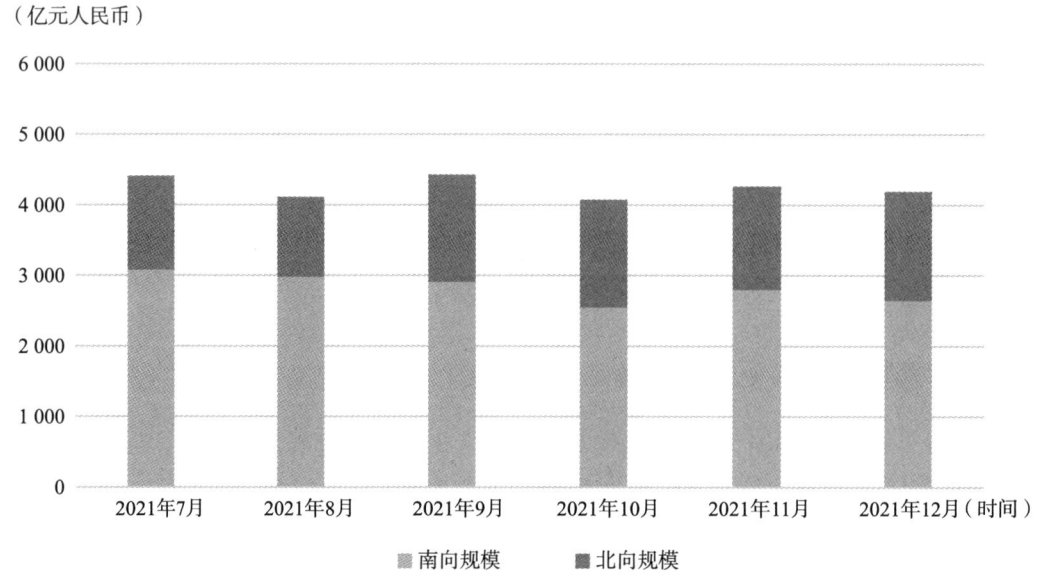

图专9－14　2021年证券公司跨境衍生品业务交易情况

（四）跨境收益凭证业务稳定增长

2021年下半年，跨境收益凭证业务主要投资于在中国香港市场和美国市场上市交易的中概股，个股交易标的集中度不高，整体业务规模呈现逐月增长趋势（见图专9－15）。交易对手主要为境内信托公司、私募基金及一般工商企业。

（五）跨境ETF做市业务小幅上涨

2021年下半年，跨境ETF做市业务整体规模不大，业务集中度不高，呈现小幅上涨趋势（见图专9－16）。

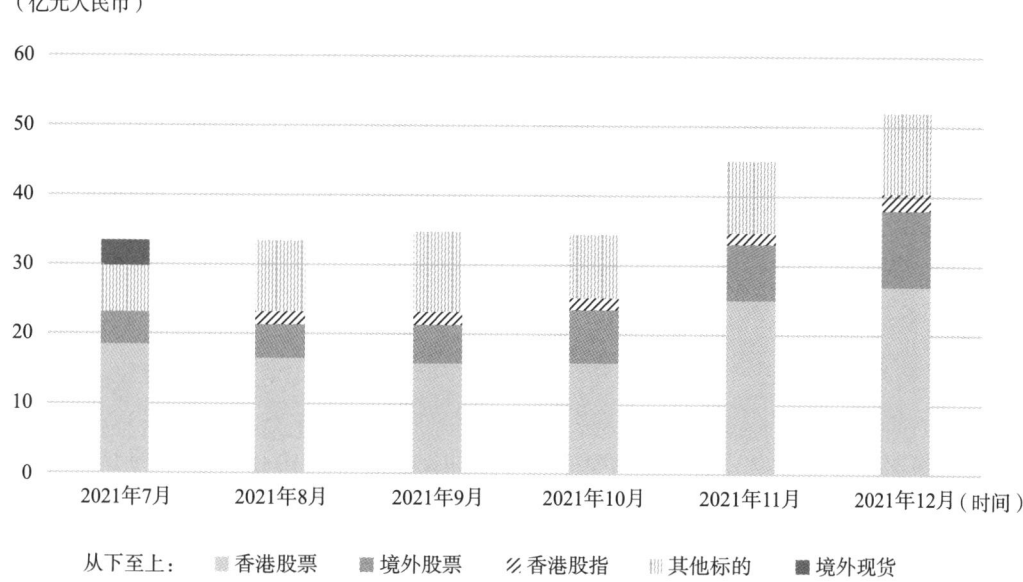

从下至上: ■香港股票 ■境外股票 ╱香港股指 ⫴其他标的 ■境外现货

图专 9-15 2021年证券公司跨境收益凭证业务交易标的类型分布情况

注：业务统计需要，中国香港市场单独分类。

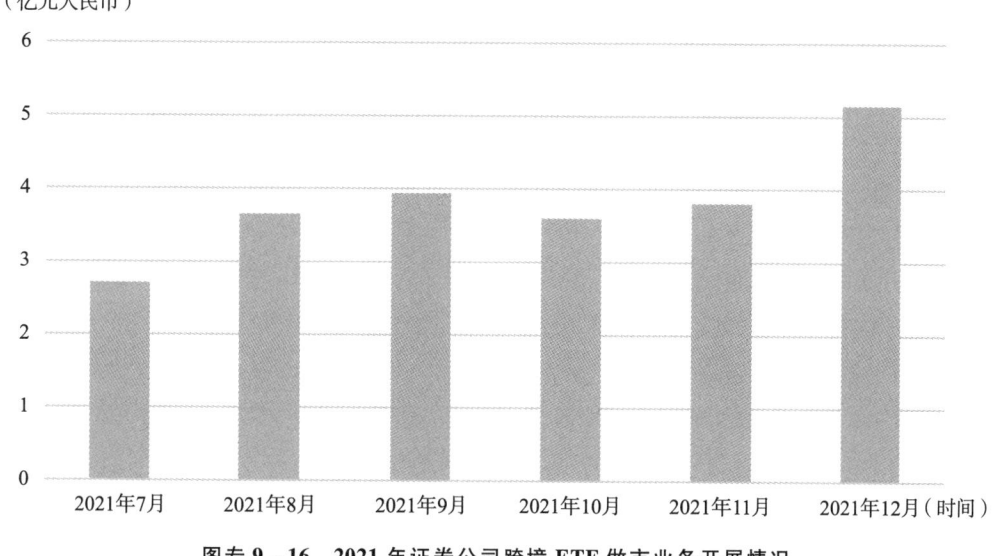

图专 9-16 2021年证券公司跨境ETF做市业务开展情况

（六）结售汇业务以自营交易为主

2021年下半年，证券公司积极参与结售汇业务，交易规模呈稳步上升态势，业务模式以自营交易为主，业务类型以即期和掉期为主（见图专9-17）。

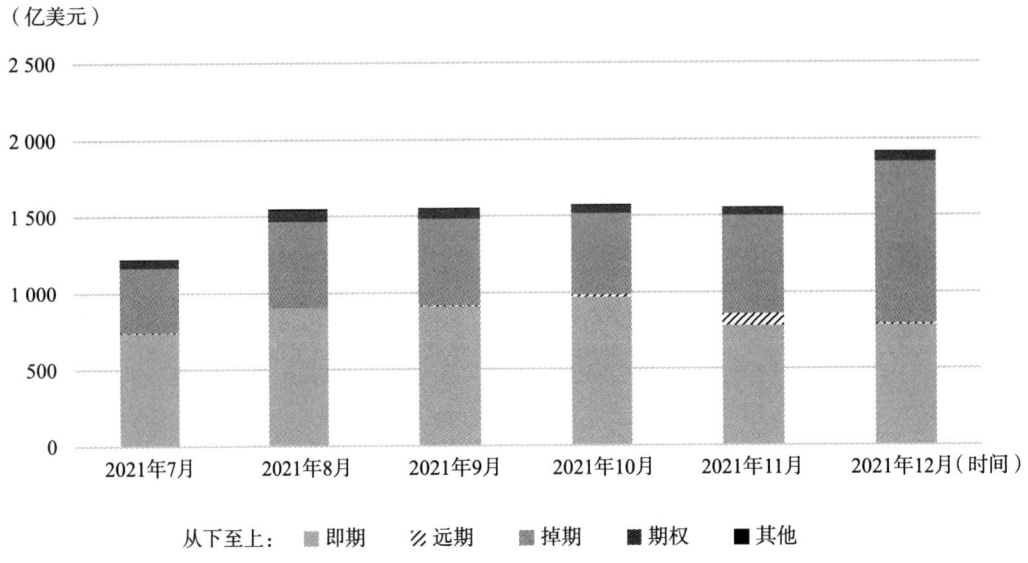

图专 9-17 2021年证券公司结售汇业务开展情况

第二章
2021 年中证机构间报价系统发展综述

第一节 交易报告基础建设

一、申报交易报告库（TR）

按照中国证监会的有关工作部署，中证报价在中国证券业协会指导下于 2014 年开始建设与运营场外业务交易报告库，收集场外衍生品、非公开发行公司债券、收益凭证、场外债券交易等场外业务交易报告信息，开展场外业务监测监控。2016 年以来，中证报价连续 5 年被金融稳定理事会（FSB）评为准交易报告库机构。2021 年 7 月，中国证监会批复同意中国证券业协会委托中证报价建设运营场外业务交易报告库，承担场外证券业务交易报告、风险监测、数据统计分析等工作。目前，中证报价收集了证券公司开展场外衍生品业务以来的逐笔交易报告信息及合同附件，共收集 10 947 家机构超过 40 万份交易确认书，涉及 6 000 万条交易信息，累计交易量超过 18 万亿元；为监管部门与自律组织提供各类统计分析和风险监测、研究支持 5 000 余次。

为贯彻落实中国证监会"深改 12 条"中"补齐多层次资本市场体系短板"的相关精神，以及"加强对场外市场业务的统一监测监控和信息服务"的工作要求，在中国证监会统筹部署下和中国证券业协会指导下，中证报价持续完善交易报告库功能，正式启动了向金融稳定理事会（FSB）申报交易报告库认证并在夯实法律基础、优化治理结构、加强风险管理、完善规则制度及系统功能、建立持续评估机制、推进数据标准化等方面开展了大量工作。

2021 年 12 月 3 日，金融稳定理事会（FSB）发布《2021 年全球场外衍生品市场改革进展报告》，将中证报价列入正式交易报告库名单，标志着中证报价交易报告库在法律基础、治理架构、信息披露、风险管理、运行透明度等方面已达到国际标准，这对进一步提高我国场外衍生品市场透明度和科技监管水平具有重要意义。

二、场外业务监测监控重点工作

（一）完善监测指标体系，加快监测系统建设

中证报价持续提高监测监控能力，完善场外衍生品风险监测指标，建设场外衍生品新一代监测监控系统。新一代系统功能包括监测指标计算、场外证券业务报告系统配套升级、数据采集整合加工、指标管理与图表展示、系统管理等功能。目前一期项目已实现 33 项监测指标，系统已完成开发并上线。后续将持续推动业务风险监测系统数字化与智能化转型，优化分类和监测指标，更准确地刻画业务特征和风险，充分实现数据的多维度计量分析。通过建立分层分类机制，实现对市场的有效管理、风险的主动识别以及模板化报送；利用 UPI，通过客观标准，实现对不同产品、业务的代码化表达，形成产品和业务的准确描述与刻画，再通过模式识别，实现监管意义的分类。建立以合约价值为维度的风险监测体系，实现全市场、分交易商以及分标的的希腊值敞口和在险价值监测。打造智能化展示平台，实现监测指标可视化展示，提升监测效率与科技化水平。

（二）紧跟市场热点，服务监管需求，建立雪球型产品专项监测机制

雪球型产品近年来受到市场的热烈追捧，也引起了监管部门的重点关注。为及时监控市场风险，有效服务监管决策，中证报价启动雪球产品专项监测工作。一是发布雪球型产品报送要求，规范雪球型产品数据报送要素，细化字段要求，提升数据质量；二是根据雪球型产品挂钩标的特点，探索形成专项监测指标，针对雪球产品特点，制订风险管控方案；三是编制专项监测报告，统计业务开展情况，分析风险指标，进行压力测试，剖析产品创新趋势。

（三）全力推动场外衍生品电子化接口报送

为加强场外衍生品业务规范性管理，提升科技监控水平，中证报价全面推动场外衍生品电子化接口对接工作，以最快速度完成场外衍生品电子化接口系统开发及测试环境搭建，积极组织证券公司对接测试、上线。截至 2021 年底，44 家证券公司已完成电子化接口对接工作，场外衍生品业务电子化接口报送已进入常规工作状态。

（四）研究并推动收益凭证电子化接口报送工作

2021 年，为发挥数据对场外业务监测监控的支撑作用，提升收益凭证备案数据报送效率，中证报价启动收益凭证业务数据报送电子化接口专项工作，并开展了以下前期准备与建

设工作：一是研究编制收益凭证数据结构化报送标准与接口规范，结合收益凭证风险特征，按照覆盖全生命周期、实现产品结构和投资者"两个看穿"要求，在业务层面和技术层面进行充分论证，形成了收益凭证数据结构化报送标准与接口规范初稿，并小范围选取了行业代表性的证券公司进行现场沟通；二是启动并完成报告库收益凭证电子化接口建设立项，在充分调研与论证基础上，确定收益凭证电子化接口建设工作的技术方案，完成报告库及相关配套系统的立项，为整体启动收益凭证电子化接口建设做好流程和资源准备。

（五）承接并持续完善证券公司跨境业务监测监控职能

2021年8月，中证报价承接证券公司跨境业务监测监控职能后，不断完善风险监测机制，丰富跨境业务监测报告体系，优化监测报告内容。已发布《跨境业务数据报送文件接口规范》，组织召开行业接口对接培训会；协助LEI码在跨境业务监测中推广应用并完成跨境业务电子化报送功能的正式上线，实现全部试点机构跨境业务电子化接口数据采集。此外，持续完善证券公司跨境业务数据报送管理机制，制订《跨境业务文件接口数据报送说明》，细化报送要求，进一步明确填报口径及数据字段，推动跨境业务数据报送标准化。

三、标准化建设与服务

（一）研究构建统一编码管理体系，夯实编码管理服务

构建统一的场外证券业务编码管理体系，实现编码主体的唯一性、可识别性，是开展场外业务监测监控的基础保障。中证报价从以下几方面入手，夯实编码管理服务。

一是组织编写"场外证券业务统一编码体系"相关方案，着手建设由参与主体、产品、交易等业务实体组成的具有唯一性、可识别性的场外业务统一编码体系；二是启动"交易对手编码平台"建设，兼容自动配码和手工申领等业务场景，为场外衍生品、场外债券投资交易等业务条线提供基础服务；三是引入国际LEI标准，并在跨境业务监测监控中实现应用，为参与场外衍生品跨境业务的2 069家客户批量赋码；四是全面建成负面客户清单管理机制，实现自助式报送和查询服务，2021年全年累计收到33家证券公司报送的负面客户信息，12家机构被列为负面客户，累计提供信息查询上千次，已经成为交易商审慎开展场外期权业务的重要征信渠道。

（二）持续推动场外业务标准化

为全面深入开展场外业务监测监控工作，提高报送数据的标准化、结构化程度，中证报价从以下几方面推动场外业务标准化建设：

一是推动场外衍生品合约分类和业务要素标准化工作，梳理场外衍生品的合约类型，规范要素命名并编制数据字典，提升交易确认书等合约文本的结构化水平，提高数据采集能力

和监测监控效率。二是推动现有行业标准向国家标准转化。根据证标委①工作安排,积极推动现有的《证券期货业场外市场交易系统接口(行情、订单、结算三个部分)》向国家标准提升和转化。三是修订《证券期货业场外业务资金服务接口》。四是审议通过《跨境业务数据报送文件接口规范》等业务标准,报中国证券业协会备案后面向证券行业发布。

第二节 报价系统运营情况

一、报价系统业务运营情况

2021年,中证报价坚守职责定位,以稳运营、防风险为中心任务,牢牢守住不发生市场系统性风险的底线,推进机构间私募产品报价与服务系统(以下简称"报价系统")私募产品注册发行、登记与结算等业务的平稳运行。

(一)参与人管理与服务持续优化

2021年,报价系统新增参与人110家,以私募基金、商业银行与实体企业为主,新增参与人申领的业务权限以投资类为主。截至2021年末,报价系统参与人共计3 679家,证券公司、商业银行与私募基金占比较2020年均有所提升(见表专9-11)。

表专9-11　　　　　2020—2021年报价系统参与人结构

机构类型	2020年(%)	2021年(%)
证券公司	3.22	3.59
商业银行	9.17	10.36
私募基金	31.28	35.77
期货公司	1.94	2.15
公募基金	1.72	1.90
证券、期货、基金子公司	4.67	5.27
其他机构	48.00	40.96

2021年,中证报价一方面通过修订参与人操作手册、拓展参与人沟通咨询方式等,持续优化参与人服务;另一方面,以《机构间私募产品报价与服务系统管理办法(试行)》《机构间私募产品报价与服务系统参与人管理规则(试行)》为指导,以参与人登记信息为抓手,结合行业公开信息,持续开展参与人管理工作。同时,中证报价通过参与人权限类别

---

① 证标委全称是"全国金融标准化技术委员会证券分技术委员会"。

精细化管理与工商信息有效性核查工作切实减少了参与人"僵尸户"等现象，有效防范与隔离了潜在业务风险。

（二）账户管理服务逐步提升

2021年报价系统新开立产品账户400个、资金结算账户410个；其中商业银行、银行理财子公司以及证券公司新开户数量最多，三类机构合计新开立产品账户和资金结算账户占比分别达92.75%和92.68%。截至2021年末，报价系统存量产品账户共计3 740户，同比增长11.14%；存量资金结算账户共计4 623个，同比增长9.03%。

2021年，中证报价通过优化参与人账户管理流程、调整部分参与人账户与业务权限对应关系等，进一步规范了参与人账户管理行为，提升了服务效率。

（三）注册发行与转让有序开展

2021年，共有94家参与人在报价系统完成11 354只产品的注册与发行，其中收益凭证占比99.80%；报价系统共有10 558只收益凭证发行成功，发行规模共计4 217.08亿元，发行规模同比下降20.08%，日均发行规模为16.87亿元。截至2021年末，报价系统累计成功发行产品50 208只，累计发行规模共计41 732.20亿元。

2021年，共有47只产品在报价系统完成协议转让（含做市），交易金额共计21.97亿元，其中非公开发行公司债券与资产支持证券转让成交金额占比达到71.64%。截至2021年末，累计共有376只产品在报价系统完成协议转让（含做市），累计交易规模为1 582.43亿元。

（四）登记服务扎实推进

2021年，报价系统共办理11 283只收益凭证的发行登记，合计登记规模为4 227.08亿元。截至2021年末，报价系统累计为52 172只产品办理了发行登记（含发行失败产品），累计登记规模为27 117.84亿元。

2021年，报价系统共办理9 164只产品的注销登记，合计本息兑付规模为4 840.06亿元。其中，收益凭证共兑付本息4 638.17亿元，占比95.83%。截至2021年末，报价系统共注销登记45 398只产品，累计本息金额为25 373.09亿元。

2021年，报价系统共办理50只产品的变更登记，涉及金额共计25.41亿元。截至2021年末，报价系统共办理473只产品的变更登记，累计涉及金额为1 620.25亿元。

（五）资金结算规模稳中有升

2021年，报价系统全年结算资金交收规模为9 013.44亿元，日均资金交收规模为36.05亿元，呈稳步增长态势；2021年资金交收笔数共计109.38万笔，同比增长4.30%，稳中有升。截至2021年末，报价系统共为参与人完成资金交收4.86万亿元，涉及认购、转让、申购、赎回、回购、兑付等多种业务场景。

受益于前期的基础建设与业务沉淀，结算直通业务在2021年发展迅速，全年新开立结算直通业务的证券公司共计15家，创历年新高。截至2021年末，累计开通结算直通业务的证券公司已达到57家。

二、电子签约业务情况

中证易签是中证报价在中国证监会、中国证券业协会、中国证券投资基金业协会指导下自主研发并运营的行业电子签约平台，专注服务于私募基金、资管计划、场外衍生品等柜台业务领域，致力于行业数据标准化，助推行业实现数字化运营。在新冠肺炎疫情期间持续稳定地为行业经营机构和广大投资者提供便捷的非接触签约服务的基础上，2021年中证易签进一步完善直销和代销场景电子合同文件签署及存证功能，进一步提升行业公共服务运营能力和水平，进一步强化数据标准化和数据汇聚能力助力科技监管，取得显著成效。

（一）扎实推进中证易签行业公共服务体系建设

2021年，受新冠肺炎疫情影响，证券业务投资者签约习惯加速向线上迁移，电子签约需求爆发式增长，中证易签始终秉持行业基础设施定位，进一步加大资源投入，全力做好行业公共服务。截至2021年底，中证易签已实现券商类托管人100%覆盖。服务百亿元以上规模头部证券投资类私募基金管理人超50%。自2020年8月中证易签代销业务模块上线以来已与近20家代销机构签署正式服务协议，2021年内已实现10家代销机构业务上线，实现签约金融产品增长173%，签约数量增长551%。多家已上线代销机构表示通过与中证易签的合作，电子签约的形式彻底实现了个人客户私募签约及购买流程的全线上化，让私募基金的销量得到显著提升，突破历史纪录。

（二）提升规范化服务水平，探索助力科技监管新模式

作为中国证监会引导行业金融科技规范健康发展的重要举措，2021年初中国证监会正式启动资本市场金融科技创新试点项目征集工作。中证易签以行业公共服务的形式，结合区块链技术，为证券业务提供合约相关的认证、签署、核对、存证等资源互联互通和持续服务能力支撑，并在服务业务的同时为监管部门动态呈现市场运行状态的创新模式得到行业经营机构和监管部门的普遍认可和积极评价，成功入围中国证监会首批金融科技创新试点项目。

此外，中证易签所依托的中证报价"场外联盟链"在年内实现与中国证监会"中央监管链"的跨链对接，中证易签私募电子签约业务场景数据模型作为重要的场外证券业务的场景延伸，纳入中央监管链跨链业务数据模型，实现与中央监管库的适配报送，是依托区块链技术推动行业数据标准化和重要业务数据汇聚、助力科技监管的有益探索和

积极尝试。

（三）积极拓展行业公共服务新业务场景，加快探索共建共享可持续发展新模式

中证易签以私募资管电子签约业务为具体场景，邀请部分证券公司成立行业公共服务平台建设联合工作小组，探索共同设计、共同投入、共同治理的行业公共服务建设和发展新模式。共建共享模式是一次全新的探索，助力中证易签平台良性可持续发展，具有行业示范效应。中证报价边实践边总结共建共享的经验、教训，条件成熟向行业服务的其他场景推广。

三、投资者服务情况

2021年，中证报价以投资者教育基地为场外市场宣传普及主阵地，持续加强与行业、媒体、专家的沟通，凝聚市场共识，贯彻落实推进场外市场投资者教育与保护工作，促进场外证券市场健康、稳定发展。

（一）服务中国证监会中心工作，落实推进场外市场投资者教育与保护高质量发展

中证报价投资者教育基地按照中国证监会坚持适应性、普惠性、系统性、渐进性原则，不断提升场外证券投资者教育工作的广度和深度，开展"从象牙塔到金融街"场外衍生品圆桌会、"投教助力国民金融素养提升"第三期投教能力训练营等专项投教活动61场，参与人次超过8 140万次；发布《游戏未到终局，深度解密GME逼空事件》《亿万风控之旅——对冲基金中衍生品的运用》《关于雪球结构产品的9个真相》《场外衍生品蒙特卡罗模拟估值的新进展》等场外业务相关原创投教产品925种，累计覆盖人次超过3 463万人次，持续倡导价值投资、长期投资的理念。

（二）以投资者需求为导向，加强场外市场健康发展的舆论引导工作

2021年，以雪球产品为代表，含有场外期权结构的理财产品在零售市场上热卖，引起了监管部门和社会媒体的高度关注。中证报价在监管部门的指导下承担了雪球产品的投教宣传指导工作，制作了《图说雪球》等19种投教产品，阅读量超400万人次，有效宣传普及场外市场金融知识，正确引导投资者的风险和收益预期。同时，中证报价投资者教育基地联合35家地方证券期货业协会开展"雪球产品那些事儿"投教培训活动，督促销售机构人员加强雪球产品投资者适当性管理，切实做好对投资者的风险提示。

（三）引导金融机构帮助大学生实习就业，支持行业履行社会责任

为进一步落实党中央"六稳""六保"要求，中证报价投资者教育基地第三年承担"扬帆计划·证券行业大学生实习"的运营工作，组织70余家证券公司提供近4 000个实习岗位。同时，以建党百年为契机，本次扬帆计划还创新性地融合举办"百年党史铸根基 资本市场开新局"证券知识竞赛，累计参赛 1.5 万余人。另外，中证报价投资者教育基地还为大学生们带来了"入行前的一节课"线上投教周活动，累计观看达到了 23 万人次。扬帆计划系列活动展示了证券行业社会责任担当，在大学生走上工作岗位之前对其普及证券知识、提示投资风险，实现投资者教育和保护工作前移。

四、场外衍生品签约情况

报价系统场外衍生品签约平台为证券公司等行业机构开展场外衍生品业务提供便捷高效的电子签约、数据报送、数据核查等服务。2021 年报价系统场外衍生品签约平台业务规模较 2020 年实现数倍增长，创场外衍生品签约平台上线以来的历史新高，服务行业场外衍生品业务能力显著提升。

截至 2021 年 12 月 31 日，报价系统场外衍生品签约平台累计新增交易 21 649 笔，累计新增名义本金额 3 155.58 亿元，其中场外期权累计新增交易 13 786 笔，累计新增名义本金额 1 431.65 亿元，收益互换累计新增交易 7 863 笔，累计新增名义本金额 1 723.93 亿元。2021 年报价系统场外衍生品签约平台共新增交易 8 006 笔，新增名义本金额 1 417 亿元，同比增长 268%，其中场外期权新增交易 3 578 笔，新增名义本金额 226 亿元，同比增长 31%，收益互换新增交易 4 428 笔，新增名义本金额 1 191 亿元，同比增长 462%。另外，2021 年报价系统场外衍生品签约平台还推出场外衍生品交易数据直联报送服务，支持证券公司将柜台交易数据通过签约平台便捷、高效地报送交易报告库，实现证券公司交易数据报送通道多元化。

五、场外估值服务情况

2021 年，中证报价围绕场外估值、市场指数等方面，全面构建场外数据服务体系。其中，场外估值服务可以为收益凭证等场外产品提供独立、客观、公允的第三方估值信息服务，满足机构自营、银行理财等会计主体对场外金融工具进行公允价值计量的需求。

截至 2021 年 12 月 31 日，累计编制发布估值日报 716 期，2021 年全年发布 243 期。报价系统官网估值日报累计点击下载量约 25 万人次，投资者教育基地渠道累计点击量 33.54 万人次，其中年度点击量 17.78 万人次。此外，在估值日报的基础上，为了提高估值信息的透明度，中证报价还在 2021 年推出了《中证报价估值服务周报（参与人版）》和《中证报价估值服务周报（公开发布版）》，并通过报价系统官网、机构间投资者教育基地等微信公众号发布。

场外数据服务相关工作的开展，是将市场数据资源向行业反哺的有益探索。在提升市场信息透明度、完善行业基础设施功能的同时，为证券经营机构开展产品创设、风险评估、趋势预测等业务活动提供了必要的数据要素保障。

专题报告之十：
2021年中国证券公司固定收益业务发展综述与展望

第一章
2021年中国债券市场发展概况

第一节 2021年中国债券市场规模和结构

一、存量规模与结构变化

债券市场存量是已经发行但尚未到期的债券托管量，以债券托管量为代表的债券市场存量规模及其结构，是衡量债券市场的重要指标之一。我国债券托管量从2001年底的3.04万亿元增长到2021年底的130.4万亿元，21年来增长至42.9倍，年均增长19.6%。债券托管量占GDP的比例是反映金融深化程度的重要指标，从债券托管量占GDP的比例来考量，我国债券市场的发展十分迅速，从2001年的27.6%增加到2021年的114%。

据Wind统计，2021年债券市场总存量为130.4万亿元，同比增长14.14%。其中，银行间市场债券存量为 49.2 万亿元，同比增长 10.17%；交易所市场债券存量为 15.5 万亿元，同比增长 12.80%；跨市场债券存量 64.2 万亿元，同比增长 18.20%（见表专 10－1）。随着债券市场及其基础设施互联互通相关措施的落实，跨市场发行与交易的债券成为主体，促进了资金要素自由流动，为货币政策顺畅传导和宏观调控有效实施提供了保障。

表专 10－1　　　　　　　　2020—2021 年各市场债券存量对比

市场	2021 年				2020 年			
	债券数量（只）	债券数量比重（%）	债券余额（亿元）	余额比重（%）	债券数量（只）	债券数量比重（%）	债券余额（亿元）	余额比重（%）
银行间	36 033	55.83	491 973	37.72	32 378	56.73	446 570	39.08
交易所	18 661	28.91	154 647	11.86	16 505	28.92	137 093	12.00
跨市场	9 691	15.01	641 502	49.18	7 978	13.98	542 737	47.49
其他	158	0.24	16 226	1.24	208	0.36	16 368	1.43
合计	64 543	100.00	1 304 349	100.00	57 069	100.00	1 142 768	100.00

资料来源：Wind。

二、发行规模与结构变化

据 Wind 统计，2021 年我国债券市场发行额为 61.75 万亿元，同比增长 8.5%。从发行面额比重上看，同业存单占比最高，达到 35.30%，较上年提高约 2 个百分点；其次是金融债，占比为 15.23%，较上年下降 0.72 个百分点；再次是地方政府债，占比为 12.12%，较上年提高 0.79 个百分点；最后是国债，占比为 11.01%，较上年下降 1.5 个百分点。占比在 4%—10% 的品种有短期融资券、公司债、资产支持债券和中期票据，其他品种的占比均在 2% 以下。从具体品种上看，项目收益票据和国际机构债同比增速在 50% 以上，但发行量较小；定向工具的同比增速约为 21.86%；同比增速在 10%—20% 的品种包括地方政府债、同业存单和企业债；同比增长幅度在 8%—10% 的品种包括中期票据、资产支持债券和政府支持机构债；同比增速为负的品种包括可交换债、国债和央行票据；其他品种的增速在 0—5%。值得注意的是，上述品种增速应与面额占比结合分析，如果占比较小，对债券市场总体影响相对有限（见表专 10－2）。

表专 10－2　　　　　　　2020—2021 年债券市场发行品种结构对比

类别	2020 年		2021 年		
	发行额（亿元）	面额比重（%）	发行额（亿元）	面额比重（%）	同比变化（%）
国债	71 173.25	12.51	67 967.10	11.01	-4.50
地方政府债	64 438.13	11.33	74 826.30	12.12	16.12
央行票据	610.00	0.11	600.00	0.10	-1.64

续表

类别	2020 年		2021 年		
	发行额（亿元）	面额比重（%）	发行额（亿元）	面额比重（%）	同比变化（%）
同业存单	189 766.60	33.35	217 972.00	35.30	14.86
金融债	90 760.51	15.95	94 034.36	15.23	3.61
企业债	3 926.39	0.69	4 399.40	0.71	12.05
公司债	33 697.45	5.92	34 525.24	5.59	2.46
中期票据	23 446.92	4.12	25 492.65	4.13	8.72
短期融资券	49 986.43	8.79	52 301.71	8.47	4.63
定向工具	7 072.95	1.24	8 618.83	1.40	21.86
国际机构债	110.00	0.02	175.00	0.03	59.09
政府支持机构债	1 730.00	0.30	1 900.00	0.31	9.83
资产支持债券	28 891.56	5.08	31 371.86	5.08	8.58
可转债	2 769.71	0.49	2 828.47	0.46	2.12
可交换债	476.39	0.08	421.60	0.07	-11.50
项目收益票据	24.00	0.00	64.30	0.01	167.92
标准化票据	61.68	0.01	—	—	—
合计	568 941.96	100.00	617 498.82	100.00	8.53

资料来源：Wind。

第二节 2021 年中国债券市场走势分析

从二级市场看，中债新净价指数从 2021 年初的 99.79 点上升到 2021 年末的 101.31 点，上涨 1.52 点，涨幅为 1.527%。5 年以上的国债 2021 年全年回报率超过 5%，超出年初市场的预期。10 年期国债收益率从 2021 年初的 3.18% 下降到 2021 年末的 2.78%，下降幅度为 40 个基点（BP）。

由于大宗商品价格巨幅波动带来通胀预期变化，2021 年全年债市呈现"一波三折"振荡下行的走势。2021 年上半年，由于 1 月末出现资金面紧张的状态，银行间 7 天质押式回购加权利率上升至 5% 左右，虽然持续时间并不长，但对投资者产生了心理冲击，2 月中旬国内 10 年期国债收益率上升至接近 3.3% 的全年最高水平。中国人民银行在 2 月后没有明显收紧资金面，由于资金面的宽松和股市的回落，5 月末 10 年期国债收益率跌破 3.1%。但由于大宗商品价格在第二季度出现大幅上涨，生产者价格指数（PPI）同比逐月走高，投资者的谨慎情绪并没有消除。6 月初资金面有所波动，加之投资者担心通胀压力，10 年期国债收益率水平又有所上升。2021 年下半年，中国人民银行于 2021 年 7 月 15 日下调金融机构存款准备金率 0.5 个百分点，不少观望的配置型投资者在 7—8 月入场，推动 10 年期国债收益率 8 月初最低下行至 2.82%，但收益率下行并未持续。9 月工业品价格上涨幅度扩大，从而推动 PPI 同比上升，市场同时面临第四季度地方债发行的压力，10 年期国债收益率水平再次回升到 3% 以上的水平。10 月由于动力煤价格的大幅度上涨已经影响到供电这样的民生领域，管理层接连出台针对动力煤价格的干预措施，至 11 月上旬动力煤价格下跌 50%，其他大宗商品价格也出现大幅度下跌，缓解了市场对通胀的担忧。12 月，中国人民银行再次下调金融机构存款准备金率，并下调再贷款利率和贷款市场报价利率（LPR），引发市场对于货币政策宽松的预期，10 年期国债收益率在年末跌破 2.8%。

第三节　2021 年中国债券市场投资者结构

投资者结构是影响债券市场金融资源配置效率的重要因素，也是债券市场风险分散与分担功能的重要体现。培育一支合格的、多元化的机构投资者队伍是中国债券市场发展中不可缺少的重要一环。目前，我国债券市场按投资场所主要分为银行间债券市场、交易所市场和其他市场三大类。债券市场的投资者除特殊结算会员外，可分为银行类、非银行金融机构类、非金融机构类、个人类和境外机构类。随着非银行的债券投资者增多，2021 年我国债券市场投资者的持仓结构呈现进一步多样化的趋势。

从中央国债登记结算统计的持仓量结构上看（见表专 10-3），截至 2021 年 12 月末，持仓量占比由高到低分别为商业银行（62.45%）、非法人产品（18.32%）、境外机构（4.22%）、保险机构（3.40%）和其他市场（3.40%）。从增速来看，2021 年全市场同比增速 13.04%，其中银行间市场增速为 12.84%，包括交易所市场在内的其他市场增速为 23.72%。从 2021 年银行间市场增速来看，增速最高的为证券公司（60.39%），其次为境外机构（27.68%），再次为保险公司（26.74%），最后是非法人产品（12.96%）和商业银行（11.67%）。

表专 10-3　　　　　2020—2021 年中国债券市场投资者持仓结构变化

机构类型	2020 年 12 月		2021 年 12 月		
	托管面额（亿元）	占比（%）	托管面额（亿元）	占比（%）	同比变化（%）
一、银行间债券市场	739 400.74	95.85	834 349.13	95.68	12.84
1. 商业银行	487 641.10	63.21	544 549.87	62.45	11.67
2. 信用社	8 924.97	1.16	9 220.06	1.06	3.31
3. 保险机构	23 424.79	3.04	29 688.50	3.40	26.74
4. 证券公司	9 353.21	1.21	15 001.68	1.72	60.39
5. 非法人产品	141 439.98	18.34	159 773.03	18.32	12.96

续表

机构类型	2020年12月		2021年12月		
	托管面额（亿元）	占比（%）	托管面额（亿元）	占比（%）	同比变化（%）
6. 境外机构	28 848.44	3.74	36 834.33	4.22	27.68
7. 其他	39 768.25	5.16	39 281.67	4.50	-1.22
二、柜台市场	8 026.88	1.04	8 015.73	0.92	-0.14
三、其他市场	23 986.39	3.11	29 676.00	3.40	23.72
合计	771 414.01	100.00	872 040.86	100.00	13.04

资料来源：根据中国债券信息网有关数据整理。

第二章
2021年中国证券公司固定收益业务发展情况

第一节 2021年证券公司固定收益业务发展概况

一、债券发行承销业务和债券交易业务

从历史上看，债券业务主要由银行和证券公司承揽，2021年同样如此。按Wind统计口径，2021年银行总承销债券金额为15.41万亿元，同比增长2.1%；证券公司总承销债券金额为11.51万亿元，同比增长14.5%。从债券市场份额占比看，银行占比为56.9%，证券公司占比为42.5%，其他0.6%的市场份额由信托、财务公司等其他机构占有。从银行债券承销金额来看，工商银行、中国银行、建设银行、农业银行、交通银行五大国有银行占据前5名，2021年全年债券承销金额分别为1.65万亿元、1.61万亿元、1.40万亿元、1.28万亿元和1.11万亿元，前5名的市场份额占比合计为45.7%，较上年下滑2.8个百分点，前10名的市场份额占比合计为71.7%，较上年下滑2.4个百分点。从证券公司债券承销金额来看，中信证券、中信建投证券、国泰君安证券、中金公司和华泰证券的债券承销金额居前5名，2021年全年债券承销金额分别为15 626亿元、14 094亿元、8 779亿元、8 326亿元和5 885亿元，前5名的市场份额占比合计为45.8%，较上年提高1.9个百分点，前10名的市场份额占比合计为64.3%，较上年提高0.8个百分点。银行和证券公司债券承销业务内部的竞争格局均相对稳定，近年来前5名、甚至前10名的名单变化不大。证券公司的债券承销业务市场集中度较银行小，但随着证券公司市场集中度提高、银行市场集中度下降，双方市场集中度差距逐渐缩小。

从债券交易业务看，中央国债登记结算2021年全年债券市场现券交割量为1 308.57万亿元。其中，证券公司全年交割量为209.44万亿元，占比为16.00%，占比较上年提高7.2

个百分点;工、农、中、建四大行 2021 年全年交割量为 112.25 万亿元,股份制商业银行为 383.53 万亿元,城市商业银行为 318.00 万亿元,农村商业银行为 96.86 万亿元,外资银行为 8.27 万亿元。可见,银行始终是银行间市场的主体,2021 年全年现券交割量为 918.91 万亿元,占比达到 70.22%,较上年提高 3 个百分点。从证券公司竞争结构看,前 5 名证券公司的占比为 31.3%,较上年提高 5.2 个百分点;前 10 名证券公司的占比为 48.2%,较上年提高 4.2 个百分点。在交易所市场,2021 年全年现券交易额为 234.87 万亿元,同比增长 10.45%。其中,上海证券交易所交易额中,证券公司占比为 26.4%,较上年提高 2.1 个百分点,占比虽低于一般法人,排名第 2 位,但在交易所市场仍占据主导地位。

二、证券公司托管债券品种和结构

截至 2021 年底,在银行间市场,证券公司持有的债券存量规模合计为 1.9 万亿元,债券类型前 5 位的存量规模依次为记账式国债 5 933 亿元、中期票据 4 377 亿元、地方政府债 3 060 亿元、同业存单 1 965 亿元以及企业债 1 917 亿元。从占比来看,记账式国债占比为 30.7%,中期票据占比为 22.6%,地方政府债占比为 15.8%,同业存单占比为 10.2%,企业债占比为 9.9%(见图专 10 - 1)。

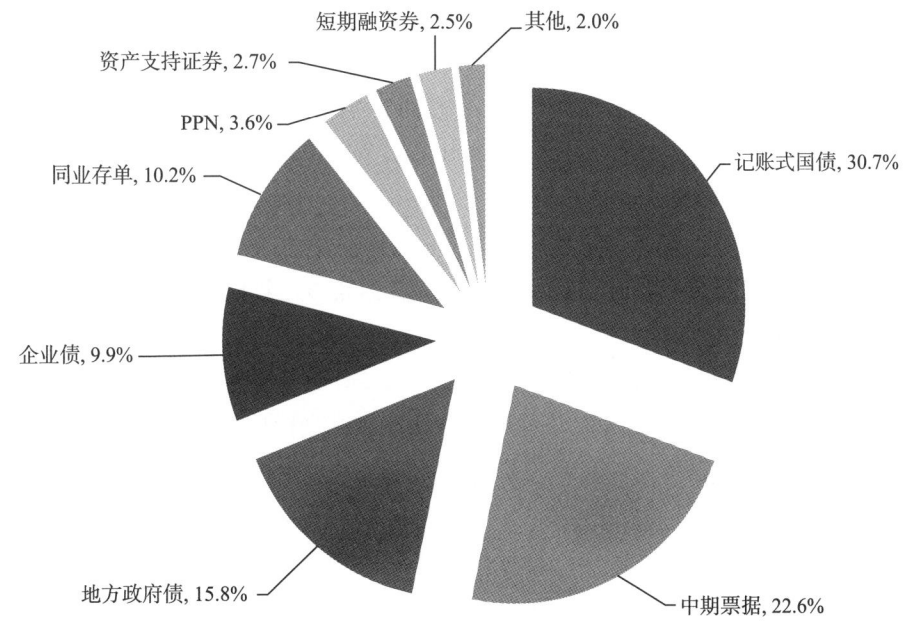

图专 10 - 1 2021 年底银行间市场证券公司债券持仓分布

资料来源:Wind。

截至 2021 年 12 月底,在交易所市场,证券公司自营持有的债券存量规模合计为 1.1 万亿元,债券类型前 5 位的存量规模依次为公司债 3 715 亿元、地方政府债 2 940 亿元、中小企业私募债 1 667 亿元、企业债 881 亿元以及企业资产支持证券 637 亿元。从占比来看，公司债占比为 33.4%，地方政府债占比为 26.5%，中小企业私募债占比为 15.0%，企业债占比为 7.9%，企业资产支持证券占比为 5.7%（见图专 10-2）。

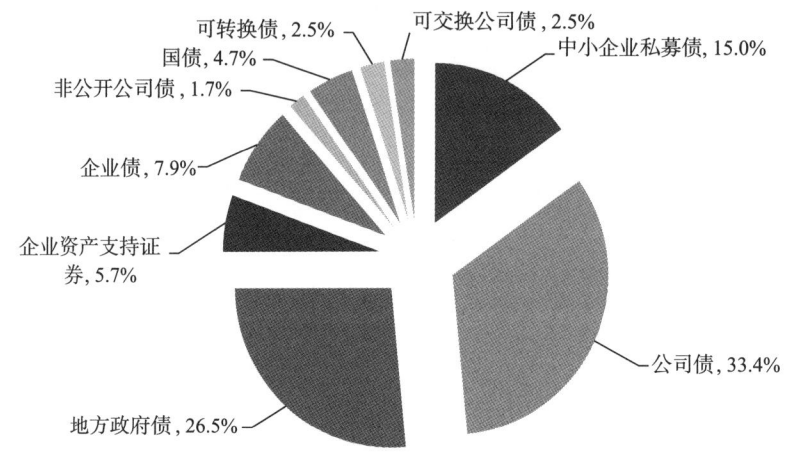

图专 10-2　2021 年底交易所市场证券公司债券持仓分布

资料来源：Wind。

第二节　2021 年证券公司固定收益业务发展特征

一、境外资本加仓中国国债提速，中国债券市场国际化进程加快

2021 年 9 月 15 日，中国人民银行发布《关于开展内地与香港债券市场互联互通南向合作的通知》，于 9 月 24 日启动内地与香港债券市场互联互通南向合作。从参与者来看，首批内地投资者暂定为中国人民银行 2020 年度公开市场业务一级交易商中的 41 家银行类金融机构（不含非银行类金融机构与农村金融机构）。与此同时，合格境内机构投资者（QDII）和人民币合格境内机构投资者（RQDII）也可以通过"南向通"开展境外债券投资，交易对手方暂定为香港金融管理局指定的"南向通"做市商。开通首个交易日，共有 40 余家内地机构投资者与 11 家香港做市商达成了 150 余笔债券交易，成交金额约合人民币 40 亿元，涵盖了中国香港市场的主要债券品种。作为我国债券市场双向开放的重要探索，与"南向通"相对应，"北向通"早已于 2017 年 7 月推出，经过 4 年多的发展，目前已取得了良好的实践效果。中国人民银行披露的数据显示，"北向通"开通前，境外投资者持有我国债券约为 8 500 亿元人民币，截至 2021 年底，已达 4.09 万亿元人民币，年均增速超过 40%。其中，

"北向通"的境外投资者持债规模约1.1万亿元人民币，累计成交量为12.3万亿元人民币；全球前100大资产管理机构中，已有78家参与。"南向通"顺利落地有多重意义：一方面，开通"南向通"为境内投资者提供了又一个资产全球化配置途径，也有助于境内投资者利用中国香港市场在全球范围内管理、对冲信用风险，内地投资者可以在中国香港自由选择债券交易品种，并决定交易时机；另一方面，开通"南向通"意味着内地和香港双向互联互通真正实现，将推动两地加大跨境监管合作，促进市场监管标准的逐步趋同，进一步提升境内债券市场结算登记、信用评级、信息披露等相关制度的国际化。

2021年10月29日，全球三大债券指数供应机构之一的富时罗素公司正式将中国国债纳入富时世界国债指数，纳入过程将分步骤在36个月内完成。2021年3月富时罗素公司发布的公告显示，中国国债在其指数中的占比为5.25%，而10月29日变成大约6%。富时世界国债指数为市值加权指数，体量越大、占比越高。由于中国国债的成长速度高于指数中其他一些占比较大的国家的成长速度，可以预见，这个比重有望进一步变化。至此，全球三大主流债券指数全部涵盖中国债券。

2021年中国债券市场国际化步伐进一步加快，双向资本流动深度和广度持续拓展，国际影响力进一步扩大，监管体系和市场制度持续完善，境内债券发行人跨境融资的渠道进一步优化，为境内投资者提供更多全球化资产配置的机会，也为证券公司固定收益业务发展带来更多机会。

二、信用债市场规范化水平进一步提高，信用债违约风险有所缓解

自新《证券法》实施，公司债公开发行实施注册制以来，我国信用债市场发展迅速，在服务实体经济、优化资源配置、支持宏观调控方面发挥了重要作用。据Wind数据，2021年底我国债券市场信用债存量（不含同业存单）为42.7万亿元，同比增长10.5%；其中公司债存量为1.07万亿元，同比增长16.6%。2021年8月18日，中国人民银行、国家发展改革委、财政部、中国银保监会、中国证监会和国家外汇管理局联合发布《关于推动公司信用类债券市场改革开放高质量发展的指导意见》，从完善法制、分类趋同、信息披露、信用评级、投资者适当性管理、信用定价机制、市场监管与执法、市场宏观管理、多层次市场建设、国内大循环国内国际双循环的新发展格局十个方面作出明确指引，并提出按照分类趋同的原则，逐步统一公司信用类债券发行交易、信息披露、信用评级、投资者适当性、风险管理等各类制度和执行标准，全面推动我国信用债市场改革落实到细处。随着债券监管体系日趋完善，债券违约风险预防、预警、处置、问责机制进一步健全。

2021年中国债券市场违约常态化发生。全年累计有37家企业发生违约，较上年增加3家。房地产企业债券违约事件显著增多，境内债券市场共有9家房地产企业债券违约，较上年增加5家，涉券规模为313亿元，较上年增加188亿元。另外，中高评级和国企违约数量也有所增加，2021年发行时主体评级为AAA级和AA+级的违约企业共25家，比上年增加

8 家；2021 年共 12 家国企发行违约，较上年增加 5 家。但 2021 年信用债违约规模和新增违约情况较上年有所减少，全年债券违约规模为 1 076 亿元，较上年减少 103 亿元，新增违约企业 17 家，较上年减少 9 家，并且随着防范化解房地产市场风险措施的不断出台，房地产企业债券违约现象正在不断减少。

三、"固定收益+"正成为普遍的金融产品和重要的业务模式

"固定收益"是指按预先规定的比率支付的收益，这类证券也因此被统称为固定收益证券，主要包括中高等级中短久期利率债和精选信用债，收益率水平大概为 3%—4%；"+"是指加收益，同时也加风险，一般包括股票、基金、股指期货、国债期货、可转债等，是能够增厚收益水平的机会。在"房住不炒"和广谱利率趋于下行的趋势下，"固定收益+"策略在合理控制风险的前提下，追求相对确定性的 5%—6% 的收益率水平。《关于规范金融机构资产管理业务的指导意见》（以下简称"资管新规"）出台后，银行理财产品面临着净值化改造，随着资管新规过渡期结束，银行理财产品打破"刚兑"。为了满足城镇居民日益增长的对中低风险类理财产品的需求，随着"刚兑"理财产品退出市场，"固定收益+"成为重要的替代方案。随着理财产品全面净值化转型，叠加当前市场利率持续走低以及股市结构性行情明显等多重因素影响，2021 年"固定收益+"产品也越来越受到市场关注。证券公司资管布局"固定收益+"业务的时间较早，并逐渐形成了各具特色化的业务模式。

第三章
2022 年中国证券公司固定收益业务发展展望

一、推动债券市场高质量发展，更好地为实体经济服务

债券市场是筹措中长期资金的重要场所，在直接融资中发挥着不可替代的作用。近 5 年交易所债券市场合计发行约 34 万亿元，其中非金融公司债券 13.3 万亿元，占公司债券总量的 72%，净融资 8.8 万亿元，占同期社会融资规模增量的 5%。随着债券创新品种持续推出和债券投资者日趋多样化，债券市场的深度、广度和流动性将进一步拓展。中国证监会主席易会满在 2021 金融街论坛年会上提出推动债券市场高质量发展，需要推动形成各方归位尽责、市场约束有效的制度环境和良好生态，并提出未来五项基本任务：一是要补齐服务短板、进一步突出创新点；二是要加快完善与债券发行注册制相配套的法治制度环境；三是要坚决从源头上遏制过度发债融资；四是要加强债券市场统一执法；五是要稳妥处置债券市场违约风险。债券市场的持续健康发展，为证券公司带来更多机遇，同时也对证券公司的能力和责任提出更高要求，证券公司应加强专业能力培养，提升债券业务风控合规有效性，以证券行业高质量发展促进债券市场高质量发展，更好地为实体经济服务。

二、ESG 将成为推动高质量发展的重要抓手，绿色债券将向以社会责任和可持续发展债券为代表的 ESG 领域扩展

为实现高质量的可持续发展，我国生态文明建设进入了"以降碳为重点战略方向"的新阶段，绿色金融被写入"碳达峰碳中和"顶层设计文件。作为绿色金融的重要组成部分，ESG 主题债券主要包括绿色债券（Green Bond）、社会责任债券（Social Bond）、可持续债券（Sustainability Bond）和可持续发展挂钩债券（Sustainability－Linked Bond）四类。经过最近几年的快速发展，绿色债券占据 ESG 主题债券市场的主导地位，而近两年随着与疫情相关债券的发行，社会责任债券发展迅速，但可持续发展债券和可持续发展挂钩债券尚处于发展初期，规模较小。虽然中国债券市场的国际化程度不断提高，绿色债券市场的规模较大，但

绿色债券的标准还不是非常清晰，未能得到国际投资者的充分认可。因此，将绿色债券标准扩展到 ESG 领域，不仅能和国际接轨，还能进行充分的信息披露，能够比较全面、准确地揭示绿色债券产品价值和风险，进而吸引国际投资者到中国市场购买各种各样带有 ESG 特征的金融产品。一方面，可以动员更多的国际资金参与中国绿色转型，推动我国经济社会可持续发展，更好地实现"双碳"目标；另一方面，可以积极地展现我国在国际治理和推动全球气候变化过程中负责任的大国形象。实际上，与 ESG 相关的中国绿色债券市场已形成较大的发展规模，证券行业也积极参与各类绿色项目。根据中国证券业协会公布的数据，2021 年全年，50 家证券公司作为绿色公司债券主承销商或绿色资产证券化产品管理人共承销发行（或管理）102 只产品，合计金额 1 376.46 亿元，承销发行产品数量和金额较 2020 年进一步增长。未来，随着我国 ESG 主题债券市场领域持续扩展，证券公司将大有可为。

三、债券市场双向开放进一步深化，中国债券将成为国际投资者资产配置的重要选择

根据债券通有限公司数据，2021 年债券通全年累计成交 72 929 笔，票面总额 6.4 万亿元，较 2020 年增长 33.1%。截至 2021 年底，通过债券通入市的境外投资者共计 3 233 家，较 2020 年底增长 37.5%。从券种来看，国债和政策性金融债交投最为活跃。截至 2021 年底，全球排名前 100 位的资产管理公司中有 78 家完成债券通备案入市。首先，由于我国经济表现平稳，货币政策工具丰富，宏观调控政策措施积极稳健，境外机构对中国经济的可持续性增长预期增强，这将从根本上支撑人民币资产对外资的吸引力。其次，从收益和风险的"性价比"来看，对比其他发达经济体的低利率甚至负利率，人民币债券收益更具吸引力。最后，我国债券市场具有较高的风险管控能力，也将提升境外机构配置人民币债券的需求。长期来看，随着中国债券市场制度化、系统化开放的积极稳妥推进、信用和外汇风险管理对冲工具的开发、基础设施的整合完善、交易规则的国际化接轨以及市场信息披露制度的规范，中国债券市场将迎来境外资金在中国债券市场投资结构多元化发展和投资规模持续性稳步增长。

根据中国人民银行数据，截至 2021 年 12 月底，境外机构和个人持有境内人民币债券资产为 4.09 万亿元，占比为 3.1%，其中国债为 2.45 万亿元。虽然境外机构对人民币债券的投资热情持续高涨，但占比仍远低于其他主要经济体，美国与日本债券市场的外资持仓比重分别达到 27% 与 16%，境外投资者持有中国债券的比重还有很大的上升空间。随着金融对外开放步伐加快与国际债券指数纳入中国国债，预计未来境外投资者在中国债市持仓占比有望倍增。随着我国债券市场潜力的逐步释放，国际投资者对中国经济发展前景和持续深化改革开放充满信心，2022 年中国债券市场将继续成为国际投资者配置资产的重要选择。相当一部分国际投资者倾向于中长期配置人民币资产，外资配置人民币资产的步伐将更趋稳定，特别是中国收益率较高的政府债券市场已成为相对安全的避风港，其与美国国债的低相关性以及被纳入全球主权债券指数等因素，将为国际投资者配置人民币资产提供重要支持。

附录：

2021年中国证券行业重要制度规范发布目录

日　期	制度规范发布
1月15日	中国证监会发布《关于修改、废止部分证券期货制度文件的决定》
1月22日	中国证监会发布《监管规则适用指引——评估类第1号》
1月22日	上海证券交易所发布《上海证券交易所沪港通业务实施办法（2021年修订）》
1月26日	中国证券业协会发布《非上市公众公司挂牌推荐和股票发行业务工作底稿内容与目录指引》
1月29日	中国证监会发布《首发企业现场检查规定》
1月29日	中国证券业协会发布《公开募集基础设施证券投资基金网下投资者管理细则》
1月29日	上海证券交易所发布《上海证券交易所公开募集基础设施证券投资基金（REITs）业务办法（试行）》
1月29日	上海证券交易所发布《上海证券交易所公开募集基础设施证券投资基金（REITs）规则适用指引第1—2号》
1月29日	深圳证券交易所发布《深圳证券交易所公开募集基础设施证券投资基金业务办法（试行）》
1月29日	深圳证券交易所发布《深圳证券交易所公开募集基础设施证券投资基金业务指引第1—2号》
2月3日	中国证监会发布《关于上市公司内幕信息知情人登记管理制度的规定》
2月7日	中国证监会发布《监管规则适用指引——非上市公众公司类第1号》
2月9日	中国证监会发布《监管规则适用指引——关于申请首发上市企业股东信息披露》
2月10日	上海证券交易所发布《上海证券交易所章程（2021年修订）》
2月26日	上海证券交易所发布《全国中小企业股份转让系统挂牌公司向上海证券交易所科创板转板上市办法（试行）》
2月26日	中国证监会发布《公司债券发行与交易管理办法（2021年修订）》
2月28日	中国证券业协会发布《证券行业文化建设十要素》
3月2日	深圳证券交易所发布《深圳证券交易所债券质押式协议回购交易业务办法》
3月9日	中国证监会发布《监管规则适用指引——审计类第1号》
3月10日	深圳证券交易所发布《关于对上市债券实施盘中临时停牌有关事项的通知》
3月18日	中国证监会发布《关于修改〈证券公司股权管理规定〉的决定》
3月18日	中国证监会发布《上市公司信息披露管理办法（2021年修订）》
3月29日	中国证券业协会发布《中国证券业协会自律规则制定办法（2021年修订）》
3月31日	深圳证券交易所发布《深圳证券交易所交易规则（2021年修订）》
4月2日	深圳证券交易所发布《深圳证券交易所会员管理业务指引第1号——会员交易及相关系统管理》
4月7日	中国证券业协会发布《公司债券承销报价内部约束指引》

续表

日 期	制度规范发布
4月9日	深圳证券交易所发布《深圳证券交易所证券投资基金业务指引第2号——流动性服务》
4月16日	中国证监会发布《关于修改〈科创属性评价指引（试行）〉的决定》
4月22日	上海证券交易所发布《上海证券交易所公司债券发行上市审核规则适用指引第3号——审核重点关注事项》
4月22日	深圳证券交易所发布《深圳证券交易所公司债券发行上市审核业务指引第1号——公司债券审核重点关注事项》
4月29日	中国证券业协会发布《中国证券业协会专业委员会管理办法（2021年修订）》
4月29日	上海证券交易所发布《上海证券交易所公司债券发行上市审核规则适用指引第1号——申请文件及编制（2021年修订）》
5月14日	中国证券业协会、上海证券交易所、深圳证券交易所、全国中小企业股份转让系统有限责任公司联合发布《证券公司投资者教育工作评估指南》
5月15日	中国证券业协会发布《证券基金期货经营机构投资者投诉处理工作指引（试行）》
5月15日	中国证券业协会发布《证券公司投资者权益保护工作规范》
5月28日	中国证监会发布《监管规则适用指引——发行类第2号》
5月28日	中国证券业协会发布《证券公司合规管理有效性评估指引（2021年修订）》
6月4日	中国证监会发布《证券期货业网络安全事件报告与调查处理办法》
6月11日	中国证监会发布《关于修改、废止部分证券期货制度文件的决定》
6月15日	中国证监会发布《证券市场禁入规定（2021年修订）》
6月15日	中国证监会发布《证券期货业结算参与机构编码》等5项金融行业标准
6月22日	上海证券交易所发布《上海证券交易所科创板上市公司重大资产重组审核规则（2021年修订）》
6月28日	中国证监会发布《公开发行证券的公司信息披露内容与格式准则第2号—第3号（2021年修订）》
7月9日	中国证监会发布《关于注册制下督促证券公司从事投行业务归位尽责的指导意见》
7月9日	中国证券登记结算有限责任公司、上海证券交易所、深圳证券交易所联合发布《债券质押式回购交易结算风险控制指引（2021年修订）》
7月13日	上海证券交易所发布《上海证券交易所公司债券发行上市审核规则适用指引第2号——特定品种公司债券（2021年修订）》
7月13日	深圳证券交易所发布《深圳证券交易所公司债券创新品种业务指引第1号——绿色公司债券（2021年修订）》
7月13日	深圳证券交易所发布《深圳证券交易所公司债券创新品种业务指引第3号——乡村振兴专项公司债券（2021年修订）》
7月14日	中国证监会发布《证券期货违法行为行政处罚办法》
7月21日	中国证券业协会发布《中国证券业协会章程（2021年修订）》
7月23日	中国证券业协会发布《中国证券业协会会员管理办法（2021年修订）》
7月23日	中国证券业协会发布《中国证券业协会会费收缴办法（2021年修订）》

续表

日 期	制度规范发布
7月23日	深圳证券交易所发布《深圳证券交易所创业板发行上市审核业务指引第5号——转板上市股份相关事项》
8月20日	上海证券交易所发布《上海证券交易所上市公司股份协议转让业务办理指引（2021年修订）》
8月27日	上海证券交易所发布《上海证券交易所股票质押式回购交易业务指引第1号——风险管理》
8月27日	深圳证券交易所发布《深圳证券交易所会员管理业务指引第2号——会员违规行为监管》
8月30日	中国证监会发布《证券期货业网络安全等级保护基本要求》等2项金融行业标准
9月17日	中国证监会发布《关于扩大红筹企业在境内上市试点范围的公告》
9月17日	北京证券交易所发布《北京证券交易所投资者适当性管理办法（试行）》
9月17日	北京证券交易所发布《北京证券交易所投资者适当性管理业务指南》
9月18日	中国证监会发布《关于修改〈创业板首次公开发行证券发行与承销特别规定〉的决定》
9月18日	中国证券业协会发布《注册制下首次公开发行股票承销规范》
9月18日	中国证券业协会发布《注册制下首次公开发行股票网下投资者管理规则》
9月18日	中国证券业协会发布《注册制下首次公开发行股票网下投资者分类评价和管理指引》
9月18日	上海证券交易所发布《上海证券交易所科创板股票发行与承销实施办法（2021年修订）》
9月18日	上海证券交易所发布《上海证券交易所科创板发行与承销规则适用指引第1号——首次公开发行股票（2021年修订）》
9月18日	深圳证券交易所发布《深圳证券交易所创业板首次公开发行证券发行与承销业务实施细则（2021年修订）》
9月23日	中国证券业协会发布《证券公司公司债券业务执业能力评价办法（试行）（2021年修订）》
9月28日	中国证券业协会发布《自律规则适用意见第2号——关于〈公司债券承销报价内部约束指引〉有关规定的适用意见》
9月30日	中国证监会发布《首次公开发行股票并上市辅导监管规定》
9月30日	深圳证券交易所发布《深圳证券交易所股票发行与承销业务指引第1号——主板上市公告书内容与格式》
10月13日	中国证监会发布《关于合格境外机构投资者和人民币合格境外机构投资者参与金融衍生品交易的公告》
10月15日	中国证监会和司法部发布《关于依法开展证券期货行业仲裁试点的意见》
10月15日	中国证券业协会发布《证券公司声誉风险管理指引》
10月22日	深圳证券交易所发布《深圳证券交易所上市公司股份协议转让业务办理指引（2021年修订）》
10月22日	中国证券业协会发布《自律规则适用意见第3号——关于〈注册制下首次公开发行股票网下投资者分类评价和管理指引〉有关规定的适用意见（试行）》
10月30日	中国证监会发布《北京证券交易所向不特定合格投资者公开发行股票注册管理办法（试行）》
10月30日	中国证监会发布《北京证券交易所上市公司证券发行注册管理办法（试行）》
10月30日	中国证监会发布《北京证券交易所上市公司持续监管办法（试行）》
10月30日	中国证监会发布《关于修改〈非上市公众公司监督管理办法〉的决定》
10月30日	中国证监会发布《关于修改〈非上市公众公司信息披露管理办法〉的决定》

续表

日　期	制度规范发布
10月30日	中国证监会发布《证券交易所管理办法（2021年修订）》
10月30日	中国证监会发布《公开发行证券的公司信息披露内容与格式准则第51号——北京证券交易所上市公司向特定对象发行优先股募集说明书和发行情况报告书》
10月30日	中国证监会发布《公开发行证券的公司信息披露内容与格式准则第52号——北京证券交易所上市公司发行证券申请文件》
10月30日	中国证监会发布《公开发行证券的公司信息披露内容与格式准则第53号——北京证券交易所上市公司年度报告》
10月30日	中国证监会发布《公开发行证券的公司信息披露内容与格式准则第54号——北京证券交易所上市公司中期报告》
10月30日	中国证监会发布《公开发行证券的公司信息披露内容与格式准则第55号——北京证券交易所上市公司权益变动报告书、上市公司收购报告书、要约收购报告书、被收购公司董事会报告书》
10月30日	中国证监会发布《公开发行证券的公司信息披露内容与格式准则第56号——北京证券交易所上市公司重大资产重组》
10月30日	中国证监会发布《非上市公众公司信息披露内容与格式准则第18号——定向发行可转换公司债券说明书和发行情况报告书》
10月30日	中国证监会发布《非上市公众公司信息披露内容与格式准则第19号——定向发行可转换公司债券发行申请文件》
10月30日	中国证监会发布《关于废止部分证券期货制度文件的决定》
10月30日	北京证券交易所发布《北京证券交易所股票上市规则（试行）》
10月30日	北京证券交易所发布《北京证券交易所上市公司证券发行上市审核规则（试行）》
10月30日	北京证券交易所发布《北京证券交易所向不特定合格投资者公开发行股票并上市审核规则（试行）》
10月30日	北京证券交易所发布《北京证券交易所上市公司重大资产重组审核规则（试行）》
10月30日	北京证券交易所发布《北京证券交易所证券发行上市保荐业务管理细则》
10月30日	北京证券交易所发布《北京证券交易所证券发行与承销管理细则》
10月30日	北京证券交易所发布《北京证券交易所上市公司向特定对象发行优先股业务细则》
10月30日	北京证券交易所发布《北京证券交易所上市公司向特定对象发行可转换公司债券业务细则》
10月30日	北京证券交易所发布《公开发行证券的公司信息披露内容与格式准则第46—56号》
10月30日	北京证券交易所发布《北京证券交易所上市委员会管理细则》
10月30日	北京证券交易所发布《北京证券交易所上市公司持续监管指引第1—7号》
11月2日	北京证券交易所发布《北京证券交易所上市公司证券发行与承销业务指引》
11月2日	北京证券交易所和中国证券登记结算有限责任公司共同发布《北京证券交易所股票向不特定合格投资者公开发行与承销业务实施细则》
11月2日	北京证券交易所发布《北京证券交易所上市公司重大资产重组业务指引》
11月2日	北京证券交易所发布《北京证券交易所上市公司证券发行业务办理指南第1—3号》

附录
2021 年中国证券行业重要制度规范发布目录

续表

日 期	制度规范发布
11月2日	北京证券交易所发布《北京证券交易所上市公司向特定对象发行可转换公司债券业务办理指南第1—2号》
11月2日	北京证券交易所发布《北京证券交易所向不特定合格投资者公开发行股票并上市业务办理指南第1—2号》
11月2日	北京证券交易所发布《北京证券交易所交易规则(试行)》
11月2日	北京证券交易所、中国证券登记结算有限责任公司共同发布《北京证券交易所上市公司股份协议转让细则》
11月12日	北京证券交易所发布《北京证券交易所向不特定合格投资者公开发行股票并上市业务规则适用指引第1号》
11月12日	北京证券交易所发布《北京证券交易所合格境外机构投资者和人民币合格境外机构投资者证券交易实施细则》
11月12日	全国中小企业股份转让系统有限责任公司发布《全国中小企业股份转让系统自律监管措施和纪律处分实施细则(2021年修订)》
11月19日	中国证监会发布《公开征集上市公司股东权利管理暂行规定》
11月26日	中国证监会发布《监管规则适用指引——机构类第1号(2021年修订)》
12月3日	中国证券业协会发布《证券公司收益互换业务管理办法》
12月10日	深圳证券交易所发布《深圳证券交易所证券交易业务指引第1号——股票质押式回购交易风险管理》
12月16日	中国证券业协会发布《北京证券交易所股票向不特定合格投资者公开发行与承销特别条款》
12月16日	中国证券业协会发布《北京证券交易所股票向不特定合格投资者公开发行并上市网下投资者管理特别条款》
12月23日	中国证监会发布《公开发行证券的公司信息披露内容与格式准则第24号——公开发行公司债券申请文件(2021年修订)》
12月23日	中国证券业协会发布《证券公司履行社会责任专项评价办法》
12月24日	中国证监会发布《监管规则适用指引——会计类第2号》
12月24日	中国证券登记结算有限责任公司、上海证券交易所联合发布《中国证券登记结算有限责任公司 上海证券交易所B转H业务实施细则》

后　　记

《中国证券业发展报告（2022）》由中国证券业协会组织编撰，由中国证券业协会和13家单位组成的写作组共同完成。报告分为总报告、分报告及专题报告。撰稿单位情况如下：海通证券股份有限公司负责撰写"总报告：2021年中国证券业发展回顾与展望""专题报告之一：2021年中国证券公司合规管理发展综述"及"专题报告之二：2021年中国证券公司风险管理发展综述"；国泰君安证券股份有限公司负责撰写"总报告：2021年中国证券业发展回顾与展望"第二章及"分报告之一：2021年中国证券经纪业务发展回顾与展望"；海南港澳资讯产业股份有限公司负责撰写"总报告：2021年中国证券业发展回顾与展望"证券投资咨询公司发展状况；中信建投证券股份有限公司负责撰写"分报告之二：2021年中国投资银行业务发展回顾与展望"；申万宏源证券股份有限公司负责撰写"分报告之三：2021年中国证券公司资产管理业务发展回顾与展望"；中信证券股份有限公司负责撰写"分报告之四：2021年中国证券公司融资类业务发展回顾与展望"和"分报告之五：2021年中国证券公司投资业务发展回顾与展望"；联合资信评估股份有限公司负责撰写"分报告之六：2021年中国证券市场资信评级业务发展回顾与展望"；中国证券业协会会员管理部负责撰写"专题报告之三：2021年证券行业助力乡村振兴履行社会责任综述"；中国证券业协会投资者服务部负责撰写"专题报告之四：2021年证券公司投资者保护工作发展综述"；中国证券业协会从业人员管理部负责撰写"专题报告之五：2021年证券行业人力资源管理发展综述"；安信证券股份有限公司负责撰写"专题报告之六：2021年中国证券业信息技术与服务发展综述"；广发证券股份有限公司负责撰写"专题报告之七：2021年中国证券公司国际业务发展综述与展望"；东方证券股份有限公司和安徽省股权托管交易中心负责撰写"专题报告之八：2021年中国区域性股权市场和证券公司柜台市场业务发展综述与展望"；中证机构间报价系统股份有限公司负责撰写"专题报告之九：2021年场外业务监测监控发展综述"；第一创业证券股份有限公司负责撰写"专题报告之十：2021年中国证券公司固定收益业务发展综述与展望"。按报告顺序，各写作组负责人分别为：路颖、施继军、朱志雄、贾新、蒋健蓉、张玲、艾仁智、李海超、杜洪波、徐仕达、周素霞、黄钰薇、许彦冰、陈福、王春华、孔令贵、刘辉、马东军。

本报告编写过程中，得到了中国证监会证券基金机构监管部、公司债券监管部、发行监管部的大力支持。初稿完成后，中国证监会证券基金机构监管部、中国证监会市场监管二部、中国证券金融股份有限公司、中国证券业协会证券经纪与财富管理委员会、投资银行委员会、资产管理业务委员会、融资融券业务委员会、股权与另类投资业务委员会、合规管理与廉洁从业委员会、风险管理委员会、证券科技委员会、国际合作委员会、场外市场与衍生品业务委员会、区域性股权市场委员会、固定收益委员会、资信评级委员会的专家对报告内容进行了认真审阅并提出了宝贵的修改意见和建议。此外，本报告的完成也得到了上海证券交易所、深圳证券交易所、中国证券投资基金业协会及广大会员单位的支持，在此一并表示感谢！

《中国证券业发展报告（2022）》编委会

2022 年 8 月